PROCESSOS DE CONTRATAÇÃO PÚBLICA E DESENVOLVIMENTO SUSTENTÁVEL

PREMISSAS TEÓRICAS, POLÍTICAS PÚBLICAS E MEDIDAS CONCRETAS, CONSIDERANDO OS REGIMES DA LEI Nº 8.666/93, LEI Nº 10.520/02, LEI Nº 12.462/2011 E LEI Nº 13.303/2016

SUZANA M. ROSSETTI

Daniel Wunder Hachem
Prefácio

Luiz Alberto Blanchet
Apresentação

PROCESSOS DE CONTRATAÇÃO PÚBLICA E DESENVOLVIMENTO SUSTENTÁVEL

PREMISSAS TEÓRICAS, POLÍTICAS PÚBLICAS E MEDIDAS CONCRETAS, CONSIDERANDO OS REGIMES DA LEI Nº 8.666/93, LEI Nº 10.520/02, LEI Nº 12.462/2011 E LEI Nº 13.303/2016

Belo Horizonte

2017

© 2017 Editora Fórum Ltda.

É proibida a reprodução total ou parcial desta obra, por qualquer meio eletrônico, inclusive por processos xerográficos, sem autorização expressa do Editor.

Conselho Editorial

Adilson Abreu Dallari	Floriano de Azevedo Marques Neto
Alécia Paolucci Nogueira Bicalho	Gustavo Justino de Oliveira
Alexandre Coutinho Pagliarini	Inês Virgínia Prado Soares
André Ramos Tavares	Jorge Ulisses Jacoby Fernandes
Carlos Ayres Britto	Juarez Freitas
Carlos Mário da Silva Velloso	Luciano Ferraz
Cármen Lúcia Antunes Rocha	Lúcio Delfino
Cesar Augusto Guimarães Pereira	Marcia Carla Pereira Ribeiro
Clovis Beznos	Márcio Cammarosano
Cristiana Fortini	Marcos Ehrhardt Jr.
Dinorá Adelaide Musetti Grotti	Maria Sylvia Zanella Di Pietro
Diogo de Figueiredo Moreira Neto	Ney José de Freitas
Egon Bockmann Moreira	Oswaldo Othon de Pontes Saraiva Filho
Emerson Gabardo	Paulo Modesto
Fabrício Motta	Romeu Felipe Bacellar Filho
Fernando Rossi	Sérgio Guerra
Flávio Henrique Unes Pereira	Walber de Moura Agra

Luís Cláudio Rodrigues Ferreira
Presidente e Editor

Coordenação editorial: Leonardo Eustáquio Siqueira Araújo

Av. Afonso Pena, 2770 – 15º andar – Savassi – CEP 30130-012
Belo Horizonte – Minas Gerais – Tel.: (31) 2121.4900 / 2121.4949
www.editoraforum.com.br – editoraforum@editoraforum.com.br

R823p   Rossetti, Suzana M.

    Processos de contratação pública e desenvolvimento sustentável: premissas teóricas, políticas públicas e medidas concretas, considerando os regimes da Lei nº 8.666/93, Lei nº 10.520/02, Lei nº 12.462/2011 e Lei nº 13.303/2016/ Suzana M. Rossetti.– Belo Horizonte : Fórum, 2017.

    341 p.

    ISBN: 978-85-450-0408-0

    1. Direito Administrativo. 2. Administração Pública. 3. I. Título.

CDD 341.3
CDU 342

Informação bibliográfica deste livro, conforme a NBR 6023:2002 da Associação Brasileira de Normas Técnicas (ABNT):

ROSSETTI, Suzana M. *Processos de contratação pública e desenvolvimento sustentável:* premissas teóricas, políticas públicas e medidas concretas, considerando os regimes da Lei nº 8.666/93, Lei nº 10.520/02, Lei nº 12.462/2011 e Lei nº 13.303/2016. Belo Horizonte: Fórum, 2017. 341 p. ISBN 978-85-450-0408-0.

Aos meus pais, Omacir e Vera.

AGRADECIMENTOS

O resultado alcançado com este trabalho não teria sido atingido sem que algumas pessoas tivessem colaborado de forma direta ou indireta.

Em primeiro lugar, não posso deixar de fechar os olhos e, na intimidade mais profunda da fé que nutro em Deus, agradecer por ser meu caminho, verdade e vida... não há dificuldade que não possa ser superada no abandono e fé em Deus! Também agradeço aos anjos que Ele colocou em minha vida: minha família, meus pais Omacir e Vera, meu irmão Eduardo, minha cunhada Manoella e meu esposo Luis Fernando. Obrigada pela compreensão ante as ausências. Teria sido impossível enfrentar essa jornada se não fosse o amor de vocês.

Sou grata à Zênite Informação e Consultoria S.A., em especial na pessoa do Presidente, Dr. Renato Geraldo Mendes; sua esposa, Sra. Sinara Rossetti Mendes; e a Vice-Presidente, Anadricea Vicente V. de Almeida. A Zênite tem um papel fundamental na minha formação jurídica. As discussões técnicas realizadas, envolvendo toda a equipe técnica presente e mesmo aqueles que não mais integram a equipe, foram fundamentais para o meu desenvolvimento profissional.

Obrigada, em especial, a Manuela M. Mello e Ricardo Sampaio pelas discussões técnicas envolvendo este estudo.

Deixo aqui também registrado meu sincero agradecimento aos professores Dr. Luiz Alberto Blanchet e Dr. Oksandro Gonçalves. O Prof. Dr. Luiz Alberto Blanchet foi quem orientou os meus primeiros e fundamentais passos à época do mestrado acadêmico, sempre muito preciso em suas colocações e de uma gentileza incomparável. Agradeço ao Prof. Dr. Oksandro Gonçalves, à época coordenador do PPGD da PUCPR, pelas orientações, discussões, mas especialmente pelas palavras de incentivo e confiança depositadas.

Por fim, registro ser eternamente grata a uma pessoa que verdadeiramente me mostrou o que é ser mestre: meu orientador Prof. Dr. Daniel Wunder Hachem. Seu engajamento, dedicação e conhecimento compreendem qualidades que fazem de ti um professor ímpar!

SUMÁRIO

PREFÁCIO
A ADMINISTRATIVIZAÇÃO DO DIREITO
CONSTITUCIONAL POR MEIO DAS CONTRATAÇÕES
PÚBLICAS SUSTENTÁVEIS
Daniel Wunder Hachem 13

APRESENTAÇÃO
Luiz Alberto Blanchet 19

INTRODUÇÃO 21

CAPÍTULO 1
DESENVOLVIMENTO SUSTENTÁVEL E SUAS IMPLICAÇÕES
NA ATIVIDADE ADMINISTRATIVA 27
1.1 A feição complexa da noção de desenvolvimento: dos aspectos multidisciplinares à concepção jurídica 30
1.2 Desenvolvimento e sustentabilidade: aspectos espaciais, sociais, econômicos e ambientais 48
1.2.1 Dimensão espacial 52
1.2.2 Dimensão social 54
1.2.3 Dimensão econômica 55
1.2.4 Dimensão ambiental 56
1.3 Sustentabilidade como diretiva de atuação na gestão pública: uma releitura dos princípios da legalidade, eficiência e do direito fundamental à boa administração 57
1.3.1 Princípio da legalidade 60
1.3.2 Princípio da eficiência 64
1.3.3 Direito fundamental à boa administração 72

CAPÍTULO 2
PROMOÇÃO DO DESENVOLVIMENTO SUSTENTÁVEL
COMO FINALIDADE DOS PROCESSOS DE CONTRATAÇÃO
PÚBLICA 83
2.1 Finalidade da licitação: redimensionando o tradicional conceito de vantajosidade como a seleção da proposta mais vantajosa em condições isonômicas 89
2.2 Processos de contratação como instrumentos de políticas públicas de fomento ao desenvolvimento sustentável 98
2.2.1 Desenvolvimento sustentável na gestão de processos de contratação pública 108
2.2.2 Uso dos processos de contratação pública visando ao fomento do desenvolvimento nacional sustentável em suas diversas facetas 112

2.2.2.1 Proteção ao meio ambiente 112
2.2.2.2 Inclusão social e proteção aos direitos trabalhistas e de menores ...115
2.2.2.3 Fomento a micro e pequenas empresas 120
2.2.2.4 Preservação de patrimônio histórico e cultural 123
2.2.2.5 Desenvolvimento da ciência e tecnologia nacionais, incentivo ao mercado interno e à autonomia tecnológica do país 124
2.2.2.6 Incentivo à produção de bens e serviços de informática e automação 127
2.3 Poder normativo da Administração Pública: instrumento que potencializa a eficácia das políticas públicas de fomento ao desenvolvimento nacional sustentável 131

CAPÍTULO 3
A SUSTENTABILIDADE NOS PROCESSOS DE CONTRATAÇÃO PÚBLICA: A IMPLEMENTAÇÃO DE MEDIDAS CONCRETAS NAS DIFERENTES FASES, ETAPAS E ATOS 145
3.1 Fase de planejamento: ações envoltas no planejamento da contratação para garantia do desenvolvimento sustentável 150
3.1.1 Diagnóstico e definição da necessidade: política de sustentabilidade no órgão ou entidade 152
3.1.2 Definição da solução: prática mercadológica, restrição justificada da competitividade e razoabilidade de custos 155
3.1.3 Fixação de condicionantes de sustentabilidade: critério de habilitação, de aceitabilidade das propostas, uma obrigação contratual, critério de pontuação de propostas em licitações do tipo técnica e preço ou fator para definição de remuneração variável 159
3.1.3.1 Etapa de habilitação 160
3.1.3.2 Etapa de aceitabilidade das propostas ou cumprimento de obrigação contratual 166
3.1.3.3 Critério de pontuação das propostas técnicas e remuneração variável 171
3.2 Fase de seleção de proponentes: a aplicação de preferências e benefícios para a garantia do desenvolvimento sustentável nos processos de contratação 174
3.2.1 Licitação com participação exclusiva de determinada categoria ou reservada a determinada solução 176
3.2.2 Fixação de critérios de desempate 180
3.2.3 Definição de critérios para exercício de preferência 182
3.2.3.1 Exercício de preferência por micro e pequenas empresas 182
3.2.3.2 Bens e serviços de informática e automação 183
3.2.3.3 Bens e serviços nacionais 185
3.2.3.4 Coordenação na aplicação de preferências 188
3.2.4 Prazo diferenciado para comprovação de regularidade fiscal 195
3.3 Fase contratual: da fiscalização quanto à adoção de práticas de sustentabilidade 196

3.3.1 Dever de fiscalização da Administração enquanto elemento de controle das obrigações pactuadas 196
3.3.2 Existência de obrigações compartilhadas pela Administração Pública..................199

CONSIDERAÇÕES FINAIS 201

REFERÊNCIAS..................207

ANEXO..................215

PREFÁCIO

A ADMINISTRATIVIZAÇÃO DO DIREITO CONSTITUCIONAL POR MEIO DAS CONTRATAÇÕES PÚBLICAS SUSTENTÁVEIS

Algo muito comum nos debates do direito administrativo brasileiro após a Constituição de 1988 tem sido a referência à chamada *constitucionalização do direito administrativo*.[1] Esse processo resultou do reconhecimento da posição de supremacia da Constituição no ordenamento jurídico, com a irradiação, por todo o sistema normativo, dos valores emanados do núcleo central formado pela dignidade humana, pelos direitos fundamentais dos cidadãos e pelos princípios que decorrem de uma ordem constitucional de caráter democrático e republicano. De um lado, temas centrais desse ramo jurídico foram incorporados ao texto constitucional; de outro, os institutos estabelecidos pelas normas legais e regulamentares passaram a ser reinterpretados à luz dos princípios, valores e regras da Constituição, que imprimem uma nova significação a todas as figuras jurídicas previstas pelas leis e regulamentos. Tudo isso implica a necessidade de modificar a compreensão da legislação administrativa, seja mediante alteração de sua redação, seja pela via da interpretação conforme, para torná-la compatível com o conteúdo constitucional.

---

[1] BACELLAR FILHO, Romeu Felipe. Marco constitucional do Direito Administrativo no Brasil. *Revista Iberoamericana de Derecho Público y Administrativo*, n. 7, San José, p. 35-46, 2007; FERRARI, Regina Maria Macedo Nery. A constitucionalização do direito administrativo e as políticas públicas. *A&C – Revista de Direito Administrativo & Constitucional*, n. 40, Belo Horizonte, Fórum, p. 271-290, abr./jun. 2010.

Tanto a doutrina quanto a jurisprudência no Brasil operaram verdadeira reconstrução do Direito Administrativo, reconfigurando os seus diversos institutos. Nesse sentido, os administrativistas realmente aderiram à nova tendência do direito constitucional. Porém, esse fenômeno é insuficiente para promover a integral implementação do projeto constitucional. Conforme já sustentado em outra sede,[2] embora tenha ocorrido um processo de *constitucionalização do direito administrativo*, faltou realizar concomitantemente o caminho inverso para dar um passo adiante: *administrativizar o direito constitucional*.

Se "o direito administrativo é «direito constitucional concretizado»" e, por isso, a prática administrativa deve refletir concretamente o programa político abstratamente prescrito nas normas constitucionais, não se pode olvidar, por outro lado, que "também o direito constitucional é «direito administrativo abstraído»",[3] razão pela qual a sua materialização requer o manejo dos instrumentos administrativos necessários para operacionalizar a Constituição. Em outras palavras, *administrativizar o direito constitucional* significa equipá-lo com as ferramentas mais adequadas do aparato administrativo para que o Poder Público implemente de ofício, espontaneamente, as medidas exigíveis para que os direitos fundamentais sejam usufruídos de modo generalizado pela cidadania.

Um dos objetivos fundamentais da República, previsto no art. 3º, II, da Constituição, consiste em "garantir o desenvolvimento nacional". Como atingi-lo sem lançar mão de mecanismos da Administração Pública capazes de implementá-lo na prática? De nada serviria essa previsão do direito constitucional se ela não fosse operacionalizada pelo direito administrativo. E um dos setores que afeta diretamente a economia brasileira consiste no campo das contratações públicas, uma vez que, com um perfil estatal intervencionista, tal qual adotado pela Constituição de 1988, "o Estado, individualmente considerado, torna-se o maior contratante na economia".[4] Em face da gama imensa de contratações frequentes realizadas pelo Poder Público, que envolvem valores vultosos e grandes quantidades de bens e serviços, é elevadíssimo seu

---

[2] HACHEM, Daniel Wunder. *Tutela administrativa efetiva dos direitos fundamentais sociais*: por uma implementação espontânea, integral e igualitária. Curitiba, 2014. 614 f. Tese (Doutorado) – Programa de Pós-Graduação em Direito, Universidade Federal do Paraná. f. 56 e ss.

[3] RODRÍGUEZ DE SANTIAGO, José María. *La administración del Estado social*. Madrid: Marcial Pons, 2007. p. 11.

[4] JUSTEN FILHO, Marçal. Desenvolvimento nacional sustentado: contratações administrativas e o regime introduzido pela Lei nº 12.349/10. *Revista Zênite de Licitações e Contratos – ILC*, Curitiba, n. 210, p. 745-751, 2011.

potencial para gerar expressivos impactos econômicos, sociais e ambientais (tanto benéficos quanto prejudiciais), gerando a necessidade de uma preocupação séria com a sustentabilidade dessas ações. Tendo em vista o objetivo constitucional de promoção do desenvolvimento, bem como o direito fundamental ao meio ambiente ecologicamente equilibrado (art. 225 da CF), o legislador brasileiro percebeu que a área das contratações empreendidas pelo Estado poderia se tornar um importante mecanismo administrativo para a promoção dessas metas, cujo atingimento é exigido pela Constituição. Foram então levadas a efeito algumas alterações na legislação nacional com esse propósito. É o caso da Lei Complementar nº 123/2006, que, ao estabelecer tratamento diferenciado e favorecido às microempresas e empresas de pequeno porte, inclusive com preferência como critério de desempate nas licitações públicas, estimula a criação de empregos; da Lei nº 12.187/2009 (Política Nacional sobre Mudança do Clima), que, em seu art. 6º, XII, autorizou a possibilidade de fixação de critérios de preferência nas licitações para propostas que "propiciem maior economia de energia, água e outros recursos nacionais e redução da emissão de gases de efeito estufa e de resíduos"; e da Lei nº 12.305/2010 (Política Nacional de Resíduos Sólidos), que, em seu art. 7º, XI, confere prioridade nas aquisições e contratações governamentais para "produtos reciclados ou recicláveis" e "bens, serviços e obras que considerem critérios compatíveis com padrões de consumo social e ambientalmente sustentáveis".

Seguindo essa orientação, a Lei nº 12.349/2010 deu um passo adiante: além de proceder a diversas alterações legislativas pontuais, incluiu entre os objetivos da licitação pública – ao lado da garantia da isonomia e da seleção da proposta mais vantajosa – a *promoção do desenvolvimento nacional sustentável* no art. 3º da Lei nº 8.666/93. Para dar concretude a esse novo escopo dos processos de contratação pública, o novo diploma legal promoveu algumas mudanças específicas, tal como a necessidade de se levar em consideração, no momento de estabelecer margens de preferência para produtos manufaturados e para serviços nacionais, critérios como "geração de emprego e renda", "efeito na arrecadação de tributos federais, estaduais e municipais", "desenvolvimento e inovação tecnológica realizados no país" e "custo adicional dos produtos e serviços" (nova redação atribuída pela referida lei ao §6º do art. 3º da Lei nº 8.666/93).

Como se vê, essas modificações implantadas pelo Poder Legislativo destinam-se justamente à *administrativização do direito constitucional* por meio das contratações públicas sustentáveis. Elas tornam os processos de contratação do Poder Público como meios de implementar o objetivo fundamental da República de promover o desenvolvimento nacional com sustentabilidade. O problema que surge nesse cenário é que de nada adianta a inserção de previsões normativas no plano abstrato sem saber como compatibilizar essas novas exigências com os demais objetivos legais das licitações e com os princípios que regem a atividade da Administração Pública, tais como legalidade e eficiência. O que pode ser incluído nos editais de licitação, com vistas à promoção do desenvolvimento nacional sustentável, sem que haja ofensa à isonomia? E se o critério incluído no instrumento convocatório privilegiar determinado tipo de empresa? E se a exigência de determinada prática, por parte do contratante, implicar gastos que elevem demais o produto ou o serviço e resultar em uma solução economicamente desvantajosa para o Estado?

São esses os desafios que levaram à redação deste livro, cuidadosamente elaborado por Suzana Maria Rossetti. Nele, a autora enfrenta com maestria o espinhoso tema que relaciona *processos de contratação pública e desenvolvimento sustentável*, conjugando aspectos teóricos que envolvem essa matéria com questões práticas que surgem no momento de aplicar essa nova concepção no cotidiano da Administração Pública.

No primeiro capítulo, Suzana demonstra a complexidade do conceito de desenvolvimento, relacionando as concepções de diferentes ramos do conhecimento para então chegar a uma noção jurídica do termo. Em seguida, trata dos vínculos existentes entre desenvolvimento e sustentabilidade, ressaltando o caráter multifacetado dessa relação, que engloba simultaneamente elementos espaciais, sociais, econômicos e ambientais. Após, aponta os impactos que a noção de desenvolvimento sustentável produz sobre a atividade administrativa, conferindo uma nova significação aos princípios da legalidade, da eficiência e da boa administração pública.

No segundo capítulo, fornece ao leitor uma compreensão do significado que deve ser atribuído à promoção do desenvolvimento sustentável como uma nova finalidade da licitação pública, explicando que os processos de contratação pública passam a ser encarados como um instrumento de política pública voltado ao fomento desse objetivo fundamental da República. É também nesse capítulo que a autora explica que as previsões abstratas das legislações são capazes de indicar a finalidade que deve ser alcançada por meio dos processos de contratação pública, mas que muitas vezes são insuficientes para esclarecer *como* isso deve ser feito pelos órgãos e entidades públicas. Daí porque o poder normativo da Administração se revela como uma ferramenta adequada e necessária para especificar os meios concretos mediante os quais serão implementados os critérios de sustentabilidade nas licitações, mas com limites, não podendo, por exemplo, "criar uma nova margem de preferência ou critério de desempate por meio de decretos ou outros atos normativos, a exemplo de instruções, portarias ou, ainda, pelo próprio instrumento convocatório da licitação", nas palavras da autora.

No terceiro capítulo, o livro oferece ao leitor um conjunto de orientações concretas sobre como devem ser implementadas as medidas de sustentabilidade nas diferentes fases, etapas e atos dos processos de contratação pública. Aqui, encontra-se uma detalhada explicação sobre como deve a Administração promover o desenvolvimento nacional sustentável nas fases de planejamento, de seleção de proponentes e de execução e cumprimento do contrato, seja no momento preparatório que antecede a contratação, seja no momento de aplicar as preferências e benefícios destinados a promover o desenvolvimento com sustentabilidade, seja, ainda, no momento de fiscalizar se as práticas sustentáveis estão sendo efetivamente realizadas.

Todos esses assuntos são tratados pela autora com profundidade teórica e precisão técnica, com apoio em uma pesquisa bibliográfica extensa baseada em obras monográficas nacionais e estrangeiras, artigos científicos publicados em revistas especializadas e coletâneas, bem como instrumentos normativos relevantes. Não poderia ser diferente: a obra consiste no resultado da pesquisa por ela desenvolvida no Programa de Pós-Graduação em Direito da Pontifícia Universidade Católica do Paraná e defendida como dissertação de mestrado perante banca examinadora composta por mim, na condição de orientador e presidente, pelo Prof. Dr. Luiz Alberto Blanchet (PUCPR) e pela Prof.ª Dr.ª Denise Bittencourt Friedrich (UNISC). Em razão dos seus indiscutíveis méritos, o trabalho foi aprovado e teve sua publicação recomendada pelos membros da banca.

De outra parte, cumpre ressaltar que o livro conjuga à solidez teórica antes mencionada uma segunda importante qualidade: ele leva em conta aspectos práticos dos processos de contratação pública, auxiliando o leitor a solucionar problemas habitualmente enfrentados no dia a dia da Administração Pública no que diz respeito à aplicação de critérios de sustentabilidade nas licitações. E isso se dá pelo fato de que a autora possui ampla experiência profissional com a matéria, sendo atualmente gerente da consultoria em licitações e contratos da prestigiosa empresa Zênite, referência nacional nesse setor, na qual atua como consultora há mais de dez anos.

Por todas essas razões, é com grande tranquilidade que recomendo a leitura desta obra a todos aqueles que desejarem conhecer e se aprofundar no assunto em tela, e parabenizo a Editora Fórum, na pessoa de seu Presidente, Luís Cláudio Rodrigues Ferreira, pela publicação de mais este destacado livro na área das licitações e contratos administrativos.

Além disso, a redação deste prefácio tem, para mim, um sabor especial: Suzana foi a minha primeira orientanda de mestrado no PPGD-PUCPR. Para quem escolheu seguir a carreira docente e dedicar-se à produção do conhecimento científico, formando novos pensadores e pesquisadores no âmbito da pós-graduação *stricto sensu*, ocasiões como esta constituem um marco importante. O fato de ter sido a Suzana – orientanda dotada de um perfil dedicado, sério e competente – a participar dessa etapa faz deste momento – que, por si só, já é especial – ainda mais prazeroso.

Curitiba, abril de 2017.

Daniel Wunder Hachem
Professor de Direito Constitucional e Direito Administrativo da Graduação e dos Programas de Pós-Graduação *stricto sensu* em Direito da Pontifícia Universidade Católica do Paraná e da Universidade Federal do Paraná. Doutor e Mestre em Direito do Estado pela Universidade Federal do Paraná. Professor Visitante da *Universidad Rovira i Virgili* – Espanha (2016). Professor do Corpo Docente Estável do Mestrado em Direito Administrativo da *Universidad Nacional del Litoral* (Argentina). Coordenador Executivo, pelo Brasil, da *Rede Docente Eurolatinoamericana de Derecho Administrativo*. Membro do *Foro Iberoamericano de Derecho Administrativo*, da *Asociación de Derecho Público del Mercosur* e do Instituto Paranaense de Direito Administrativo. Advogado.

APRESENTAÇÃO

Criado pelo povo para satisfazer seus anseios, conforme antecipa o preâmbulo da Constituição da República, o Estado cumpre suas finalidades mediante execução direta ou por meio de pactos com terceiros. Dentre esses pactos, destacam-se por sua quantidade e relevância os processos de contratação pública. Nem sempre tais processos são conduzidos com a juridicidade esperada, ora por despreparo dos agentes, ora por irreflexão, outras vezes por incúria e mesmo por deliberada intenção de desatender o direito. Quando o próprio processo de contratação já vem contaminado, o que será então do desenvolvimento sustentável a ser adotado como princípio condutor desde o preliminar planejamento e a ser ulteriormente obtido como resultado efetivo?

Com a clareza, objetividade e proficiência que lhe são peculiares, Suzana Maria Rossetti enfrenta esse tema que bem domina também na prática. A estruturação lógica de suas frases, que resulta na limpidez e clareza da redação, também é qualidade que bem domina em suas atividades diárias de consultoria e orientação a agentes da Administração Pública responsáveis pela condução de procedimentos de contratação.

A autora não se limita apenas à pesquisa meramente bibliográfica, pois sua atividade profissional lhe disponibiliza vasto material com o qual soube muito bem trabalhar, ultrapassando os limites da simples sistematização de dados colhidos durante a pesquisa e, adotando como parâmetro orientador a desenvolvimento sustentável, foi além, fazendo os resultados da pesquisa afluírem ao método da *recherche-action* ao apontar os procedimentos juridicamente mais idôneos à efetiva consecução do desenvolvimento sustentável.

O desenvolvimento sustentável a ser buscado nos procedimentos de contratação pública não pode ser visto como uma dádiva aleatória submetida às incertezas incontroláveis determinantes do percurso e do destino daquilo que se convencionou chamar de sorte. Ao contrário, o desenvolvimento sustentável é resultado previsível, programável, projetável, controlável e certo da boa administração. Já na etapa preliminar de identificação do motivo concreto da contratação pública – necessidade real e atual cujo atendimento é de interesse público –, o administrador deve planejar objetivamente a solução que mais idoneamente atenda o interesse público imediato de obtenção do bem, da obra, serviço ou da alienação, mas também o interesse público pertinente ao desenvolvimento sustentável, sem o qual nenhuma atuação do Estado se justificaria. Identificado o problema a ser solvido pelo

Estado, o agente deve desenvolver os estudos prévios de viabilidade do empreendimento nos âmbitos financeiro, técnico e ambiental constantes no comando expresso da norma. Deve, porém, o agente observar os comandos implícitos, os quais, segundo as palavras da autora, concernem, entre outros aspectos, à cultura, à tecnologia, ao turismo, ao mercado, à justa distribuição de riquezas, ao perfeito e efetivo exercício dos direitos sociais, ao potencial produtivo do ser humano e aos direitos daqueles que, no futuro próximo e também remoto, integrarão o Estado. É com essa visão que a autora alerta para os cuidados que os agentes devem ter já nas etapas de *"planejamento, de seleção de proponentes e contratual"*.

Com esta obra, enfim, Suzana Maria Rossetti contribui para a condução mais objetiva e eficiente das contratações públicas, atendendo as necessidades do dia a dia, mas sempre rumo ao desenvolvimento sustentável.

Luiz Alberto Blanchet
Doutor e Mestre em Direito pela Universidade Federal do Paraná (1997/1991). Possui Graduação em Direito pela Pontifícia Universidade Católica do Paraná (1975). Atualmente é Professor do Programa de Pós-Graduação da Pontifícia Universidade Católica do Paraná (PPGD/PUCPR) e Membro Catedrático da Academia Brasileira de Direito Constitucional (ABDConst). Tem experiência na área de Direito, com ênfase em Direito do Estado, atuando principalmente nos seguintes temas: Direito Administrativo, Iniciativa Privada, Estado e Desenvolvimento, Concessão de Serviço Público, Contrato Administrativo e Licitação. Suas principais obras são as seguintes: *Concessão de serviços públicos: Estado, Iniciativa Privada e Desenvolvimento Sustentável* (Juruá, 2012); *Direito Administrativo: o Estado, o Particular e o Desenvolvimento Sustentável* (Juruá, 2011); e *Roteiro Prático das Licitações – atualizada com as inovações da LC 123/06* (Juruá, 2009). Coordenou a obra: *Serviços Públicos – Estudos Dirigidos* (Fórum, 2007).

INTRODUÇÃO

O setor público está entre os grandes consumidores do mercado, gastando cerca de 10 a 15% do PIB.[1] Há sete anos, com a Medida Provisória nº 495/2010, posteriormente convertida na Lei nº 12.349/10, esse potencial das compras públicas não só foi reconhecido, como determinou a alteração da Lei nº 8.666/93 – Estatuto Nacional das Licitações e Contratos Administrativos –, cujo art. 3º, *caput*, foi alterado para inserir como um dos objetivos das licitações públicas, ao lado da isonomia e da seleção da proposta mais vantajosa para a Administração (até então já previstos na lei), a *promoção do desenvolvimento nacional sustentável*.

O dispositivo consiste em norma geral a ser observada por todos "os órgãos da administração direta, os fundos especiais, as autarquias, as fundações públicas, as empresas públicas, as sociedades de economia mista e demais entidades controladas direta ou indiretamente pela União, Estados, Distrito Federal e Municípios" (art. 1º, parágrafo único, da Lei nº 8.666/93).

A partir desse marco, a doutrina passou a discorrer sobre as denominadas *licitações sustentáveis* ou, como preferem alguns, licitações verdes, positivas, entre outras nomenclaturas.

O desenvolvimento nacional sustentável igualmente constou como finalidade dos processos de contratação desenvolvidos à luz da Lei nº 12.462/2011, que define o regime diferenciado de contratações (art. 3º).

Em 2016, com a entrada em vigor da Lei nº 13.303/2016,[2] que trata do regime jurídico aplicável especificamente às estatais, abrangendo

---

[1] SILVA, Renato Cader da. *Compras compartilhadas sustentáveis*. Disponível em: <http://www.comprasgovernamentais.gov.br/paginas/artigos/compras-compartilhadas-sustentaveis>. Acesso em: 08 set. 2015.

[2] Tramita no Supremo Tribunal Federal a Ação Direta de Inconstitucionalidade (ADI nº 5.624) contra a Lei nº 13.303/2016. A ação foi ajuizada, com pedido de medida cautelar, pela Federação Nacional das Associações do Pessoal da Caixa Econômica Federal (Fenaee) e pela

toda e qualquer empresa pública e sociedade de economia mista da União, dos Estados, do Distrito Federal e dos Municípios, uma vez mais ficou registrada essa preocupação. De acordo com o art. 31 da novel legislação, as "licitações realizadas e os contratos celebrados por empresas públicas e sociedades de economia mista destinam-se a assegurar a seleção da proposta mais vantajosa, *inclusive no que se refere ao ciclo de vida do objeto*, e a evitar operações em que se caracterize sobrepreço ou superfaturamento, devendo observar os princípios da impessoalidade, da moralidade, da igualdade, da publicidade, da eficiência, da probidade administrativa, da economicidade, do *desenvolvimento nacional sustentável*, da vinculação ao instrumento convocatório, da obtenção de competitividade e do julgamento objetivo".

A despeito do incontestável reconhecimento das compras governamentais como instrumento para implementação das mais variadas políticas públicas de valorização e fomento ao desenvolvimento nacional sustentável, chama atenção a eficácia social ainda reduzida das normas já positivadas em torno da matéria, que, embora detenham desde a sua promulgação plena operatividade jurídica, ainda não encontram na realidade prática a aplicação devida.

Há uma série de elementos que potencializam esse reflexo, os quais vão desde uma leitura desconcertada do significado constitucional de *desenvolvimento nacional sustentável* até uma percepção equivocada da magnitude dos custos e das dificuldades de aplicar as condicionantes de sustentabilidade nos processos de contratação pelo Poder Público.

Pretende-se com o presente trabalho contribuir com reflexões que possam esclarecer melhor esses pontos e, quiçá, subsidiar alterações no panorama nacional das contratações públicas a fim de que a Administração Pública esteja materialmente apta a enfrentar o complexo desafio que se apresenta ao agir administrativo visando desenvolver processos de contratação que de fato compreendam instrumentos de transformação da realidade por meio das políticas públicas governamentais.

Como já dizia Fernando Teixeira de Andrade: "É o tempo da travessia... e, se não ousarmos fazê-la, teremos ficado, para sempre, à margem de nós mesmos".[3] Parafraseando Fernando Teixeira de Andrade, caso não se ouse enfrentar o conteúdo complexo da noção

---

Confederação Nacional dos Trabalhadores do Ramo Financeiro (Contraf/Cut). A respeito, vide: <http://www.stf.jus.br/portal/cms/verNoticiaDetalhe.asp?idConteudo=333401>. Acesso em: 18 jan. 2017.

[3] Esse texto é vulgarmente atribuído a Fernando Pessoa. No entanto, após investigações, identificou-se que tudo indica compreender texto do livro *O medo: o maior gigante da alma*, de autoria de Fernando Teixeira de Andrade (1946-2008). Dentre outros sítios eletrônicos, é

de desenvolvimento nacional sustentável, de conteúdo vinculativo, definido na Constituição, ficar-se-á à margem do escorreito exercício da função administrativa, condição máxima de legalidade da atuação da Administração Pública, e, o que é pior, negligenciar-se-á quanto à promoção do direito fundamental dos cidadãos a uma boa administração. As reflexões que se pretende apresentar encontram-se divididas em três capítulos, tratando-se, no primeiro, de desenvolvimento sustentável e suas implicações na atividade administrativa; no segundo, relativamente à promoção do desenvolvimento sustentável como finalidade dos processos de contratação pública; por derradeiro, no terceiro, serão avaliados os impactos concretos das políticas públicas para o desenvolvimento nacional sustentável nas diversas fases do processo de contratação pública.

No capítulo 1, propõe-se, a partir da superação da visão dogmática, mecanicista, que ainda enferma a Administração Pública identificar que tipo de agir administrativo se espera de seus agentes. Há diretivas jurídicas que determinam maior reflexão acerca de elementos que hoje vinculam o exercício da atividade administrativa, especialmente o reconhecimento da pessoa humana, dos interesses da sociedade, como sua elementar missão. Mas, para chegar a essa análise, há algumas etapas preliminares, basilares, que têm em vista esmiuçar que proposta de desenvolvimento se extrai da Constituição.

Conforme se verá, o plano para o desenvolvimento nacional brasileiro, consagrado na Constituição, desafia nos mais variados aspectos o intérprete jurídico cartesiano. A Constituição da República abrange denso e complexo conteúdo jurídico para o desenvolvimento nacional, que pressupõe enfrentar dualismos ideológicos e transpor recortes disciplinares ou científicos a fim de encontrar o ponto de equilíbrio para o plano de desenvolvimento nacional: uma matriz clarividente quanto ao fomento da economia, valorização da iniciativa privada e da livre concorrência, mas, sobremaneira, zelosa para com a redução de disparidades sociais, o pleno desenvolvimento das potencialidades humanas e o combate a comportamentos degradantes da natureza e insensibilidades destoantes de uma sociedade que preza pelas gerações futuras.

Entender o conteúdo complexo do plano de desenvolvimento nacional sustentável consignado na Constituição demanda ainda destrinchar os aspectos que compõem a sobredita complexidade, qual seja, o valor da sustentabilidade e suas dimensões espaciais, sociais,

possível conferir em: <https://poetrysfeelings.wordpress.com/category/fernando-teixeira-de-andrade/>. Acesso em: 22 jan. 2016.

econômicas e ambientais. É necessário bem conhecer as partes para, ao avaliar a realidade concreta, complexificá-la para entender as interações que ocorrem. É essa proposta de análise que permitirá identificar a complexidade dos riscos envolvidos, que são concomitantemente causa e efeito de uma multiplicidade de desgastes sociais, ambientais e econômicos, os quais atingem globalmente a humanidade. E quanto às dimensões da sustentabilidade, há uma em especial para este estudo, qual seja, a dimensão da sustentabilidade como diretiva de atuação na gestão pública. Se o agir administrativo deve estar direcionado à satisfação dos interesses da sociedade, não há como conceber uma atuação descomprometida ou ineficiente no trato do modelo de desenvolvimento complexo definido pela Constituição.

Para tratar desses aspectos relacionados ao desenvolvimento nacional sustentável e ao agir administrativo, sistematizou-se o estudo em três frentes que se entendem nodais: 1.1) desvendar a noção complexa de desenvolvimento intencionada pela Constituição da República; 1.2) destrinchar as várias facetas da relação existente entre desenvolvimento e sustentabilidade; e 1.3) refletir acerca da sustentabilidade como diretiva de atuação na gestão pública, o que estimula um repensar acerca dos princípios da legalidade, da eficiência e do direito fundamental à boa administração.

No capítulo 2, a análise a ser enfrentada tem em vista identificar os processos de contratação pública como ferramentas na concretização desse plano de desenvolvimento nacional sustentável de conteúdo complexo. Será iniciada a contextualização em torno dos elementos que hoje prejudicam a eficácia das políticas públicas para o desenvolvimento nacional sustentável nas contratações.

As questões a serem avaliadas, nesse capítulo, são as seguintes: o que se deve entender por "proposta mais vantajosa"? Que elementos devem subsidiar a avaliação dos agentes públicos envolvidos nesse tipo de verificação? Qual a repercussão que o conteúdo complexo de desenvolvimento sustentável consignado na Constituição e reafirmado pela lei como finalidade das licitações provoca sobre essa reflexão? Ainda que se compreenda a noção adequada de vantajosidade, justifica-se a existência de tantas políticas públicas adotando as compras governamentais como instrumentos para a sua implementação? Que tipo de papel representa a Administração ao implementá-las? Quais são os segmentos que hoje são tangenciados pelas políticas públicas vigentes intencionando o desenvolvimento nacional sustentável? A normatização existente é suficiente para aplicação dessas políticas? Qual a relevância do poder normativo da Administração para tanto?

A organização de ideias que se propõe para dirimir as questões acima encontra-se sedimentada em três reflexões: 2.1) repensar o tradicional conceito de vantajosidade como a seleção da proposta mais vantajosa em condições isonômicas; 2.2) compreender em que medida os processos de contratação podem ser interessantes instrumentos para o implemento de políticas públicas de fomento ao desenvolvimento nacional sustentável; e 2.3) sopesar a relevância do poder normativo da Administração para a eficácia das políticas públicas objetivando o desenvolvimento nacional sustentável.

Compreendido o modelo de desenvolvimento nacional sustentável delimitado na Constituição e sua repercussão sobre o agir administrativo, mostra-se necessária uma aproximação da realidade, do cotidiano administrativo, para, sopesando o passo a passo do processo de contratação pública, avaliar as repercussões que as mais diferentes condicionantes de sustentabilidade provocam sobre suas fases, etapas e atos.

Assim é que, no capítulo 3, o ponto a ser avaliado tem em vista a implementação das condicionantes relacionadas ao desenvolvimento nacional sustentável no processo de contratação pública. Como nem todo critério de sustentabilidade se insere, indistintamente, nas fases, etapas e atos do processo, torna-se imprescindível conhecer a finalidade de cada etapa e que tipos de condicionantes se coadunam com o momento pertinente.

Pretende-se com essa verificação solucionar as seguintes questões: como deve ser avaliada a necessidade da Administração? De que forma deve se desenvolver o planejamento da contratação a fim de se resguardar a implementação das políticas públicas para o desenvolvimento nacional sustentável sem prejuízo de resguardar outros princípios que informam o agir administrativo, como a economicidade e a isonomia? É possível estabelecer condicionantes de sustentabilidade na etapa de habilitação, propostas e como obrigação contratual? Quais são os critérios de desempate e as margens de preferência atualmente aplicáveis tendo em vista as políticas públicas para o desenvolvimento sustentável? Como deve se dar essa aplicação? Quais são as implicações do desenvolvimento sustentável sobre o agir administrativo na fase contratual?

No intuito de apresentar de forma didática esse conteúdo, as informações foram organizadas conforme as fases do processo de contratação: 3.1) fase de planejamento: ações envoltas no planejamento da contratação para garantia do desenvolvimento sustentável; 3.2) fase de seleção de proponentes: aplicação de preferências e benefícios para a garantia do desenvolvimento sustentável nos processos de contratação;

e 3.3) fase contratual: fiscalização quanto à adoção de práticas de sustentabilidade.

Com o apanhado acima, pretende-se não apenas esclarecer qual o conteúdo para o princípio do desenvolvimento nacional sustentável que vincula o agir administrativo, mas também a razão pela qual existe essa vinculação e, seguindo essas considerações preliminares, a forma como devem se desenvolver, então, os processos de contratação a fim de que correspondam aos objetivos das políticas públicas destinadas ao fomento do desenvolvimento nacional sustentável.

CAPÍTULO 1

DESENVOLVIMENTO SUSTENTÁVEL E SUAS IMPLICAÇÕES NA ATIVIDADE ADMINISTRATIVA

À Administração Pública brasileira se impõe uma série de desafios na contemporaneidade. Não há mais espaço para uma Administração autoritária, em que o "poder" sobre os administrados se sobrepõe a qualquer outra ordem de análise,[4] assim como de uma Administração estritamente dogmática, que reduza a atividade administrativa a uma dialética linear de subsunção do fato à norma. Para além da ideologia e da política, há diretivas jurídicas que determinam uma maior reflexão acerca do exercício da atividade administrativa.

O art. 37, *caput*, da Constituição da República impõe à Administração Pública obedecer aos princípios da legalidade, impessoalidade, moralidade, publicidade e eficiência. Mas como deve se dar o agir administrativo para que se satisfaçam esses postulados? Afinal, que modelo de agir administrativo se espera da Administração Pública brasileira pós-Constituição da República?

---

[4] Sem embargo, até hoje os doutrinadores parecem deixar-se seduzir pelo vezo de explicar institutos de Direito Administrativo sedimentando-os em remissões a "poder" ou "poderes" da Administração. É o que, no Brasil, ainda fazem ilustres e competentes administrativistas. Este tipo de organização metodológica das matérias do Direito Administrativo, em última análise, favorece, embora, indesejadamente, realçar e enfatizar uma concepção autoritária do Direito Administrativo, projetando luz sobre os tópicos exaltadores do 'poder' e deitando sombra sobre os concernentes aos 'deveres' a que está subjugada a Administração, e que têm cunho mais importante para a boa compreensão da índole do Direito Administrativo no Estado de Direito (MELLO, Celso Antônio Bandeira de. *Curso de Direito Administrativo*. 28. ed. São Paulo: Malheiros, 2011. p. 46).

Todo agir administrativo deve estar direcionado à satisfação dos interesses da sociedade. Justamente por isso, não há como dissociar o exercício da atividade administrativa da identificação desses interesses, o que imporá um ressignificar desse múnus. E um interesse caro à sociedade brasileira atual, ou mesmo mundial, está diretamente relacionado ao desenvolvimento sustentável, à garantia de condições sociais, econômicas e ambientais equilibradas que satisfaçam as necessidades e interesses da população, preservem os recursos naturais e que resguardem esses mesmos direitos para as futuras gerações.

O fato é que há uma *crise de percepção* que precisa ser enfrentada para que se possa falar em desenvolvimento sustentável. Essa crise diz respeito à dificuldade de avaliar os fatos, ações e institutos globalmente, procurando alargar as fronteiras que limitam a racionalidade e, desse modo, a proposição de soluções consentâneas com os objetivos e fins delimitados pela Constituição de 1988 e, mesmo, àqueles chancelados pelo Brasil em tratados internacionais de direitos humanos.[5]

Fritjof Capra, ao tratar da *crise de percepção* quanto aos problemas sociais, econômicos e ambientais que produzem em verdade um impacto global e danificam a biosfera e a vida humana de uma maneira catastrófica, enfatiza a necessidade de perceber os problemas da época atual de maneira sistêmica, uma vez que estão interligados e são interdependentes. E, de forma bastante contundente, o autor contextualiza esse impacto global com rápidas afirmações de impacto: a estabilização da população depende da redução da pobreza no âmbito mundial; enquanto não se resolverem as enormes dívidas do Hemisfério Meridional, não haverá como conter a extinção em massa de espécies animais e vegetais; e, ainda, não há como preservar comunidades locais, bem como conter a violência étnica e tribal enquanto não se direcionar uma

---

[5] Ao trabalhar-se em um plano interno com a administração pública, há de se atentar às complexidades advindas do contexto global de sociedade, cujos direitos humanos estão vitimados/banalizados por muitos fatores, entre os quais, um processo recentemente acelerado de globalização que os reduz a mero conceito, inserindo-os em políticas globais de amesquinhamento da pessoa humana. Em corolário, enfraquecendo as políticas estatais, provoca-se tendência de fuga do direito administrativo. [...] Com o ideário dos direitos humanos a ser desvelado pela interpretação do direito administrativo, os Estados se ajustaram, procurando superar o binômio poder-sujeição, substituindo-o por função-direito, com os fins do Estado redefinidos, não mais com idealizações e mera retórica no escopo ideológico das classes dominantes, mas como realização dos direitos das pessoas. Nesse sentido, o que redefine o Estado é a efetiva realização dos direitos fundamentais, não mais como poder originário, eis que se trata de função subordinada a resultados, tal como decidem os órgãos políticos da democracia (ZANOTELLI, Maurício. A compreensão dos direitos humanos como condição de possibilidade de interpretar o direito administrativo: um vir-à-fala hermenêutico. In: SILVA, Maria Teresinha Pereira; ZANOTELLI, Maurício (Coord.). *Direito e administração pública*: por uma hermenêutica compatível com os desafios contemporâneos. Curitiba: Juruá, 2011. p. 41-62).

maior atenção ao problema da escassez dos recursos e da degradação do meio ambiente.[6] Perceba-se que não se resolvem os problemas sociais, econômicos e ambientais a partir de uma análise reduzida da realidade. Nesse sentido é que se diz existir uma *crise de percepção*, incoerente para com um mundo superpovoado e globalmente interligado.[7] Belmiro Valverde Jobim Castor ressalta que nenhum "país, comunidade humana ou mesmo indivíduo, a não ser nos casos extremos de isolamento físico, mental e cultural, podem se considerar a salvo do processo globalizante de uma ou de outra forma".[8] Em verdade, as forças da natureza, os desvios e instabilidades do mercado demandam uma atuação e estudo abrangente constantes, que possibilitem avaliar de forma complexa o agir humano e, nesse sentido, potencializar a redução de riscos.[9]

Assim é que a proposição lançada por Fritjof Capra pode ser sopesada sob duplo viés: o primeiro diz respeito à necessidade de perceber os diversos problemas de forma inclusiva; o segundo, à imprescindibilidade de esquematizar soluções complexas que intentem o equilíbrio socioeconômico e ambiental e, assim, o desenvolvimento sustentável.

Sem prejuízo aos acordos e cooperações existentes em âmbito regional e mundial, inclusive para aquelas situações em que os desafios a serem vencidos impõem um tratamento interestatal,[10] cada Estado-

---

[6] CAPRA, Fritjof. *A teia da vida*. São Paulo: Cultrix, 2004.

[7] Soma-se a essa crise de percepção um desgaste na reflexão científica, haja vista a alta complexidade produzida pela sociedade moderna que tornou precária a relação da razão com o tempo. Logo, como avaliar riscos? Uma incitação sem sombra de dúvida complexa, que desafia muitas vezes a precariedade da razão. A respeito dessa temática, vide: DE GIORGI, Rafaelle. O risco na sociedade contemporânea. *Revista Sequência*, Florianópolis, ano XV, n. 28, p. 45-54, jun. 1994.

[8] CASTOR, Belmiro Valverde Jobim. Finalmente a aldeia global? In: SILVA, Christian Luiz da; MENDES, Judas Tadeu Grassi (Org.). *Reflexões sobre o desenvolvimento sustentável*: agentes e interações sob a ótica multidisciplinar. Petrópolis: Vozes, 2005. p. 153.

[9] Enfim, enquanto na modernidade havia a crença no determinismo histórico, em que vigoravam o pensamento mecânico, cartesiano, a ideia de progresso, de destino, na pós-modernidade, com esse rompimento e superação, percebe-se que o progresso nunca é garantido. Percebe-se que as forças da natureza mudam o possível destino e, ainda, que o mercado não garante o sucesso econômico do Estado, mas assegura apenas o prosseguimento do próprio mercado e das suas instabilidades próprias. As catástrofes naturais também trazem no ventre a ideia da incerteza do destino humano. Não há mais a segurança de viver em um mundo predeterminado pela vontade da sociedade, pela vontade do Estado, pela vontade do mercado, ainda que este seja instável. Não há mais segurança, mas risco, e o perigo é conceito igualmente presente (RIBEIRO, Diógenes V. Hassan. As ações repetitivas e a exigência de soluções complexas. *Revista Brasileira de Direito Processual – RBDPro*, Belo Horizonte, ano 23, n. 87, jul./set. 2014).

[10] A globalização tem provocado a necessidade de sopesar o tratamento a ser conferido, em muitos casos, por distintas ordens jurídicas. É o que se chama de casos administrativos multidimensionais. Vide REYNA, Justo J. Globalización, pluralidad sistémica y

Nação detém regime jurídico-político próprio, com objetivos e fins delimitados, norteador para os poderes públicos na gestão e concretização do desenvolvimento nacional sustentável.[11]

No Brasil, a Constituição da República, além de rica em disposições que passam pela temática, possibilita identificar feições diversas do modelo de desenvolvimento a ser perseguido, que passam pela seara espacial, social, econômica, ambiental, cultural e de gerenciamento da máquina pública. Vale dizer, houve a opção pela sociedade civil, para cujo conjunto de interesses se impõe o agir administrativo, por um modelo de desenvolvimento complexo.

Para entendê-lo, necessário transpor algumas *crises de percepção*, para o que se propõe três frentes elementares: 1.1) desvendar a noção complexa de desenvolvimento intencionada pela Constituição da República, 1.2) destrinchar as várias facetas da relação existente entre desenvolvimento e sustentabilidade e 1.3) refletir acerca da sustentabilidade enquanto diretiva de atuação na gestão pública, o que estimula um repensar acerca dos princípios da legalidade, da eficiência e do direito fundamental à boa administração.

1.1 A feição complexa da noção de desenvolvimento: dos aspectos multidisciplinares à concepção jurídica

Desenvolvimento, de acordo com o dicionário *Michaelis*,[12] afora outros significados, compreende o ato ou efeito de desenvolver, um crescimento ou expansão gradual, a passagem gradual de um estádio inferior a um estádio mais aperfeiçoado e, também, um adiantamento, progresso. Logo, a partir de uma semântica descritiva, a expressão

---

derecho administrativo: apuntes para un derecho administrativo multidimensional. In: BACELLAR FILHO, Romeu Felipe; GABARDO, Emerson; HACHEM, Daniel Wunder (Coord.). *Globalização, direitos fundamentais e direito administrativo*: novas perspectivas para o desenvolvimento econômico e socioambiental: Anais do I Congresso da Rede Docente Eurolatinoamericana de Direito Administrativo. Belo Horizonte: Fórum, 2011. p. 25-53.

[11] Ao tratar do conceito material de Constituição, Paulo Bonavides esclarece que "não há Estado sem Constituição, Estado que não seja constitucional, visto que toda sociedade politicamente organizada contém uma estrutura mínima, por rudimentar que seja. Foi essa a lição de Lassalle, há mais de cem anos, quando advertiu, com a rudeza de suas convicções socialistas e a fereza de seu método sociológico, buscando sempre desvendar a essência das Constituições, que uma Constituição em sentido real ou material todos os países, em todos os tempos, a possuíram" (BONAVIDES, Paulo. *Curso de direito constitucional*. 20. ed. São Paulo: Malheiros, 2007. p. 80-81).

[12] Vide: <http://michaelis.uol.com.br/moderno/portugues/index.php?lingua=portugues-portugues&palavra=desenvolvimento>. Acesso em: 18 jun. 2015.

desenvolvimento abarca conteúdo relacionado ao aumento quantitativo, mas igualmente à evolução qualitativa.

Porém evoluir, acrescer, passar de um estádio inferior a um superior pode se apresentar sob uma série de percepções que sofrem o efeito do tempo e, igualmente, do espaço em que se produz a reflexão, seja ele o da ideologia, da política, do direito ou outro. Por isso, interessa, especialmente, uma análise diacrônica da expressão desenvolvimento.

Mais do que isso, não há como discorrer sobre desenvolvimento e seus reflexos sobre o agir administrativo sem percebê-lo no influxo das diversas interações verificáveis empiricamente, as quais inclusive transcendem a disciplina do direito administrativo, do direito constitucional, a ciência do direito e, até mesmo, a própria ciência.[13] E aqui é interessante observar que a proposta moderna, visualizada no método de René Descartes, que propunha a redução do conhecimento do todo pelo conhecimento das partes, vinculado ao mecanicismo de Newton, perdeu sua razão de ser com a entrada do período pós-moderno, em que, com a Revolução Industrial, inaugurou-se a concepção complexa que envolve a sociedade e, especialmente, a identificação de uma sociedade de risco.[14] Riscos estes que ficaram mais tangíveis no século XX,

---

[13] Admitido esse *a priori*, o especialista corre o risco da hiperespecialização: se o saber disciplinar provou sua fecundidade na história da ciência, mediante a construção de um objeto de estudo, a hiperespecialização decorre da reificação desse objeto. O que é decisão metodológica, torna-se explicação ontológica. E essa nova realidade torna-se isolada, autossuficiente. A fronteira disciplinar impede o conhecimento das relações entre o objeto reificado e seu entorno. Assim, o hiperespecialista, na contramão das pretensões da ciência contemporânea, fecha seu conhecimento naquele minifúndio acadêmico no qual permanece obrigado a trabalhar. Ignora tudo o que, de fora, condiciona seu objeto de estudo, sendo também cego para tudo aquilo que esse objeto devolve para seu entorno. Se, num primeiro momento, sabe cada vez mais sobre cada vez menos, sabe também pouco sobre essa partícula da realidade sobre a qual se volta, à medida que desconhece sua origem e as inter-relações que lhe são constitutivas (FOLLONI, André. *Ciência do direito tributário no Brasil*: crítica e perspectiva a partir de José Souto Maior Borges. São Paulo: Saraiva, 2013. p. 363).

[14] Risco, aqui, abarca a concepção de Ulrich Beck, para quem *"riesgo es el enfoque moderno e la previsión y control de las consecuencias futuras de la acción humana, las diversas consecuencias no deseadas de la modernización radicalizada. Es um intento (institucionalizado) de colonizar el futuro, un mapa cognitivo. Toda sociedade, por supuesto, ha experimentado peligros. Pero el régimen de riesgo es una función de un orden nuevo: no es nacional, sino global. Está íntimamente relacionado com el proceso administrativo y técnico de decisión. Anteriormente, esas decisiones se toma bancon normas fijas de calculabilidad, ligando medios y fines o causas y efectos. La 'sociedad del riesgo global' ha invalidado precisamente esas normas. Todo esto se hace muy evidente con las compañías de seguros privadas, quizá el mayor símbolo del cálculo y la seguridad alternativa, que no cubren los desastres nucleares, niel cambio climático y sus consecuencias, niel colapso de las economias asiáticas, nilos riegos de baja probabilidade y graves consecuencias de diversos tipos de tecnologia futura. De hecho, los seguros privados no cubren la mayoría de las tecnologías controvertidas, como la ingenicría genética"* (BECK, Ulrich. *La sociedad del riesgo global*. Madrid: SigloVeintiuno, 2002. p. 5).
Vide ainda: DE GIORGI, *op. cit.*, p. 45-54.

especialmente nas décadas de 60 e 70, com os processos de revolução das telecomunicações e da microeletrônica, momento em que se visualiza um esgotamento do modelo keynesiano de economia capitalista e, conjuntamente, a ascensão do capitalismo global.[15]

A análise empírica da evolução histórica que leva à globalização[16] e especialmente dos riscos com que a sociedade global passa a ter de se preocupar possibilita identificar a impossibilidade de falar em desenvolvimento por meio de um estudo segmentado. Se desenvolver é acrescer, sair de um estádio inferior a um superior e, se as interações das diversas decisões provocam reflexos variados e globais, então impreterível uma evolução na percepção de líderes, administradores etc. quanto à imperiosidade de "mudança fundamental de visão do mundo na ciência e na sociedade".[17] Fritjof Capra propõe a percepção ecológica profunda, pela qual se "reconhece a interdependência fundamental de todos os fenômenos, e o fato de que, enquanto indivíduos e sociedades, estamos todos encaixados nos processos cíclicos da natureza (e, em última análise, somos dependentes desses processos)".[18]

Com base nessa percepção ecológica de mundo, tornam-se indispensáveis estudos complexos, que, a despeito de não desconsiderarem o conteúdo posto de cada disciplina, ciência ou filosofia, estejam abertos às interações entre esses saberes diversos na medida de suas confluências.

O interdisciplinar pressupõe as disciplinas. Mas significa saber que as disciplinas promovem um corte abstrato – geralmente arbitrário – no real, e que esse corte não impede, aliás demanda, um conhecimento voltado para o que ficou dele excluído, na tentativa de uma compreensão mais ampla.[19]

Do contrário, tem-se um grande risco para o desenvolvimento da ciência e da vida em sociedade. Mais do que isso, uma irresponsabilidade ética do cientista em não enfrentar complexidades, despreocupando-se com os reflexos que sua opção reducionista ocasiona na academia e para a sociedade.[20]

---

[15] Sobre o tema, ver CAPRA, Fritjof. *As conexões ocultas*. São Paulo: Cultrix, 2006. cap. 5 e 7.
[16] Assim, o globalismo seria, tão-somente, uma feição moderna da velha e conhecida expansão capitalista, que sucede à expansão mercantil, à dominação financeira e à submissão tecnológica. Uma nova ordem econômica e política internacional, fortemente influenciada pelas empresas multinacionais, estaria inaugurando uma nova etapa de dominação imperialista (CASTOR, *op. cit.*, p. 154).
[17] CAPRA, Fritjof. *A teia da vida*. São Paulo: Cultrix, 2004. p. 14.
[18] CAPRA, *idem*.
[19] FOLLONI, *op. cit.*, p. 335-336.
[20] FOLLONI, *op. cit.*, p. 334-335.

Assim é que, nas palavras de André Folloni, a epistemologia contemporânea se dirige ao desvendar da complexidade.[21] Embora não seja o objetivo neste momento discorrer sobre as teorias da complexidade, interessante resgatar concepção trabalhada por Edgar Morin, segundo o qual diversas complexidades[22] formam o tecido da complexidade: "Complexas é o que está junto; é o tecido formado por diferentes fios que se transformaram numa só coisa. Isto é, tudo isso se entrecruza, tudo se entrelaça para formar a unidade da complexidade; porém, a unidade do *complexus* não destrói a variedade e as diversidades complexidades que o teceram".[23]

Veja-se que, para a ideologia,[24] é possível discriminar dois modelos principais de desenvolvimento da sociedade: o capitalista e o

---

[21] FOLLONI, *op. cit.*, p. 335.
[22] Edgar Morin destaca algumas "avenidas" a serem trilhadas ao trabalhar com complexidade. A primeira delas é a irredutibilidade do acaso e da desordem. A segunda é a transgressão, que compreende, última análise, "a abstração universalista que elimina a singularidade, a localidade e a temporalidade". A terceira é a complicação, cujo problema surgiu da percepção de que "os fenômenos biológicos e sociais apresentavam um número incalculável de interações, de inter-retroações, uma fabulosa mistura que não poderia ser calculada nem pelo mais potente dos computadores". A quarta advém da identificação de uma "misteriosa relação complementar" entre ordem, desordem e organização. A quinta compreende o reconhecimento da existência de uma organização enquanto sistema identificável a partir de elementos diversos. E o detalhe é que esse sistema não se confunde com a soma das partes respectivas. Pelo contrário, produz uma natureza peculiar, que inclusive poderia ser mais, ou menos, do que a soma das partes. Edgar Morin destaca ainda uma "avenida" – sexta – advinda de um nível de complexidade própria às organizações biológicas e sociais. Segundo o autor, são complexas porque são concomitantemente "acêntricas (o que quer dizer que funcionam de maneira anárquica por interações espontâneas), policêntricas (que têm muitos centros de controle, ou organizações) e cêntricas (que dispõem, ao mesmo tempo, de um centro de decisão)". A partir disso, elucida o autor que nossas sociedades históricas contemporâneas "se auto-organizam não só a partir de um centro de comando-decisão (Estado, governo), mas também de diversos centros de organização (autoridades estaduais, municipais, empresas, partidos políticos etc.) e de interações espontâneas entre grupos de indivíduos". A sétima avenida compreende a crise de conceitos fechados e claros na medida em que são complementares. A oitava avenida, por sua vez, compreende a "volta do observador na sua observação", que significa a autoanálise do observador, no sentido de verificar sua condição sociocultural, esta que impacta na análise a ser realizada, de modo a se aproximar da verdade. Sintetiza o autor: "A teoria, qualquer que seja ela e do que quer que trate, deve explicar o que torna possível a produção da própria teoria e, se ela não pode explicar, deve saber que o problema permanece". Edgar Morin enfatiza inclusive um paradoxo, qual seja, o de que "a ciência se desenvolve, não só a despeito do que ela tem de não científico, mas graças ao que ela tem de nãocientífico" (MORIN, Edgar. *O desafio da complexidade*: ciência com consciência. Tradução Maria D. Alexandre e Maria Alice Sampaio Dória. Rio de Janeiro: Bertrand Brasil, 1996).
[23] MORIN, *idem*.
[24] Adota-se aqui o conceito de ideologia trabalhado por John B. Thompson, no sentido de construção simbólica que visa estabelecer ou manter relações de dominação. Vide THOMPSON, John B. *Ideologia e cultura moderna*: teoria social crítica na era dos meios de comunicação de massa. Petrópolis: Vozes, 2000.

socialista. O primeiro, conhecido como pensamento de direita, percebe, na "liberdade individual na luta e na competição, valores positivos relacionados ao progresso e à melhora da condição humana no mundo". Já o segundo, pensamento de esquerda, enxerga "o mundo pelas lentes da luta de classes e da exploração de uma classe por outra".[25] Em um caso ou no outro, tem-se a redução a um modelo padrão, tido como ideal.

A ideologia, ainda que necessária,[26] por meio da sua percepção fictícia de desenvolvimento, potencializa algumas concepções que passam a ser difundidas na sociedade. Veja-se a identificação dos Estados Unidos da América e da Europa como tipos centrais de desenvolvimento, assim como no restante do planeta a condição de atrasados – portanto, subdesenvolvidos. Assim, "tudo o que é diferente do modelo está atrasado, no passado, é não desenvolvido e precisa ser superado em direção ao alinhamento homogeneizador".[27]

Logo, a ideologia possibilita a análise do desenvolvimento sob a luz do paradigma hipotético que propõe. Ou seja, por estudar o desenvolvimento a partir do recorte de ideias que previamente determina, não se mostra possível, com respaldo em determinada ideologia, isoladamente, compreender o desenvolvimento. Ao menos não no exercício de cientificidade que objetive o saber jurídico.

É evidente que os partidos políticos assumem em menor ou maior intensidade uma ideologia. No entanto, a partir do instante em que o soberano – povo – determina a posicionalidade hegemônica do grupo político eleito[28] e, por consequência, o plano político proposto

---

[25] A respeito das tendências socialistas, sugere-se a leitura de Michael Löwy, para quem o grande desafio está em uma renovação do pensamento marxista no início do século XXI, o que exige uma ruptura radical com a ideologia do progresso linear e com o paradigma tecnológico e econômico da civilização industrial moderna. Conforme explica o autor, não se questiona a necessidade do progresso, mas o dever de reorientá-lo, tornando-o compatível com a preservação do equilíbrio ecológico do planeta (LÖWY, Michael. *Ecologia e socialismo*. São Paulo: Cortez, 2005).

[26] Parece razoável supor, em síntese, que a existência de ideologias não pode ser erradicada: no atual estádio do desenvolvimento humano, são recursos inelimináveis da compreensibilidade e da tomada de posição ética e política. Se uma ideologia específica pode ser denunciada, decair ou até desaparecer, a existência de ideologias enquanto fenômeno parece algo profundamente conectado à condição e à experiência humanas, na história e contemporaneamente – um dado que deve ser compreendido e com o qual devemos aprender a conviver (FOLLONI, André. A complexidade ideológica, jurídica e política do desenvolvimento sustentável e a necessidade de compreensão interdisciplinar do problema. *Revista Direitos Humanos Fundamentais*, Osasco, ano 14, n. 1, p. 66, jan./jun. 2014).

[27] FOLLONI, *ibidem*, p. 68.

[28] Um elemento interessante a ser associado refere-se às peculiaridades do eleitorado brasileiro que em grande parte não vota em determinado candidato por conta de ideologia, mas, sim, por suas características pessoais. Em verdade, "a conjugação de cidadãos pouco

(e respectivas regras) é chancelado pela soberania popular, o conjunto de normas subjacente transcende de meramente político a jurídico. Nessa hipótese, independentemente da carga ideológica que orientou a formação do plano político, tem-se uma opção político-jurídica a ser observada. Promulgada a Constituição, todo seu regramento, explícito e implícito, passa a incorporar um dever jurídico de primeira ordem aos poderes públicos e cidadãos.

E uma observação necessária: o fato de o texto constitucional, seja no preâmbulo ou no restante de suas disposições, fixar diretrizes programáticas não retira o seu caráter jurídico.[29] Pelo contrário, a carta fundamental, por compreender o parâmetro normativo-institucional do Estado, deve, em todo seu conteúdo – seja de teor programático ou não – ser rígida e de eficácia vinculante, sob pena de se perder a unicidade da Constituição.[30] [31] Em tempo, na forma do art. 5º, §2º, da Constituição, reconhecem-se mesmo os direitos e garantias não expressos no texto fundamental, porém, decorrentes do regime e dos princípios por ele adotados, assim como dos tratados internacionais em que o Brasil seja parte.

Rui Barbosa já dizia que não há, "numa Constituição, cláusulas a que se deva atribuir meramente o valor moral de conselhos, avisos ou

---

sofisticados com a constante difusão de ideologias antidemocráticas foi o elemento central da formação da cultura política brasileira, permitindo que o personalismo constituísse a base histórica de estruturação do comportamento eleitoral" (BORBA, Julian. Cultura política, ideologia e comportamento eleitoral: alguns apontamentos teóricos sobre o caso brasileiro. *Opinião Pública*, v. 11, n. 1, mar. 2005. Disponível em: <http://dx.doi.org/10.1590/S0104-62762005000100006>. Acesso em: 20 jun. 2015).

[29] O recurso às normas programáticas, tendo em vista reconciliar o Estado e a Sociedade, de acordo com as bases do pacto intervencionista, conforme sói acontecer no constitucionalismo social do século XX, deslocou por inteiro o eixo de rotação das Constituições nascidas durante a segunda fase do liberalismo, as quais entraram em crise. Uma crise que culminou com as incertezas e paroxismos da Constituição de Weimar, onde se fez, por via programática, conforme vimos, a primeira grande abertura para os direitos sociais (BONAVIDES, *op. cit.*, p. 236.)

[30] BONAVIDES, *idem*.

[31] A respeito do princípio da unidade da Constituição, Manoel Messias Peixinho ensina que, por ele, deve o intérprete "considerar a constituição em sua totalidade, procurando harmonizar os lugares de conflitos entre as suas diversas normas. Daí, a perfeita compatibilidade entre o princípio do Estado de Direito com o democrático, do princípio democrático com o socialista, princípio unitário com o da autonomia regional. Este princípio muito se assemelha à interpretação sistemática que busca a coerência no ordenamento jurídico" (PEIXINHO, Manoel Messias. *A interpretação da constituição e os princípios fundamentais*: elementos para uma hermenêutica constitucional renovada. 2. ed. Rio de Janeiro: Lumen Juris, 2000. p. 86).

lições. Todas têm a força imperativa das regras, ditadas pela soberania nacional ou popular aos seus órgãos".[32]

A partir disso, o modelo de desenvolvimento delimitado explícita e implicitamente na Constituição, que materializa em âmbito nacional o conteúdo normativo do direito ao desenvolvimento já reconhecido pela Comunidade Internacional por meio da Declaração Universal dos Direitos Humanos de 1948 (art. XXVIII) e na Declaração sobre o Direito ao Desenvolvimento, adotada pela Resolução nº 41/128 da Assembleia Geral das Nações Unidas, de 1986,[33] compreende o paradigma jurídico a orientar o agir administrativo. Trata-se de norma geral de eficácia direta e imediata.

O que não equivale dizer que o regramento não contenha algumas diretrizes próximas do ideal socialista; enquanto outras, do liberal. E mais, que para a eficiência e eficácia na sua aplicação será possível partir de uma análise apenas do ordenamento jurídico. A realidade empírica, o contexto social no qual será implementado o plano de desenvolvimento, desafia qualquer análise reducionista que, ante a identificação de concepções a princípio antagônicas, possibilite desconsiderar uma delas. Cabe ao intérprete jurídico, ao gestor público, enfrentar possíveis conflitos que se mostrem presentes na realidade concreta e, utilizando-se da dialogia, superar o dualismo reducionista que enferma o conhecimento.[34]

Não se pode mais ignorar que a "realidade social, como um todo, está no ordenamento e na norma, que retroagem sobre o todo".[35]

Assim, limites do enunciado prescritivo da norma, possível dualismo

---

[32] BARBOSA apud BONAVIDES, Paulo. *Curso de Direito Constitucional*. 20. ed. São Paulo: Malheiros, 2007. p. 236. nota de rodapé n. 11.

[33] De acordo com o art. 1º da Declaração sobre o Direito ao Desenvolvimento: "1. O direito ao desenvolvimento é um direito humano inalienável, em virtude do qual toda pessoa e todos os povos estão habilitados a participar do desenvolvimento econômico, social, cultural e político, a ele contribuir e dele desfrutar, no qual todos os direitos humanos e liberdades fundamentais possam ser plenamente realizados.
2. O direito humano ao desenvolvimento também implica a plena realização do direito dos povos de autodeterminação que inclui, sujeito às disposições relevantes de ambos os Pactos Internacionais sobre Direitos Humanos, o exercício de seu direito inalienável de soberania plena sobre todas as sua riquezas e recursos naturais".

[34] Segundo Folloni, "dialogia é a possibilidade de trabalhar, simultaneamente, com duas noções, que, embora antagônicas ao pensamento lógico, são complementares na realidade a ser conhecida e, portanto, não podem ser cindidas na cognição. Mas, em nome da lógica da descrição, um pensamento simplificador tenderia a eliminar, ou ter como hipostênico, um desses elementos antagônicos, concedendo primazia ou exclusividade ontológica – ou, pelo menos, cognitiva – ao aspecto contrário" (FOLLONI, André. *Ciência do Direito Tributário no Brasil*: crítica e perspectiva a partir de José Souto Maior Borges. São Paulo: Saraiva, 2013. p. 376).

[35] FOLLONI, *idem*.

ideológico ou, ainda, redução de análise a partir de recorte disciplinar ou científico não podem limitar o enfrentamento necessário da normatividade complexa do texto constitucional.[36] Em verdade, o "que decidirá a respeito dessa necessidade será a experiência com a matéria a ser estudada, e não um preconceito, seja ele científico, epistemológico, metafísico ou ideológico, já determinante *a priori* das possibilidades e limites do saber".[37] [38]

Sob essas premissas de análise, tem-se que o plano para o desenvolvimento nacional brasileiro, consagrado na Constituição, desafia nos mais variados aspectos o intérprete jurídico cartesiano. A Constituição da República abrange denso e complexo conteúdo jurídico para o desenvolvimento nacional.

Em seu preâmbulo, a Constituição declara instituir um Estado Democrático que, entre outros objetivos, prima por assegurar o desenvolvimento. Ainda, entre os objetivos fundamentais da República, em seu art. 3º, II, menciona a garantia do desenvolvimento nacional. Ou seja, pontua-se pelo dever de desenvolvimento nacional como um postulado superior da República. E, no decorrer do texto constitucional, em mais de quarenta momentos refere-se ao dever de promover

---

[36] A respeito das técnicas de intervenção do Estado na seara privada, Maria Paula Dallari Bucci esclarece que "são utilizadas ao mesmo tempo. E, mais do que isso, são utilizadas diferentemente segundo a atividade social em questão, fazendo conviver modos de ação do Estado liberal, do Estado intervencionista, do Estado propulsivo num mesmo espaço e tempo. O que ocorre é que determinadas atividades sociais são mais propícias a uma ou outra técnica. Isto explica o uso disseminado dos programas finalísticos nas áreas do direito urbanístico e ambiental, por exemplo, com grande difusão de instrumentos de planejamento, e a inadequação dessas técnicas em outras áreas, como a do direito da concorrência, em que o elemento das informações estratégicas das empresas é refratário à subordinação a programas públicos de transparência" (BUCCI, Maria Paula Dallari. *Direito Administrativo e políticas públicas*. São Paulo: Saraiva, 2002. p. 246-247).

[37] FOLLONI, André. *Ciência do Direito Tributário no Brasil*: crítica e perspectiva a partir de José Souto Maior Borges. São Paulo: Saraiva, 2013. p. 395.

[38] E, quanto à teoria da complexidade, Edgar Morin destaca dois mal-entendidos que circundam essa proposta de análise. O primeiro deles é entender a complexidade como receita quando, na verdade, é ela "um esforço para conceber um incontornável desafio que o real lança a nossa mente". O segundo é confundi-la com completude quando, na realidade, se dispõe a tratar do problema da incompletude do conhecimento. Tanto é verdade que não luta contra a incompletude do sistema, mas em relação às mutilações devidas aos recortes estanques disciplinares. Edgar Morin exemplifica: "Por exemplo, se tentamos pensar no fato de que somos seres ao mesmo tempo físicos, biológicos, sociais, culturais, psíquicos e espirituais, é evidente que a complexidade é aquilo que tenta conceber a articulação, a identidade e a diferença de todos esses aspectos, enquanto o pensamento simplificante separa esses diferentes aspectos, ou unifica-os por uma redução mutilante. Portanto, nesse sentido, é evidente que a ambição da complexidade é prestar contas das articulações despedaçadas pelos cortes entre disciplinas, entre categorias cognitivas e entre tipos de conhecimento. De fato, a aspiração à complexidade tende para o conhecimento multidimensional" (MORIN, *op. cit.*, 176-177).

o desenvolvimento, tratando de temáticas diversas e associadas ao desenvolvimento científico e tecnológico, cultural, social, econômico, ambiental, espacial, de governança e ético.

O desenvolvimento científico e tecnológico, além de ser promovido e incentivado, deve se voltar preponderantemente para a solução dos problemas brasileiros e para o desenvolvimento do sistema produtivo nacional e regional (veja-se o art. 218, cuja redação foi alterada pela Emenda Constitucional nº 85 de 2015).[39]

O Plano Nacional de Cultura deve contemplar proposta de desenvolvimento que valorize o patrimônio cultural brasileiro, mas que igualmente potencialize a democratização do acesso aos bens de cultura e valorização da diversidade étnica e regional (veja-se o art. 215, §3º,[40] e a Lei nº 12.343/2010).[41] Aliás, o art. 216-A fixa que o Sistema Nacional de

---

[39] Art. 218. O Estado promoverá e incentivará o desenvolvimento científico, a pesquisa, a capacitação científica e tecnológica e a inovação.
§1º A pesquisa científica básica e tecnológica receberá tratamento prioritário do Estado, tendo em vista o bem público e o progresso da ciência, tecnologia e inovação.
§2º A pesquisa tecnológica voltar-se-á preponderantemente para a solução dos problemas brasileiros e para o desenvolvimento do sistema produtivo nacional e regional.
§3º O Estado apoiará a formação de recursos humanos nas áreas de ciência, pesquisa, tecnologia e inovação, inclusive por meio do apoio às atividades de extensão tecnológica, e concederá aos que delas se ocupem meios e condições especiais de trabalho.
§4º A lei apoiará e estimulará as empresas que invistam em pesquisa, criação de tecnologia adequada ao País, formação e aperfeiçoamento de seus recursos humanos e que pratiquem sistemas de remuneração que assegurem ao empregado, desvinculada do salário, participação nos ganhos econômicos resultantes da produtividade de seu trabalho.
§5º É facultado aos Estados e ao Distrito Federal vincular parcela de sua receita orçamentária a entidades públicas de fomento ao ensino e à pesquisa científica e tecnológica.
§6º O Estado, na execução das atividades previstas no *caput*, estimulará a articulação entre entes, tanto públicos quanto privados, nas diversas esferas de governo.
§7º O Estado promoverá e incentivará a atuação no exterior das instituições públicas de ciência, tecnologia e inovação, com vistas à execução das atividades previstas no *caput*.
[40] Art. 215. O Estado garantirá a todos o pleno exercício dos direitos culturais e acesso às fontes da cultura nacional, e apoiará e incentivará a valorização e a difusão das manifestações culturais. [...] §3º A lei estabelecerá o Plano Nacional de Cultura, de duração plurianual, visando ao desenvolvimento cultural do País e à integração das ações do poder público que conduzem à: [...]
[41] De acordo com seu art. 2º, são os objetivos do Plano Nacional de Cultura: I - reconhecer e valorizar a diversidade cultural, étnica e regional brasileira; II - proteger e promover o patrimônio histórico e artístico, material e imaterial; III - valorizar e difundir as criações artísticas e os bens culturais; IV - promover o direito à memória por meio dos museus, arquivos e coleções; V - universalizar o acesso à arte e à cultura; VI - estimular a presença da arte e da cultura no ambiente educacional; VII - estimular o pensamento crítico e reflexivo em torno dos valores simbólicos; VIII - estimular a sustentabilidade socioambiental; IX - desenvolver a economia da cultura, o mercado interno, o consumo cultural e a exportação de bens, serviços e conteúdos culturais; X - reconhecer os saberes, conhecimentos e expressões tradicionais e os direitos de seus detentores; XI - qualificar a gestão na área cultural nos setores público e privado; XII - profissionalizar e especializar os agentes e gestores culturais; XIII - descentralizar a implementação das políticas públicas de cultura;

Cultura terá por objetivo promover o desenvolvimento humano, social e econômico com pleno exercício dos direitos culturais.

O dever de promover o desenvolvimento social, especialmente mediante a garantia de acesso à educação, saúde e trabalho, é delimitado em diversos dispositivos constitucionais (art. 35, III,[42] art. 167, IV,[43] art. 212[44] etc.). Em vários deles, a concepção de desenvolvimento vai além do mero acesso aos direitos sociais respectivos, impondo deveres éticos, como a garantia do bem-estar dos habitantes (vide art. 182, que trata da política de desenvolvimento urbano)[45] e a responsabilidade quanto à sedimentação de educação que possibilite o pleno desenvolvimento da pessoa, seu preparo para o exercício da cidadania e sua qualificação para o trabalho (art. 205).

Dentre os pilares delimitados na Constituição como essenciais à ordem econômica e financeira nacionais, o art. 170 expressamente consigna, com fundamento na valorização do trabalho humano e na livre iniciativa, e tendo por fim assegurar a todos existência digna, conforme os ditames da justiça social, os seguintes princípios: soberania nacional, propriedade privada, função social da propriedade, livre concorrência, defesa do consumidor, defesa do meio ambiente, redução das desigualdades regionais e sociais, busca do pleno emprego e tratamento favorecido para as empresas de pequeno porte.

Perceba-se a necessidade de fomentar a economia, valorizar a iniciativa privada e a livre concorrência, mas ao mesmo tempo zelar pela redução de disparidades sociais e pelo cuidado com o meio ambiente.

XIV - consolidar processos de consulta e participação da sociedade na formulação das políticas culturais; XV - ampliar a presença e o intercâmbio da cultura brasileira no mundo contemporâneo; XVI - articular e integrar sistemas de gestão cultural.

[42] Art. 35. O Estado não intervirá em seus Municípios, nem a União nos Municípios localizados em Território Federal, exceto quando: [...] III – não tiver sido aplicado o mínimo exigido da receita municipal na manutenção e desenvolvimento do ensino e nas ações e serviços públicos de saúde;

[43] Art. 167. São vedados: [...] IV - a vinculação de receita de impostos a órgão, fundo ou despesa, ressalvadas a repartição do produto da arrecadação dos impostos a que se referem os arts. 158 e 159, a destinação de recursos para as ações e serviços públicos de saúde, para manutenção e desenvolvimento do ensino e para realização de atividades da administração tributária, como determinado, respectivamente, pelos arts. 198, §2º, 212 e 37, XXII, e a prestação de garantias às operações de crédito por antecipação de receita, previstas no art. 165, §8º, bem como o disposto no §4º deste artigo;

[44] Art. 212. A União aplicará, anualmente, nunca menos de dezoito, e os Estados, o Distrito Federal e os Municípios vinte e cinco por cento, no mínimo, da receita resultante de impostos, compreendida a proveniente de transferências, na manutenção e desenvolvimento do ensino.

[45] Art. 182. A política de desenvolvimento urbano, executada pelo Poder Público municipal, conforme diretrizes gerais fixadas em lei, tem por objetivo ordenar o pleno desenvolvimento das funções sociais da cidade e garantir o bem-estar de seus habitantes.

Percepção que é reforçada com a consideração do mercado interno como integrante do patrimônio nacional (art. 219), o qual será incentivado de modo a viabilizar o desenvolvimento cultural e socioeconômico, o bem-estar da população e a autonomia tecnológica do país. E, para a satisfação de todo esse desafio, a Constituição, no art. 174, concebe o Estado como agente normativo e regulador da atividade econômica, regulação esta determinante para o setor público e um indicativo para o setor privado.

A associação do desenvolvimento econômico ao social pode igualmente ser identificada no artigo 180, que determina à União, Estados, Distrito Federal e Municípios o dever de promover e incentivar o turismo como fator de desenvolvimento social e econômico.

E o plano de desenvolvimento materializado na Constituição impõe deveres também ao próprio aparato estatal. Extrai-se do texto constitucional o dever de desenvolvimento na governança pública. Há deveres explícitos e implícitos no texto constitucional quanto à temática. No art. 37, *caput*, a Constituição consagra, dentre os princípios aplicáveis à Administração Pública, o princípio da eficiência administrativa. Outro exemplo pode ser extraído do art. 39, §7º, cuja redação impõe à lei (da União, Estados, Distrito Federal e Municípios) disciplinar a aplicação de recursos orçamentários provenientes da economia com despesas correntes para o desenvolvimento de programas de qualidade e produtividade, treinamento e desenvolvimento, modernização, reaparelhamento e racionalização do serviço público, inclusive sob a forma de adicional ou prêmio de produtividade. Como princípio implícito, tem-se aquele relacionado à boa administração pública.[46]

O conteúdo desenvolvimentista constitucional é ainda marcadamente ético. Delimita normas que racionalmente definem ações morais a serem observadas. Do preâmbulo, têm-se os deveres de assegurar o exercício dos direitos sociais e individuais, dentre outros direitos, como valores supremos de uma sociedade fraterna, pluralista e sem preconceitos, fundada na harmonia social e comprometida, na ordem interna e internacional, com a solução pacífica das controvérsias. Ou seja, há valores condicionantes do agir administrativo, como a promoção da paz, da harmonia e da fraternidade. Outra disposição de conteúdo ético-normativo advém do art. 37, *caput*, no que tange ao princípio da moralidade. Conforme explica Celso Antônio Bandeira de Mello,

---

[46] Acerca do dever de boa administração, serão tecidas considerações mais detalhadas no tópico 1.3.

de "acordo com ele, a Administração e seus agentes têm de atuar na conformidade de princípios éticos".[47] E um princípio ético bastante caro à sociedade contemporânea encontra-se expresso no art. 225, que impõe para o plano desenvolvimentista nacional o respeito ao meio ambiente ecologicamente equilibrado, que deve ser preservado para as presentes e futuras gerações. Com isso, implicitamente, a Constituição agrega ao modelo de desenvolvimento nela definido o valor da sustentabilidade, que significa pensar de maneira ampla o planejamento e ação estatais, de forma a considerar os efeitos adversos, externalidades, riscos potenciais às presentes e futuras gerações.

Em uma Constituição como a brasileira, com carga axiológica fortíssima, não se pode conceber outro modelo de desenvolvimento, em qualquer de suas facetas (ambiental, social, econômica, gerencial etc.), senão aquele que preserve o valor da sustentabilidade, eliminando comportamentos degradantes da natureza e insensibilidades destoantes de uma sociedade que preza pelas gerações futuras.[48] Justamente por isso, entende-se, a exemplo de parcela da doutrina, que o conceito de desenvolvimento na Constituição já pressupõe o valor da sustentabilidade.[49]

Essa breve digressão teve o condão de demonstrar o conteúdo jurídico complexo que abarca o dever de desenvolvimento na

---

[47] MELLO, op. cit., p. 119.

[48] *Resulta hasta redundante decir, entonces, que el principio del desarrollo nacional sostenible, aunque sea implícitamente, está consagrado em nuestra Carta Magna. A rigor, el principio constitucional del desarrollo sostenible se nos presenta como uma traducción elocuente del contenido transformador de La Constitución Federal* (VALIM, Rafael. La contratación pública sostenible em Brasil. In: PERNAS GARCÍA, J. José; VALIM, Rafael (Dir.). *Contratación pública sostenible*: una perspectiva ibero-americana. La Coruña: Bubok Publishing, 2015. p. 248).

[49] Veja-se: "Em várias passagens foi possível perceber o uso da palavra desenvolvimento e, na sequência, (o adjetivo) sustentável. Em outras palavras se manejou o termo desenvolvimento seguido de sustentável entre parentes. Não houve equívoco. A intenção foi deliberada e no sentido de chamar a atenção para uma realidade, a de que essa distinção faz parte do passado, porque a própria noção de desenvolvimento pressupõe a noção de sustentabilidade e vice-versa. É o que se defende neste ensaio" (FERREIRA, Daniel. *A licitação pública no Brasil e sua nova finalidade legal*: a promoção do desenvolvimento nacional sustentável. Belo Horizonte: Fórum, 2012. p. 47). "É somente no caso concreto que se define com detalhamento inequívoco a resposta a ser dada pela administração à exigência constitucional de desenvolvimento, e nunca é demais lembrar que, em seu sentido constitucional, o termo *desenvolvimento* traz necessariamente implícita a ideia de *sustentabilidade*. Não basta ao administrador vislumbrar apenas a solução imediata para o motivo fático, como se o mundo acabasse em seguida; a ele compete buscar a solução que atenda a necessidade tal como se apresenta no momento, mas também neutralize suas futuras mutações, ressalvadas, obviamente, aquelas que, sendo também supervenientes, sejam imprevisíveis, não provocadas pela Administração e por ela inevitáveis, alcançadas pela teoria da imprevisão" (BLANCHET, Luiz Alberto. *Direito administrativo*: o estado, o particular e o desenvolvimento sustentável. 6. ed. Curitiba: Juruá, 2012. p. 13. Destaques no original).

Constituição da República. Conteúdo que desafia a hermenêutica jurídica tradicional, posto que pressupõe o diálogo com a política, economia, tecnologia, ecologia, ética etc. Veja-se o dever de moralidade explícito no art. 37, *caput*.[50] Um "direito positivo com essas características demanda do cientista, que faça entrar novamente as cogitações morais, pela mesma porta pela qual haviam sido expulsas, para o âmbito distante da filosofia do direito ou da ética. Violar os princípios éticos significa, agora, violar o direito".[51]

A Constituição impõe condutas desenvolvimentistas com múltiplos objetivos, as quais incidentes na realidade empírica proporcionam um incremento igualmente múltiplo. Um exemplo é o tratamento favorecido a pequenas empresas (art. 170, IX). As políticas públicas de fomento às micro e pequenas empresas instituídas pela Lei Complementar nº 123/2006 objetivam regular o desenvolvimento econômico nacional por meio de um tratamento peculiar às micro e pequenas empresas que propicie condições de competitividade a elas e estimule o ambiente de oferta e procura favorável aos consumidores, o que potencialmente neutraliza os efeitos indesejáveis de monopólios e oligopólios,[52] mas que sobremaneira seja instrumento para a redução de desigualdades sociais e de inclusão social.[53]

---

[50] Art. 37. A administração pública direta e indireta de qualquer dos Poderes da União, dos Estados, do Distrito Federal e dos Municípios obedecerá aos princípios de legalidade, impessoalidade, moralidade, publicidade e eficiência e, também, ao seguinte: [...].

[51] FOLLONI, André. *Ciência do Direito Tributário no Brasil*: crítica e perspectiva a partir de José Souto Maior Borges. São Paulo: Saraiva, 2013. p. 402.

[52] Segundo Marçal Justen Filho (JUSTEN FILHO, Marçal. *O estatuto da microempresa e as licitações públicas*. São Paulo: Dialética, 2007. p. 20), a previsão expressa contida no art. 170, IX, da Constituição de 1988 reflete a proposta de que a ordem jurídica deve atribuir compensações aos economicamente hipossuficientes. Pondera o autor que, visando recompor o equilíbrio entre os titulares dos diferentes empreendimentos e a realização de diferentes finalidades, a Constituição previu explicitamente a adoção de providências destinadas a assegurar a sua proteção. Quanto às diferentes finalidades apontadas no último trecho em destaque, na nota de rodapé nº 10, destaca o autor: Anote-se que a proteção às pequenas empresas se faz não apenas no interesse individual dos seus titulares, mas também para ampliação da competição ao interno do sistema econômico. Presume-se que a participação de pequenas empresas no mercado pode neutralizar os efeitos indesejáveis de monopólios e oligopólios. Sob esse prisma, a tutela à pequena empresa reflete-se na promoção de interesses coletivos e difusos.

[53] Sergio Karkache destaca que as micro e pequenas empresas atenuam os efeitos das demissões em épocas de recessão, constituindo em alternativa à subsistência pelo "autoemprego". Há ainda outro fator social relevante tangenciado pelos micro e pequenos negócios, qual seja abrigarem outros cidadãos historicamente excluídos, a exemplo de idosos, mulheres, deficientes físicos, gestantes e pessoas de formação educacional deficiente (KARKACHE, Sergio. *Princípio do tratamento favorecido*: o direito das empresas de pequeno porte a uma carga tributária menor. Curitiba: [s.n.], 2010. p. 34).

Trata-se do efeito recursivo trabalhado por Edgar Morin, para quem "o processo social é um círculo produtivo ininterrupto no qual, de algum modo, os produtos são necessários à produção daquilo que os produz". Vale dizer, pelo princípio da organização recursiva, as interações que os indivíduos provocam sobre a sociedade retornam sobre aqueles, o que não ocorreria se não dispusessem da instrução, da linguagem e da cultura.

A partir do modelo de desenvolvimento definido juridicamente na Constituição, afasta-se por completo qualquer tentativa de concebê-lo como mero crescimento econômico, como pretendem as teorias do crescimento econômico.[54] De acordo com o regime jurídico-constitucional vigente no país, não há a possibilidade de direcionar o agir administrativo tão somente para os ganhos em eficiência no sistema produtivo[55] e que utilize como substancial parâmetro para o desenvolvimento das políticas públicas nacionais o crescimento do PIB.

Pelo contrário, o conteúdo normativo constitucional impõe plano de desenvolvimento complexo que abarca diferentes contextos, como a cultura, a tecnologia, o turismo e o mercado, e que, conjuntamente, via implementação de políticas públicas complexas, promova a distribuição de riquezas, o pleno exercício dos direitos sociais, o desenvolvimento do potencial humano e o bem-estar em equilíbrio e, inclusive, que zele pelo direito ao meio ambiente equilibrado para as atuais e futuras gerações. Desse modo, a atual noção de desenvolvimento não se confunde nem com mero crescimento econômico, nem com a modernização pura e simples, descolada da melhoria das condições de bem-estar social da população. É desse contexto, inclusive, que Daniel Wunder Hachem

---

[54] As teorias do crescimento econômico dão ênfase à ação deliberada da política econômica do Estado para a manutenção de um ritmo expansivo que mantenha o pleno emprego. Contudo, suas preocupações são exclusivamente econômicas, não analisam as condições ou consequências políticas, institucionais, sociais ou culturais do crescimento econômico. Obstáculos institucionais não são analisados; afinal, são problemas políticos ou jurídicos, não econômicos. O objetivo propugnado pelas teorias do crescimento econômico é fazer com que os países subdesenvolvidos – cujo problema se limita, para estas teorias, a uma maior ou menor capacidade de acumulação – alcancem o mesmo sistema econômico dos desenvolvidos. Na realidade, trata-se de uma aplicação das teorias elaboradas para os países desenvolvidos (neoclássicas ou keynesianas) na realidade sócio-econômica completamente distinta dos países subdesenvolvidos (BERCOVICI, Gilberto. Desenvolvimento, Estado e Administração Pública. In: CARDOZO, José Eduardo Martins; QUEIROZ, João Eduardo Lopes; SANTOS, Márcia Walquíria Batista dos (Org.). *Curso de Direito Administrativo econômico*. São Paulo: Malheiros, 2006. p. 29).

[55] GABARDO, Emerson. *Interesse público e subsidiariedade*: o Estado e a sociedade civil para além do bem e do mal. Belo Horizonte: Fórum, 2009. p. 243.

critica a expressão "desenvolvimento econômico", tendo em vista a inexistência de desenvolvimento apenas de natureza econômica.[56] Tamanha é a expressividade do conteúdo principiológico ético e social da Constituição que comumente se rechaçam as teorias jurídicas que imputam um caráter subsidiário para a atuação do Estado na preservação dos direitos fundamentais postos na Constituição.[57] Sem prejuízo à celeuma que envolve a reflexão, o que se mostra indene de dúvida é que a satisfação do conceito de desenvolvimento, para além da preocupação exclusiva com o crescimento econômico enquanto incremento da eficiência no sistema produtivo, está intimamente ligada ao valor da igualdade. Ou seja, vincula-se à busca da redução das desigualdades entre os cidadãos por meio de um direcionamento estatal interventivo, sempre que necessário, que propicie a justiça social.[58]

O Estado, nesse cenário, é tido como instrumento da comunidade republicana brasileira para a construção de uma sociedade livre, justa e solidária.[59] A despeito das constantes críticas em relação ao papel ativo do Estado na economia, fato é que a Constituição traça um mandamento nesse sentido ao impor o incentivo ao mercado tendo em vista viabilizar o desenvolvimento socioeconômico e o bem-estar da população.[60] Eliminar as funções assistencial e redistributiva do Estado

---

[56] HACHEM, Daniel Wunder. A noção constitucional de desenvolvimento para além do viés econômico: reflexos sobre algumas tendências do direito público brasileiro. *A&C – Revista de Direito Administrativo & Constitucional*, Belo Horizonte, ano 13, n. 53, p. 152-153, jul./set. 2013.

[57] Sobre o tema, vide: HACHEM, *ibidem*, p. 133-168. André Folloni, por outro lado, entende que "a Constituição não prescreve nem um Estado mínimo nem um Estado máximo. Qualquer visão extremada, nesse campo, não encontra amparo na Constituição. Mas, no amplíssimo espectro que vai de um extremo a outro, a Constituição abre possibilidades de atuação segundo visões de mundo e de Estado bastante diversas. Sabiamente, a Constituição abre as possibilidades do debate político" (FOLLONI, André. A complexidade ideológica, jurídica e política do desenvolvimento sustentável e a necessidade de compreensão interdisciplinar do problema. *Revista Direitos Humanos Fundamentais*, Osasco, ano 14, n. 1, p. 87, jan./jun. 2014).

[58] Em análise envolvendo o modelo de desenvolvimento na Constituição argentina, Pablo Ángel Guetiérrez Colantuono destaca esse mesmo valor. Veja-se: "*Nuestras administraciones deben diseñarse bajo la idea de lograr el fin tuitivo del mayor desarrollo equitativo de los ciudadanos en protección de la dignidad de las personas. No se trata tan sólo de administrar, sino por el contrario de disoner todo el aparato estatal a la prosecución activa de políticas públicas que promuevan el progreso activo e igualitario de nuestras sociedades*" (GUTIÉRREZ COLANTUONO, Pablo Ángel. Contratações públicas constitucional y socialmente sostenibles: el caso argentino. In: PERNAS GARCÍA, J. José; VALIM, Rafael (Dir.). *Contratación pública sostenible*: una perspectiva ibero-americana. La Coruña: Bubok Publishing, 2015. p. 59-60).

[59] CLÈVE, Clèmerson Merlin. O desafio da efetividade dos direitos fundamentais sociais. *Revista da Academia Brasileira de Direito Constitucional*, v. 3, p. 292, 2003.

[60] Na visão de Oswaldo Luiz Palu, diferentemente, "na Constituição de 1988, e suas posteriores Emendas, o Estado brasileiro é orientador, indutor e gerenciador. Um Estado Subsidiário, no que concerne à seara da economia, mas um Estado Democrático de

seria deslegitimá-lo de maneira irreversível. Na realidade, o contexto de crise atual demanda o fortalecimento do Estado "para resistir aos efeitos perversos da globalização, controlar os desequilíbrios por ela gerados, como para encontrar um caminho para sair da crise".[61]

Ao Estado compete, portanto, além de fortalecer-se, traçar um projeto de desenvolvimento econômico e social, coordenando políticas públicas sob as mais diversas vertentes, inclusive aquelas que tangenciem o mercado. "O papel estatal de coordenação dá a consciência da dimensão política da superação do subdesenvolvimento – dimensão, esta, explicitada pelos objetivos nacionais e prioridades sociais enfatizados pelo próprio Estado."[62] O modelo de desenvolvimento nacional encontra-se definido juridicamente na Constituição da República e pressupõe "a interdependência do aspecto econômico com outros elementos, tais como o social e o político, e a ocorrência de transformações estruturais que permitam, para além das mudanças qualitativas, a sua manutenção de forma sustentável".[63]

Vale dizer, como alerta Daniel Wunder Hachem, as modificações estruturais necessárias para se caracterizar o desenvolvimento "devem ser capazes não apenas de modificar a realidade socioeconômica, mas também de conferir-lhe o atributo da sustentabilidade, possibilitando com isso a manutenção do incremento da qualidade das condições de vida da população, e a consequente continuidade do processo desenvolvimentista".[64]

Tamanha é a importância do valor da sustentabilidade que, em vez de falar de desenvolvimento sustentável, Juarez Freitas fala simplesmente em sustentabilidade, a qual deve "adjetivar, condicionar e infundir as suas características ao desenvolvimento, nunca o contrário". Em verdade, materializa "princípio fundamental que gera novas obrigações e determina, antes de mais nada, a salvaguarda do direito ao futuro".[65]

Em verdade, em primeira mão, a sustentabilidade representa um *valor jurídico* identificado a partir das diretrizes constitucionais para

---

Direito, no sentido de acolher e prover o valor do Direito e da Justiça. Não é um Estado-Assistencialista que provê ele próprio os desejos e as aspirações da população" (PALU, Oswaldo Luiz. *Controle dos atos de governo pela jurisdição*. São Paulo: Revista dos Tribunais, 2004. p. 73).

[61] BERCOVICI, *op. cit.*, p. 38.
[62] BERCOVICI, *ibidem*, p. 26.
[63] HACHEM, *op. cit.*, p. 152.
[64] HACHEM, *idem*.
[65] FREITAS, Juarez. *Sustentabilidade*: direito ao futuro. 2. ed. Belo Horizonte: Fórum, 2012. p. 54. Destaques no original.

uma atuação correspondente à dignidade da pessoa humana, ética, moral, fraterna, solidária, que tenha em vista preservar os direitos fundamentais dos presentes, sem prejudicar os direitos das gerações futuras. Tal valor, positivado ainda que implicitamente na Constituição da República, representa uma norma a ser observada. Nessa medida, fala-se em um *princípio jurídico* da sustentabilidade, o qual deve orientar, mesmo que abstratamente, toda a atuação estatal.[66] Significa que o Estado "haverá de integrar às suas múltiplas dimensões de atuação, mais essa consideração, seja como objetivo final de linhas específicas de ação, seja como característica geral de seu agir em qualquer segmento".[67]

Por outro lado, compreende o desenvolvimento sustentável um *direito fundamental*, tendo em vista o modelo de desenvolvimento definido constitucionalmente como aquele a ser implementado, o qual vincula o agir estatal e, nessa medida, tratando-se de um dever para o Estado, retrata um direito do cidadão.[68] Não se trata de norma de mera procedimentalização do agir estatal. Diversamente, o cidadão, presente e futuro, tem o direito, fundamental, a condições de vivência sustentáveis. A Constituição, em seu art. 5º, §2º, expressamente consigna que os direitos e garantias expressos em seu texto não excluem outros direitos fundamentais decorrentes do regime e dos princípios por ela

---

[66] Segundo Juarez Freitas, a Constituição da República "estabelece o desenvolvimento sustentável como 'valor supremo' e, a partir do art. 225, torna-se fácil inferir que se trata de princípio constitucional, imediatamente vinculante, o qual, independentemente de regulamentação legal, obriga em todos os campos do sistema jurídico, não apenas no Direito Ambiental". E continua: "Aplica-se, desse modo, diretamente, sem necessidade de '*interpositio legislatoris*', à esfera dos atos, procedimentos e contratos administrativos, que precisam contribuir para a qualidade de vida das gerações presentes, sem acarretar a supressão do bem-estar das gerações futuras. Portanto, além de 'valor supremo', o desenvolvimento sustentável é *princípio constitucional vinculante*, que não deixa de obrigar pela eventual ausência de regras legais expressas" (FREITAS, Juarez. Licitações e sustentabilidade: ponderação obrigatória dos custos e benefícios sociais, ambientais e econômicos. *Interesse Público – IP*, Belo Horizonte, ano 13, n. 70, nov./dez. 2011. Disponível em: <http://www.bidforum.com.br/bid/PDI0006.aspx?pdiCntd=76861>. Acesso em: 11 jun. 2012.)

[67] VALLE, Vanice Regina Lírio do. Sustentabilidade das escolhas públicas: dignidade da pessoa traduzida pelo planejamento público. *A&C – Revista de Direito Administrativo & Constitucional*, Belo Horizonte, ano 11, n. 45, p. 132, jul./set. 2011.

[68] Conforme explica Ana Cláudia Finger: "E o desenvolvimento qualificado como sustentável, no qual há o desenvolvimento material, tecnológico, impregnado de uma ética social, ambiental, sem comprometer a existência saudável das presentes e futuras gerações, encontra no interesse deste o seu fundamento legitimador, sendo imperativo constitucional inarredável para a Administração Pública no cumprimento de seus misteres, configurando, pois, um direito fundamental das presentes e das futuras gerações" (FINGER, Ana Cláudia. Licitações sustentáveis como instrumento de política pública na concretização do direito fundamental ao meio ambiente sadio e ecologicamente equilibrado. *A&C – Revista de Direito Administrativo & Constitucional*, Belo Horizonte, ano 13, n. 51, p. 132, jan./mar. 2013).

adotados, ou dos tratados internacionais de que o Brasil seja parte. Em verdade, a condição de direito fundamental a posições jurídicas não expressas em quaisquer partes do texto constitucional, não somente no Título II da Constituição ("Dos Direitos e Garantias Fundamentais"), denominadas por Robert Alexy como normas de direito fundamental "atribuídas",[69] "exige que elas ostentem conteúdo e importância que as aproximem dos direitos formalmente fundamentais, e que derivem diretamente dos princípios enumerados do art. 1º ao 4º do Título I ('Dos Princípios Fundamentais')".[70]

Nesse contexto e sem prejuízo de enquadrar o desenvolvimento sustentável igualmente em outros postulados fundamentais presentes na Constituição, a exemplo da solidariedade, tem-se que o direito fundamental ao desenvolvimento sustentável encontra sua matriz jusfundamental sobretudo no direito fundamental basilar da Constituição, qual seja a dignidade da pessoa humana[71] e, ainda, naquele positivado em seu art. 225, correspondente ao direito fundamental ao meio ambiente ecologicamente equilibrado, que deve ser preservado para as presentes e futuras gerações.

A jusfundamentalidade do direito ao desenvolvimento sustentável decorrente do princípio da dignidade da pessoa humana tem em vista especialmente a concepção central do sistema constitucional vigente, qual seja a centralidade da pessoa humana. Isso porque "a afirmativa do não sacrifício dos interesses das gerações futuras tem como pressuposto, o reconhecimento desses mesmos sujeitos como igualmente merecedores da proteção que se confere em relação ao ser humano presente".[72]

Como bem coloca Ana Cláudia Finger, muito além de um documento jurídico que delimita as funções estatais, a Constituição da República compreende "um instrumento de concretização da cidadania

---

[69] *Normas como (4), (5) y (6) no son estatuídas diretamente por el texto constitucional sino que, más bien, son adscriptas a las normas directamente estatuídas por la Constitución. Esto justifica llamarlas 'normas adscriptas'. Las normas de derecho fundamental pueden, por ello, dividirse em dos grupos: em las normas de derecho fundamental diretamente estatuídas por la Constitución y las normas de derecho fundamental a ellas adscriptas* (ALEXY, Robert. *Teoría de los derechos fundamentales*. Madrid: Centro de Estudios Constitucionales, 1993. p. 70).
[70] HACHEM, *op. cit.*, p. 154.
[71] Os direitos fundamentais se destinam a promover ou a proteger a dignidade humana. Qualifica-se um direito como fundamental não por se encontrar consagrado na Constituição, mas ele se encontra consagrado na Constituição por ser indispensável à tutela da dignidade humana. Esse aspecto material ou de conteúdo é essencial para a identificação do direito fundamental (JUSTEN FILHO, Marçal. *Curso de Direito Administrativo*. 7. ed. Belo Horizonte: Fórum, 2011. p. 145).
[72] VALLE, *op. cit.*, p. 130.

e dos direitos fundamentais nela acolhidos, visto que o seu núcleo essencial está voltado para a garantia de bens, interesses e valores individuais e coletivos consagrados pela categoria dos direitos fundamentais".[73] Incumbe aos poderes públicos o desafio de compreender e enfrentar a feição complexa de desenvolvimento determinada pela Constituição de 1988.[74] Sem o enfrentar desse desafio, a normatividade constitucional estará sendo desrespeitada.

1.2 Desenvolvimento e sustentabilidade: aspectos espaciais, sociais, econômicos e ambientais

No tópico anterior, a *crise de percepção* trabalhada tinha em vista pontuar a feição complexa da noção de desenvolvimento no modelo jurídico instituído pela Constituição da República. Nesse momento, dada a relevância do tema, a *crise de percepção* a ser destrinchada envolve um dos aspectos que compõem a sobredita complexidade, qual seja, o valor da sustentabilidade e suas dimensões espaciais, sociais, econômicas e ambientais.

Na expressão adotada por Juarez Freitas, muros mentais terão de cair para avançar a bandeira da sustentabilidade. "Até porque a *cultura da insaciabilidade (isto é, da crença ingênua no crescimento pelo crescimento quantitativo e do consumo fabricado) é autofágica*, como atesta o doloroso perecimento das civilizações."[75]

Ao se propor a análise de algumas dimensões da sustentabilidade, poder-se-ia questionar acerca de um paradoxal retorno ao raciocínio redutor. Mas não é essa a proposta. Como já se disse alhures, é necessário bem conhecer as partes para, ao avaliar a realidade concreta, complexificá-la para compreender as interações que ocorrem. É essa proposta de análise que permitirá identificar a complexidade dos riscos envolvidos, que são causa e efeito concomitantemente de uma multiplicidade de desgastes sociais, ambientais e econômicos, os quais

---

[73] FINGER, *op. cit.*, p. 133.
[74] Diógenes V. Hassan Ribeiro comenta acerca do método de Morin que "não indica uma metodologia de investigação e de pesquisa, deixando o cientista liberto para buscar e produzir conhecimento, tão somente de posse dos princípios inaugurais. Assim, rigorosamente, o método de Morin é a criação do método pelo cientista na ocasião da sua própria investigação. Morin volta-se à etimologia da palavra método: *metá* (além, através) e *hódos* (caminho). A pesquisa científica se faz enquanto se produz a pesquisa – esse é o método. E isso tudo conflui numa aparência de anarquia – apenas aparência. Aliás, a própria democracia é um acontecer diuturno, é uma prática, mais que um discurso" (RIBEIRO, *op. cit.*).
[75] FREITAS, Juarez. *Sustentabilidade*: direito ao futuro. 2. ed. Belo Horizonte: Fórum, 2012. p. 25. Destaques no original.

atingem globalmente a humanidade. Um estado de crise superlativa e complexa.[76] Antes, no entanto, de adentrar nas considerações relativas a cada aspecto, chama-se a atenção para três princípios ético-jurídicos consagrados no modelo de desenvolvimento previsto na Constituição e que conformam o valor da sustentabilidade: (i) o bem-estar, (ii) a solidariedade e (iii) a preocupação com as presentes e futuras gerações (a *solidariedade intergeracional*).

A percepção que se extrai de uma análise sistêmica da Constituição envolve um conteúdo complexo para a noção de bem-estar. A garantia de bem-estar, já assegurada no Preâmbulo da Constituição de 1988, detém traço marcadamente social. Aliás, conforme estabelece seu art. 193, a ordem social tem como primado, entre outros valores, o bem-estar e a justiça sociais. Preocupou-se a Constituição com a garantia de bem-estar de grupos historicamente excluídos, a exemplo de idosos (art. 230) e índios (art. 231, §1º). A função social da propriedade foi reconhecida na medida em que a exploração pertinente favoreça o bem-estar dos proprietários e dos trabalhadores (art. 186, IV). Por fim, o próprio mercado será incentivado de modo a viabilizar o bem-estar da população.

Bem-estar, a partir desse paradigma, em breve síntese, abarca a preocupação com a saúde física e psíquica, com o lazer e com o equilíbrio emocional que permita ao indivíduo se respeitar e respeitar ao próximo. Engloba também a vivência em condições ambientais equilibradas e a disponibilidade, de tempo e econômica, que oportunize o acesso a bens e serviços, bem como o desfrutar da liberdade e desenvolvimento das potencialidades intelectuais. Esse parâmetro de bem-estar, portanto, não se confunde com a satisfação das necessidades materiais mínimas indispensáveis da população.

Ainda que se possa conceber o Brasil como uma *república inacabada*, não se pode ignorar o modelo de desenvolvimento definido na Constituição como um guia para as deliberações públicas. Nesse sentido, o fato de não existir uma tradição cultural de direitos fundamentais no país não legitima conceber bem-estar simplesmente como a garantia de condições mínimas indispensáveis à sobrevivência.[77] Em verdade, o modelo jurídico-institucionalizado exige como objetivo nacional a

---

[76] FREITAS, *ibidem*, p. 25-26. Destaques no original.
[77] Vide MEZZAROBA, Orides; STRAPAZZON, Carloz Luiz. Direitos fundamentais e a dogmática do bem comum constitucional. *Sequência*: estudos jurídicos e políticos, Florianópolis, ano XXXIII, v. 33, n. 64, p. 338, jul. 2012.

promoção do bem-estar de todos, o que abriga plexo de condições complexo e, naturalmente, em constante evolução.

O modelo de desenvolvimento propugnado pela Constituição igualmente impõe como valor explícito a ser observado a solidariedade. Na forma do art. 3º, I, da Constituição da República, constitui objetivo fundamental da República Federativa do Brasil construir uma sociedade livre, justa e solidária.

O adjetivo solidário pode se dirigir, a partir de uma semântica descritiva, a duas hipóteses. A primeira delas relaciona-se à característica pessoal de determinando indivíduo sensível ao sofrimento alheio e generosamente disponível a contribuir. A segunda, interessante à análise que se propõe, está relacionada a uma característica do ser humano inserido na coletividade. É o sentir-se responsável pelo bem-estar de todos e, nesse sentido, cooperar para o bem comum.

A solidariedade que conforma o agir administrativo "se traduz num complemento da dignidade da pessoa humana e da isonomia. A aplicação dos recursos estatais e o exercício das competências estatais deverão assegurar a todos a obtenção de vantagens equivalentes e o respeito a seus direitos fundamentais".[78]

À medida que a Constituição eleva à categoria de valor constitucional a solidariedade, juridicamente impõe postura por parte dos poderes públicos e da sociedade de atenção para com o bem-estar comum, coibindo posturas tolerantes ao sofrimento individual ou às tragédias coletivas.[79] Equivale dizer, não se trata de simplesmente respeitar o próximo, mas de fazer o bem. Identifica-se, portanto, vetor de justiça e de cidadania que exige comprometimento com o sentido substantivo de bem-estar coletivo.[80] Afinal, o "desenvolvimento sustentável é de todas as pessoas, por todas as pessoas e para todas as pessoas".[81] Nesse sentido, o "Estado do século XXI se afigura também

---

[78] JUSTEN FILHO, Marçal. *Curso de Direito Administrativo*. 7. ed. Belo Horizonte: Fórum, 2011. p. 185.

[79] A solidariedade impede que o Estado ignore o sofrimento individual ou as tragédias coletivas. Exclui a possibilidade de o Estado obrigar os cidadãos a arcar com o sofrimento por razões de carência econômica. Mais ainda, impõe ao Estado o exercício de suas competências para produzir a satisfação das necessidades comuns essenciais. Isso significa tanto a prestação de utilidades diretamente pelo Estado como o exercício de suas competências regulatórias para induzir à obtenção de resultados dessa ordem (JUSTEN FILHO, *idem*).

[80] Vide MEZZAROBA; STRAPAZZON, *op. cit.*, p. 338.

[81] SILVA, Christian Luiz da. Desenvolvimento sustentável: um conceito multidisciplinar. In: SILVA, Christian Luiz da; MENDES, Judas Tadeu Grassi (Org.). *Reflexões sobre o desenvolvimento sustentável*: agentes e interações sob a ótica multidisciplinar. Petrópolis: Vozes, 2005. p. 20.

como o articulador da solidariedade num mundo globalizado, em que o convívio social há de ser permanentemente construído, de molde a acomodar o pluralismo e a diversidade".[82]

Em terceiro lugar, um valor nodal para o plano de desenvolvimento definido na Constituição compreende a preocupação com o bem-estar não apenas das gerações presentes, mas também das futuras gerações – *a solidariedade intergeracional*.[83] "Disso também decorre que a solidariedade à qual se refere o texto constitucional como traço desejável da sociedade brasileira, é de se construir a partir de uma *perspectiva de reconhecimento* que transcende os atores presentes, para incorporar às gerações futuras."[84]

Trata-se de uma diretriz ético-jurídica que rechaça posturas imediatistas, que não sopesem com a cautela e estudos complexos pertinentes as externalidades e os reflexos em longo prazo das ações estatais.[85] Em tempo, tal diretriz impõe uma harmonização entre a maximização no atendimento aos interesses das sucessivas gerações, o que significa, de um lado, "instituir uma igualdade entre cidadania atual e futura – ambas objeto de igual proteção – e ainda, de outro, reconhecer que uma situação hipotética de plenitude do bem-estar presente pode se deslegitimar pelos seus reflexos adversos nas gerações por vir; ou pode ser constringida, num verdadeiro *trade off* em favor das potencialidades futuras de bem-estar".[86]

A matriz constitucional para a concretização de um Estado de bem-estar deve abrigar políticas públicas multidisciplinares e agregadas, sensíveis às mazelas sociais e comprometidas com o modelo de

---

[82] VALLE, Vanice Regina Lírio do. *Direito fundamental à boa administração e governança*. Belo Horizonte: Fórum, 2011. p. 82.
[83] Segundo Ana Cláudia Finger, solidariedade intergeracional "[...] traduz a ideia da incorporação de uma dimensão futura do agir estatal, mais responsável e conseqüente, de modo que o interesse público também é examinado num horizonte intertemporal dilatado, pois as escolhas públicas hão de ser feitas com ponderação das repercussões futuras, intergeracionais, e pautadas por um comportamento ético, um compromisso moral para com as gerações do porvir. Com efeito, é absolutamente intolerável que nas linhas de atuação estatal sejam enfatizadas escolhas que satisfaçam aos interesses presentes à custa do empobrecimento daqueles que nos sucederão" (FINGER, *op. cit.*, p. 138).
[84] VALLE, Vanice Regina Lírio do. Sustentabilidade das escolhas públicas: dignidade da pessoa traduzida pelo planejamento público. *A&C – Revista de Direito Administrativo & Constitucional*, Belo Horizonte, ano 11, n. 45, p. 131, jul./set. 2011.
[85] Vanice Regina Lírio do Valle esclarece que "[...] solidariedade, vetor de uma cultura de vida inerente a um Estado de direitos humanos, que é de ser necessariamente compreendida como um vínculo entre as gerações presentes (velhos e novos) e entre as gerações presentes e as futuras, que transcende às questões de natureza puramente econômica, para externar uma 'forte referibilidade, e tão importante quanto, em questões de caráter moral'". (VALLE, *ibidem*. p. 132.)
[86] VALLE, Vanice Regina Lírio do. *Ibidem*. p. 130-131.

desenvolvimento socioeconômico delimitado pela Constituição. Nesse sentido, "a sustentabilidade não pode ser considerada um tema efêmero ou de ocasião, mas prova viva da emergência de uma racionalidade dialógica, interdisciplinar, criativa, antecipatória, medidora de consequências e aberta".[87]

A partir disso, deve-se ter atenção para com o conteúdo multidimensional e complexo de bem-estar, naturalmente em evolução, que compreende responsabilidade explícita do Estado e da própria sociedade, e cujo incremento de ações deve igualmente preservar as gerações futuras. Veja-se que, portanto, o modelo de desenvolvimento sustentável perquirido constitucionalmente vai além daquele constante no Relatório Brundtland, da Comissão Mundial sobre Meio Ambiente e Desenvolvimento de 1987, que concebia desenvolvimento sustentável como sendo "o desenvolvimento que satisfaz as necessidades presentes, sem comprometer a capacidade das gerações futuras de suprir suas próprias necessidades".[88] Em verdade, aproxima-se da noção proposta por Amartya Sen, para quem a liberdade sustentável deve soltar-se dos limites reduzidos pelo Relatório Brundtland para envolver a preservação e expansão das "liberdades e capacidades substantivas das pessoas dos dias de hoje, 'sem' com isso, 'comprometer a capacidade das futuras gerações' para terem uma idêntica ou maior liberdade".[89]

Esses três paradigmas éticos, reconhecidos dogmaticamente pela Constituição, são basilares para bem tecer a rede complexa da sustentabilidade.

Devidamente delimitados, passa-se a tratar um pouco das dimensões (a) espacial, (b) social, (c) econômica e (d) ambiental.

1.2.1 Dimensão espacial

A dimensão espacial tem em vista delimitar o espaço analítico de avaliação na medida em que permite identificar atores e recursos naturais e econômicos em curso para o processo de desenvolvimento. Essa percepção, conforme esclarece Christian Luiz da Silva, não está centrada no aspecto individual do espaço delimitado, mas, sim, na "real dinâmica regional a fim de que se possam estabelecer os objetivos e

---

[87] FREITAS, Juarez. *Sustentabilidade*: direito ao futuro. 2. ed. Belo Horizonte: Fórum, 2012. p. 29. Destaques no original.
[88] Em igual sentido, ver FREITAS, *ibidem*. p. 46-47.
[89] SEN, Amartya. *Desenvolvimento como liberdade*. São Paulo: Companhia das Letras, 2000. p. 343.

recursos existentes em uma região e refletir sobre a interação com os demais meios".[90]

O autor cita o exemplo de associações que não necessariamente abranjam determinado bairro, mas sejam assim identificadas pela distribuição política, econômica e social da sociedade local. É esse o espaço de interação e integração da comunidade local, de modo que os objetivos comuns serão definidos pela associação, sopesando-se seus próprios recursos disponíveis, porém, sem deixar de considerar os impactos provocados pelo restante da sociedade, o que cumpre ser avaliado como meio, e não como fim. Segundo Christian Luiz da Silva, essa "influência pode afetar os objetivos da sociedade local, cujos interesses, em uma instância, podem levar à alteração do perseguido em termos de sustentabilidade".[91]

O risco em análises amplas demais, que desconsiderem como ponto de partida sociedades com objetivos e recursos comuns, é tornar o "estudo superficial e as ações propostas menos impactantes pela generalização feita para sociedades com propostas diferentes".[92] Evidentemente, como se trata de relação complexa, eventual mudança em alguma dimensão (econômica, social, ambiental etc.) pode modificar as relações existentes e produzir novas variáveis, inclusive determinando uma nova dimensão espacial.[93]

Esse paradigma de análise espacial proposto por Christian Luiz da Silva é interessante na medida em que possibilita, a partir da realidade empírica, delimitar um contexto político-institucional estabelecido para estudar a concretização do modelo de desenvolvimento sustentável eleito e sopesar as diversas confluências com o ambiente interno e externo ao espaço fixado, sob as diversas dimensões, de modo a ser possível fortalecer o plano existente, alterá-lo ou, até mesmo, redimensionar a abrangência espacial. Apenas diante do caso concreto é que será possível complexificar o estudo e, a partir dele, verificar a estratégia a ser adotada.

---

[90] SILVA, *op. cit.*, p. 29.
[91] SILVA, *op. cit.*, p. 30.
[92] SILVA, *op. cit.*, p. 30.
[93] A título exemplificativo, "um estudo de sustentabilidade de um município que mudou suas características e interações com a sua região metropolitana, alternando, assim, os objetivos e os recursos existentes, alterando a própria dimensão espacial de análise" (SILVA, *op. cit.*, p. 30).

1.2.2 Dimensão social

O dever de sustentabilidade social está diretamente relacionado à observância dos direitos fundamentais sociais, a exemplo de condições adequadas de saúde, educação, moradia, trabalho e previdência social, que sejam universais, eficientes e eficazes.

É a garantia de condições sociais adequadas que permite o desenvolvimento das capacidades humanas, seja na melhora na qualidade de vida, como na influência "sobre as habilidades produtivas das pessoas e, portanto, sobre o crescimento econômico em uma base amplamente compartilhada".[94]

Um fator diretamente relacionado à dimensão social decorre da necessidade de uma distribuição equitativa de recursos que tenha em vista reduzir as discrepâncias envolvendo a concentração excessiva de renda. Seguindo o presente parâmetro de análise, Juarez Freitas esclarece que a sustentabilidade na sua dimensão social reclama o incremento da equidade na geração atual e entre esta e as futuras, a busca por condições propícias ao *"florescimento virtuoso das potencialidades humanas,* com educação de qualidade para o convívio" e, ainda, o "engajamento na causa do desenvolvimento que perdura e faz a sociedade mais apta a sobreviver, a longo prazo, com dignidade e respeito à dignidade dos demais seres vivos".[95]

Daniel Ferreira destaca também outras duas facetas importantes da sustentabilidade social. A primeira diz respeito à perpetuação da espécie humana. "Sem *animus* para viver – e para procriar – o ser humano pode por fim à própria espécie". A outra está diretamente relacionada à "manutenção dos micro-universos sociais, aqueles referidos e referíveis apenas por meio da cultura, de modo a garantir sua identidade".[96]

Desse conjunto de percepções em torno da sustentabilidade social, é possível inferir que ela está diretamente relacionada ao padrão de vida do indivíduo e sua potencialidade de fazê-lo ir ao encontro de suas habilidades e de sua identidade cultural.

---

[94] SEN, *op. cit.,* p. 191.
[95] FREITAS, Juarez. *Sustentabilidade*: direito ao futuro. 2. ed. Belo Horizonte: Fórum, 2012. p. 60. Destaques no original.
[96] E continua o autor: "A falta de sustentabilidade social de um povo, pois, pode condená-lo ao desaparecimento, o que não necessariamente vai redundar em insustentabilidade econômica da população, porque esta tem boas chances de ser absorvida, bem como seus bens e serviços, pelo mercado global" (FERREIRA, *op. cit.,* p. 53-54).

1.2.3 Dimensão econômica

O primeiro aspecto a ser destacado envolve fator já tratado anteriormente, que compreende a impossibilidade de sopesar o desenvolvimento tendo em vista apenas o crescimento econômico. A compreensão do conceito complexo de desenvolvimento, especialmente considerando o modelo regulado pela Constituição da República, impede qualquer concepção de desenvolvimento econômico destacada do valor da equidade, que viabilize não apenas o incremento da economia, mas igualmente a justiça social e o bem-estar.

Necessário sopesar as estratégias de desenvolvimento econômico considerando as limitações naturais, seus potenciais riscos e ganhos a presente e futuras gerações, bem como na sua condição de viabilizar maior distribuição de renda a partir de uma economia solidária e responsável.

Portanto, é indene de dúvida que as transações econômicas são essenciais ao desenvolvimento da sociedade. Porém, não podem se preocupar apenas em *o que* e *para quem* produzir, mas igualmente em *como* produzir, o que "envolve a otimização dos recursos e uso com escolhas conscientes da melhor combinação, tendo em vista maximizar o resultado do benefício *versus* custo".[97]

Além desse aspecto, a dimensão econômica está diretamente relacionada à atividade de planejamento abrangente. Nesse sentido é que a dimensão econômica compreende "*o adequado 'trade-off' entre eficiência e equidade, isto é, o sopesamento fundamentado, em todos os empreendimentos (públicos ou privados), dos benefícios e dos custos diretos e indiretos (externalidades)*".[98] Conforme mais bem será tratado no tópico 1.3, necessário sopesar os reflexos da sustentabilidade sobre o dever de eficiência administrativa. Nesse sentido, a eficiência dinâmica se apresenta como elemento de equilíbrio para o uso dos recursos presentes, os quais serão "maximizados na sua utilização e usufruição, tendo por limite o não comprometimento da proteção aos interesses das gerações futuras, *observada, todavia, uma margem de contingência* que é própria do reconhecimento do caráter dinâmico da avaliação da eficiência".[99]

E é no instrumento de planejamento que cumprirão estar presentes todos os elementos que identificam a avaliação em sentido amplo da faceta econômica, determinantes da escolha daquela via de ação, "bem como os *indicadores que evidenciarão o alcance do desiderato pretendido*. Mais

---

[97] SILVA, *op. cit.*, p. 34.
[98] FREITAS, *op. cit.* Destaques no original.
[99] VALLE, *op. cit.*, p. 134-135.

ainda, na incorporação da sustentabilidade, a ação estatal planejada há de empreender ao necessário *exercício de antecipação das contingências*, evidenciando com isso uma exploração aprofundada das alternativas possíveis de ação".[100] [101]

1.2.4 Dimensão ambiental

A adequada compreensão da dimensão ambiental demanda reposicionar o homem como integrante do meio, um ser natural. Apenas a partir dessa perspectiva é que se concebe a importância da preocupação com a dimensão ambiental da sustentabilidade na medida em que compreende condição de existência para a raça humana.[102] Essa percepção é indispensável à consciência da necessidade de repensar a relação do homem com a natureza, sobretudo o enfrentamento hábil e tempestivo da degradação ambiental, "com ciência, prudência e tecnologia".[103]

As limitações naturais e os riscos ambientais devem ser sopesados em todas as estratégias administrativas, sobretudo porque provocam reflexos sobre todas as dimensões da sustentabilidade. Ora, uma obra

---

[100] VALLE, *ibidem*. p. 143.

[101] Ao tratar do ponto, comenta Juarez Freitas: "Afortunadamente, afloram os sinais de percepção mais acurada, pois começa a se difundir a noção de que a sindicabilidade das decisões administrativas haverá de se estender no tempo e no espaço, para contemplar os seus múltiplos efeitos, numa permanente reavaliação, com reforço da programação, do planejamento e do monitoramento, no tocante aos impactos nos meios físico, biótico e socioeconômico. É que os critérios estratégicos da sustentabilidade, no processo de tomada da decisão, requerem maior distanciamento temporal e *a capacidade de prospecção de longo prazo*, com o abandono resoluto da visão reducionista segundo a qual o sistema jurídico cuidaria apenas de fatos passados. Em outros termos, o gestor *público é instado a exercer, com discernimento, o juízo prospectivo de longo prazo*" (FREITAS, Juarez. Licitações e sustentabilidade: ponderação obrigatória dos custos e benefícios sociais, ambientais e econômicos. *Interesse Público – IP*, Belo Horizonte, ano 13, n. 70, nov./dez. 2011. Disponível em: <http://www.bidforum.com.br/bid/PDI0006.aspx?pdiCntd=76861>. Acesso em: 11 jun. 2012. Destaques no original).

[102] No nosso cuidar, a consideração do ambiente como elemento externo ao homem, além de revisão conceitual, necessita interiorizar-se nos diversos segmentos da sociedade, a fim de que as ações humanas – nas suas diferentes amplitudes: individuais, coletivas, corporativas e governamentais – sejam planejadas e implementadas ponderando-se as repercussões no meio ambiente de forma mais integral, no qual o ser humano é um de seus elementos, em relação com os demais (VILLAC, Teresa. Direito internacional ambiental como fundamento principiológico e de juridicidade para as licitações sustentáveis no Brasil. In: SANTOS, Murillo Giordan; VILLAC, Teresa (Coord.). *Licitações e contratações públicas sustentáveis*. 2. ed. Belo Horizonte: Fórum, 2015. p. 47).

[103] FREITAS, Juarez. *Sustentabilidade*: direito ao futuro. 2. ed. Belo Horizonte: Fórum, 2012. p. 64. E o autor continua: "O *ser humano não pode, enfim, permanecer esquecido de sua condição de ser eminentemente natural*, embora dotado de características singularizantes, que apenas deveriam fazê-lo mais responsável sistematicamente e capaz de negociar com diferentes pontos temporais" (FREITAS, Ibidem. p. 65. Destaque no original).

que não tenha sido planejada adequadamente e, nesse contexto, não se tenha tido a cautela relativamente a características peculiaridades do solo pode, além de determinar reflexos negativos sobre o ambiente natural, gerar custos adicionais aos cofres públicos para readaptação do empreendimento, sem contar os atrasos quanto ao deslinde da obra, o que, para a população, pode significar o não atendimento de suas necessidades.

Agora, especialmente em relação ao ambiente, ainda que se conceba que não há como progredir sem se utilizar de recursos naturais, indispensável "guardar referibilidade com essa realidade, sem prejuízo do dever-poder atribuído aos Estados de intervir no domínio econômico, garantindo regular atendimento dos princípios da prevenção e da precaução na seara".[104]

Em breve síntese, é possível dizer que a dimensão da sustentabilidade ambiental reclama: (i) consciência de que o homem integra o meio e, desse modo, se não preservado este, o próprio homem verá sua ruína; (ii) atenção para com a limitação dos recursos naturais quando do planejamento econômico; (iii) impacto significativo sobre a cultura, especialmente estímulos à mudança no padrão de consumo e da importância, entre outras estratégicas, das trocas como forma de potencializar o reuso; e (iv) cooperação em âmbito internacional na medida em que os riscos, sobretudo na esfera ambiental, a rigor não encontram delimitação espacial.

Para além das dimensões espacial, social, econômica e ambiental, de importância ímpar avaliar a sustentabilidade enquanto diretiva de atuação na gestão pública. O recorte realizado para o estudo em tópico à parte tem em vista a importância dessa última dimensão enquanto potencial concretizador das políticas públicas de fomento ao desenvolvimento sustentável, assunto que será desenvolvido nos capítulos 2 e 3.

1.3 Sustentabilidade como diretiva de atuação na gestão pública: uma releitura dos princípios da legalidade, eficiência e do direito fundamental à boa administração

Os elementos trabalhados no tópico anterior como norteadores da sustentabilidade, ou seja, a noção complexa de bem-estar, o reconhecimento da solidariedade e da preocupação com as presentes e futuras

---
[104] FERREIRA, op. cit., p. 54.

gerações como valores ético-normativos[105] a serem observados, igualmente se aplicam à dimensão da sustentabilidade enquanto diretiva de atuação na gestão pública.

Ora, se o agir administrativo deve estar direcionado à satisfação dos interesses da sociedade, não há como conceber uma atuação descomprometida ou ineficiente no trato do modelo de desenvolvimento complexo definido constitucionalmente, o qual abraça os respectivos valores.

E para bem enfrentar o trato dessa dimensão, é imprescindível passar por uma *crise de percepção* que ainda atinge a Administração Pública brasileira, qual seja o apego a um modelo de agir estritamente apegado à legalidade estrita, impeditivo de uma atuação voltada à satisfação do modelo complexo de desenvolvimento da Constituição de 1988, tornando de todo questionável o dever de eficiência administrativa e, sobretudo, uma desconsideração ao direito fundamental dos cidadãos à boa administração.

Não compreendem novidade as transformações vividas pelo direito administrativo após a promulgação da Constituição da República em 1988, as quais repercutiram incisivamente na definição dos papéis da Administração Pública contemporânea. Nesse passo, a constitucionalização do direito administrativo propiciou um repensar em torno de noções como as de supremacia do interesse público a fim de dar espaço ao seu real protagonista, o ser humano.[106]

---

[105] Uma Administração Pública como aparelhamento integrado por agentes éticos faz espargir atuação idônea que, irradiando bons exemplos, oferece resultados conducentes a implementar força evocativa significativamente maior do que as palavras da lei. Os bons exemplos – tal como pedra arremessada em lago plácido – desenham círculos concêntricos dinâmicos que evoluem de modo benfazejo e incessante para as bordas (BACELLAR FILHO, Romeu Felipe. *Reflexões sobre Direito Administrativo*. Belo Horizonte: Fórum, 2009. p. 18).

[106] Sem prejuízo às discussões doutrinárias em torno do conteúdo do princípio da supremacia do interesse público, entende-se que o uso descomprometido com as hipóteses discriminadas na legislação que, excepcionalmente, colocam a Administração em posição de superioridade acabou desvirtuando os fins intencionados. Importa dizer, não se deixa de conceber o princípio em voga. Aliás, é a adequada satisfação de suas premissas que torna legítimo seu emprego. Em estudo dirigido à temática, Daniel Wunder Hachem esclarece, entre outros pontos, que o "embasamento ideológico do princípio aproxima-se mais da concepção própria da Escola de serviço público francesa, que enfatiza o caráter serviente do Estado aos interesses gerais da coletividade, do que do ideário da Escola da *puissance publique*, visto que o relevo não é conferido aos *poderes* da Administração, mas sim aos *deveres* que lhe compete cumprir" (HACHEM, Daniel Wunder. *Princípio constitucional da supremacia do interesse público*. Belo Horizonte: Fórum, 2011. p. 370). No entanto, sob a ótica de alguns doutrinadores, a noção de fato precisaria ser flexibilizada. Sobre o tema, JUSTEN FILHO, Marçal. O Direito Administrativo de espetáculo. In: ARAGÃO, Alexandre Santos de; MARQUES NETO, Floriano de Azevedo (Coord.). *Direito Administrativo e seus novos paradigmas*. Belo Horizonte: Fórum, 2008. p. 78. Ainda: "A concepção de que o fundamento do Direito Administrativo consista na supremacia do interesse público importava na rejeição da importância do cidadão, dos

Diogo de Figueiredo Moreira Neto destaca três aspectos elementares envolvendo esses impactos: (i) vinculação constitucional da função administrativa ao direito,(ii) a vinculação constitucional à efetiva satisfação da finalidade pública e (iii) o dever constitucional de eficiência no desempenho da função administrativa.[107] O primeiro deles tem em vista o fato de que a legalidade era então um conceito fortemente formal e mecanicista e, como tal, se movia dentro de uma órbita jurídica fechada, à parte da ordem jurídica. Hoje não mais se concebe uma atuação desvencilhada do direito, até porque a Administração não compreende um poder soberano do Estado. O segundo aspecto é uma consequência do primeiro. Ora, a juridicidade da atuação administrativa é uma imposição constitucional que a vincula à persecução dos objetivos definidos na Constituição e, mais do que isso, a uma atuação que garanta a sua efetividade. Finalmente, o dever constitucional de eficiência no desempenho da função administrativa, especialmente ao ganhar corpo na Constituição da República (art. 37, *caput*). Vale dizer, o que a Constituição determinou não foi a simples coerência do agir administrativo frente ao programa por ela traçado, mas o exercício desse múnus de forma adequada, dentro dos melhores padrões de qualidade.[108] [109]

---

interesses não estatais. Entretanto, as evoluções tecnológicas no campo das comunicações proporcionaram à sociedade maior acesso a informação, despertando, assim, sua consciência sobre sua relação com o Estado, principalmente para reclamar uma maior participação nas atividades desenvolvidas por ele" (ORMEROD, Alexandre Rodriguez Bueno. *Administração Pública dialógica e legitimação da atuação administrativa*. Rio de Janeiro: 2012. Disponível em: <www.emerj.tjrj.jus.br/paginas/trabalhos.../alexandreormerod.pdf>. Acesso em 03 jan. 2015).

[107] MOREIRA NETO, Diogo de Figueiredo. Políticas públicas e parcerias: juridicidade, flexibilidade negocial e tipicidade na administração consensual. *Revista de Direito do Estado – RDE*, Rio de Janeiro, ano I, n. 1, p. 108, jan./mar. 2006.

[108] Em análise envolvendo o fenômeno da constitucionalização, Luís Roberto Barroso destaca que a constitucionalização do direito administrativo foi um dos processos mais expressivos. Segundo o autor, a "partir da centralidade da dignidade da pessoa humana e dos direitos fundamentais, a relação entre Administração e administrados é alterada, com a superação ou releitura de paradigmas tradicionais". Para tanto destaca o autor: "*a) a redefinição da idéia de supremacia do interesse público sobre o particular*, com o reconhecimento de que os interesses privados podem recair sob a proteção da Constituição e exigir ponderações em concreto; *b) a conversão do princípio da legalidade administrativa em princípio da juridicidade*, admitindo-se que a atividade administrativa possa buscar seu fundamento de validade diretamente na Constituição, que também funciona como parâmetro de controle; *c) a possibilidade de controle judicial do mérito do ato administrativo*, com base em princípios constitucionais como a moralidade, a eficiência, a segurança jurídica e, sobretudo, a razoabilidade/proporcionalidade" (BARROSO, Luís Roberto. A constitucionalização do direito e suas repercussões no âmbito administrativo. In: ARAGÃO, Alexandre Santos de; MARQUES NETO, Floriano de Azevedo (Coord.). *Direito Administrativo e seus novos paradigmas*. Belo Horizonte: Fórum, 2012. p. 63).

[109] Ainda sobre o tema, vide HACHEM, Daniel Wunder. A maximização dos direitos fundamentais econômicos e sociais pela via administrativa e a promoção do

Fato é que, passados 29 anos da promulgação da Constituição, é flagrante a carência da Administração Pública brasileira por transformações mais profundas que possibilitem sedimentar as mutações ocasionadas pela Constituição para, então, abrir-se as novas demandas da sociedade. Senão, como falar em um agir administrativo complexo, indispensável à concretização do modelo de desenvolvimento sustentável delimitado na Constituição, se ainda atadas as correntes que engessam a atuação administrativa ao que a lei formal determina?

Essas transformações envolvem um repensar comprometido com a releitura dos princípios (a) da legalidade, (b) da eficiência e (c) do direito fundamental à boa administração. O enfrentar desse desafio é essencial para que o modelo complexo de desenvolvimento nacional definido na Constituição da República possa ser implementado via um agir administrativo preparado para "impulsionar esse processo por meio de estímulos positivos ao cooperativismo, ao associativismo, à micro e à pequena empresa e à participação do empresariado em geral voluntariamente engajado à causa da sustentabilidade (parcial ou integral)".[110] Firmada essa baliza, passa-se, então, a tratar desses três vetores do agir administrativo.

1.3.1 Princípio da legalidade

Segundo a visão clássica do princípio da legalidade, à Administração cabe agir de acordo com o que a lei determina, nem mais, nem menos. Nesse sentido, é a lição de Hely Lopes Meirelles.[111] Trata-se de feição apegada ao positivismo clássico, que pressupõe uma lógica linear para a hermenêutica jurídica. Com o movimento neoconstitucionalista, no Brasil desenvolvido após a Constituição da República em 1988, tiveram-se os reflexos das ideias pós-positivistas baseadas especialmente na força normativa da Constituição e na expansão da jurisdição constitucional e do reflexo dos modelos de interpretação constitucional.[112]

---

desenvolvimento. *Revista Direitos Fundamentais & Democracia (UniBrasil)*, v. 13, n. 13, Curitiba, UniBrasil, p. 346-354, jan./jul. 2013.

[110] FERREIRA, *op. cit.*, p. 64.

[111] Na Administração Pública não há liberdade nem vontade pessoal. Enquanto na administração particular é lícito fazer tudo que a lei não proíbe, na Administração Pública só é permitido fazer o que a lei autoriza. A lei para o particular significa "poder fazer"; para o administrador público significa "dever fazer assim" (MEIRELLES, Hely Lopes. *Direito Administrativo brasileiro*. São Paulo: Malheiros, 2005. p. 88).

[112] BARROSO, Luís Roberto. A constitucionalização do direito e suas repercussões no âmbito administrativo. In: ARAGÃO, Alexandre Santos de; MARQUES NETO, Floriano de

Com isso, como anteriormente já explicado, propagou-se uma mutação do direito administrativo, que, entre outros reflexos, determinou uma expansão no modelo de interpretação da norma pelo administrador público, o qual não mais se vincula à leitura convencional do princípio da legalidade, subordinada ao previamente tratado e autorizado. Em verdade, elevou-se a atuação do administrador à satisfação do regramento constitucional, muitas vezes ainda que ausente legislação ordinária. Trata-se da transmutação do princípio da legalidade, na sua acepção estrita, à juridicidade, que pressupõe uma leitura sistêmica do ordenamento à luz da Constituição.[113] [114]

Conforme pontua Maria Sylvia Zanella Di Pietro, o "Estado Democrático de Direito pretende vincular a lei aos ideais de justiça, ou seja, submeter o Estado não apenas à lei em sentido puramente formal, mas ao direito, abrangendo todos os valores inseridos expressa ou implicitamente na Constituição".[115] Essa leitura do princípio da legalidade, atenta à juridicidade, é condição de validade e de eficácia do agir administrativo. É a Constituição que dita uma série de mandamentos à Administração Pública, nas mais diversas searas, cuja implementação, para além de uma leitura estrita da normatização infraconstitucional (se houver), pressupõe um verificar empírico das diversas esferas atingidas e, nessa medida, um identificar complexo das análises e medidas a serem adotadas, por si ou com a ajuda de especialistas, para o deslinde do problema.

Justamente por isso se disse no início deste capítulo que não mais se concebe um agir administrativo baseado na dialética linear de subsunção do fato à norma. É preciso ir além, sopesar outros valores inerentes ao regime jurídico de direito público (princípio da finalidade, princípio da razoabilidade, princípio da proporcionalidade, princípio

---

Azevedo (Coord.). *Direito Administrativo e seus novos paradigmas*. Belo Horizonte: Fórum, 2012. p. 62.

[113] BARROSO, Luís Roberto. A constitucionalização do direito e suas repercussões no âmbito administrativo. In: ARAGÃO, Alexandre Santos de; MARQUES NETO, Floriano de Azevedo (Coord.). *Direito Administrativo e seus novos paradigmas*. Belo Horizonte: Fórum, 2012. p. 50.

[114] Em análise dirigida a tratar dos reflexos da globalização sobre o direito administrativo, pondera Justo J. Reyna: *"Las características del esquema, en nuestro Estado de Derecho decimonónico, trae como efecto principal la definición de los perfiles e la relación de la Administración com la ley o bloque de legalidad en el ejercicio de la función administrativa. Es la ley en sentido amplio, como ejercicio de todas las potestades normativas constitucionales, legales y reflamentarias relacionadas con aquella, la que vincula a la Administración para el ejercicio de la función administrativa. La ley como fundamento y límite de la potestad de actuación. La ley (o, mejor, el derecho objetivo) es la que confiere el poder jurídico o potestad administrativa; seaello de modo expreso, implícito o inherente"* (REYNA, Justo J. *Op. cit.*, p. 30.)

[115] DI PIETRO, Maria Sylvia Zanella. *Direito Administrativo*. 27. ed. São Paulo: Atlas, 2014. p. 29.

da economicidade, princípio da eficiência etc.)[116] ou, ainda, fora dele, como conhecer soluções de mercado disponíveis para determinada demanda, investigar medidas de sustentabilidade que possam ser adotadas em determinado processo de contratação nas diversas dimensões etc.

Isso não quer dizer, esclareça-se, que não se deve preocupar-se em conhecer a norma. Muito pelo contrário. O agir administrativo permanece vinculado ao atendimento da norma, porém, numa visão sistêmica, a qual pressupõe a abertura às implicações de outras disciplinas jurídicas e, ainda, aos desafios multidisciplinares que a realidade empírica possa demandar. E, para tanto, conhecer a normatividade posta é pressuposto.[117]

O que não se concebe mais é uma produção administrativa desvencilhada do investigar que os desafios do caso concreto incitam. Ao propor um estudo complexo do direito tributário à luz da teoria da complexidade, André Folloni esclarece que direito não é só norma. Pontua o autor que "reduzi-lo a esse termo-chave é, a pretexto de bem conhecer, ignorar suas outras dimensões e, mesmo, ignorar o que as próprias normas têm de inter-relações com os demais aspectos do jurídico.

---

[116] Ao tratar do dever de juridicidade administrativa, Gustavo Binenbojm o coloca como um vetor para a proteção da legítima confiança depositada pelos administrados nas condutas da Administração. Segundo ele, podem as soluções da convalidação ou da invalidação prospectiva decorrerem "de uma ponderação entre o princípio da legalidade com outros princípios constitucionais, como o princípio da eficiência". Inclusive, "conforme as circunstâncias do caso concreto, *invalidação retroativa, invalidação prospectiva* e *convalidação* serão as formas possíveis de expressão da juridicidade administrativa. As duas últimas configuram hipóteses de juridicidade administrativa contra a lei" (BINENBOJM, Gustavo. O sentido da vinculação administrativa à juridicidade no direito brasileiro. In: ARAGÃO, Alexandre Santos de; MARQUES NETO, Floriano de Azevedo (Coord.). *Direito administrativo e seus novos paradigmas*. Belo Horizonte: Fórum, 2012. p. 204).

[117] Conforme alerta André Folloni, "só um pensamento simplificador, idealizador, racionalizador – e, até mesmo, arrogantemente autossuficiente – pode pretender que sempre, em qualquer caso, e *a priori* de toda experiência em sentido contrário, o exame exclusivo do conjunto de textos jurídico-prescritivos bastará para a correta compreensão da norma jurídica". E continua: "Não basta contextualizar o texto normativo no conjunto de textos, mas é preciso contextualizar os textos no conjunto social dos quais é elemento constitutivo. Surge a ideia de níveis de complexidade: analisar a norma dentro do ordenamento é galgar um nível de complexidade, mas transcender o ordenamento é complexificar ainda mais a análise. Mesmo porque esse conjunto social, a todo momento, retroage sobre os textos, que retroagem sobre a sociedade, num devir ininterrupto. Daí a necessária relatividade dos conceitos de sistema, subsistema e elemento: a norma é concebida como um elemento no ordenamento, visto como sistema; mas, ela própria pode ser entendida como um sistema, formado por seus elementos; e, embora o direito positivo possa ser visto como um sistema, é também elemento num sistema social maior" (FOLLONI, André. *Ciência do direito tributário no Brasil*: crítica e perspectiva a partir de José Souto Maior Borges. São Paulo: Saraiva, 2013. p. 368).

A norma deve ser pensada em conjunto com aquilo que a condiciona e determina, e integrada àquilo sobre o que ela exerce influência".[118] Desse modo, além de sedimentar o princípio da legalidade como mandamento de juridicidade administrativa, o agir administrativo, para que seja válido e eficaz em consonância com o modelo de desenvolvimento nacional fixado pela Constituição de 1988, depende de um comprometimento com o enfrentar dos paradoxos que a realidade empírica, complexa, possa demandar.[119] [120]

Em matéria de desenvolvimento sustentável, sobretudo sua incidência nos processos de contratação pública, essa diretriz ganha nodal importância na medida em que, embora exista uma série de normas expressas relativamente ao tema, em grande parte são genéricas, o que imporá ao agente público uma atuação concatenada à juridicidade, sob pena de inobservar os preceitos constitucionais e infralegais existentes sobre a matéria. Como bem pontua Maria Sylvia Zanella Di Pietro ao discorrer sobre o conceito de legalidade sob a perspectiva aqui tratada, a discricionariedade administrativa está limitada pelos princípios e valores constitucionais, "o que significa a ampliação do controle judicial, que deverá abranger a validade dos atos administrativos não só diante da lei, mas também perante o direito, no sentido assinalado".[121] [122]

Tendo em vista a submissão do agir administrativo ao conteúdo complexo de modelo de desenvolvimento previsto na Constituição da República, o qual impõe ao intérprete e demais agentes envolvidos na

---

[118] FOLLONI, ibidem. p. 337.
[119] Não é adequado adotar-se, em ciência, o postulado infalível de que toda e qualquer norma é um juízo hipotético que imputa, à realização de um fato nela previsto, a irradiação de uma relação jurídica. Porque é sempre possível que a experiência demonstre o contrário (FOLLONI, André. Ciência do Direito Tributário no Brasil: crítica e perspectiva a partir de José Souto Maior Borges. São Paulo: Saraiva, 2013. p. 347).
[120] A respeito de possível conflito entre legalidade e eficiência, vide MENEGUIN, F. B.; SANTOS, P. F. O. Há incompatibilidade entre legalidade e eficiência? Brasília: Núcleo de Estudos e Pesquisas/CONLEG/Senado, ago. 2013. Texto para Discussão nº 133. Disponível em: <www.senado.leg.br/estudos>. Acesso em 28 jun. 2015.
[121] DI PIETRO, Maria Sylvia Zanella. Direito Administrativo. 27. ed. São Paulo: Atlas, 2014. p. 30.
[122] Seguindo diretriz semelhante, pondera Juarez Freitas que, bem entendido o princípio da legalidade (o qual vincula a Administração ao direito), "faz com que o modelo da vinculatividade esteja endereçado à otimização do sistema, assim como aquele da discrição. Nesse prisma, há identidade de fundo e de âmago: toda discricionariedade (cognitiva ou na escolha das consequências) é, sob certo aspecto, vinculada. Em outras palavras, a vinculação é imperativo mais profundo do que supõem os defensores da vinculação a meros extratos normativos ou regras de conduta. Há uma porção de vinculação que precisa acompanhar toda e qualquer discricionariedade, a qual não se descaracteriza por essa presença (senão que se legitima, ao não se autoreferir) nem fixa o domicílio no espaço fluido das vontades meramente particulares, as quais não se coadunam com a índole do Direito em sua vertente publicista" (FREITAS, Juarez. O controle dos atos administrativos e os princípios fundamentais. 3. ed. São Paulo: Malheiros, 2004. p. 47-48).

atuação pública um compromisso inafastável com o valor da sustentabilidade e com todos os desafios que sua escorreita consideração pressupõe, impreterível uma efetiva transposição do modelo de legalidade estrita para a juridicidade.

Ainda porque, conforme lembra Marçal Justen Filho, é "muito usual que o sistema jurídico determine não o modo como será desenvolvida a atividade administrativa, mas os fins que deverão ser obrigatoriamente realizados". E, nesse caso, a ausência de determinação quanto aos meios não pode significar vedação à atividade administrativa. "Se o fim *tem*, obrigatoriamente, de ser realizado, é evidente que a omissão quanto à disciplina sobre os meios de sua realização não caracteriza ausência de autorização para a escolha."[123]

A cautela, na adoção de condicionantes de sustentabilidade pela Administração Pública, tem em vista os limites da atividade administrativa, definidos em atenção à distribuição de competências e, inclusive, às temáticas acobertas por reserva de lei. O que se pretende reforçar, com essa análise, é a ideia de que o princípio da juridicidade não fez desaparecer, propriamente, a legalidade estrita. Nem toda situação será passível de ser solucionada sem o amparo de lei em sentido formal. Aliás, a depender do cenário, a exigência de prévia autorização legislativa se afigura como uma garantia à observância dos direitos fundamentais dos cidadãos.

A juridicidade envolve "uma ampliação do conjunto de princípios e regras aos quais a Administração está submetida, e não uma diminuição. Entre essa multiplicidade de normas regentes da atividade administrativa, continua figurando a *legalidade estrita* – mas agora como *um dos* e não como o *único* princípio a ser observado".[124]

1.3.2 Princípio da eficiência

A Constituição da República, em seu art. 37, XXI, impõe expressamente à Administração Pública brasileira o atendimento,

---

[123] JUSTEN FILHO, Marçal. *Curso de Direito Administrativo*. 7. ed. Belo Horizonte: Fórum, 2011. p. 196.
[124] HACHEM, Daniel Wunder. *Tutela administrativa efetiva dos direitos fundamentais sociais*: por uma implementação espontânea, integral e igualitária. Tese (Doutorado em Direito) – Setor de Ciências Jurídicas, Universidade Federal do Paraná, Curitiba, 2014. p. 328.

entre outros princípios, da eficiência administrativa.¹²⁵ ¹²⁶ Ou seja, entre outros valores, a Constituição determina que, no exercício da função administrativa, o agente seja eficiente, impondo, desse modo, um juízo acerca da atuação administrativa, cujo descumprimento pode ter repercussões jurídicas.

Para tanto, faz-se necessário investigar os contornos jurídicos que a eficiência alberga no ordenamento jurídico, o que não significa que se desconsiderará a realidade; pelo contrário, até porque o conteúdo da ideia de eficiência se altera no tempo. Justamente por isso, ainda que abarque expressão de complicada mensuração e qualificação – sendo possível entendê-la como um conceito jurídico indeterminado – ante o caso concreto, será viável delimitá-la a partir dos parâmetros normativos vigentes e, evidentemente, sem desconsiderar os meios disponíveis para empregá-la. O que se deve enfatizar, no entanto, é que a fluidez desse princípio não lhe retira a eficácia jurídica.

E aqui, mais uma vez, para investigar a eficiência no agir administrativo, imprescindível complexificar a análise. Qualquer redução nos critérios para aferir a eficiência tendo em vista a adoção de meios que proporcionam a redução do custo do procedimento ou que privilegiam contratações mais baratas, por exemplo, isoladamente, não é capaz de levar à conclusão quanto à eficiência do procedimento. Necessário considerar a "multiformidade da realidade, a multiplicidade de fins e interesses postos à consecução" pela Administração Pública.¹²⁷

---

[125] A alteração do texto do art. 37, XXI, pela Emenda Constitucional nº 19/98 fez introduzir expressamente na Constituição o princípio da eficiência. A despeito disso, antes mesmo do texto original da Constituição, já era possível extrair comandos implícitos e explícitos de eficiência administrativa. Sobre o tema, vide MODESTO, Paulo. Notas para um debate sobre o princípio constitucional da eficiência. *Revista Eletrônica de Direito Administrativo Econômico (REDAE)*, Salvador, Instituto Brasileiro de Direito Público, n. 10, maio/jul. 2007. Disponível em: <http://www.direitodoestado.com.br/redae.asp>. Acesso em: 28 jun. 2015.

[126] A respeito do contexto em que inserido o princípio da eficiência na Constituição da República, bem como abordando a desmistificação de falácias como "1ª) de que seria um despropósito a transposição de um parâmetro da administração gerencial privada para a esfera pública; 2ª) de que eficiência não é parâmetro jurídico; 3ª) de que o controle de eficiência é impossível devido à sua generalidade e abstração; 4ª) de que há o risco de se 'derrogar' outros princípios em favor da eficiência", vide GABARDO, Emerson; HACHEM, Daniel Wunder. Responsabilidade civil do Estado, *faute du service* e o princípio constitucional da eficiência administrativa. In: GUERRA, Alexandre Dartanhan de Mello; PIRES, Luis Manuel Fonseca; BENACCHIO, Marcelo (Coord.). *Responsabilidade civil do Estado*: desafios contemporâneos. São Paulo: Quartier Latin, 2010. p. 243-244.

[127] Onofre Alves Batista Júnior, em estudo dirigido especialmente ao princípio da eficiência, alerta para essa realidade. Pondera o autor: "É usual a ocorrência de insucesso de reformas, programas, projetos ou mesmo de gestões que, por privilegiarem indevidamente apenas um destes aspectos, fatalmente chegaram ao fracasso. O PE, dessa forma, pressupõe uma visão holística de seus aspectos, de suas várias facetas, não permitindo que se ponham de

Onofre Alves Batista Junior propõe caracterizar alguns aspectos da ideia nuclear de eficiência administrativa a partir do próprio ordenamento jurídico. Para tanto, distingue a eficácia da eficiência *stricto sensu*. Enquanto a primeira está diretamente relacionada ao atendimento das "condições da vida social que favoreçam o desenvolvimento integral da personalidade humana",[128] a segunda compreende a verificação e articulação dos meios disponíveis. Possível ainda dizer que, enquanto a eficácia está no ser humano, de maneira que em relação à satisfação das condições de vida deste é que cumprirá ser medida a eficácia do agir administrativo, a eficiência *stricto sensu* está na Administração Pública. Vale dizer, depende inexoravelmente de investigação quanto aos meios disponíveis, envolvam eles recursos orçamentários, disponibilidade de tempo ou de pessoal qualificado. A análise quanto aos meios disponíveis é decisiva para aferir a melhor alternativa para se atender ao bem comum.[129]

Dessa forma, a eficiência *stricto sensu* liga-se à análise dos meios disponíveis para que os resultados possam ser otimizados. Nessa tarefa, exsurgem algumas facetas da eficiência *stricto sensu* que devem ser refletidas: produtividade, economicidade, celeridade e presteza, qualidade, continuidade e desburocratização.[130]

A produtividade "exige que, para o cumprimento de determinada finalidade posta, os recursos escassos sejam despendidos minimamente e, da mesma forma, impõe que, com os meios disponíveis, a AP obtenha o rendimento maior possível".[131]

No que diz respeito à economicidade, é comumente confundida com eficiência *lato sensu*. Na prática, muitas vezes é visto o procedimento como eficiente se gerou o menor dispêndio possível de recursos públicos. Ainda que seja esse um efeito desejado, alberga apenas uma faceta da eficiência *stricto sensu*, que, conjuntamente ao complexo que

---

lado variáveis intervenientes fundamentais" (BATISTA JÚNIOR, Onofre Alves. *Princípio constitucional da eficiência administrativa*. 2. ed. Belo Horizonte: Fórum, 2012. p. 175-176).

[128] É condição inerente à eficácia do agir administrativo no Estado Democrático de Direito de desiderato social a universalidade de resultados. "Em sua atuação, a AP deve atenção não a grupos determinados, nem sequer a maiorias, mas à coletividade como um todo, segundo as suas necessidades. Essa ideia basilar vem estampada na CRFB/88, em seu art. 3º, de valor reforçado, por se tratar de objetivos fundamentais da República Federativa do Brasil. Portanto as diversas unidades, entes e órgãos administrativos, em geral, devem buscar construir uma sociedade justa e solidária; devem atuar no sentido de proporcionar a redução das desigualdades sociais e regionais, bem como promover o bem de todos, sem preconceitos e discriminações" (BATISTA JÚNIOR, *ibidem*. p. 181).

[129] BATISTA JÚNIOR, *ibidem*, p. 176-179.
[130] BATISTA JÚNIOR, *ibidem*, p. 182-183.
[131] BATISTA JÚNIOR, *ibidem*, p. 183 *et seq*.

envolve a análise de eficiência, deve ser sopesado para fins de investigar a satisfação ao modelo de eficiência conforme o plano de desenvolvimento delimitado pela Constituição da República.[132] A economicidade, portanto, diz respeito ao aspecto econômico da eficiência *stricto sensu* e está implicitamente inserida no art. 37, *caput*, da Constituição. Ainda, do art. 70 da Constituição, identifica-se a economicidade como "vetor para a sindicância da boa ou má administração, em termos de verificação da regular gestão dos recursos e bens públicos, sob o ângulo e enfoque econômico-financeiro".[133]

Onofre Alves Batista Junior também propõe análise de eficiência *stricto sensu*, sob uma perspectiva de economicidade mais global, que teria em vista a gestão financeira e de execução orçamentária, com enfoque na redução de gastos públicos e, por outro lado, na maximização da receita e da arrecadação. Trata-se, última análise, de um comando geral à Administração Pública para que controle gastos, sempre tendo em vista o custo x benefício envolvido, bem como o orçamento disponível.[134]

A economicidade ainda não pode ser confundida com a economia dos meios. Por mais que ponderar os custos incidentes sobre a operação envolva uma análise mais concreta para a Administração, esse estudo deve igualmente mensurar os benefícios a serem obtidos, eventuais externalidades e impactos para a sociedade e para a própria máquina administrativa. Não pode a busca pela eficiência se resumir "a um mero jogo de números e operações contábeis".[135] "A economicidade diz respeito à otimização das despesas, e não à minimização de custos; com ela aspira-se à majoração dos benefícios, e não ao singelo 'barateamento'".[136]

---

[132] Eficiência, consoante ao modelo desenvolvimentista definido na Constituição de 1988, pressupõe a visão complexa de desenvolvimento trabalhada no primeiro tópico deste capítulo, o que vai muito além de mero crescimento econômico. Eficiência compreende uma postura administrativa voltada a um padrão ótimo na adoção dos recursos orçamentários e naturais disponíveis e, ainda, no atingimento dos múltiplos objetivos definidos para o desenvolvimento (social, cultural, tecnológico etc.) nacional sustentável. Especialmente quanto ao forte elemento social, repetidamente mencionado como objetivo para a gestão pública brasileira na Constituição de 1988, Emerson Gabardo esclarece que nada há de incompatível entre eficiência e Estado Social. Esclarece o autor que a "eficiência entendida como estritamente econômica não é princípio da Constituição, e o princípio da eficiência administrativa não existe fora do contexto constitucional. Ou seja, no sistema constitucional brasileiro, eficiência sem Estado Social não é eficiência em uma interpretação jurídico-política" (GABARDO, Emerson. *Eficiência e legitimidade do Estado*: uma análise das estruturas simbólicas do direito político. São Paulo: Manole, 2003. p. 162-163).
[133] BATISTA JÚNIOR, *ibidem*, p. 186-187.
[134] BATISTA JÚNIOR, *ibidem*, p. 191.
[135] BATISTA JÚNIOR, *idem*.
[136] BATISTA JÚNIOR, *ibidem*, p. 192.

Tanto isso é verdade que outra faceta da eficiência *stricto sensu* envolve a qualidade no agir administrativo. Não faz sentido obter os melhores resultados em termos de redução de custos se o benefício auferido, qualitativamente, é ínfimo. Quanto a esse aspecto, a eficiência no agir administrativo se materializa na maximização do bem-estar da população (via eficaz atendimento nos setores administrativos, melhores serviços públicos, por um atendimento isonômico) e no incremento da excelência na gestão pública, o que, na forma da Constituição, demanda o acompanhamento constante do exercício do múnus público mediante mecanismos de avaliação de desempenho e resultados (EC nº 19/98).[137] [138]

A qualidade dos serviços está diretamente relacionada a outras duas facetas, que compreendem a celeridade e a presteza. A partir desses paradigmas, determinado "o fim a se buscar, sopesados os interesses envolvidos, a articulação dos meios deve proporcionar, da mesma forma, a maior agilidade possível no seu atendimento".[139]

A eficiência *stricto sensu* abarcaria ainda a continuidade na prestação de serviços públicos, de modo que "os resultados devem ser atingidos continuamente, sem interrupção. Não basta um bom resultado isolado e esporádico; a eficiência exige que o bem comum seja buscado de forma permanente e contínua".[140]

Finalmente, a última faceta proposta para a eficiência *stricto sensu*, a desburocratização, refere-se tanto à estrutura administrativa quanto ao processo administrativo. Este último, na medida do possível, deve ser descomplicado e célere. Quanto à estrutura administrativa, necessário o abandono de organismos demasiadamente complexos, com duplicidade de atribuições e competências e com significativo afastamento dos cidadãos e, mesmo, de outras estruturas administrativas.[141]

O diálogo entre os órgãos e entidades administrativos e entre estes e os cidadãos é essencial ao atingimento da eficiência na Administração Pública. Sem ele, primeiro, não se têm os meios adequados a um planejamento abrangente para o agir administrativo e, segundo, não se atende o principal destinatário da Administração: o cidadão. Inclusive, em se visualizando a necessidade, deve-se utilizar do poder de auto-organização administrativa, o qual "encontra seu

---

[137] BATISTA JÚNIOR, *ibidem*, p. 194-196.
[138] A respeito da profissionalização da função pública, vide BACELLAR FILHO, *op. cit.*, p. 31-42.
[139] BATISTA JÚNIOR, *ibidem*, p. 197.
[140] BATISTA JÚNIOR, *ibidem*, p. 198.
[141] BATISTA JÚNIOR, *ibidem*, p. 201.

fundamento exatamente na possibilidade de adequação dos meios aos fins, isto é, na faculdade mais elástica de criação ou modificação de órgãos, para que os mesmos possam se adequar às necessidades da realidade cambiante".[142]

Emerson Gabardo e Daniel Wunder Hachem, no desenvolvimento de estudo acerca do conteúdo jurídico do princípio da eficiência, propõem-no considerando alguns elementos que, em alguma medida, conformam com a classificação proposta por Onofre Alves Batista Júnior, porém, em três deles, inovam de forma nodal. Quanto aos elementos que se confirmam à luz da doutrina já exposta, tem-se o exercício da função administrativa com celeridade, presteza, economicidade e produtividade, bem como a análise quanto aos meios disponíveis, adotando-se aquele mais adequado a produzir o resultado ótimo no alcance dos objetivos estatuídos pelo direito positivo. Por outro lado, os autores destacam três elementos substanciais, sobretudo considerando o modelo de desenvolvimento chancelado pela Constituição, estabelecendo três fatores: o exercício adequado da finalidade pública, a conferência de máxima efetividade aos comandos fixados pelo ordenamento jurídico e a atuação consoante aos direitos fundamentais e demais princípios e regras que orientam a atividade administrativa.[143]

Não será eficiente o resultado que, a despeito de cauteloso relativamente à consideração em sua produção quanto aos meios disponíveis, não se desenvolver de forma a concretizar a finalidade pública intentada pela norma. "A atividade administrativa, para ser eficiente, deve atender à exata finalidade prevista pela norma jurídica que estabelece ao órgão ou agente público o dever de praticar determinada conduta."[144] A finalidade dos atos administrativos está diretamente relacionada, em sentido amplo, ao atendimento do interesse público. No entanto, deve-se igualmente atenção à finalidade de interesse público concretamente buscada no caso concreto, ou seja, aquela condicionada pela lei.

Como decorrência lógica para identificação da finalidade de interesse público buscada pelo regramento jurídico incidente, tem-se os outros dois elementos destacados. Em outros termos, pode o resultado decorrer de análise relativamente aos meios disponíveis e, em certa medida, ater-se ao valor em princípio direcionado pelo legislador. Porém,

---

[142] BATISTA JÚNIOR, *ibidem*, p. 201.
[143] GABARDO, Emerson; HACHEM, Daniel Wunder. Responsabilidade civil do Estado, *faute du service* e o princípio constitucional da eficiência administrativa. In: GUERRA, Alexandre Dartanhan de Mello; PIRES, Luis Manuel Fonseca; BENACCHIO, Marcelo (Coord.). *Responsabilidade civil do Estado*: desafios contemporâneos. São Paulo: Quartier Latin, 2010. p. 245.
[144] GABARDO; HACHEM, *ibidem*, p. 247.

atualmente a hermenêutica jurídica não se constrói sob a intenção do legislador, mas, sim, à luz do sistema jurídico vigente, considerando suas regras expressas e de conteúdo axiológico. Nessa medida, a finalidade de interesse público apenas será alcançada se o resultado igualmente decorrer da consideração dos "demais princípios e regras norteadores da atividade administrativa, jamais podendo-se em nome da eficiência sacrificar o conteúdo essencial de qualquer outro princípio do regime jurídico administrativo, especialmente os definidores de direitos fundamentais" e, ainda, guiar-se pela máxima efetividade dos comandos jurídicos envolvidos. Importa dizer, "a eficiência no adimplemento dos mandamentos constitucionais e legais representa, também, a necessidade de deduzir de tais dispositivos o conteúdo mais amplo que se possa dele extrair".[145] [146]

Sintetizando a problematização em torno dos elementos da eficiência, possível entender que será eficiente o agir administrativo na medida em que atento à produção dos fins de interesse público buscados[147] e à promoção da excelência na gestão pública, direcionada a melhor utilização possível dos meios disponíveis para a maximização dos objetivos definidos para o plano de desenvolvimento nacional.

Veja-se que a análise em torno do agir administrativo eficiente encontra-se estreitamente vinculada aos fins de interesse público explícita e implicitamente consignados no modelo de desenvolvimento previsto na Constituição da República, o que, de nodal importância salientar, igualmente inclui a consideração em torno do potencial da medida não apenas para atender os direitos dos presentes, mas para preservar os direitos das futuras gerações. Trata-se do valor da

---

[145] GABARDO; HACHEM, ibidem, p. 255-257.

[146] Emerson Gabardo e Daniel Wunder Hachem destacam os reflexos jurídicos quanto à atividade ineficiente: "O descumprimento de tais imposições, extraídas dos do princípio da eficiência, ensejará ao menos três *consequências jurídicas* objetivas e bem definidas: (i) quanto aos *agentes públicos*, a inobservância dos mandamentos oriundos do dever de eficiência poderá implicar a sua *responsabilização pessoal*, nas esferas administrativa, civil e penal; (ii) quanto à *atividade* praticada, a sua desconformidade com os comandos emanados do princípio em referência resulta na sujeição do ato (ou procedimento) ao *controle interno* ou *externo*, que deve ser levado a efeito para corrigir a atuação administrativa ineficiente; (iii) quanto aos *terceiros* atingidos pelos efeitos da atividade, o sofrimento de prejuízos derivados da atuação violadora do princípio da eficiência importará a *responsabilização civil do Estado*, desde que estejam presentes os elementos configuradores do dever de reparar o dano" (GABARDO; HACHEM, ibidem, p. 258).

[147] Emerson Gabardo, ao tratar da compatibilidade entre Estado Eficiente e Estado Social, explica não ser possível admitir "qualquer espécie de 'eficiência do Estado', em uma democracia, que não seja aquela de proteção aos direitos fundamentais, notadamente os sociais" (GABARDO, Emerson. *Eficiência e legitimidade do Estado*: uma análise das estruturas simbólicas do direito político. São Paulo: Manole, 2003. p. 158).

sustentabilidade que precisa ser sopesado para identificar a eficiência ou não do agir administrativo.

Ao tratar da dificuldade de associação de consequências jurídicas ao emprego da sustentabilidade por parte do Estado, haja vista a falta de elementos teóricos que facilitem a sua operacionalização, Vanice Regina Lírio do Valle se reporta a dois vetores da economia: a equidade intergeracional e a eficiência dinâmica. O primeiro deles tem em vista uma noção mais ampla de sujeito constitucional, "seja no sentido sugerido pelo reconhecimento do pluralismo como fenômeno contemporâneo, seja no sentido de vislumbrar os demais sujeitos que se apresentarão na perspectiva temporal futura".[148] Já a eficiência dinâmica completa a consideração da dimensão futura, "com o reconhecimento de que a eficiência alocativa dos efeitos esperados de algum evento ou decisão podem se manifestar num futuro não imediato, o que estará a exigir a incorporação de variáveis que podem se apresentar nesse meio-tempo, como mudanças qualitativas nas condições iniciais, inovação e incerteza". Desses referenciais e enquanto balizas para análise em torno do agir administrativo eficiente, necessário que o agente público considere uma eficiência não estática. Vale dizer, a sustentabilidade de uma ação estatal deve ter em conta "que as condições originais da decisão, como *default*, não se mantêm, e que essa oscilação é de ser considerada para a formulação em si de um juízo de valor quanto à efetiva qualificação daquela ação como verdadeiramente eficiente".[149]

Na medida em que não há, *a priori*, um critério que permita abstratamente identificar o agir administrativo eficiente, compete ao agente público, no exercício de atividade discricionária, a necessidade de sopesar todo o plano de desenvolvimento nacional definido constitucionalmente, em suas regras e princípios e, especialmente quanto à eficiência, seus elementos conformadores, motivando adequadamente a opção eleita.[150]

---

[148] VALLE, *op. cit.*, p. 133-134.
[149] VALLE, *ibidem*, p. 134.
[150] Se o fundamento de legitimidade da ação estatal passa a residir – à vista de sua subordinação finalística – em elementos não fechados sob o prisma do conteúdo, o controle do poder estará a exigir instrumentos que lhe permitam, *ainda que numa análise casuística*, a formulação desse mesmo juízo de valor. Esse é o quadro que repropõe o tema do planejamento, e sua interface com a garantia de uma ação estatal que se apresente aferível quanto aos resultados eficientes – e, portanto, passível de legitimação – numa perspectiva de garantia de sustentabilidade (VALLE, *ibidem*, p. 138).

1.3.3 Direito fundamental à boa administração

O direito fundamental à boa administração não encontra previsão expressa na Constituição de 1988. Sua existência pode ser colocada em xeque, seja pela ausência de uma disposição expressa nesse sentido no ordenamento jurídico pátrio, como por supostamente abrigar conteúdo atinente a outras posições jurídicas já reconhecidas, a exemplo da eficiência ou, ainda, pela carência de elementos que justifiquem sua jusfundamentalidade. A despeito desse cenário, o qual poderia lançar toda sorte de dúvida quanto à sua premência, postula-se não somente por sua existência, como especialmente por sua importância para a eficácia do modelo de desenvolvimento nacional sustentável, de conteúdo complexo, definido na Constituição.

Não há dúvida de que a Constituição, expressa (como o faz na enunciação dos princípios previstos no art. 37, *caput*) e implicitamente, já contém *valores jurídicos* que denotam um direcionamento para uma boa gestão, no sentido de ser adequada, moral, eficiente, que tenha em vista as razões fundamentais da República, dentre elas a dignidade da pessoa humana (art. 1º, III).[151] Aliás, como bem ressalva Daniel Wunder Hachem, "a existência de um dever de boa administração, decorrente de um princípio jurídico homônimo, não é algo novo. Trata-se de imposição que de há muito se reconhece como incidente sobre a atividade administrativa dos Estados permeados por uma racionalidade republicana".[152]

Assim, se todo poder emana no povo, como expressamente reconhece a Constituição no parágrafo único do seu art. 1º, nada mais coerente que se imponha aos que representam os interesses do povo o exercício de seu múnus da forma mais transparente, adequada, moral e consonante aos interesses do próprio povo. Nesse sentido, soa inquestionável um dever de boa administração, cuja *principiologia jurídica* deve reger a atuação da Administração Pública.

---

[151] Ao tratar do tema da boa administração enfrentado pela doutrina brasileira, Vanice Regina Lírio do Valle esclarece que a "produção de pensadores do Direito já admitia que administração – enquanto função estatal – só se pode qualificar como boa, se entendida na dinâmica própria desse mesmo caráter de função. Impessoalidade, eficiência, abertura à consensualidade; todos esses são atributos alusivos não a um ato ou contrato administrativo em si, mas à forma de desenvolvimento da atividade administrativa" (VALLE, Vanice Regina Lírio do. *Direito fundamental à boa administração e governança*. Belo Horizonte: Fórum, 2011. p. 79).

[152] HACHEM, Daniel Wunder. *Tutela administrativa efetiva dos direitos fundamentais sociais*: por uma implementação espontânea, integral e igualitária. Tese (Doutorado em Direito) – Setor de Ciências Jurídicas, Universidade Federal do Paraná, Curitiba, 2014. p. 263.

No entanto, como um *direito fundamental* concreto, a boa administração surge de forma pioneira na Carta de Direitos Fundamentais da União Europeia, em 2000.[153] Seu artigo 41 reforça uma série de direitos que, em verdade, já existiam: (i) direito de que os assuntos levados aos órgãos e instituições competentes sejam tratados de forma imparcial, equitativa e dentro de um prazo razoável (o que inclui direito da pessoa ser ouvida antes que contra ela seja tomada medida que a afete desfavoravelmente; direito de que interesses legítimos de confidencialidade, segredo profissional e comercial sejam resguardados nas tratativas com a Administração; e direito de exigir da Administração a motivação de suas decisões); (ii) direito à reparação em caso de dano; (iii) direito a se dirigir a quaisquer das instituições da União Europeia em uma das línguas dos Tratados e ser respondido na mesma língua.

A despeito de o rol de direitos que abarca reforçar posições jurídicas já existentes, há uma novidade de relevância ímpar, qual seja a consagração do dever de boa administração enquanto um direito fundamental do cidadão,[154] o que sintetiza o direito a que o aparato estatal se desenvolva de modo a preservar os direitos fundamentais da pessoa, razão de ser de uma democracia.[155] Trata-se de um direito instrumental, destinado à defesa de outros direitos fundamentais.

E é justamente o fato de constituir um direito fundamental de suposto conteúdo aberto, fluído, sem uma característica própria, que torna sua existência, em si, objeto de polêmica na doutrina. Daniel Wunder Hachem, em capítulo de sua tese de doutoramento, sintetiza as posições doutrinárias até então existentes, as quais se dividem quanto aos reflexos desse caráter aberto do conteúdo do direito à boa administração. As manifestações vão desde, percebendo um sentido negativo, visualizar nesse direito um risco para manifestações simbólicas/retóricas ou, mesmo, um entrave para a boa qualificação da Administração como direito fundamental suscetível de reclamação; como visualizando na abertura do conceito um aspecto positivo, a vantagem de possibilitar abarcar outros fatores relevantes, conforme o tempo e espaço da análise.[156]

---

[153] HACHEM, *ibidem*, p. 264.
[154] RODRÍGUEZ-ARANA MUÑOZ, Jaime. Sobre el derecho fundamental a la buena administración y la posición jurídica del ciudadano. *A&C – Revista de Direito Administrativo & Constitucional*, Belo Horizonte, ano 12, n. 47, p. 33, jan./mar. 2012.
[155] RODRÍGUEZ-ARANA MUÑOZ, *ibidem*, p. 34.
[156] HACHEM, Daniel Wunder. *Tutela administrativa efetiva dos direitos fundamentais sociais*: por uma implementação espontânea, integral e igualitária. Tese (Doutorado em Direito) – Setor de Ciências Jurídicas, Universidade Federal do Paraná, Curitiba, 2014. p. 267.

Uma vez bem compreendido o postulado da boa administração, identificar-se-á, na realidade, que não existe propriamente ausência de autonomia. Não se deve confundir a literalidade da expressão – boa administração – ao conteúdo propriamente do direito. Aliás, caso se fosse adotar a nomenclatura desse direito como referência para definição do conteúdo pertinente, se chegaria a um contrassenso. Afinal, uma Administração Pública sujeita, entre outros postulados, ao princípio da eficiência, com todo o conteúdo já exposto no tópico anterior, não pode ser meramente boa, mas atuar de forma a atingir sempre o melhor padrão possível.[157] Em verdade, na medida em que se reconhece o caráter instrumental desse direito, percebe-se que ele detém um conteúdo próprio, que tem em vista propriamente a garantia quanto ao dever de agir do Estado em observância do regime de direitos e garantias fundamentais juridicamente instituído. Tal definição é delimitada e confere um caráter autônomo para o direito fundamental à boa administração. A conformação de princípios e direitos decorrentes que garante é que poderá variar conforme a ordem jurídica constitucional e infraconstitucional de cada Estado, sendo, nessa medida, de abordagem plural.

Esse direito sequer se confunde com o dever de eficiência administrativa. Nos moldes trabalhados no tópico anterior, o dever de eficiência se relaciona à análise dos meios disponíveis para que os resultados possam ser otimizados (produtividade, economicidade, celeridade, presteza, qualidade, continuidade e desburocratização) e à atenção para com o exercício adequado da função administrativa, prezando-se pela máxima efetividade dos direitos fundamentais envolvidos e pela análise em conformidade com todo o sistema jurídico incidente. Por outro lado, o dever de boa administração impõe ao agente público justamente o zelo para com todo esse conteúdo, dentre todas as outras garantias e direitos fundamentais oriundos do ordenamento jurídico pátrio. Importa dizer, o direito fundamental à boa administração instrumentaliza a garantia ao cidadão de que a Administração atuará em conformidade com todos os postulados que orientam o regime jurídico de direito público, não somente o da eficiência administrativa. Exemplificativamente, ao responder uma petição de licitante, pode o agente público ser prestativo e fazê-lo de forma célere e assertiva. Porém, se do retorno dado não for possível ao licitante extrair com clareza a linha argumentativa adotada, inclusive estando ausente motivação adequada quanto ao desfecho da petição, terá o agente público lesionado o direito fundamental do licitante-cidadão a uma boa administração, que propicie a ele atuar e se manifestar, se assim entender pertinente.

---

[157] HACHEM, ibidem, p. 268.

Dessa forma, tem-se um direito de conteúdo autônomo, cuja conformação de princípios e direitos decorrentes que garante é que, como dito, poderá variar conforme a ordem jurídica constitucional e infraconstitucional, sendo, nessa medida, de abordagem plural.

No contexto europeu, há um fator fundamental no reconhecimento de um direito à boa Administração Pública como um direito fundamental autônomo: o resgate da posição de centralidade da pessoa para o direito administrativo,[158] o que tornou premente a institucionalização de um direito fundamental autônomo, de caráter instrumental, que instituísse parâmetros para o posterior controle da Administração europeia.[159] Jaime Rodríguez-Arana Muñoz, em obra exclusivamente dedicada ao estudo do direito à boa administração, destaca a posição de centralidade do indivíduo para o entendimento da vida pública. Esse indivíduo, "com sua determinada idade, seu grau de cultura e de formação, maior ou menor, com sua procedência concreta e seus interesses particulares, próprios, legítimos, é a quem a Administração Pública serve".[160] Nesse estudo, o autor elenca vinte e quatro princípios que considera corolários do direito fundamental à boa Administração Pública[161] e ainda enumera trinta e um direitos subjetivos de ordem

---

[158] *En fin, el reconocimiento a nivel europeo del derecho fundamental a la buena administración constituye, además, un permanente recordatorio a las Administraciones pública, de que su actuación ha de realizarse con arreglo a unos determinados cánones o estándares que tienen como elemento medular la posición central del ciudadanos. Posición central del ciudadanos que ayudará a ir eliminando de la praxis administrativas toda esa panoplia de vicios y disfunciones que conforman la llamada mala administración* (RODRÍGUEZ-ARANA MUÑOZ, op. cit. p. 43.)

[159] HACHEM, Daniel Wunder. *Tutela administrativa efetiva dos direitos fundamentais sociais*: por uma implementação espontânea, integral e igualitária. Tese (Doutorado em Direito). Setor de Ciências Jurídicas, Universidade Federal do Paraná, Curitiba, 2014. p. 264.

[160] RODRÍGUEZ-ARANA MUÑOZ, Jaime. *Direito fundamental à boa administração pública*. Tradução por Daniel Wunder Hachem. Belo Horizonte: Fórum, 2012. p. 27.

[161] São eles: 1. Princípio da juridicidade; 2. Princípio do serviço objetivo aos cidadãos; 3. Princípio promocional; 4. Princípio da racionalidade; 5. Princípio da igualdade de trato; 6. Princípio da eficácia; 7. Princípio da publicidade das normas, dos procedimentos e da inteira atividade administrativa no marco do respeito à intimidade e às reservas que por razões acreditadas de confidencialidade ou interesse geral sejam pertinentes em cada caso, nos procedimentos para a expedição de atos administrativos; 8. Princípios da segurança jurídica, da previsibilidade e da certeza normativa; 9. Princípio da proporcionalidade; 10. Princípio do exercício normativo do poder; 11. Princípio da imparcialidade e independência; 12. Princípio da relevância; 13. Princípio da coerência; 14. Princípio da boa fé; 15. Princípio da confiança legítima; 16. Princípio do assessoramento; 17. Princípio da responsabilidade; 18. Princípio da facilitação; 19. Princípio da celeridade; 20. Princípio da transparência e acesso à informação de interesse geral; 21. Princípio da proteção da intimidade; 22. Princípio da ética; 23. Princípio do devido processo; 24. Princípio da cooperação (RODRÍGUEZ-ARANA MUÑOZ, Idem, p. 169-172).

administrativa decorrentes do direito geral fundamental dos cidadãos a uma boa administração pública.[162] No contexto brasileiro, ainda que não se encontre uma previsão expressa na Constituição da República de um direito fundamental à boa administração, entende-se que, da mesma forma que o direito fundamental ao desenvolvimento nacional sustentável, ele existe. Conforme já tratado, a Constituição da República, em seu art. 5º, §2º, reconhece que os direitos e garantias expressos em seu texto não excluem outros direitos fundamentais decorrentes do regime e dos princípios por ela adotados ou dos tratados internacionais de que o Brasil seja parte. Disso, o sistema constitucional brasileiro oportuniza a identificação de outros

---

[162] São eles: 1. Direito à motivação das atuações administrativas; 2. Direito à tutela administrativa efetiva; 3. Direito a uma resolução administrativa em prazo razoável; 4. Direito a uma resolução justa das atuações administrativas; 5. Direito a apresentar por escrito ou oralmente petições, de acordo com o que se estabeleça nas normas, nos registros físicos ou informáticos; 6. Direito a uma resposta oportuna e eficaz das autoridades administrativas; 7. Direito a não apresentar documentos que já estejam em poder da administração pública; 8. Direito a ser ouvido sempre antes de serem adotadas medidas que lhes possam afetar desfavoravelmente; 9. Direito de participação nas atuações administrativas em que tenham interesse, especialmente através de audiências e de informações públicas; 10. Direito a uma indenização justa nos casos de lesões de bens ou direitos como consequência do funcionamento dos serviços de responsabilidade pública; 11. Direito a serviços públicos e de interesse geral de qualidade; 12. Direito a escolher os serviços de interesse geral de sua preferência; 13. Direito a opinar sobre o funcionamento dos serviços de responsabilidade administrativa; 14. Direito a conhecer as obrigações e compromissos dos serviços de responsabilidade administrativa; 15. Direito a formular alegações em qualquer momento do procedimento administrativo; 16. Direito a apresentar queixas, reclamações e recursos perante a administração; 17. Direito a interpor recursos perante a autoridade judicial sem necessidade de esgotar a via administrativa prévia, de acordo com o estabelecido nas leis; 18. Direito a conhecer as avaliações dos entes públicos e a propor medidas para sua melhora permanente; 19. Direito de acesso aos expedientes administrativos que lhes afetem, no marco do respeito ao direito à intimidade e às declarações motivadas de reserva, que em todo caso deverão concretizar o interesse geral no caso concreto; 20. Direito a uma ordenação racional e eficaz dos arquivos públicos; 21. Direito de acesso à informação de interesse geral; 22. Direito a cópia autenticada dos documentos que apresentem à administração pública; 23. Direito a ser informado e assessorado em assuntos de interesse geral; 24. Direito a ser tratado com cortesia e cordialidade; 25. Direito a conhecer o responsável pela tramitação do procedimento administrativo; 26. Direito a conhecer o estado dos procedimentos administrativos que lhes afetem; 27. Direito a ser notificado por escrito ou através das novas tecnologias sobre as resoluções que lhes afetem no mais breve prazo de tempo possível, que não excederá cinco dias; 28. Direito a participar em associações ou instituições de usuários de serviços públicos ou de interesse general; 29. Direito a atuar nos procedimentos administrativos através de representante; 30. Direito a exigir o cumprimento das responsabilidades do pessoal a serviço da administração pública e dos particulares que cumpram funções administrativas; 31. Direito a receber atenção especial e preferencial se se tratar de pessoas em situação de deficiência, crianças, adolescentes, mulheres gestantes ou adultos idosos, e em geral de pessoas em estado de desamparo ou de fragilidade manifesta (RODRÍGUEZ-ARANA MUÑOZ, *idem*, p. 172-174).

direitos fundamentais, contanto que alinhados ao regime constitucional e internacional, de cujo conteúdo o Brasil seja signatário.

A jusfundamentalidade do direito à boa administração decorre, antes de tudo, do próprio princípio fundamental da dignidade da pessoa humana[163] (sem prejuízo a igualmente encontrar fundamento no princípio da cidadania) e, ainda, como assevera Daniel Wunder Hachem, dos "objetivos de construção de uma sociedade livre, justa e solidária e de promoção do bem de todos (art. 3º, II e IV), além de relacionar-se intimamente com os princípios regentes da Administração Pública, expostos no *caput* do art. 37 (legalidade, impessoalidade, publicidade, moralidade e eficiência)".[164]

Além da dignidade da pessoa humana, o direito fundamental à boa administração encontra fundamento, como pontuado por Eurico Bitencourt Neto, no princípio do Estado Democrático de Direito. Afinal, quando se fala em Estado democrático, "necessário sublinhar as dimensões da democracia que instrumentalizem o respeito à dignidade da pessoa humana, sendo especialmente relevante sua incidência no exercício da função administrativa do Estado sob a forma de procedimento administrativo". Este postulado pressupõe a vedação à instrumentalização do ser humano e impõe a adoção do escorreito processo administrativo, participativo, como garantia da dignidade da pessoa humana, sendo possível visualizar no procedimento administrativo um "veículo de garantia do respeito à dignidade da pessoa humana e meio de manifestação da democracia administrativa".[165] [166]

---

[163] Tal como trabalhado no tópico 1.1, nem todo direito fundamental encontra previsão expressa na Constituição, podendo compreender um direito decorrente de norma *adscrita*. Eurico Bitencourt Neto, reconhecendo essa realidade, alerta, porém, que a matriz do direito fundamental deve encontrar amparo na dignidade da pessoa humana. Veja-se: "A nota de fundamentalidade material é elemento essencial da abertura do sistema de direitos fundamentais, demonstrando a centralidade de seu conteúdo na regulação da estrutura do Estado e da sociedade e, em especial, na tutela da pessoa humana e no respeito à sua dignidade, já que a decorrência jurídica da noção de dignidade da pessoa humana é o dever de respeito e tal respeito tem nos direitos fundamentais sua expressão instrumental mais relevante. Daí que a vinculação direta ou indireta ao princípio da dignidade da pessoa humana é dado inafastável da fundamentação adequada de uma norma adscrita de direito fundamental" (BITENCOURT NETO, Eurico. Há um direito fundamental à boa administração pública. In: GODINHO, Helena Telino Neves; FIUZA, Ricardo Arnaldo Malheiros (Coord.). *Direito constitucional em homenagem a Jorge Miranda*. Belo Horizonte: Del Rey, 2011. p. 159).

[164] HACHEM, Daniel Wunder. *Tutela administrativa efetiva dos direitos fundamentais sociais*: por uma implementação espontânea, integral e igualitária. Tese (Doutorado em Direito) – Setor de Ciências Jurídicas, Universidade Federal do Paraná, Curitiba, 2014. p. 271.

[165] BITENCOURT NETO, op. cit., p. 162.

[166] Essa mesma racionalidade é abordada por Graciela Ruocco. Nesse sentido, ver RUOCCO, Graciela. La "buena administración" y el "interés general". *A&C – Revista de Direito Administrativo & Constitucional*, Belo Horizonte, ano 12, n. 49, p. 33-34, jul./set. 2012.

É a partir das normas constitucionais apresentadas que se encontra a jusfundamentalidade do direito à boa administração. Mostra-se impreterível à proteção e promoção da pessoa humana e ao respeito de sua dignidade o direito a um aparato estatal adequado a responder, com todas as garantias fundamentais consignadas no ordenamento jurídico pátrio, a exemplo de um prazo razoável de resposta, da devida motivação das decisões administrativas, dentre tantos outros direitos e princípios decorrentes, seus legítimos questionamentos. Um parâmetro concreto de conteúdo do direito fundamental à boa administração pode ser extraído da Carta Iberoamericana dos Direitos e Deveres do Cidadão em Relação com a Administração Pública, aprovada em 10 de outubro de 2013 pelo *Centro Latinoamericano de Administración para El Desarrollo* (CLAD).[167]

Daniel Wunder Hachem destaca três justificativas para o reconhecimento de um direito fundamental à boa administração no cenário brasileiro, sendo uma de natureza simbólica, e as outras, de natureza jurídica. Quanto à natureza simbólica, Hachem resgata justamente a evidência de compreender a pessoa a razão de ser da atuação administrativa. Nas palavras do autor, o direito fundamental à boa administração "altera o foco da análise jurídico-política da relação entre cidadão e Administração, deslocando-o desta para aquele e acentuando com isso o caráter serviente do Poder Público para com a pessoa humana". Relativamente à primeira justificativa jurídica, tem-se que "dele podem ser deduzidas pretensões jusfundamentais que não se encontram explicitamente enunciadas no texto da Constituição". O autor cita como exemplos os direitos à proteção da confiança legítima e da boa-fé enquanto barreira à prerrogativa da Administração para anular atos viciados dos quais decorrem efeitos favoráveis aos seus destinatários. Por derradeiro, a segunda justificativa jurídica materializa a possibilidade que esse direito fundamental enseja de "tornar exigível – seja pelo cidadão, seja por agrupamentos determinados ou indetermináveis – o cumprimento dos princípios constitucionais que regem a função administrativa". Este último elemento abriga uma consequência relevante, qual seja o fato de que se tem um direito fundamental que

---

[167] CENTRO LATINOAMERICANO DE ADMINISTRACIÓN PARA EL DESARROLLO (CLAD). *Carta iberoamericana dos direitos e deveres do cidadão em relação com a administração pública*. Disponível em: <http://old.clad.org/documentos/declaraciones/Carta%20Iberoamericana%20de%20los%20deberes%20y%20derechos%20-%20documento%20aprobado.pdf/view>. Acesso em: 09 jan. 2015.

independe de "concretização legal ou regulamentar do seu conteúdo específico para autorizar a sua invocação".[168]

Em relação a esse último aspecto, há um fator interessante a ser explorado, qual seja, diversamente da Carta de Nice, que, ao expor o conteúdo do direito fundamental à boa administração, delimitou os aspectos pertinentes, uma leitura do direito fundamental à boa administração consoante ao ordenamento jurídico brasileiro delata uma série de outras decorrências que passam a ser exigíveis da Administração. Em outros termos, "a tratativa nacional foi muito além no que tange ao estabelecimento de parâmetros e deveres de atuação administrativa e das respectivas garantias dos cidadãos para assegurar a sua observância pelo aparelhamento estatal".[169]

E, dentre essas garantias, tem-se justamente a submissão do agir administrativo para com o modelo de desenvolvimento delimitado na Constituição, de conteúdo complexo e estreitamente vinculado à sustentabilidade. O reconhecimento de um direito fundamental à boa administração vem ao encontro do repensar do princípio da legalidade enquanto dever de juridicidade na medida em que pressupõe a superação da visão formalista de gestão, impondo ao agir administrativo a observância de postulados fundamentais, embora intrínsecos ao ordenamento jurídico pátrio, que encontram na pessoa, presente e futura, a razão de ser da Administração Pública.[170]

Em matéria de processos de contratação pública, o dever de boa administração se manifesta na atenção para com os particulares que negociam com a Administração; na resposta fundamentada de impugnações, pedidos de esclarecimento e respostas a recursos; no comprometimento, na medida do possível, para com o retorno mais rápido a petições; no trato respeitoso para com os cidadãos interessados em acompanhar os procedimentos licitatórios; na condução de procedimentos transparentes, escorreitos, que evidenciem o comprometimento do agente público para com a moralidade e boa-fé etc. De outro vértice, tal dever se evidencia não apenas em relação aos particulares envolvidos nos processos de contratação, mas aos cidadãos em geral. Nesse

---

[168] HACHEM, Daniel Wunder. *Tutela administrativa efetiva dos direitos fundamentais sociais*: por uma implementação espontânea, integral e igualitária. Tese (Doutorado em Direito) – Setor de Ciências Jurídicas, Universidade Federal do Paraná, Curitiba, 2014. p. 272-274.

[169] HACHEM, *ibidem*, p. 271.

[170] *Creemos que el concepto de buena administración responde a las posturas más recientes del derecho administrativo, caracterizadas por el intento de superar la visión estrictamente formal que legitima la Administración para el mero cumplimiento neutral y objetivo de la norma que le otorga las potestades de actuación, y poner el énfasis en la voluntad de situar a la persona en el centro de la preocupación de las normas que ordenan la actividad administrativa* (RUOCCO, op. cit., p. 32-33).

sentido, é consoante ao dever de boa administração pública o dever de planejamento em longo prazo das demandas estatais, sopesando-se o emprego eficiente de recursos públicos, o dever de desenvolvimento de melhores mecanismos de gestão transparente (*accountability*) e participativa, bem com a consideração das políticas públicas vigentes de fomento ao desenvolvimento nacional sustentável. Tal como salienta Juarez Freitas, "a ressignificação das licitações e dos contratos administrativos, informados pelo direito fundamental à boa administração, conduz à adoção obrigatória dos critérios de sustentabilidade, em todos os Poderes e no Estado inteiro".[171]

O atendimento a esse modelo complexo de desenvolvimento delimitado na Constituição nada mais sintetiza para o gestor público senão o exercício da função administrativa, a qual não pode ser concebida de outro modo senão quando desenvolvida de forma comprometida com os valores decorrentes da posição de centralidade da pessoa no atual direito administrativo. Nesse contexto, o direito fundamental à boa administração surge como a materialização de uma garantia ao cidadão para o escorreito exercício da função administrativa. Um direito de índole instrumental,[172] que tem em vista a garantia aos cidadãos de comprometimento para com o exercício da função administrativa, que assuma a complexidade que se apresenta o agir administrativo, enfrentando possíveis entraves de "déficit técnico para o trato de temas de alta complexidade, os riscos da tecnocracia desconectada por vezes com a realidade das coisas e o pensamento do possível".[173] Conforme assevera Juarez Freitas, o "maior inimigo mora nos desvios cognitivos e emotivos que turbam a qualidade das decisões. Entretanto, se o desafio

---

[171] FREITAS, Juarez. Licitações e sustentabilidade: ponderação obrigatória dos custos e benefícios sociais, ambientais e econômicos. *Interesse Público – IP*, Belo Horizonte, ano 13, n. 70, nov./dez. 2011. Disponível em: <http://www.bidforum.com.br/bid/PDI0006.aspx?pdiCntd=76861>. Acesso em: 11 jun. 2012.

[172] Explica Vanice Regina que "o reconhecimento de um direito ao adequado desenvolvimento da função administrativa – que, como se sabe, concretiza as deliberações políticas dos demais poderes – expressa uma faceta de garantia aos direitos fundamentais diretamente relacionados à dignidade da pessoa humana; e nesse sentido, pode ser tido como direito igualmente fundamental, ainda que de índole instrumental" (VALLE, Vanice Regina Lírio do. *Direito fundamental à boa administração e governança*. Belo Horizonte: Fórum, 2011. p. 81).

[173] E continua a autora: "A partir do reconhecimento de que a regulação e o fomento não se possam verificar adequadamente num cenário de encapsulamento da administração, abdicando do potencial de contribuição dos demais atores e destinatários de sua atuação institucional, no campo da administração, preconizou-se o incremento da governança. Tendo em conta a mesma preocupação, o direito, no uso do código que lhe é próprio, afirma a existência de um direito fundamental à boa administração" (VALLE, *ibidem*, p. 83).

é complexo, daí não segue qualquer impossibilidade paralisante de construção da governança ética".[174] E um ponto nodal, a versatilidade da sociedade, das mudanças culturais, das necessidades socioeconômicas, impõe à Administração Pública um dever de aprimoramento constante e aberto. O que é bom hoje pode não ser amanhã ou pode se apresentar um modelo melhor. Por conta disso, juridicizar "boa administração não pode jamais significar uma ruptura, ou pretensão de estabilização de um conceito que repudia visceralmente a cristalização, exigindo, ao contrário, adaptação permanente, resiliência".[175] Justamente por isso, imprescindível o engajamento das estruturas administrativas na constante consecução desse fim de boa gestão,[176] para o que se mostra salutar, conforme adverte Pablo Ángel Gutiérrez Colantuono, o compromisso para com uma organização administrativa aberta, permeável aos pareceres da cidadania em geral e de fácil acesso.[177]

---

[174] FREITAS, Juarez. Licitações e sustentabilidade: ponderação obrigatória dos custos e benefícios sociais, ambientais e econômicos. *Interesse Público – IP*, Belo Horizonte, ano 13, n. 70, nov./dez. 2011. Disponível em: <http://www.bidforum.com.br/bid/PDI0006.aspx?pdiCntd=76861>. Acesso em: 11 jun. 2012.

[175] VALLE, Vanice Regina Lírio do. *Direito fundamental à boa administração e governança*. Belo Horizonte: Fórum, 2011. p. 99.

[176] Recentemente o Tribunal de Contas da União elaborou um "Referencial de Governança" destinado a sintetizar algumas noções envolvendo melhoria da governança e da gestão no contexto do setor público. O documento está disponível para consulta em <http://www.tcu.gov.br/governanca>.

[177] GUTIÉRREZ COLANTUONO, *op. cit.*, p. 67.

CAPÍTULO 2

PROMOÇÃO DO DESENVOLVIMENTO SUSTENTÁVEL COMO FINALIDADE DOS PROCESSOS DE CONTRATAÇÃO PÚBLICA

No capítulo anterior, verificou-se que, para atender ao modelo de desenvolvimento complexo instituído pela Constituição de 1988, faz-se necessário um ressignificar da atividade administrativa. Viu-se que um dos interesses caros à sociedade atual tem em vista o desenvolvimento sustentável, a garantia de condições sociais, econômicas e ambientais equilibradas que satisfaçam as necessidades e interesses da população, preservem os recursos naturais e que resguardem esses mesmos direitos para as futuras gerações.

Mais do que isso, tratou-se de diversos aspectos do modelo de desenvolvimento vigente, os quais passam pelas mais diferentes searas, a exemplo da espacial, social, econômica, ambiental, cultural e de gerenciamento da máquina pública.

Quanto a esse último ponto – gerenciamento da máquina pública –, viu-se que uma gestão pública sustentável pressupõe transpor algumas *crises de percepção*, especialmente um repensar dos princípios da legalidade, da eficiência e do direito fundamental à boa administração. A atuação administrativa é vinculada ao ordenamento jurídico, ao encontro e concretização de medidas consonantes às regras e princípios vigentes, atenta ao princípio da eficiência em sentido amplo, que abarca a eficácia e a eficiência *stricto sensu*. Deve estar preocupada com o direito fundamental dos cidadãos a uma Administração Pública de qualidade, por meio da excelência na gestão pública, atenta à melhor utilização possível dos recursos disponíveis para a maximização dos objetivos definidos para o plano de desenvolvimento nacional.

A análise a ser enfrentada no capítulo 2 tem em vista identificar os processos de contratação pública como ferramentas na concretização desse plano de desenvolvimento nacional sustentável complexo. A Medida Provisória nº 495/2010, posteriormente convertida na Lei nº 12.349/10, inaugurou "novos" objetivos para os processos de contratação pública. A partir de então, o *caput* do art. 3º da Lei nº 8.666/93 foi alterado para garantir, juntamente aos primados da isonomia e da seleção da proposta mais vantajosa para a Administração, a promoção do desenvolvimento nacional sustentável.

A expressão "novos", entre aspas, é propositada. Ora, a partir do modelo de desenvolvimento descrito no capítulo 1 e especialmente considerando que todo contrato celebrado pela Administração Pública tem como impreterível finalidade a satisfação de interesses públicos, devidamente definidos e motivados estes últimos em observância do ordenamento jurídico aplicável, nenhuma irregularidade se verificaria na discriminação de uma solução que adotasse critérios de sustentabilidade, mesmo antes da alteração do art. 3º da Lei nº 8.666/93.[178][179]

A alteração do *caput* do art. 3º da Lei de Licitações veio apenas sacramentar que, dentre as finalidades dos processos de contratação, igualmente deveria estar o desenvolvimento nacional sustentável, norma geral a ser observada por todos os órgãos da administração direta, os fundos especiais, as autarquias, as fundações públicas, as empresas públicas, as sociedades de economia mista e demais entidades

---

[178] Rafael Valim, quanto ao ponto, expõe que "repentinamente" foi descoberta a sustentabilidade nas contratações públicas, não obstante fosse obrigatória para a Administração Pública já há algum tempo (VALIM, Rafael. La contratación pública sostenible em Brasil. In: PERNAS GARCÍA, J. José; VALIM, Rafael (Dir.). *Contratación pública sostenible*: una perspectiva iberoamericana. La Coruña: Bubok Publishing S. L., 2015. p. 252).

[179] Neste contexto, o art. 13, III, da Lei nº 6.983/81 – que estatui que o Poder Executivo incentivará as atividades voltadas ao meio ambiente com iniciativas que propiciem a racionalização do uso de recursos ambientais – e o art. 3º, *caput*, da Lei nº 8.666/93 – preceituando a seleção da proposta mais vantajosa para a Administração – deveriam (mesmo antes das alterações introduzidas na Lei nº 8.666/93 pela Lei nº 12.349/10) ser interpretados conjuntamente com as diretrizes constitucionais referidas e à luz dos princípios 8 e 15 da Declaração do Rio 1992. Com o advento da previsão legislativa expressa estabelecendo que a licitação destina-se a garantir a promoção do desenvolvimento nacional sustentável, formalmente o direito brasileiro fixou regramento geral que enfatiza o papel do Estado como consumidor em prol da sustentabilidade, em consonância com o princípio 8 da Declaração do Rio (VILLAC, Teresa. Direito internacional ambiental como fundamento principiológico e de juridicidade para as licitações sustentáveis no Brasil. In: SANTOS, Murillo Giordan; VILLAC, Teresa (Coord.). *Licitações e contratações públicas sustentáveis*. 2. ed. Belo Horizonte: Fórum, 2015. p. 53).

controladas direta ou indiretamente pela União, Estados, Distrito Federal e Municípios (art. 1º, parágrafo único, da Lei nº 8.666/93).

O desenvolvimento nacional sustentável igualmente constou como finalidade dos processos de contratação desenvolvidos à luz da Lei nº 12.462/2011, que define o regime diferenciado de contratações (art. 3º).

Em 2016, com a entrada em vigor da Lei nº 13.303, definiu-se o regime jurídico aplicável especificamente às estatais, abrangendo toda e qualquer empresa pública e sociedade de economia mista da União, dos Estados, do Distrito Federal e dos Municípios, oportunidade em que uma vez mais ficou definida, no art. 31, *caput*, a finalidade relacionada ao desenvolvimento nacional sustentável.

E aqui interessante abrir um parêntese para registrar que, ao tratar em capítulo específico da função social da empresa pública e sociedade de economia mista, a Lei nº 13.303/2016 fortaleceu a compreensão de que mesmo empresas estatais direcionadas à exploração de atividade econômica devem ter sua atuação coordenada com o plano de desenvolvimento nacional. Como bem anotam Edgar Guimarães e José Anacleto Abduch Santos, a noção de função social não é uma novidade no sistema jurídico. A função social da empresa encontra matriz constitucional (art. 5º, inc. XXIII) e, mesmo, no Código Civil brasileiro, art. 421, segundo o qual a "liberdade de contratar será exercida em razão e nos limites da função social do contrato". Porém, como bem ressaltam os autores, a despeito de não ser uma novidade, deve-se destacar o mérito legislativo ao fixar a função social das estatais.[180] Ao expressamente reforçar essa finalidade, a novel legislação resgatou a essência do tema, no sentido de que o desenvolvimento nacional sustentável retrata um compromisso de todas as pessoas, indistintamente.[181]

---

[180] A função social da empresa implica considerar que as atividades empresariais não podem ser dirigidas apenas para satisfazer interesses econômicos ou particulares de dirigentes, sócios ou acionistas. Toda a atividade econômica exercida pelas estatais será voltada também para a realização de interesses coletivos e consecução de valores sociais constitucionalmente determinados, como a existência digna, a valorização do trabalho humano, a justiça social, a redução das desigualdades sociais e regionais, a preservação e conservação do meio ambiente ecologicamente equilibrado, o tratamento diferenciado para microempresas e empresas de pequeno porte, a inclusão de pessoas portadoras de necessidades especiais, entre outros (GUIMARÃES, Edgar; SANTOS, José Anacleto Abduch. *Lei das Estatais*: comentários ao regime jurídico licitatório e contratual da Lei nº 13.303/2016. Belo Horizonte: Fórum, 2017. p. 36).

[181] Conforme o tratamento conferido no capítulo III da lei, a função social da empresa pública e da sociedade de economia mista deve se orientar para a realização do interesse coletivo ou atendimento a imperativo da segurança nacional expressa no instrumento de autorização legal para a sua criação. A realização do interesse coletivo de que trata (art. 27, §1º) será orientada para o alcance do bem-estar econômico e para a alocação

Feito esse registro, tem-se que, a partir desse enfatizado paradigma,[182] a doutrina passou a discorrer sobre as denominadas licitações sustentáveis ou, como preferem alguns, licitações verdes, positivas, entre outras nomenclaturas.[183] Para a análise que se propõe, opta-se pela expressão processos de contratação pública sustentáveis.

Tal designação tem em vista duas facetas elementares das contratações públicas e da sustentabilidade: o aprimoramento da máquina administrativa e, a outra, a promoção do desenvolvimento nacional sustentável por meio das contratações públicas, sejam elas decorrentes de certame licitatório, dispensa ou inexigibilidade de licitação.[184]

Quanto ao aprimoramento da máquina administrativa, não se pode deixar de frisar que, para o plano de desenvolvimento nacional

---

socialmente eficiente dos recursos geridos pela empresa pública e pela sociedade de economia mista, bem como para (i) ampliação economicamente sustentada do acesso de consumidores aos produtos e serviços da empresa pública ou da sociedade de economia mista; e (ii) desenvolvimento ou emprego de tecnologia brasileira para produção e oferta de produtos e serviços da empresa pública ou da sociedade de economia mista, sempre de maneira economicamente justificada. E mais, conforme o §2º do art. 27 da Lei nº 13.303/2016, a "empresa pública e a sociedade de economia mista deverão, nos termos da lei, adotar práticas de sustentabilidade ambiental e de responsabilidade social corporativa compatíveis com o mercado em que atuam".

[182] Embora o tema conste da CF/88 há 23 anos, raros segmentos da Administração Pública brasileira se animaram a descerrar-lhe o sentido e a promover-lhe efetiva aplicação em sua atividade contratual, nessas duas décadas. A Lei nº 12.349/10 terá transformado em dever jurídico o que antes dela não passava de apelo politicamente correto, dever esse que cobrará a responsabilidade dos administradores públicos, por isto que impende conhecê-lo e bem praticá-lo (PEREIRA JUNIOR, Jessé Torres; DOTTI, Marinês Restelatto. *Políticas públicas nas licitações e contratações administrativas*. 2. ed. Belo Horizonte: Fórum, 2012. p. 370).

[183] A título meramente exemplificativo, veja-se a definição trabalhada por Juarez Freitas: "[...] são os procedimentos administrativos por meio dos quais um órgão ou entidade da Administração Pública convoca interessados – no seio de certame isonômico, probo e objetivo – com a finalidade de selecionar a melhor proposta, isto é, a mais sustentável, quando almeja efetuar pacto relativo a obras e serviços, compras, alienações, locações arrendamentos, concessões e permissões, exigindo, na fase de habilitação, as provas indispensáveis para assegurar o cumprimento das obrigações avençadas" (FREITAS, Juarez. *Sustentabilidade*: direito ao futuro. 2. ed. Belo Horizonte: Fórum, 2012. p. 257).

[184] A contratação pública é uma realidade jurídica ampla, que compreende o planejamento do que se quer contratar, a seleção da melhor proposta e, por fim, a execução e gestão do contrato propriamente dito. A expressão "contratação pública" é mais ampla do que o sentido que revela a palavra "contrato". A realidade do contrato administrativo está inserida no contexto do que denominamos contratação pública. Dito de outra forma, o contrato é uma das fases da contratação pública; as outras fases são a interna (planejamento e definição das regras – edital) e a externa (seleção da proposta, que ocorre por meio da licitação, dispensa ou inexigência). É equivocado usar a palavra "licitação" para qualificar toda a realidade da contratação pública, como acontece há décadas, porque *a licitação é apenas uma das formas de realizar a fase externa do processo de contratação pública*, nada mais do que isso (MENDES, Renato Geraldo. *O processo de contratação pública*: fases, etapas e atos. Curitiba: Zênite, 2012. p. 23. Destaques no original).

definido na Constituição, compreende condição não apenas fomentar o desenvolvimento sustentável, mas, igualmente, aplicá-lo no ambiente administrativo. Renato Cader da Silva, secretário de administração do Ministério Público Federal, alerta que, muito embora o dever de sustentabilidade, sobretudo no tripé social, econômico e ambiental, esteja cada vez mais sendo disseminado na sociedade, ainda há "burocratas, tomadores de decisão, políticos, formadores de opinião, entre outros atores, utilizando ou interpretando o conceito de forma equivocada, com uma visão reducionista ambiental". E o que é pior, ao "mesmo tempo em que reduzir o conceito ao tripé faz com que passe despercebida a dimensão político-institucional, que merece ser destacada".[185]

Sob esse prisma, é preciso, além de promover o planejamento adequado e engajado para o uso racional de recursos naturais, reduzir também entraves burocráticos que tornam os processos de contratação demasiado custosos; repensar a organização administrativa a fim de que setores direta e indiretamente envolvidos nas contratações participem de processo coeso, integrado, eficiente e eficaz de planejamento;[186] combater patrimonialismos, tráfico de influências, omissivismos e mercenarismos;[187] aprimorar a capacitação dos envolvidos para que cada dia mais estejam preparados para enfrentar e solucionar os

---

[185] SILVA, Renato Cader da. *Compras compartilhadas sustentáveis*. Disponível em: <http://www.comprasgovernamentais.gov.br/paginas/artigos/compras-compartilhadas-sustentaveis>. Acesso em: 08 set. 2015.

[186] Sobre esse aspecto, comenta Renato Cader da Silva: "A despeito do avanço no arcabouço jurídico orientado para as contratações sustentáveis no Brasil existente nos últimos anos, é notável a necessidade de mudança de cultura, valores, comportamentos arraigados nas organizações públicas, ainda incompatíveis com o novo paradigma que se pretende construir. É fundamental que as instituições públicas tenham uma visão integrada e, sobretudo, atuem com essa perspectiva, perseguindo os objetivos de compras com mais qualidade e ao mesmo tempo otimizando o uso de seus recursos humanos, logísticos, orçamentários e de tecnologia da informação" (SILVA, *op. cit.*).

[187] Juarez Freitas trata desses quatro vícios políticos como entraves a serem combatidos para o desenvolvimento nacional sustentável. Conforme explica o autor, o patrimonialismo, vício político secular, "significa o uso do poder como se fosse máquina privada", "apoderam-se do Estado como se fosse um aparelho tecnocrático, espécie de engrenagem de préstimos secundários, a serviço de mesquinhos propósitos pessoais ou grupusculares". Diretamente relacionado ao patrimonialismo está o tráfico de influências, "no encalço da vantagem ilícita". Outro vício a ser suplantando é o omissivismo. Juarez destaca que, "para alcançar o Estado Sustentável, mais do que debater sobre o seu tamanho (paradoxalmente, excessivo e pequeno), cumpre não compactuar com a omissão danosa, especialmente em áreas nevrálgicas, tais como a saúde preventiva e a educação de qualidade". Trata-se de "praga a ser combatida com o protagonismo pensado, capaz de sopesar e avaliar, com senso de antecipação, as consequências, próximas e remotas, do agir e do não agir". Finalmente, a sustentabilidade "exige honesto compromisso com as reais prioridades do desenvolvimento durável, daí porque não se coaduna com a mercenarização da política demagógica, que consiste em fazer do poder econômico o substitutivo do debate público" (FREITAS, *op. cit.*, p. 180-188).

entraves complexos com que se deparam todos os dias; entre tantas outras diretrizes que, em última análise, apenas têm em vista o direito fundamental do cidadão a uma boa gestão pública, comprometida com o valor da sustentabilidade. Ou seja, concretizar o plano de desenvolvimento nacional sustentável definido na Constituição da República pressupõe não apenas adotar os processos de contratação como instrumentos para políticas públicas de fomento social, econômico, de preservação ambiental, entre outros. Intrinsicamente relacionado está também o desenvolvimento sustentável da própria gestão pública nacional.

Quanto ao emprego de critérios de sustentabilidade nas contratações públicas, passados mais de seis anos da alteração da Lei nº 8.666/93, é clarividente a existência de grandes dificuldades nesse sentido. Como pontualmente colocado por Rafael Valim, do ponto de vista dogmático-jurídico, chama a atenção a eficácia do princípio do desenvolvimento sustentável e das regras que intencionam concretizá-lo nas licitações, seja nas suas etapas, seja na execução contratual.[188] O professor Juan José Pernas García, em diagnóstico das contratações públicas ecológicas na Europa, destaca quatro dificuldades cruciais para a implantação dessas políticas públicas, fatores os quais, a exemplo de Rafael Valim,[189] entende-se inteiramente aplicável ao Brasil: (i) o desconhecimento dos benefícios econômicos das contratações sustentáveis e uma percepção equivocada da magnitude dos custos; (ii) a falta de clareza jurídica sobre as possibilidades de integrar considerações ambientais – nas palavras de Juan José Pernas García, os órgãos de contratação não gozam da segurança jurídica suficiente na hora de integrar os critérios ambientais nos procedimentos de planejamento e adjudicação –; (iii) ausência de informações e ferramentas para as "contratações públicas verdes", de estruturas de formação adequadas e de conhecimento, assim como a ausência de critérios de contratação pública verdes fáceis de aplicar;[190] (iv) a disparidade entre os procedimentos e critérios das contratações

---

[188] VALIM, op. cit., p. 252.
[189] VALIM, idem.
[190] Esta es quizás el gran lastre que está ralentizando la integración de las consideraciones ambientales. Existen importantes carências metodológicas y de conocimiento em el âmbityo del cálculo del coste de las externalidades y del ciclo de vida de los productos. Tampouco ayuda el hecho de que no se há fomentado de forma adecuada el intercambo de información y de experiências entre las autoridades regionales y locales (PERNAS GARCÍA, Juan José. Apuntes introductorios sobre la contratación pública verde em Europa y em España. In: BACELLAR FILHO, Romeu Felipe; GABARDO, Emerson; HACHEM, Daniel Wunder (Coord.). Globalização, direitos fundamentais e direito administrativo: novas perspectivas para o desenvolvimento econômico e socioambiental: Anais do I Congresso da Rede Docente Eurolatinoamericana de Direito Administrativo. Belo Horizonte: Fórum, 2011. p. 128).

públicas verdes em diferentes partes da União Europeia conduz a um aumento dos custos administrativos, em particular para as micro e pequenas empresas, prejudicando o mercado interno. Em tempo, o apoio político não é suficiente, o que reduz o volume de recursos para essa finalidade.[191] Muito embora a análise proposta pelo professor Juan José Pernas García estivesse focada em aspectos ambientais, entende-se que todas as suas anotações se aplicam indistintamente, seja o foco da política pública a sustentabilidade ambiental, social, econômica, espacial, tecnológica etc.

E, nesse aspecto, o desenvolvimento na gestão pública e a eficácia das políticas públicas para o desenvolvimento sustentável voltam-se, novamente, para a necessidade de uma análise complexa. Para tanto, há três reflexões que precisam ser realizadas: 2.1) repensar o tradicional conceito de vantajosidade como a seleção da proposta mais vantajosa em condições isonômicas; 2.2) compreender em que medida os processos de contratação podem ser interessantes instrumentos para o implemento de políticas públicas de fomento ao desenvolvimento nacional sustentável; e 2.3) sopesar a relevância do poder normativo da Administração para a eficácia das políticas públicas objetivando o desenvolvimento nacional sustentável.

2.1 Finalidade da licitação: redimensionando o tradicional conceito de vantajosidade como a seleção da proposta mais vantajosa em condições isonômicas

Na forma do art. 3º, *caput*, da Lei nº 8.666/93, alterado pela Lei nº 12.349/2010, a licitação "destina-se a garantir a observância do princípio constitucional da isonomia, a seleção da proposta mais vantajosa para a administração e a promoção do desenvolvimento nacional sustentável". Tratamento igualmente conferido no Regime Diferenciado de Contratações (art. 3º da Lei nº 12.462/2011) e na Lei das Estatais (art. 31, *caput*, da Lei nº 13.303/2016).

A garantia do tratamento isonômico é que determina a realização de licitação e impõe o dever de motivação em relação à definição objetiva da solução, da fixação dos critérios de habilitação e de seleção das propostas. Importa dizer, o dever quanto ao tratamento isonômico se faz presente em dois momentos: ao especificar a solução, requisitos

---

[191] PERNAS GARCÍA, *op. cit.*, p. 127-128.

de habilitação e de aceitabilidade das propostas e, segundo, no procedimento propriamente em que se elegerá a melhor proposta.[192] É em razão do potencial interesse de uma diversidade de particulares, bem como da possibilidade de se definir critérios objetivos para a disputa (envolvendo a definição do objeto, fixação das condições de habilitação e de aceitabilidade das propostas) que a licitação se mostra exigível.[193] Justamente por isso, como bem esclarece Renato Geraldo Mendes, a "finalidade da licitação não é garantir a igualdade, pois esse é o seu pressuposto".[194] Da mesma forma, coloca Joel de Menezes Niebuhr que a isonomia é a causa da licitação, fundamento que lhe dá origem e a torna obrigatória, e não finalidade como leva a entender a literalidade do art. 3º, *caput*, da Lei de Licitações.[195]

Ainda, importante observar que toda condição de descrição da solução, de definição dos critérios de habilitação ou de aceitabilidade das propostas é restritiva e, nesse sentido, potencialmente lesiva à isonomia. Porém, apenas serão ilegítimas as discriminações restritivas injustificadamente, arbitrárias, que não estejam devidamente amparadas

---

[192] Ver JUSTEN FILHO, Marçal. *Curso de Direito Administrativo*. 7. ed. Belo Horizonte: Fórum, 2011. p. 451.

[193] A respeito da necessidade de definir critérios objetivos de julgamento, esclarece Renato Geraldo Mendes: "Para assegurar tratamento isonômico, é preciso também que o critério de julgamento seja objetivo, sob pena de a igualdade ser violada por preferência de ordem pessoal (subjetiva). Mas a garantia de assegurar tratamento isonômico não depende apenas do querer e da predisposição, mas de outras condições ou variáveis que fogem ao nosso controle. Para que haja igualdade de tratamento, é fundamental que a escolha do parceiro da Administração ocorra mediante critério objetivo, do contrário, o tratamento isonômico estará comprometido. Portanto, se não for possível definir um critério de julgamento objetivo, a licitação não deve ser realizada. E a razão é simples: o pressuposto da licitação é a igualdade. Ora, se o pressuposto não pode ser assegurado, o dever deixará de existir. Essa é a lógica que norteia a ordem jurídica. A impossibilidade de definir o critério objetivo não deve ser confundida com a inaptidão de um agente determinado. Inaptidão pessoal é uma coisa, impossibilidade é outra, pois esta não decorre da imperícia de A ou de B, mas da incapacidade humana, ou seja, de uma condição que atinge a todos" (MENDES, Renato Geraldo. *LeiAnotada.com*: Lei nº 8.666/93, nota ao art. 3º, *caput*, categoria Doutrina. Disponível em: <http://www.leianotada.com>. Acesso em: 07 set. 2015).

[194] MENDES, Renato Geraldo. *O processo de contratação pública*: fases, etapas e atos. Curitiba: Zênite, 2012. p. 29.

[195] NIEBUHR, Joel de Menezes. *Licitação pública e contrato administrativo*. 4. ed. Belo Horizonte: Fórum, 2015. p. 37.

em interesse público motivado.[196][197] Em verdade, a isonomia "exige que tanto o critério diferenciador escolhido como o resultado atingido sejam compatíveis com a ordem jurídica e com os valores constitucionais. A propósito de diferenciar as situações ou escolher uma providência adequada, não é possível infringir a ordem jurídica".[198]

Por outro lado, com a licitação, procedimento de disputa isonômico, objetiva-se selecionar a proposta mais vantajosa para a Administração Pública. A finalidade da licitação,[199] portanto, é "a seleção da proposta mais vantajosa, a fim de melhor satisfazer o interesse público, que, no final das contas, é o propósito de tudo que faz a Administração Pública".[200]

A celeuma gira em torno de identificar o que é a proposta mais vantajosa. Evidentemente, uma das diretrizes a serem observadas em decorrência do regime jurídico de direito público compreende o princípio da economicidade. Por ele, seguindo a perspectiva tradicional de análise do conceito, necessário à Administração ter parcimônia nos gastos públicos, procurando atender suas necessidades e interesses pelo menor dispêndio possível ao erário, especialmente considerando as políticas de redução de custos e cortes orçamentários. Porém, não se pode perder de vista que, na definição da solução a ser contratada há uma multiplicidade de fatores a serem sopesados a fim de se eleger a opção de melhor custo-benefício. Tais fatores vão desde custos

---

[196] Também, nesse sentido, Renato Geraldo Mendes explica que "toda condição imposta no edital tem a potencialidade de estabelecer restrição, ou seja, é capaz de impedir que quem não a atenda fique afastado da disputa. Assim, o problema não está na eventual restrição que determinadas condições impõem ao certame, mas na ausência de justificativa técnica para a sua adoção" (MENDES, Renato Geraldo. *LeiAnotada.com*: Lei nº 8.666/93, nota ao art. 3º, 1º, categoria Doutrina. Disponível em: <http://www.leianotada.com>. Acesso em: 07 set. 2015).

[197] Há equívoco em supor que a isonomia veda diferenciação entre os particulares para contratação com a Administração Pública. Quando a Administração escolhe alguém para contratar, está efetivamente uma diferenciação entre os interessados. Não se admite, porém, a discriminação arbitrária, produto de preferências pessoais e subjetivas do ocupante do cargo público. A licitação consiste em um instrumento jurídico para afastar a arbitrariedade na seleção do contratante (JUSTEN FILHO, Marçal. *Curso de Direito Administrativo*. 7. ed. Belo Horizonte: Fórum, 2011. p. 451).

[198] JUSTEN FILHO, *ibidem*, p. 171.

[199] Para Celso Antônio Bandeira de Mello, a "licitação, nos termos do que hoje estabelece a legislação, visa a alcançar um triplo objetivo: proporcionar às entidades governamentais possibilidades de realizarem o negócio mais vantajoso (pois a instauração de competição entre ofertantes preordena-se a isto), assegurar aos administrados ensejo de disputarem a participação nos negócios que as pessoas governamentais pretendam realizar com os particulares e concorrer para a promoção do desenvolvimento nacional sustentável" (MELLO, Celso Antônio Bandeira de. *Curso de Direito Administrativo*. 28. ed. São Paulo: Malheiros, 2011. p. 530).

[200] NIEBUHR, *op. cit.*, p. 35.

indiretos[201] relacionados ao objeto a ser pactuado, como manutenção, seguro e atualizações, até a análise do ciclo de vida do produto[202] e o potencial da solução para influenciar na diretriz legal e constitucional relacionada ao desenvolvimento nacional sustentável.

Lembra-se, nesse ponto, que, entre os elementos que compõem a eficiência administrativa, conforme trabalhado no tópico 1.3 do capítulo 1, com amparo na doutrina de Daniel Wunder Hachem e Emerson Gabardo, estão justamente o escorreito exercício da função administrativa, cujo múnus pressupõe considerar todo o conjunto de regras e princípios inerente ao sistema constitucional e infraconstitucional vigente e, ainda, a maximização dos direitos fundamentais dos cidadãos. Logo, também o dever de eficiência administrativa impõe ao agente público, ao analisar a vantajosidade de determinada solução, sopesar sua potencialidade para atender o direito fundamental dos cidadãos a um desenvolvimento nacional sustentável. Afinal, se "as licitações devem ser eficientes, devem ser processos aptos a garantir o cumprimento dos princípios constitucionais, todos eles, assim como conferir efetividade aos direitos fundamentais, possibilitando-se, portanto, a concreção de políticas públicas".[203] [204]

---

[201] Marçal Justen Filho, ao trabalhar a análise de custos indiretos, cita o exemplo da compra de impressoras: "Um ângulo fundamental reside no custo do toner. A utilização de uma impressora pressupõe o consumo de toner. Não é razoável tomar em vista apenas o custo direto da impressora para determinar a seleção da proposta mais vantajosa. Em muitos casos, os fabricantes adotam uma forma de 'subsídio cruzado', consistente em reduzir o preço da impressora e elevar o preço do toner. Portanto, o valor a menor desembolsado na aquisição da impressora será compensado pelo montante mais elevado do toner" (JUSTEN FILHO, Marçal. *Comentários ao RDC*. São Paulo: Dialética, 2013. p. 82).

[202] Ciclo de vida (ou análise do ciclo de vida): consiste no exame do ciclo de vida de um produto, processo, sistema ou função, visando identificar seu impacto ambiental, no decorrer de sua "existência", que inclui desde a extração do recurso natural, seu processamento para transformação em produto, transporte, consumo/uso, reutilização, reciclagem, até disposição final. É comum utilizar-se a figura de linguagem "do berço ao túmulo", para exemplificar o conceito (BIDERMAN, Rachel et al. *Guia de compras públicas sustentáveis: uso do poder de compra do governo para a promoção do desenvolvimento sustentável*. 2. ed. Disponível em: <http://archive.iclei.org/fileadmin/user_upload/documents/LACS/Portugues/Servicos/Ferramentas/Manuais/Compras_publicas_2a_ed_5a_prova.pdf>. Acesso em: 08 set. 2015. p. 26).

[203] FRANCO, Caroline da Rocha. Licitações ecoeficientes e as políticas públicas ambientais. *A&C – Revista de Direito Administrativo & Constitucional*, Belo Horizonte, ano 13, n. 51, p. 280, jan./mar. 2013.

[204] Seguindo essa mesma racionalidade, Ana Cláudia Finger explica que "as licitações sustentáveis envolvem questões complexas e muito além da regulação do Estado na ordem econômica. Isto porque devem ser analisados outros aspectos extremamente relevantes, como a dignidade da pessoa humana e o compromisso para com as futuras gerações, as noções de progresso e desenvolvimento nacional sob a ótica do não desperdício e do consumo racional, bem como a atuação do Estado como consumidor, sobremaneira, como indutor de condutas e de estímulos à iniciativa privada" (FINGER, Ana Cláudia.

Daí segue definição proposta por Juarez Freitas no sentido de que "*a proposta mais vantajosa será sempre aquela que se apresentar a mais apta a gerar, direta ou indiretamente, o menor impacto negativo e, simultaneamente, os maiores benefícios econômicos, sociais e ambientais*". Sugere o autor que o sistema de avaliação de custos seja reformulado, de modo a incluir custos indiretos que hoje são negligenciados, "no intuito de estimar os dispêndios futuros a serem efetuados em função de previsíveis impactos sistêmicos das decisões administrativas tomadas".[205] [206]

A partir dessa análise ampla de apuração de custos, que considera não apenas o dispêndio direto, mas custos adicionais indiretos e, igualmente, externalidades negativas[207] (impactos prejudiciais ao desenvolvimento sustentável social, econômico e ambiental), que se diz que a proposta mais vantajosa à Administração compreende aquela que retrata a relação de melhor custo-benefício.[208] Nas palavras de Egon Bockmann Moreira e Fernando Vernalha Guimarães, é necessário aferir a vantagem da proposta de modo interno e externo à futura contratação. No primeiro caso (modo interno), "sob a perspectiva tradicional dos benefícios econômico-financeiros daquele contrato (objetivo imediato da contratação)"; já no segundo caso (modo externo), "num patamar superior e diacrônico, pertinente a medidas político-administrativas

---

Licitações sustentáveis como instrumento de política pública na concretização do direito fundamental ao meio ambiente sadio e ecologicamente equilibrado. *A&C – Revista de Direito Administrativo & Constitucional*. Belo Horizonte, ano 13, n. 51, p. 147, jan./mar. 2013).

[205] FREITAS, *op. cit.*, p. 238. Destaques no original.

[206] Caroline da Rocha Franco, ao tratar do princípio da ecoeficiência, coloca-o como integrante do princípio da eficiência, conjugado ao princípio da defesa do meio ambiente. Por oportuno, quanto a um possível conflito do princípio da ecoeficiência com o princípio da economicidade, explica ser aparente, existindo apenas se visualizada a contratação a curto prazo. "O ciclo de vida dos produtos ambientalmente sustentáveis é comprovadamente mais curto que o dos produtos tradicionais. Logo, este pode ser mais barato quando do momento da aquisição, porém gerará custos maiores no futuro." (FRANCO, *op. cit.*, p. 281-282).

[207] A Economia utiliza a expressão "externalidades" para indicar custos ou benefícios que, embora decorrentes de uma certa operação, não se encontram abrangidos no preço pactuado entre as partes. Mais precisamente, esses custos ou benefícios não afetam diretamente as partes do negócio, mas terceiros. Então, alude-se a externalidade para tratar de efeitos 'externos' à relação econômica avençada, tanto em função de que os benefícios ou custos não se integram no preço como em virtude de que as partes da avença não se sujeitam diretamente a elas. As externalidades são classificadas como positivas ou negativas conforme produzam, respectivamente, benefícios ou desvantagens (JUSTEN FILHO, Marçal. *Comentários ao RDC*. São Paulo: Dialética, 2013. p. 83).

[208] A maior vantagem se apresenta quando a Administração Pública assume o dever de realizar a prestação menos onerosa e o particular se obriga a realizar a melhor e mais completa prestação. Configura-se, portanto, uma relação custo-benefício. A maior vantagem corresponde à situação de menor custo e maior benefício para a Administração Pública (JUSTEN FILHO, Marçal. *Curso de Direito Administrativo*. 7. ed. Belo Horizonte: Fórum, 2011. p. 450).

que tragam consigo o desenvolvimento sociopolítico, ambiental e econômico da Nação Brasileira (objetivo mediato da contratação)".[209] A análise de vantajosidade proposta se aproxima de uma das facetas da eficiência *stricto sensu* trabalhada por Onofre Alves Batista Junior, desenvolvida no tópico 1.3 do capítulo 1, que tem uma perspectiva mais global do princípio da economicidade. Conforme já pontuado, mas interessante frisar, não pode a busca pela eficiência se resumir "a um mero jogo de números e operações contábeis". "A economicidade diz respeito à otimização das despesas, e não à minimização de custos; com ela aspira-se à majoração dos benefícios, e não ao singelo 'barateamento'."[210]

A forma acima apresentada de compreender a vantajosidade nas contratações públicas impõe aos órgãos e entidades, no planejamento de suas contratações, transcender a análise focada em seus interesses segmentados, embora públicos.[211] Impõe-se um amplo compromisso com a gestão pública para melhor aproveitamento dos recursos disponíveis e fomento ao desenvolvimento nacional sustentável.

Jessé Torres Pereira Junior destaca quatro paradigmas essenciais à operação dos sistemas jurídicos, tendo em vista uma gestão de resultados, em contraposição à gestão patrimonialista do Estado: "a) efetividade dos princípios; b) motivação necessária; c) controle de discricionariedade; d) supremacia da Constituição, de que flui o caráter cogente das políticas públicas nela traçadas". Além de serem paradigmas universais nos ordenamentos jurídicos que lutam em detrimento de uma gestão patrimonialista, são sistêmicos, vale dizer, "devem permear os órgãos e entidades dos poderes constituídos de todas as esferas, exigindo de seus respectivos agentes, inclusive os políticos, o mesmo padrão de conduta jurídico-administrativa e o mesmo compromisso com os resultados de interesse público (...)".[212]

Nesse sentido, independentemente de quem seja o órgão ou entidade contratante, não é vantajosa a proposta que, embora apresente o menor preço para a unidade administrativa, advenha de processo

---

[209] MOREIRA, Egon Bockmann; GUIMARÃES, Fernando Vernalha. *Licitação pública*. São Paulo: Malheiros, 2012. p. 83-84.
[210] BATISTA JÚNIOR, Onofre Alves. *Princípio constitucional da eficiência administrativa*. 2. ed. Belo Horizonte: Fórum, 2012. p. 191-192.
[211] Pode-se dizer que a vantajosidade abrange a economicidade, mas não se limita a ela, pois transcende a órbita meramente econômica para, como se observa acima, abarcar um conceito mais amplo relacionado com a melhor opção para suprir os interesses supraindividuais (econômicos ou não). (FREITAS, Thiago Pereira de. *Sustentabilidade e as contratações públicas*. Rio de Janeiro: Lumen Juris, 2014. p. 143).
[212] PEREIRA JUNIOR, Jessé Torres; DOTTI, Marinês Restelatto. *Políticas públicas nas licitações e contratações administrativas*. 2. ed. Belo Horizonte: Fórum, 2012. p. 27-28.

produtivo destoante da legislação, baseado no emprego de mão de obra infantil, por exemplo, ou, mesmo, que infrinja a legislação fiscal,[213] ou que não abarque condicionante factível e potencial do desenvolvimento nacional sustentável.[214] Não pode a Administração Pública entender como vantajosa uma proposta que a lese, ainda que indiretamente ou, sob outra análise, que não apresente o melhor potencial de satisfazer os interesses públicos normativamente definidos como relevantes para a contratação nacional. Lembrando que o "Estado não contrata o que quer; contrata o que deve, segundo padrão normativo estabelecido e finalidades públicas que devem ser atendidas".[215]

Portanto, a cautela a ser adotada tem em vista definir a solução ótima para o interesse público (considerando custos diretos e indiretos envolvidos, bem como o potencial para fomentar o desenvolvimento nacional sustentável), sopesando variações nas opções disponíveis no mercado, de modo a eleger a proposta em ambiente de maior

---

[213] Para a Zênite, independentemente da atividade exercida pela licitante, deve-se exigir prova de regularidade com as Fazendas federal, estadual e municipal, haja vista a condição de regularidade fiscal constituir meio para assegurar a idoneidade da proponente, bem como a concorrência isonômica. Essa orientação encontra amparo no entendimento do Superior Tribunal de Justiça: "RECURSO ESPECIAL. MANDADO DE SEGURANÇA. LICITAÇÃO. SERVIÇO DE CONSULTORIA. ARTIGOS 29 E 30, DA LEI 8.666/93. CERTIFICAÇÃO DOS ATESTADOS DE QUALIFICAÇÃO TÉCNICA. PROVA DE REGULARIDADE FISCAL JUNTO À FAZENDA ESTADUAL. A Lei de Licitações determina que deverá ser comprovada a aptidão para o desempenho das atividades objeto da licitação (artigo 30, inciso II), por meio de "atestados fornecidos por pessoas jurídicas de direito público ou privado, devidamente certificados pelas entidades profissionais competentes [...]" (artigo 30, §1º). "Dispositivos do ordenamento jurídico, ainda que não previstos no edital – o edital não tem como reproduzir todas as normas positivas vigentes – devem ser observados pela Administração e pelo particular, os quais se aplicam à licitação indubitavelmente" (Luís Carlos Alcoforado, "Licitação e Contrato Administrativo", 2ª edição, Brasília Jurídica, p. 45). A Lei 8.666/93 exige prova de regularidade fiscal perante as todas as fazendas, Federal, Estadual e Municipal, independentemente da atividade do licitante." (STJ, REsp nº 138745/RS, DJ de 25.06.2001). Sobre o tema, ver Habilitação – Documentação – Pessoa física. *Revista Zênite – Informativo de Licitações e Contratos (ILC)*, Curitiba: Zênite, n. 245, p. 711, jul. 2014. (Seção Perguntas e Respostas).

[214] A proposta mais vantajosa não é aquela de menor valor, como se poderia apressadamente concluir, mas aquela que melhor atende ao interesse público. Ou seja, é aquela de menor valor, mas que também está de acordo com as especificações técnicas necessárias para sua utilização, escolhida em processo isonômico de livre e ampla competição e por empresa que respeita a proibição constitucional de 'trabalho noturno, perigoso, ou insalubre a menores de dezoito e de qualquer trabalho a menores de dezesseis anos, salvo na condição de aprendiz, a partir de quatorze anos'. Além disso, trata-se da melhor proposta oferecida dentre as empresas que preencherem os requisitos de habilitação exigidos, como a habilitação jurídica, qualificação técnica, qualificação econômico-financeira e regularidade fiscal (BLIACHERIS, Marcos Weiss. Licitações sustentáveis: política Pública. In: SANTOS, Murillo Giordan; VILLAC, Teresa (Coord.). *Licitações e contratações públicas sustentáveis*. 2. ed. Belo Horizonte: Fórum, 2015. p. 145-146).

[215] PEREIRA JUNIOR, Jessé Torres; DOTTI, Marinês Restelatto. *Políticas públicas nas licitações e contratações administrativas*. 2. ed. Belo Horizonte: Fórum, 2012. p. 33.

competitividade possível e a partir do melhor parâmetro possível de aceitabilidade de custos.[216] "É a competição que preordena a proposta mais vantajosa à Administração Pública, mas é a competição nos termos do edital que definirá qual proposta mais vantajosa interessa a Administração."[217]

O Regime Diferenciado de Contratações, instituído pela Lei nº 12.462/2011, já foi sensível a esse tratamento. No seu art. 4º, III, define que, nas licitações e contratos de que trata, serão observadas, entre outras diretrizes, a busca da maior vantagem para a Administração Pública, considerando custos e benefícios, diretos e indiretos, de natureza econômica, social ou ambiental, inclusive os relativos à manutenção, ao desfazimento de bens e resíduos, ao índice de depreciação econômica e a outros fatores de igual relevância. Ainda em seu art. 19, quando tratou do critério de julgamento baseado no menor preço ou maior desconto, definiu o dever de a Administração considerar o menor dispêndio, assim considerados, na forma do seu §1º, custos indiretos, relacionados com as despesas de manutenção, utilização, reposição, depreciação e impacto ambiental, entre outros fatores objetivamente mensuráveis.

Também a Lei nº 13.303/2016 consignou, dentre as diretrizes a serem observadas pelas estatais em seus processos de contratação (art. 32), a busca da maior vantagem competitiva, "considerando custos e benefícios, diretos e indiretos, de natureza econômica, social ou ambiental, inclusive os relativos à manutenção, ao desfazimento de bens e resíduos, ao índice de depreciação econômica e a outros fatores de igual relevância".

Evidentemente, não se pretende com isso dizer que não será levado em consideração o reflexo sobre a competitividade da licitação e o preço a ser pago. Pelo contrário, o desafio está em, a partir do levantamento de mercado, definir critérios que, direcionados à promoção do

---

[216] Conforme explica Marçal Justen Filho, "[...] o critério do menor preço pode ser acompanhado da avaliação da vantajosidade sob o prisma do desenvolvimento nacional. Portanto, surge a possibilidade de sagrar-se vencedora uma proposta de valor mais elevado, desde que se evidencie ser ela mais adequada para promover o desenvolvimento nacional. É evidente que isso não significa autorizar discriminações arbitrárias, fundadas em critérios puramente subjetivos ou incompatíveis com o princípio da proporcionalidade. É indispensável a existência de regras precisas e exatas, definindo concretamente os critérios de apuração da vantagem relacionada ao desenvolvimento nacional e respeitados os limites previstos nos diversos parágrafos do art. 3º da Lei nº 8.666 (JUSTEN FILHO, Marçal. *Curso de Direito Administrativo*. 7. ed. Belo Horizonte: Fórum, 2011. p. 451).

[217] BIM, Eduardo Fortunato. Considerações sobre a juridicidade e os limites da licitação sustentável. In: SANTOS, Murillo Giordan; VILLAC, Teresa (Coord.). *Licitações e contratações públicas sustentáveis*. 2. ed. Belo Horizonte: Fórum, 2015. p. 200.

desenvolvimento nacional sustentável, não provoquem uma restrição imotivada da concorrência ou uma elevação não calculada e/ou desproporcional de custos.[218][219] Nesse sentido é que uma escorreita análise de custos diretos e indiretos se apresenta como medida fundamental na definição das diretrizes que orientarão a licitação. A análise de ciclo de vida do produto, por exemplo, é extremamente importante, uma vez possível identificar um futuro gasto governamental.[220] Considerado esse efeito no planejamento da contratação, estar-se-ia "se beneficiando da 'hipótese de Porter' ou do duplo dividendo, pois, ao acatarem ou

---

[218] Dessa maneira, a aplicação da sustentabilidade às licitações públicas deve ser ponderada com os demais princípios e objetivos aplicados a ela, ou seja, a sustentabilidade não deve se sobrepor aos demais princípios e objetivos e sempre que possível deve ser aplicada conjuntamente com eles, de modo que um ceda reciprocamente ao outro durante a solução do caso concreto (SANTOS, Murillo Giordan. Poder normativo nas licitações sustentáveis. In: SANTOS, Murillo Giordan; VILLAC, Teresa (Coord.). *Licitações e contratações públicas sustentáveis*. 2. ed. Belo Horizonte: Fórum, 2015. p. 162).

[219] Quanto ao ponto, veja-se a decisão do Tribunal de Contas da União, extraída de seu Informativo de Licitações e Contratos nº 245: "3. *É legítimo que as contratações da Administração Pública se adequem a novos parâmetros de sustentabilidade ambiental, ainda que com possíveis reflexos na economicidade da contratação. Deve constar expressamente dos processos de licitação motivação fundamentada que justifique a definição das exigências de caráter ambiental, as quais devem incidir sobre o objeto a ser contratado e não como critério de habilitação da empresa licitante*". Ainda na representação relativa ao pregão eletrônico realizado pela Fundação Ceciliano Abel de Almeida (FCAA), destinado ao registro de preços para a prestação de serviços de impressão de material didático, o relator, ao tratar da legalidade da exigência de apresentação de certificação ambiental, ponderou que *"deve constar do processo de contratação motivação expressa justificando a nova exigência, nos termos do art. 3º, §1º, I, da Lei 8.666/1993, e de acordo com a jurisprudência desta Casa (Acórdão 1.687/2013-Plenário, item 9.2.2)"*. Ou, em outros termos, *"é legítimo que a entidade deseje adequar suas contratações a novos parâmetros de sustentabilidade ambiental, ainda que com possíveis reflexos na economicidade da compra, devendo fazer constar expressamente do processo de contratação motivação fundamentada que justifique a escolha dessas exigências"*. Contudo, ponderou o relator que a irregularidade não prejudicou a competitividade de certame, razão pela qual propôs, no ponto, o acolhimento das justificativas do responsável. Nada obstante, o Tribunal, à luz das demais irregularidades constatadas nos autos, considerou parcialmente procedente a representação, aplicando ao responsável a multa capitulada no art. 58, inciso II, da Lei 8.443/92, e, dentre outros comandos, cientificou a FCAA da irregularidade consubstanciada na *"ausência de motivação expressa nos autos do processo de contratação para a inclusão de cláusula de exigência de apresentação de certificação ambiental, que implica em potencial aumento de custos e comprometimento da competitividade do certame, em ofensa aos arts. 2º, caput, e 50, da Lei 9.784/1999; o art. 3º, §1º, I, da Lei 8.666/1993 e o Acórdão 1.687/2013-Plenário, item 9.2.2"*. *Acórdão 1375/2015-Plenário, TC 025.651/2013-7, relator Ministro Bruno Dantas, 3.6.2015* (TCU. Informativo de Licitações e Contratos, n. 245. Elaboração: Secretaria das Sessões. p. 2-3).

[220] Será, nos termos da lei, mais vantajosa não somente a proposta de menor preço imediato, mas aquela que produza o menor custo econômico e ambiental ao longo do ciclo de vida de seu objeto (GUIMARÃES; SANTOS, *op. cit.*, p. 92).

implementarem padrões ambientais mais rigorosos, a Administração estaria também reduzindo custos".[221] [222]

Veja-se que a compreensão de vantajosidade proposta transcende a mera seleção da proposta de menor preço. Há, como visto, questão de grande complexidade a ser enfrentada na medida em que se almeja também alcançar "resultados que, vistos globalmente, possam ser mais vantajosos para a Administração Pública e, indiretamente, para a sociedade".[223] [224]

Compreendido o conceito de vantajosidade da proposta, resta a questão: em que medida os processos de contratação pública podem ser instrumentos contundentes de políticas públicas de fomento ao desenvolvimento nacional sustentável? Muito embora não haja dúvida de que a ordem jurídica elegeu o desenvolvimento nacional sustentável como objetivo explícito de interesse público primário, norteador dos processos de contratação pública nacionais,[225] ponto relevante a ser trabalhado tem em vista o potencial das compras públicas para atingir o desenvolvimento nacional sustentável.

2.2 Processos de contratação como instrumentos de políticas públicas de fomento ao desenvolvimento sustentável

No tópico 1.1, foi apresentado o modelo para o desenvolvimento nacional sustentável, de conteúdo complexo, definido na Constituição

---

[221] BLIACHERIS, *op. cit.*, p. 150-151.

[222] Não adianta o produto custar mais barato na hora de adquiri-lo se ele será mais caro em um segundo momento, na hora de instalá-lo, mantê-lo ou mesmo eliminá-lo. Não se esquecer que a manutenção também é um importante passivo financeiro e que no seu ciclo de vida o produto pode gerar passivos ambientais nessas operações, o que lhe adicionaria um sobrepreço. Esse sobrepreço normalmente costuma ficar oculto. Um exemplo não ambiental de sobrepreço é o clássico caso da manutenção ou da reposição das peças. O produto aparenta custar menos do que outros da mesma categoria, mas na primeira revisão, manutenção ou troca de peça percebe-se que ele tinha embutido um preço não calculado. O descarte do produto ou a técnica usada para prestar um serviço ao Estado pode gerar o mesmo problema, mas na seara ambiental (BIM, *op. cit.*, p. 202-203).

[223] Vide BITTENCOURT, Sidney. *Licitações sustentáveis: o uso do poder de compra do Estado fomentando o desenvolvimento nacional sustentável*. Belo Horizonte: Del Rey, 2014. p. 12.

[224] Quanto ao ponto, interessante compartilhar o teor da Orientação Normativa Interna CJU/SP nº 13: "As contratações da Administração Pública com características sustentáveis têm fundamento nos arts. 225, *caput*, e 170, inc. VI, da Constituição Federal, bem como nos compromissos internacionais assumidos pelo Estado Brasileiro, na Lei nº 8.666, de 1993, e legislação pertinente. Essa opção atende ao princípio da seleção da proposta mais vantajosa, desde que observadas a razoabilidade e a proporcionalidade" (Disponível em: <http://www.agu.gov.br/page/content/detail/id_conteudo/173177>. Acesso em: 10 jan. 2015).

[225] MOREIRA; GUIMARÃES, *op. cit.*, p. 84-85.

da República. Pelo breve passeio feito na Constituição, viu-se, em várias regras, o comando ao Estado para fomentar a economia e valorizar a iniciativa privada e a livre concorrência, mas, ao mesmo tempo, zelar pela redução de disparidades sociais, pelo desenvolvimento local e regional e pelo cuidado com o meio ambiente. A Constituição, em seu art. 174, concebe o Estado como agente normativo e regulador da atividade econômica, comprometido com todos esses valores.

Assim, num cenário de disparidades sociais, de concentração de riquezas, de risco ambiental, entre outros, abre-se espaço para, via implementação de políticas públicas complexas, promover a distribuição de riquezas, restabelecer o equilíbrio socioambiental sustentável, privilegiar o desenvolvimento do potencial tecnológico nacional etc.[226] Onde há "assimetrias de informação, ausência de conhecimento e concentração de poder econômico", não há espaço para o desenvolvimento social. Por isto, conforme Egon Bockmann Moreira e Fernando Vernalha Guimarães, "tanto a difusão do conhecimento econômico por meio de políticas distributivas e cooperativas como a instalação de competição que vise fragmentar o poder econômico devem orientar" a Lei Geral de Licitações.[227]

Nessa medida, os processos de contratação pública são vistos hoje como importante meio para provocar mudanças, seja no contexto econômico, de equilíbrio ambiental, de desenvolvimento para tecnologia nacional, como de inclusão social de categorias desprivilegiadas ou excluídas. Como bem esclarece Juan José Pernas García ao discutir as Contratações Públicas Verdes, não se trata de incutir no órgão contratante o papel de garante da legislação ambiental, atividade fiscalizadora que não lhe pertence, mas, sim, de adotar a contratação pública como mecanismo indutor de condutas socialmente responsáveis pelos agentes econômicos.[228] Na medida em que 15% a 20% do PIB brasileiro é oriundo de compras públicas,[229] não se pode deixar de conceber esse segmento como importante espaço para o desenvolvimento de políticas

---

[226] Ao avaliar conceitos propostos por Eros Roberto Grau, Maria Paula Dallari Bucci, Fábio Konder Comparato, André-Jean Arnaud e María José Fariñas Dulce, Jessé Torres Pereira Junior esclarece que as "definições convergem para a compreensão de que políticas públicas envolvem ações e programas que almejam dar efetividade aos princípios, normas, valores e escolhas conformadores do sistema juspolítico modelado pela ordem constitucional de determinado Estado nacional. Em outras palavras, são as ações empreendidas pelos poderes públicos com o fim de implementar o sistema que lhes cabe operar, com o fim de tornar realidade a Constituição no cotidiano dos cidadãos" (PEREIRA JUNIOR, Jessé Torres; DOTTI, op. cit., p. 30).

[227] MOREIRA; GUIMARÃES, op. cit., p. 84-85.

[228] PERNAS GARCÍA, op. cit., p. 126.

[229] SILVA, op. cit.

públicas que promovam mudanças no perfil de produção, de consumo e de concorrência e que viabilizem a inclusão social.[230][231] A "conscientização do 'poder de compra' governamental é imprescindível para que todos os entes políticos assumam que, isoladamente ou em conjunto, interferem de forma profunda na condução dos negócios privados. E assim o fazem de modo direto ou indireto".[232] Como pontua Ana Cláudia Finger, a partir da percepção do poder de compra estatal, sobre o Estado recai a responsabilidade de "influenciar, fomentar e conduzir o mercado e, concomitantemente, promover uma cultura de gestão administrativa sustentável. Daí a relevância da

---

[230] É expressivo o peso do consumo público nas economias nacionais, com estimativa de variar entre 8% e 25% do Produto Interno Bruto (PIB). A partir desse poder de influenciar o mercado, os países têm se movimentado para formular novas políticas públicas de compras, provocando impactos no setor produtivo, como um "efeito dominó". Para estimular práticas positivas que no final das contas revertam para o bem-estar da sociedade, governos das várias esferas usam a força do exemplo e fazem a lição de casa adotando critérios sociais e ambientais nas licitações de serviços em geral, obras e compra de materiais – desde papel de escritório e copos para água e cafezinho até computadores e veículos (BETIOL, Luciana Stocco et al. *Compra sustentável*: a força do consumo público e empresarial para uma economia verde e inclusiva. São Paulo: Programa Gestão Pública e Cidadania, 2012. p. 22-23).

[231] A Europa tem um poder de compra de 1 trilhão, o que equivale acerca de 15% do PIB da União Europeia. Três quartos deste montante são utilizados na compra de materiais de consumo, serviços, e o restante para bens de capital. Bem-desenvolvidos projetos de fomento, trata-se sem dúvida de salutar mecanismo para promoção do desenvolvimento sustentável. A título meramente exemplificativo, por meio do projeto de três anos do ICLEI – associação mundial de governos locais dedicados ao desenvolvimento sustentável – intitulado "Relief" (Environmental Relief Potential of Urban Action on Avoidance and Detoxification of Waste Streams Through Green Public Procurement), que decorreu entre 2001 e 2003 (vide <http://www.sustainable-procurement.org/about-us/past-projects/relief/>. Acesso em: 08 set. 2015), verificou-se que "uma mudança para 100% de consumo de produção orgânica de trigo, carne e leite feita por autoridades públicas produziria uma redução nos efeitos de eutrofização equivalente aos produzidos por 2,1 milhões de pessoas em função da redução do uso de agrotóxicos" (Vide <http://archive.iclei.org/fileadmin/user_upload/documents/LACS/Portugues/Servicos/Ferramentas/Manuais/Compras_publicas_2a_ed_5a_prova.pdf>. p. 27. Acesso em: 08 set. 2015).

[232] E continua o autor: "Diretamente ao exigir (por força de lei, determinação regulamentar ou inserção no instrumento convocatório), por exemplo, o uso de madeira certificada nos móveis escolares a serem fornecidos às escolas públicas. Ora, se isso se passar no âmbito do Estado de São Paulo, então é bem provável que várias linhas de produção de vários industriais paulistas e não paulistas passem a apenas utilizar madeira de procedência conhecida e atestada na confecção das carteiras escolares. Logo, até mesmo as instituições de ensino particulares (e públicas de outros estados ou municípios), involuntariamente, poderão vir a adquirir os mesmos móveis pelo simples e futuro fato de virem a ser os 'mais comuns' à disposição no mercado e, afinal, de preço acessível pela economia de escala produzida" (FERREIRA, Daniel. *A licitação pública no Brasil e sua nova finalidade legal*: a promoção do desenvolvimento nacional sustentável. Belo Horizonte: Fórum, 2012. p. 41-43).

inserção e fortalecimento da sustentabilidade nas ações governamentais, notadamente nas licitações e contratações públicas".[233] Por meio dos processos de contratação pública, encontra a Administração instrumento para fazer valer seus esforços preservacionistas tanto como consumidora quanto, igualmente, como reguladora. Reguladora na medida em que utiliza suas contratações como "instrumento de fomento de novos mercados, gerando emprego e renda compatíveis com a prioridade estratégica com que também a economia internacional tem conferido preferência às empresas que pautam suas atividades produtivas segundo normas de proteção ao meio ambiente".[234]

Há um relativo consenso quanto ao uso dos processos de contratação pública para implementação de políticas públicas visando ao desenvolvimento sustentável. Alguns autores nacionais o reconhecem mais veementemente, como é o caso de Jessé Torres Pereira Junior.[235] De toda forma, em geral, os autores nacionais reconhecem como um novo elemento a ser considerado nas contratações públicas seu caráter instrumental para a conquista de outros objetivos de interesse público do Estado, como o é o desenvolvimento nacional. Nesse sentido, Marçal Justen Filho,[236] Egon Bockmann Moreira e Fernando Vernalha Guimarães,[237] Juarez Freitas,[238] Ana Claudia Finger,[239] entre outros. Lucas Rocha Furtado assevera o caráter impositivo desse novo preceito, o qual institui para a Administração, como uma norma geral, "o dever de buscar, em todas as licitações que realizar, a promoção do desenvolvimento nacional, além das outras finalidades originais do instituto".[240]

Evando Martins Guerra e Luís Emílio Pinheiro Naves, em análise relacionada à influência das políticas públicas no planejamento de processos de contratação, concluem não somente pela adequação entre

---

[233] FINGER, op. cit., p. 139.
[234] PEREIRA JUNIOR; DOTTI, op. cit., p. 35.
[235] PEREIRA JUNIOR; DOTTI, idem.
[236] JUSTEN FILHO, Marçal. Curso de Direito Administrativo. 7. ed. Belo Horizonte: Fórum, 2011. p. 450.
[237] MOREIRA; GUIMARÃES, op. cit., p. 84-85.
[238] FREITAS, op. cit., p. 233.
[239] Ana Cláudia Finger assevera que as "as licitações sustentáveis, assim qualificadas como aquelas em que a Administração Pública concilia o desenvolvimento no qual há o progresso material e tecnológico sem comprometer a existência saudável das gerações futuras, sem esgotamento dos recursos naturais não renováveis e preservando condições de vida digna e saudável também para aqueles que ainda estão porvir, consistem em uma política pública por parte do Estado" (FINGER, Ana Cláudia. Op. cit., p. 136).
[240] FURTADO, Lucas Rocha. Curso de licitações e contratos administrativos. 4. ed. Belo Horizonte: Fórum, 2012. p. 30.

esses cenários, como pela importância de assim se perceber. Conforme colocam, percebeu-se "significativa interseção ente os fundamentos das políticas públicas e os das decisões proferidas pela Administração nas fases internas dos procedimentos de licitação, voltados para prover de recursos a intervenção estatal na realidade social".[241] As contratações públicas são vistas, nesse sentido, como um instrumento apto a enfrentar a complexidade do processo de transformação dos preceitos do sistema constitucional mediante realização de programas e políticas públicas governamentais.[242]

E, para a satisfação de todo esse desafio, a Constituição, no art. 174, concebe o Estado como agente normativo e regulador da atividade econômica, regulação esta determinante para o setor público e um indicativo para o setor privado. Sob a perspectiva ambiental, as políticas públicas para o desenvolvimento nacional sustentável atingirão dois reflexos importantes: a) promoverão o incentivo à produção responsável ambientalmente, induzindo uma produção em maior escala, favorável à redução de custos e, desse modo, ao acesso também por particulares; b) fomentarão a alteração dos padrões de produção e consumo.[243] "Neste sentido, há clara ação de comando e controle que levará à introdução

---

[241] Segundo os autores, essa "sobreposição confere ao direito administrativo, por meio da análise dos aspectos técnico-jurídicos que embasam a definição das necessidades públicas, estabelecidos na fase interna das licitações, a possibilidade de contribuir, de forma mais efetiva para a promoção de qualidade no planejamento e na execução das políticas públicas, atuando, assim, de forma mais sensível à realidade social e próxima do cidadão" (GUERRA, Evando Martins; PINHEIRO, Luís Emílio. Políticas públicas na fase interna da licitação. In: BICALHO, Alécia Paolucci Nogueira; DIAS, Maria Tereza Fonseca (Coord.). *Contratações públicas*: estudos em homenagem ao Professor Carlos Pinto Coelho Motta. Belo Horizonte: Fórum, 2013. p. 265).

[242] PINTO, Luciana Moraes Raso Sardinha; ARAUJO, Ana Luiza Gomes de; RODRIGUES, Maria Isabel Araújo. Compras públicas sustentáveis. In: BICALHO, Alécia Paolucci Nogueira; DIAS, Maria Tereza Fonseca (Coord.). *Contratações públicas*: estudos em homenagem ao Professor Carlos Pinto Coelho Motta. Belo Horizonte: Fórum, 2013. p. 320).

[243] Juan José Pernas García, tratando do cenário das contratações verdes na Europa e Espanha, explica: "*La CPV se nos revela como un instrumento de mercado de protección ambiental, en la medida en que es un medio eficaz para no sólo reducir el impacto ambiental del consumo público, sino también, para dirigir la conducta de los operadores económicos hacia estándares de protección ambiental, que vayan másallá de los mínimos fijados por el ordenamiento jurídico, e incentivar nuevas formas de producción y consumo*". E, quanto aos benefícios propriamente dessas medidas, complementa: "*Diversos estudos han realizado valoracionesdel impacto económico y ambiental de la 'Contratación pública ecológica' (enadelante CPE). Puede contribuir a una más eficiente gestión de los recursos naturales. Particularmente, puede aportar reducciones importantes de emisiones de CO_2, mediante el fomento del suministro de energia proveniente de fuentes renovables o lamejora de la eficiência energética de los edifícios públicos, lo cual puede ser un apoyo notable a los objetivos comunitários de reducción de gases de efecto invernadero. Más allá de los puros efectos ambientales, las instituciones comunitárias han destacado que la CPE puedetenerunefecto positivo sobre el fomento de la innovación tecnológica y el desarrollo de ecotecnologías, sector económico de interés prioritario*" (PERNAS GARCÍA, *op. cit.*, p. 126-127).

de critérios obrigatórios de sustentabilidade ambiental nas contratações públicas, bem como na atividade econômica privada."[244] Esses dois reflexos advêm, como dito, do aspecto regulador das políticas públicas envolvendo as contratações sustentáveis. Para Marçal Justen Filho, trata-se de "consagrar uma função regulatória específica e autônoma para a licitação e a contratação administrativa". Isso na medida em que não "se trata apenas de obter a contratação economicamente e tecnicamente mais vantajosa, mas também de aproveitar a oportunidade da contratação para fomentar o desenvolvimento nacional".[245]

É evidente que não serão todos os objetivos plasmados na Constituição transformados em políticas públicas a serem inseridas nas compras governamentais. Até porque, especialmente considerando o cenário brasileiro, há ressalvas que precisam ser feitas.[246] É Joel de Menezes Niebuhr quem trabalha essa ponderação, para o que coloca como primeira ressalva o fato de que, a despeito do ressignificar relativamente à vantajosidade da contratação, que considere custos indiretos, externalidades negativas, entre outros, haverá um "custo concreto e palpável, que precisa ser demonstrado na ponta do lápis". A segunda lembra que a licitação brasileira já compreende procedimento complexo, oneroso. Desse modo, impreterível cautela na definição de exigências, catálogo de documentos, entre outros, que realmente sejam importantes, justificadamente. O desafio está em conciliar a pauta do desenvolvimento nacional sustentável com os princípios inerentes ao regime jurídico das contratações públicas, especialmente a eficiência e a competitividade.[247] A terceira ressalva se expressa em como tratar o desenvolvimento nacional sustentável nas licitações. Niebuhr frisa que "não se pode querer que todas as demandas morais identificáveis, que geram suas respectivas políticas públicas, sejam incorporadas de alguma maneira no regime das licitações públicas, sob pena de inviabilizá-la por completo". E aqui o autor resgata um ponto nodal referente ao risco de o licitante ter que apresentar centenas de certidões e declarações e as margens de preferências serem sucessivas, além do que já são hoje.[248]

Aliás, não tomadas as cautelas devidas, uma medida que tem em vista o desenvolvimento nacional pode se transmutar em um problema, gerador de reflexos não desejáveis, a exemplo do desinteresse nas

---

[244] BLIACHERIS, op. cit., p. 148.
[245] JUSTEN FILHO, Marçal. Curso de Direito Administrativo. 7. ed. Belo Horizonte: Fórum, 2011. p. 450.
[246] NIEBUHR, op. cit., p. 38.
[247] NIEBUHR, ibidem, p. 38-39.
[248] NIEBUHR, ibidem, p. 39.

licitações e, especialmente, do não atingimento dos fins esperados com as políticas. Eleger as políticas públicas a serem adotadas em processos de contratação pública não se mostra tarefa fácil. Para Joel de Menezes Niebuhr, o critério a ser adotado seria o da eficácia, tendo em vista o potencial da medida para alcançar resultados concretos. Além disso, seria necessário "estabelecer um número máximo de políticas públicas a serem contempladas em licitação, analisar todas as existentes e selecionar aquelas cujas exigências e condicionantes previstas em licitações seriam mais eficazes, contribuiriam em maior medida para os objetivos pretendidos com as tais políticas públicas".[249]

Sem que se entenda relevante a definição de um número máximo, de fato, necessário aos agentes públicos envolvidos na arquitetura de políticas públicas zelo relativamente ao bom andamento das licitações, sua eficiência. A eficácia deve ser um critério norteador do desenho de políticas públicas para o uso das contratações públicas visando ao desenvolvimento nacional sustentável, de modo que se mostra relevante avaliar cautelosamente, mediante estudos fundamentados, as medidas que serão adotadas a fim de que não se desequilibre, em desprestígio dos princípios da razoabilidade e proporcionalidade, outros valores jurídicos igualmente importantes nas compras públicas, a exemplo da competitividade.

A própria Instrução Normativa nº 01/2010, da SLTI/MPOG, ao dispor sobre os critérios de sustentabilidade ambiental na aquisição de bens, contratação de serviços ou obras pela Administração Pública federal direta, autárquica e fundacional, em seu art. 2º, prevê que o "instrumento convocatório deverá formular as exigências de natureza ambiental de forma a não frustrar a competitividade". E um ponto relevantíssimo: essa não é uma análise estanque. Pelo contrário, de tempo em tempo, necessário aos organismos responsáveis reavaliar dados e sopesar os reflexos das políticas, potencializando-as, alterando-as ou, se for o caso, eliminando-as, caso as circunstâncias assim demonstrarem ser mais eficiente em sentido amplo.[250] É "a resiliência o principal

---

[249] NIEBUHR, idem.
[250] Jair Eduardo Santana destaca que não podem as compras públicas ser entendidas apenas como "procedimentos formais". E continua: "É que são também 'fatos econômicos' ou possibilitadores e ferramentais de políticas públicas, catalizadoras de ações que podem, antes de tudo, gerar – por exemplo – renda e melhor distribuição de riquezas. O diálogo público (envolvendo governo – mercado – sociedade) igualmente deve (pode) ser amplificado pela visão sistêmica, visto que os fundamentos desta consideram que o Setor (ou, no caso, 'sistema') não é do tipo 'fechado', e sim 'aberto', em que novos componentes estão – a todo instante – em contraste e se relacionando numa espécie de equilíbrio organizacional. Enfim, quero dizer que dada a abertura semântica da expressão 'governança pública' e a infinidade de possibilidades que o conceito encerra, é impossível

atributo de uma política pública que aberta à realidade, permite-se corrigir, à medida que as contingências se apresentem, e determinem um redirecionamento do curso de ação".[251] A Lei nº 12.349/2010, ao incluir o §6º no art. 3º da Lei nº 8.666/93, foi sensível a essa necessidade na medida em que, relativamente à inclusão de margens de preferência (§5º do art. 3º da Lei nº 8.666/93), consignou que será estabelecida com base em estudos revistos periodicamente, em prazo não superior a cinco anos, que levem em consideração: (i) geração de emprego e renda; (ii) efeito na arrecadação de tributos federais, estaduais e municipais; (iii) desenvolvimento e inovação tecnológica realizados no país; (iv) custo adicional dos produtos e serviços; e (v) em suas revisões, análise retrospectiva de resultados.

Sem prejuízo às cautelas destacadas por Joel de Menezes Niebhur relativamente ao uso das compras públicas para a implementação de políticas públicas, bem como o impreterível acompanhamento quanto ao seu desenvolvimento, é indene de dúvida que, se há um forte e reconhecido potencial decorrente do poder de compra do Estado, olvidar em relação à pesquisa engajada, planejamento e concretização de políticas públicas para as contratações públicas faria a Administração recair em um dos vícios políticos a serem combatidos para o escorreito desenvolvimento nacional sustentável – o omissivismo.[252][253] Portanto,

---

reduzir a visão caleidoscópica que tal olhar nos propicia em torno das aquisições governamentais" (SANTANA, Jair Eduardo. Pensamentos linear-cartesiano, sistêmico e complexo aplicados à governança pública: as aquisições governamentais. *Revista Zênite – Informativo de Licitações e Contratos (ILC)*, Curitiba: Zênite, n. 226, p. 1.207-1.217, dez. 2012).

[251] VALLE, Vanice Regina Lírio do. Sustentabilidade das escolhas públicas: dignidade da pessoa traduzida pelo planejamento público. *A&C – Revista de Direito Administrativo & Constitucional*, Belo Horizonte, ano 11, n. 45, p. 144, jul./set. 2011.

[252] FREITAS, *op. cit.*, p. 184.

[253] O controle dinâmico e de longo espectro precisa deitar raízes, sem perpetuar o império do medo e da omissão. Nas relações administrativas, doravante, o "império" necessário é o do direito fundamental à boa Administração Pública, que acarreta o aprofundamento qualitativo (mais que a simples ampliação) da sindicabilidade dos atos, contratos e procedimentos administrativos. Com essa filosofia subjacente, cumpre sublinhar que o controle não se deve cingir ao exame formal da legalidade dos atos administrativos, mas apreciar a relação concreta e multidisciplinar de conformidade da decisão tomada com os resultados constitucionalmente exigíveis. Entretanto, se é certo que todo ato administrativo há de ser sempre controlável, não menos certo que deverá sê-lo somente para evitar qualquer lesão ou ameaça a direito subjetivo público consagrado no sistema objetivo. A tarefa de efetuar o controle não pode ser a de emperrar ou de usurpar competências, mas a de "administrador negativo", isto é, a de coibir arbitrariedades por ação e por omissão. Claro, não se trata de defender apenas o *status negativus* dos cidadãos perante o Estado. Trata-se também de exorcizar toda e qualquer omissão arbitrária e, se necessário, determinar, sob pena de sanções, o cumprimento de obrigações positivas, no resguardo dos direito fundamentais. Somente assim, em lugar de tragédias e falhas insanáveis, erguer-se-á uma Administração Pública capaz de induzir boas práticas,

diversamente do que Joel de Menezes Niebuhr propõe,[254] compreende, sim, o cenário das contratações públicas instrumento apto a instrumentalizar políticas públicas voltadas ao desenvolvimento nacional sustentável. A questão gira em torno, em verdade, de certificar-se quanto àquelas cujos objetivos estão sendo atingidos, sem o comprometimento desarrazoado dos demais valores que orientam o regime jurídico das contratações públicas.[255]

Justamente por isso, o caminho está em identificar as políticas a serem justificadamente desenvolvidas, os meios adequados de implementá-las nas contratações e aquelas para as quais impreteríveis o estudo e verificação de cenários local e regional, e medidas pertinentes. Uma ação estatal coordenadora seria fundamental para implementar esse caminho. É preciso compreender, além disso, que aplicar políticas públicas nos processos de contratação demanda planejamento, verificação do potencial para atingimento do resultado de desenvolvimento almejado, especulação para identificação da viabilidade de aplicação da política pública naquele momento etc.

Quanto às empresas públicas e sociedades de economia mista, lembra-se que terão a função social de realização do interesse coletivo (art. 27 da Lei nº 13.303/2016), que deve estar orientado para o alcance

---

exemplificar responsabilidade e servir, ao fim e ao cabo, como aliada poderosa do valor intrínseco da vida (FREITAS, Juarez. Direito administrativo e gestão sustentável. *Revista Zênite – Informativo de Licitações e Contratos (ILC)*, Curitiba, n. 229, p. 270-276, mar. 2013).

[254] Veja-se: "[...] a licitação não é a panaceia das políticas públicas e do desenvolvimento nacional sustentável. O Estado dispõe de muitos outros instrumentos para realizar as políticas públicas mais eficientes e eficazes que a licitação pública. A licitação pode ser utilizada como instrumento de política pública a depender da situação, porém não é o instrumento mais adequado porque, na maioria dos casos, a licitação é incapaz, não consegue. Há casos e casos, cada qual com a sua peculiaridade. No entanto, de maneira geral, percebe-se claramente que não é com licitação que as políticas públicas alcançarão os resultados que lhe são esperados" (NIEBUHR, *op. cit.*, p. 42).

[255] Segundo dados retirados do sítio eletrônico *Comprasnet*, "de 2010 até o março de 2012, 735 unidades de órgãos governamentais usuários do SIASG – Comprasnet realizaram 1.490 licitações utilizando itens de material do CATMAT classificados como sustentáveis, totalizando o valor de R$34.227.224,72 (trinta e quatro milhões, duzentos e vinte e sete centavos, duzentos e vinte e quatro reais e setenta e dois centavos)" (*Informativo Sustentável*. Disponível em: <http://www.comprasgovernamentais.gov.br/gestor-de-compras/sustentabilidade/compras-sustentaveis>. Acesso em: 22 jan. 2016). Boa parte dos itens adquiridos envolvia material para uso de expediente (como papel reciclado ou certificado e cartucho de tonner) e equipamentos de tecnologia da informação. Parece evidente que toda essa movimentação de recursos é capaz de, se não transformar completamente o mercado, impactar na industrialização e comercialização de produtos atentos a condicionantes de sustentabilidade. À medida que a conscientização condizente ao uso do poder de compra estatal atinge os demais órgãos e entidades da Administração Pública, de todas as esferas e Poderes e, por que não, inclusive serviços sociais autônomos, esse efeito tende a se multiplicar, potencializando, cada vez mais, a eficácia das políticas públicas pertinentes.

do bem-estar econômico e para a alocação socialmente eficiente de recursos geridos pela estatal e, ainda, para (i) ampliação economicamente sustentada do acesso de consumidores aos produtos e serviços da empresa pública ou da sociedade de economia mista e (ii) desenvolvimento ou emprego de tecnologia brasileira para produção e oferta de produtos e serviços da empresa pública ou da sociedade de economia mista, sempre de maneira economicamente justificada.

O compromisso com a concretização da função social das estatais não significa concluir, relativamente aos seus processos de contratação, que cumprirão adotar todas as políticas públicas existentes, direcionadas ao desenvolvimento nacional sustentável. Na realidade, estarão sujeitas àquelas previstas na legislação que lhes seja aplicável, bem como às que, além de irem ao encontro do interesse coletivo (sob o prima social, ambiental, econômico etc.), restem economicamente justificadas.

Como bem colocado por Edgar Guimarães e José Anacleto Abduch Santos, a atenção quanto à função social das estatais, expressamente fixada na Lei nº 13.303/2016, "tem por finalidade orientar e estabelecer uma objetiva diretriz para os administradores ao realizar condutas de gestão administrativa ou mesmo quando da elaboração do planejamento estratégico ou de implementação". Tal princípio – da função social das estatais – tem caráter de transversalidade, significa dizer, nas palavras dos autores citados, que "toda a ação empresarial deve ser planejada ou executada tendo por parâmetro o atingimento e o cumprimento da função social da estatal; daí sua relevância no plano jurídico-material".[256]

Aliás, o art. 8º, inc. I, da Lei nº 13.303/2016 elenca, dentre os requisitos de transparência a serem observados pelas empresas públicas e sociedades de economia mista, a elaboração de uma carta anual subscrita pelos membros do Conselho de Administração, "com a explicitação dos compromissos de consecução de objetivos de políticas públicas pela empresa pública, pela sociedade de economia mista e por suas subsidiárias, em atendimento ao interesse coletivo ou ao imperativo de segurança nacional que justificou a autorização para suas respectivas criações, com definição clara dos recursos a serem empregados para esse fim, bem como dos impactos econômico financeiros da consecução desses objetivos, mensuráveis por meio de indicadores objetivos".

Tal carta anual é interessante instrumento para materializar o compromisso assumido pela estatal quanto à sua função social, com discriminação de ações a serem adotadas, a qual, posteriormente, servirá para fins de controle pelos órgãos de fiscalização competentes.

---

[256] GUIMARÃES; SANTOS, op. cit., p. 36.

Destacadas essas diretrizes gerais, tem-se que o regime jurídico vigente aplicável aos processos de contratação pública claramente opta por um modelo de políticas públicas para o desenvolvimento nacional sustentável complexo, direcionado à satisfação de uma multiplicidade de objetivos, relacionados às diversas facetas do modelo de desenvolvimento nacional definido na Constituição da República.

Sob essa perspectiva, possível identificar dois grupos macros de políticas públicas a serem desenvolvidas nos processos de contratação pública: (a) aquelas direcionadas ao desenvolvimento sustentável na gestão pública;[257] e (b) as que se direcionam ao uso dos processos de contratação pública visando ao fomento do desenvolvimento nacional sustentável em suas diversas facetas.

2.2.1 Desenvolvimento sustentável na gestão de processos de contratação pública

No quesito políticas para incremento de eficiência nos processos de contratação pública, embora ainda se tenha muito que melhorar, a temática experimentou nos últimos dez anos aproximadamente três impactos significativos: o incentivo ao uso de procedimentos eletrônicos em detrimento aos presenciais; a instituição do sistema de registro de preços; e o estímulo à adoção de processos de contratação compartilhados.

Em 2002, a lei que instituiu o pregão, Lei nº 10.520, em seu art. 2º, §1º, autorizou o uso do pregão por meio da utilização de recursos de tecnologia da informação, nos termos de regulamentação específica. A partir daí, diversos decretos vieram regulamentar o uso do pregão eletrônico nas diferentes esferas da Federação, a exemplo do Decreto

---

[257] Na busca do equilíbrio dinâmico das finalidades só aparentemente contraditórias, o princípio constitucional da sustentabilidade proíbe, simultaneamente, a ineficiência e a ineficácia, nas licitações e contratações públicas (finalidade inibitória). Obriga a prevenção e a antecipação, com planejamento estratégico e antevisão dos resultados de obras, serviços e utilização dos bens (finalidade antecipatória e prospectiva). Permite induzir os comportamentos intertemporalmente responsáveis (finalidade indutora). Em razão disso, novos métodos menos sistemicamente onerosos serão sempre preferíveis. Exemplo: o processo eletrônico será preferível, "*prima facie*", na comparação com os processos de consumo de papel, ainda que as licitações de informática tenham de considerar, adequadamente, a destinação dos equipamentos digitais, como determina a Lei de Resíduos Sólidos (FREITAS, Juarez. Licitações e sustentabilidade: ponderação obrigatória dos custos e benefícios sociais, ambientais e econômicos. *Interesse Público – IP*, Belo Horizonte, ano 13, n. 70, nov./dez. 2011. Disponível em: <http://www.bidforum.com.br/bid/PDI0006.aspx?pdiCntd=76861>. Acesso em: 11 jun. 2012).

Federal nº 5.450/05, aplicável no âmbito da Administração Pública federal.

O uso preferencial da versão eletrônica tem em vista, além do ganho em celeridade, inerente ao próprio procedimento do pregão, propiciar maior segurança contra ilegalidades, visto que procedimentos eletrônicos estão menos suscetíveis a desvios. Aliás, quanto a esse aspecto, na medida em que o acesso ao procedimento pelos interessados é facilitado, intensificam-se as possibilidades de controle popular.[258] [259] Afora esses fatores, o procedimento eletrônico provoca ainda outro efeito interessante e extremamente desejado para os processos de contratação pública, qual seja o aumento da competitividade (uma vez que, independentemente do local de realização do certame, possível a participação de onde o interessado estiver) e, desse modo, o aumento das chances de obter melhores propostas.[260]

Quanto à instituição do sistema de registro de preços, o art. 15, III, da Lei nº 8.666/93 já consignava que as compras, sempre que possível, deverão ser processadas através de sistema de registro de preços. No âmbito federal, o tema atualmente é disciplinado pelo Decreto nº 7.892/2013.

---

[258] Sobre o ponto, ver *Revista Zênite – Informativo de Licitações e Contratos (ILC)*, n. 136, p. 528, jun. 2005. (Seção Perguntas e Respostas).

[259] Destacam-se as medidas que vêm sendo disseminadas ao longo dos últimos anos envolvendo o desenvolvimento de um "governo eletrônico". São as diretrizes que atualmente orientam o governo federal brasileiro: "Os impactos globais trazidos pelas tecnologias da informação e comunicação, em especial, a Internet, fizeram surgir uma nova sociedade de indivíduos que, cada vez mais conectados, produzem serviços e se beneficiam do conhecimento e das milhares de informações disponíveis na rede. A rede mundial tornou-se um desafio para as empresas, instituições e organismos do governo em todo o mundo e não há como escapar desse processo de transformação da sociedade. Para todos aqueles que tiverem meios de acesso, as informações são diversas, públicas e gratuitas e, para os que não têm, o Estado assume um papel muito importante, voltado para a democratização do acesso à rede e a prestação eficiente de seus serviços aos cidadãos, usando as tecnologias de informação e comunicação (TICs). No Brasil, a política de Governo Eletrônico segue um conjunto de diretrizes que atuam em três frentes fundamentais: Junto ao cidadão; Na melhoria da sua própria gestão interna; Na integração com parceiros e fornecedores" (Disponível em: <http://www.governoeletronico.gov.br/o-gov.br/principios>. Acesso em: 27 set. 2015).

[260] Jessé Torres Pereira Junior destaca que o pregão eletrônico tem proporcionado economia "entre 20% e 30% do valor estimado para cada contratação, celeridade processual, competitividade, simplificação de exigências e transparência [...]". Ainda, "o sistema eletrônico dota de maior efetividade o acompanhamento das contratações públicas pela sociedade, permitindo que qualquer cidadão, que tenha acesso à rede mundial de computadores, conheça os editais e seus anexos, podendo impugná-los. O sistema também permite o acompanhamento dos licitantes de todas as fases do procedimento, mesmo à distância, tornando efetivo o controle dos atos administrativos praticados pelos condutores da competição" (PEREIRA JUNIOR; DOTTI, *op. cit.*, p. 65).

O sistema de registro de preços compreende importante instrumento para as contratações da Administração sujeitas ao fator imprevisibilidade, seja quanto à definição do quantitativo pertinente ou, mesmo, quanto ao momento em que se farão necessárias as aquisições ou prestação dos serviços.[261] Assim, o certame destina-se à formalização de uma ata de registro de preços, que consigna compromisso do beneficiário, vencedor do certame, para o atendimento das demandas concretas que surgirem durante o prazo de vigência da ata (doze meses), respeitadas as condições registradas, inclusive quantitativos. O SRP viabiliza ainda outro incremento em eficiência que tem em vista a possibilidade de participação de outros órgãos e entidades interessados, os quais, já na etapa de planejamento da contratação, demonstram o interesse para contratação com as mesmas especificações e nas mesmas condições. Veja-se o ganho em desburocratização na medida em que se tem apenas um certame para o atendimento da demanda de diversos órgãos e entidades. Além disso, deve-se considerar o potencial ganho em economia de escala devido ao aumento dos quantitativos estimados.

Outro aspecto relevante do sistema de registro de preços tem em vista a autorização para "carona" por órgãos e entidades que, embora não participaram da licitação, demonstrem interesse motivado posterior. Essa possibilidade encontra limites na legislação, que cumpre ser devidamente observada, a fim de que não se cometam desvios.

Por último, destacam-se as compras compartilhadas, as quais vêm sendo instrumentalizadas via sistema de registro de preços. A despeito de o SRP ter sido idealizado, inicialmente, para o atendimento de demandas da Administração marcadas pelo fator imprevisibilidade, verifica-se hoje um alargamento desse objetivo, sobretudo quando visualizada a possibilidade de aumentar as chances de aquisições e prestações de serviços mais econômicos e com menores entraves burocráticos.

Aliás, as compras compartilhadas são interessantes mecanismos para, além de incrementar a eficiência nos procedimentos com a redução da atividade burocrática, de custos dos processos e com a promoção de uniformização de procedimentos e soluções, devido ao potencial ganho em economia de escala, promover a redução dos custos das contratações sustentáveis. Ora, um dos fatores de maior insurgência em face das contratações sustentáveis compreende o aumento do preço. Nessa medida, o "ganho de escala nas compras públicas pode reduzir o preço

---

[261] Sobre o tema, ver SAMPAIO, Ricardo Alexandre. A adoção do registro de preços para serviços contínuos: breve comentário. *Revista Zênite – Informativo de Licitações e Contratos (ILC)*, Curitiba, n. 240, p. 149-153, fev. 2014.

dos produtos e o Estado tem o papel indutor, no sentido de adotar ações que promovam a formalização de contratos de quantidades maiores".[262]

A título meramente exemplificativo, cite-se a experiência de compra compartilhada ocorrida sob a coordenação do Jardim Botânico do Rio de Janeiro (JBRJ) em 2010, que contou na etapa de planejamento com uma equipe multidisciplinar (profissionais especializados em pregão, sustentabilidade e qualidade em processos produtivos) para bem definir as especificações dos produtos, pensando no fomento ao desenvolvimento nacional sustentável em condições factíveis e, ainda, o ganho em economia de escala, reduzindo, assim, o impacto negativo decorrente do aumento do preço dos produtos sustentáveis.

Houve a participação de diversos órgãos, como Fundação Oswaldo Cruz (Fiocruz), Instituto Nacional de Propriedade Industrial (Inpi), Ministério da Agricultura, Receita Federal, Ministério da Educação (MEC)/Universidade Federal de Pernambuco (UFPE). A despeito das dificuldades, sobretudo a inexperiência dos órgãos para a definição dos critérios de sustentabilidade e mesmo o período de compras incompatíveis, houve a consolidação das demandas dos órgãos participantes, e a sessão foi realizada no dia 20 de setembro de 2010. O procedimento compartilhado possibilitou um inquestionável ganho de escala, com uma economia de R$723.263,78 (49,89% do valor estimado).

Vale dizer, o compartilhamento de demandas possibilita "realizar uma compra ambientalmente correta e economicamente eficiente – uma iniciativa reveladora da implantação do consagrado preceito da sustentabilidade nas compras públicas".[263] [264]

---

[262] SILVA, Renato Cader da Silva; BARKI, Teresa Villac Pinheiro. Compras públicas compartilhadas: a prática das licitações sustentáveis. *Revista do Serviço Público Brasília*, v. 63, n. 2, p. 162, abr./jun. 2012.

[263] SILVA; BARKI, op. cit., p. 163-167.

[264] Em estudo dirigido à eficiência das compras compartilhadas, Gabriela Lira Borges destaca algumas cautelas. Assim, "a fim de assegurar os ganhos com as compras compartilhadas e ao mesmo tempo garantir a legalidade do procedimento, algumas cautelas merecem ser observadas pela Administração: (a) realização de planejamento (definição da necessidade, identificação da solução, pesquisa de preços) pelas entidades envolvidas, para identificar a conveniência da participação em certame conjunto; (b) apresentação de justificativa necessária para a centralização do certame, qual seja, a existência do interesse em comum de diversos órgãos/entidades em um mesmo objeto e as vantagens burocráticas e financeiras com a solução; (c) formalização de um convênio/termo de cooperação ou instrumento semelhante por parte de órgãos ou entidades interessadas por se tratar de procedimento que envolve reunião de esforços em torno de objetivo comum; e (d) submissão dos envolvidos ao mesmo conjunto de normas que disciplinam os processos de contratação pública, visando assegurar que todos os envolvidos estejam procedendo de acordo com o princípio da legalidade". (BORGES, Gabriela Lira. Licitações conjuntas, dever de licitar e eficiência na contratação pública. *Revista Zênite – Informativo de Licitações e Contratos (ILC)*, Curitiba, n. 242, p. 338-344, abr. 2014).

Os três aspectos acima destacados – adoção de procedimentos eletrônicos, instituição do sistema de registro de preços e fomento às compras públicas compartilhadas – são apenas exemplos de como "os critérios de sustentabilidade passam a ser concebidos como instrumentos redefinidores do estilo da Administração Pública", especialmente considerando sua operacionalização.[265]

2.2.2 Uso dos processos de contratação pública visando ao fomento do desenvolvimento nacional sustentável em suas diversas facetas

Os processos de contratação pública são tangenciados por uma série de políticas públicas, todas com amparo no modelo de desenvolvimento nacional sustentável primado pela Constituição. Nas diversas políticas públicas instituídas até o momento, fica evidente o intuito de atender a mais de um objetivo relacionado ao desenvolvimento nacional sustentável.

A despeito da complexidade que envolvem e de seus múltiplos interesses, possível visualizar, a partir das políticas públicas que impactam nos processos de contratação pública já instituídas, cinco pilares principais: (i) proteção ao meio ambiente; (ii) inclusão social, proteção aos direitos trabalhistas e de menores; (iii) fomento a micro e pequenas empresas; (iv) preservação de patrimônio histórico e cultural; (v) desenvolvimento da ciência e tecnologia nacionais, incentivo ao mercado interno e à autonomia tecnológica do país; (vi) incentivo à produção de bens e serviços de informática e automação.

2.2.2.1 Proteção ao meio ambiente

Antes mesmo das alterações levadas a efeito pela Lei nº 12.349/2010, no art. 3º, *caput*, da Lei nº 8.666/93, o texto original da Lei de Licitações já demonstrava preocupação com o meio ambiente. Tanto é verdade que o art. 6º, IX, e o art. 12, VII, prescrevem como requisito essencial do projeto básico e executivo a análise de impacto ambiental de empreendimentos. "Ao ordenar a observância de requisitos ambientais, a Lei nº 8.666/93 maneja ação positiva tendente a reduzir impactos que obras e serviços públicos poderiam causar ao meio ambiente."[266]

---

[265] FREITAS, Juarez. Direito administrativo e gestão sustentável. *Revista Zênite – Informativo de Licitações e Contratos (ILC)*, Curitiba, n. 229, p. 270-276, mar. 2013.
[266] PEREIRA JUNIOR; DOTTI, *op. cit.*, p. 35.

A Lei nº 12.187, de 2009, que dispõe sobre a Política Nacional sobre Mudança do Clima, em seu art. 6º, XII, prevê que as medidas existentes ou a serem criadas estimulem o desenvolvimento de processos e tecnologias que contribuam para a redução de emissões e remoções de gases de efeito estufa, bem como para a adaptação, dentre as quais o estabelecimento de critérios de preferência nas licitações e concorrências públicas, compreendidas aí as parcerias público-privadas e a autorização, permissão, outorga e concessão para exploração de serviços públicos e recursos naturais, para as propostas que propiciem maior economia de energia, água e outros recursos naturais e redução da emissão de gases de efeito estufa e de resíduos.

A Lei nº 12.305/2010, que instituiu a Política Nacional de Resíduos Sólidos, em seu art. 3º, XVII, prevê a responsabilidade compartilhada pelo ciclo de vida dos produtos, considerando para tanto o conjunto de atribuições individualizadas e encadeadas dos fabricantes, importadores, distribuidores e comerciantes, dos consumidores e dos titulares dos serviços públicos de limpeza urbana e de manejo dos resíduos sólidos, para minimizar o volume de resíduos sólidos e rejeitos gerados, bem como para reduzir os impactos causados à saúde humana e à qualidade ambiental decorrentes do ciclo de vida dos produtos.

Em seu art. 7º, XI, alíneas *a* e *b*, a lei estabelece como objetivo da Política Nacional de Resíduos Sólidos a prioridade, nas aquisições e contratações governamentais, de produtos reciclados e recicláveis, bem como de bens, serviços e obras que considerem critérios compatíveis com padrões de consumo social e ambientalmente sustentáveis.

O papel indutor das compras governamentais ao fomento do consumo sustentável fica clarividente na definição de um dos princípios que orientam a Política Nacional de Resíduos Sólidos, qual seja a ecoeficiência (art. 6º, V). A ecoeficiência, na forma da lei, compreende a "compatibilização entre o fornecimento, a preços competitivos, de bens e serviços qualificados que satisfaçam as necessidades humanas e tragam qualidade de vida e a redução do impacto ambiental e do consumo de recursos naturais a um nível, no mínimo, equivalente à capacidade de sustentação estimada do planeta".

E um aspecto que deve ser ressaltado tanto da Política Nacional sobre Mudança do Clima como da Política Nacional de Resíduos Sólidos é a transversalidade (art. 7º da Lei nº 12.187/2009 e arts. 5º e 12 da Lei nº 12.305/2010). A transversalidade objetiva a integração das distintas políticas públicas setoriais "de forma que uma não anula os efeitos da outra, devendo ser levados em consideração também os aspectos culturais e sociais inerentes a essas políticas (art. 6º, III, Lei nº 12.305/2010).

Decorre diretamente da amplitude da questão ambiental que passa a permear praticamente toda a atividade econômica e, quiçá, humana".[267] A preocupação com o desenvolvimento nacional sustentável em sua acepção ambiental restou bastante enfatizada também no Regime Diferenciado de Contratações Públicas, instituído pela Lei nº 12.462/2011. A exemplo do *caput* do art. 3º da Lei nº 8.666/93, o art. 3º, *caput*, do RDC também coloca o desenvolvimento nacional sustentável como um dos princípios-chave das licitações e contratações que regulamenta.

Além da definição em sentido amplo da concepção de vantajosidade já trabalhada (art. 4º, III), o RDC fixou o dever de os processos de contratação deflagrados respeitarem normas relativas à disposição final ambientalmente adequada dos resíduos sólidos gerados pelas obras contratadas, bem como mitigação por condicionantes e compensação ambiental a serem definidas no procedimento de licenciamento ambiental (art. 4º, §1º, I e II).

Ainda, o RDC estabeleceu a possibilidade de exigir na etapa de habilitação requisitos de sustentabilidade ambiental na forma da legislação aplicável (art. 14, parágrafo único, II); delimitou a possibilidade de solicitar certificação de qualidade do produto ou processo de fabricação, inclusive sob o aspecto ambiental (por instituição oficial competente ou por entidade credenciada) quando da licitação para aquisição de bens (art. 7º, III); bem como, para a contratação de obras e serviços, inclusive de engenharia, instituiu a possibilidade de definir remuneração variável vinculada ao desempenho da contratada, com base em metas, padrões de qualidade, critérios de sustentabilidade ambiental, entre outros (art. 10).

A Lei das Estatais, notoriamente preocupada com a função social de empresas públicas e sociedades de economia mista, igualmente foi expressa quanto à atenção ao desenvolvimento sustentável sob o prisma ambiental.

Em seu art. 32, §1º, consignou que as licitações e contratos devem respeitar as normas relativas à disposição final ambientalmente adequada dos resíduos sólidos gerados pelas obras contratadas; à mitigação dos danos ambientais por meio de medidas condicionantes e de compensação ambiental, que serão definidas no procedimento de licenciamento ambiental; à utilização de produtos, equipamentos e serviços que, comprovadamente, reduzam o consumo de energia e de recursos naturais; bem como à avaliação de impactos de vizinhança, na forma da legislação urbanística.

---

[267] BLIACHERIS, *op. cit.*, p. 151-152.

Ao tratar de obras e serviços de engenharia, elencou dentre os elementos do anteprojeto de engenharia e do projeto básico a cautela quanto aos impactos ambientais (art. 42, inc. VII e VIII). Quanto à aquisição de bens, autorizou solicitar certificação da qualidade do produto ou do processo de fabricação, inclusive sob o aspecto ambiental, por instituição previamente credenciada (art. 47, inc. III).

E mais, ao prever a possibilidade de estabelecer remuneração variável, previu a viabilidade de vinculá-la a critérios de sustentabilidade ambiental (art. 45, *caput*). Quanto ao ponto, Edgar Guimarães e José Anacleto Abduch Santos pontuam "que uma das mais significativas modificações da lei é respeitante à noção de vantajosidade, que pode incorporar aspectos de sustentabilidade ambiental" e, nesse sentido, podem "ser estipulados critérios de sustentabilidade ambiental a serem atingidos pelo contratado para ter direito à elevação da remuneração".[268]

2.2.2.2 Inclusão social e proteção aos direitos trabalhistas e de menores

É possível visualizar na Lei de Licitações políticas direcionadas à inclusão social de grupos historicamente excluídos e, igualmente, de proteção aos trabalhadores e menores.

Nesse sentido, o art. 24, XXVII, dispensa a licitação na contratação da coleta, processamento e comercialização de resíduos sólidos urbanos recicláveis ou reutilizáveis, em áreas com sistema de coleta seletiva de lixo, efetuados por associações ou cooperativas formadas exclusivamente por pessoas físicas de baixa renda reconhecidas pelo poder público como catadores de materiais recicláveis, com o uso de equipamentos compatíveis com as normas técnicas, ambientais e de saúde pública. Essa hipótese de dispensa "guarda fundo eminentemente social, visando beneficiar associações ou cooperativas conhecidas como catadores de papel ou lixo, que agrupam pessoas de baixíssima renda, cujo sustento é auferido com o recolhimento de resíduos sólidos e a comercialização deles para a reciclagem".[269] Essa mesma hipótese

---

[268] GUIMARÃES; SANTOS, *op. cit.*, p. 159.

[269] Ao mesmo tempo, a dispensa em comento é instrumento que favorece o meio ambiente, na medida que incentiva a atividade de reciclagem de resíduos sólidos por parte da Administração. O inciso XXVII do art. 24 da Lei nº 8.666/93 condiciona a dispensa de licitação às áreas com sistema de coleta seletiva de lixo e requer que as associações ou cooperativas contratadas disponham e utilizem equipamentos compatíveis com as normas técnicas, ambientais e de saúde pública. A intenção é evitar que a dispensa de licitação em tela cause mais malefícios do que benefícios, o que poderia ocorrer se resíduos não

de dispensa consta do art. 29, XII, da Lei nº 13.303/2016, que define o regime jurídico das Estatais.

Intencionando a inclusão social do deficiente físico, o art. 24, XX, dispensa também a licitação "na contratação de associação de portadores de deficiência física, sem fins lucrativos e de comprovada idoneidade, por órgãos ou entidades da Administração Pública, para a prestação de serviços ou fornecimento de mão-de-obra, desde que o preço contratado seja compatível com o praticado no mercado".[270] Hipótese de dispensa igualmente prevista no regime jurídico das Estatais (art. 29, IX).

Ao comentar sobre o art. 24, XX, da Lei nº 8.666/93, Marçal Justen Filho ensina que esse dispositivo compreende "uma modalidade indireta de fomento. (...) Trata-se de incentivar a atividade de certas entidades privadas, não integrantes da Administração Pública, mas cuja atuação relaciona-se com o bem comum. Produz-se uma espécie de 'função social do contrato administrativo' (...)".[271]

Esse mesmo objetivo restou plasmado na alteração da Lei nº 8.666/93 (art. 3º, §§2º e 5º), promovida pela Lei nº 13.146/2015, que instituiu a Lei Brasileira de Inclusão da Pessoa com Deficiência – Estatuto da Pessoa com Deficiência. Dentre as alterações promovidas pela novel legislação, foi incluído critério de desempate e, ainda, a possibilidade de fixar margem de preferência para bens e serviços produzidos ou prestados por empresas que comprovem cumprimento de reserva de cargos prevista em lei para pessoa com deficiência ou para reabilitado

---

recicláveis fossem abandonados pelas associações ou cooperativas em lugares impróprios ou mesmo se não fosse utilizado equipamento adequado (NIEBUHR, *op. cit.*, p. 298).

[270] Compete à União, aos Estados, ao Distrito Federal e aos Municípios cuidar da saúde e assistência pública, da proteção e garantia das pessoas portadoras de deficiência, nos termos do art. 23, inciso III, da Constituição Federal. Uma das formas estabelecidas pelo Constituinte para alcançar esse objetivo foi estatuída no art. 203 da Lei Fundamental, quando dispôs que a seguridade social teria por objetivo buscar a habilitação e a reabilitação do deficiente e a promoção de sua integração à vida comunitária. Além de constituir um objetivo da seguridade social, expressando a consciência coletiva, no art. 27 da Constituição Federal, foi assentado indelevelmente que constitui dever de família, da sociedade e do Estado, a ser efetivado por meio inclusive de entidades não governamentais, a criação de programas de prevenção e atendimento especializado para os portadores de deficiência física, sensorial ou mental, bem como de integração social do adolescente portador de deficiência, mediante treinamento para o trabalho e a convivência e a facilitação do acesso aos bens e serviços coletivos, com a eliminação de preconceitos e obstáculos arquitetônicos. [...] Com esse propósito de buscar a integração pelo trabalho, criou o legislador uma desigualdade jurídica no universo dos licitantes, visando, sobretudo, um resguardo de outros valores também tutelados pelo Direito (JACOBY FERNANDES, Jorge Ulysses. *Contratação direta sem licitação*. 9. ed. Belo Horizonte: Fórum, 2011. p. 472-473).

[271] JUSTEN FILHO, Marçal. *Comentários à lei de licitações e contratos administrativos*. 16. ed. São Paulo: Revista dos Tribunais, 2014. p. 454.

da Previdência Social e que atendam às regras de acessibilidade previstas na legislação; sem prejuízo ao dever de fiscalização quanto ao cumprimento pertinente (art. 66-A da Lei nº 8.666/93).[272] A Lei das Estatais, a despeito de não incorporar a margem de preferência citada, elencou, dentre os critérios de desempate de propostas, a mesma hipótese (art. 55, III). Aliás, interessante inovação da Lei nº 13.303/2016 foi prever a possibilidade de definir critério de julgamento baseado na "melhor destinação de bens alienados" (art. 54, VIII), vinculando a destinação pertinente, nos termos do instrumento convocatório da licitação, à repercussão, no meio social, da finalidade para cujo atendimento o bem seria utilizado pelo adquirente. Logo, conforme ampla e motivada análise de vantajosidade, as alienações poderão ser realizadas não apenas tendo por fim o ganho econômico, mas especialmente o atendimento à função social da estatal. Exemplificativamente, pode a venda beneficiar instituições ligadas a grupos historicamente excluídos ou vulneráveis. De toda forma, frise-se, por "melhor destinação de bens", que podem ser móveis ou imóveis, entenda-se a existência de ampla abertura para seleção do fim a ser alcançado, desde que vinculado aos valores jurídico-constitucionais presentes no plano nacional para o desenvolvimento sustentável, preferencialmente relacionado às políticas públicas previstas na carta anual da estatal (art. 8º, I, da Lei nº 13.303/2016).[273] Ademais, a exemplo do que já permitia a Lei nº 8.666/93

---

[272] A Lei nº 8.213/91, por sua vez, estabelece o seguinte: "Art. 93. A empresa com 100 (cem) ou mais empregados está obrigada a preencher de 2% (dois por cento) a 5% (cinco por cento) dos seus cargos com beneficiários reabilitados ou pessoas portadoras de deficiência, habilitadas, na seguinte proporção: I - até 200 empregados..................2%; II - de 201 a 500.................3%; III - de 501 a 1.000.............. ....4%; IV - de 1.001 em diante ....5%. V - (VETADO).
§1º A dispensa de pessoa com deficiência ou de beneficiário reabilitado da Previdência Social ao final de contrato por prazo determinado de mais de 90 (noventa) dias e a dispensa imotivada em contrato por prazo indeterminado somente poderão ocorrer após a contratação de outro trabalhador com deficiência ou beneficiário reabilitado da Previdência Social.
§2º Ao Ministério do Trabalho e Emprego incumbe estabelecer a sistemática de fiscalização, bem como gerar dados e estatísticas sobre o total de empregados e as vagas preenchidas por pessoas com deficiência e por beneficiários reabilitados da Previdência Social, fornecendo-os, quando solicitados, aos sindicatos, às entidades representativas dos empregados ou aos cidadãos interessados. §3º Para a reserva de cargos será considerada somente a contratação direta de pessoa com deficiência, excluído o aprendiz com deficiência de que trata a Consolidação das Leis do Trabalho (CLT), aprovada pelo Decreto-Lei no 5.452, de 1º de maio de 1943".

[273] Neste caso, não é apenas o retorno econômico que alienação do patrimônio da empresa estatal potencialmente pode gerar que será o elemento definidor da proposta mais vantajosa. O instrumento convocatório poderá estabelecer parâmetros objetivos para a comparação entre propostas de destino final para os bens a serem alienados pelas estatais, de modo a privilegiar valores jurídico-constitucionais, como a sustentabilidade

em seu art. 17, II, *a*, a Lei das Estatais, em seu art. 29, XVII, consignou a dispensa de licitação na doação de bens móveis para fins e uso de interesse social, após avaliação de sua oportunidade e conveniência socioeconômica relativamente à escolha de outra forma de alienação. Cite-se também a Lei nº 12.188 de 2010, que instituiu a Política Nacional de Assistência Técnica e Extensão Rural para a Agricultura Familiar e Reforma Agrária (PNATER) e o Programa Nacional de Assistência Técnica e Extensão Rural na Agricultura Familiar e na Reforma Agrária (PRONATER). Entre outras medidas, a regra inclui mais uma hipótese de dispensa de licitação (inciso XXX) dentre aquelas previstas no art. 24 da Lei nº 8.666/93, visando à contratação de instituição ou organização, pública ou privada, com ou sem fins lucrativos, para a prestação de serviços de assistência técnica e extensão rural no âmbito do Programa Nacional de Assistência Técnica e Extensão Rural na Agricultura Familiar e na Reforma Agrária. "A contratação direta de tais instituições é ferramenta de apoio e incentivo à melhoria da renda e da qualidade de vida das famílias rurais, por meio do aperfeiçoamento dos sistemas de produção e de mecanismos de acesso a recursos e serviços."[274]

A Lei nº 8.666/93 ainda definiu quesitos de habilitação para as contratações públicas que buscam priorizar a contratação de pessoas que cumpram suas obrigações relativamente às garantias trabalhistas e previdenciárias de empregados, bem como que estejam de acordo com as políticas de proteção de menores.

Em seu art. 29, IV e V, a Lei de Licitações define como critério de habilitação a prova de regularidade perante a Seguridade Social e FGTS, bem como a prova de inexistência de débitos inadimplidos perante a Justiça do Trabalho, mediante a apresentação de certidão negativa, nos termos do Título VII-A da Consolidação das Leis do Trabalho, aprovada pelo Decreto-Lei nº 5.452, de 1º de maio de 1943.

Destaca-se, ainda, o quesito de habilitação previsto no art. 27, V. Para poder participar de processo de contratação pública, necessário ao interessado declarar o atendimento do XXXIII do art. 7º da Constituição, ou seja, que atende a regra de "proibição de trabalho noturno, perigoso ou insalubre a menores de dezoito e de qualquer trabalho a menores

---

ambiental ou social, privilégio de categorias menos favorecidas da sociedade, redução das desigualdades regionais e sociais ou qualquer destinação que melhor atenda o cumprimento da função social da empresa pública e da sociedade de economia mista. Os bens de que trata a lei podem ser móveis ou imóveis (GUIMARÃES; SANTOS, *op. cit.*, p. 187).

[274] PEREIRA JUNIOR; DOTTI, *op. cit.*, p. 40.

de dezesseis anos, salvo na condição de aprendiz, a partir de quatorze anos". No caso das estatais, apesar de a Lei nº 13.303/2016, em seu art. 58, prever que a habilitação será apreciada "exclusivamente" a partir dos fatores que especifica, entende-se que os requisitos acima de habilitação – FGTS, INSS e declaração de atendimento à regra do XXXIII do art. 7º da CF/88 – serão sempre exigíveis, na medida em que decorrem de previsão normativa e constitucional.[275] Poderia se questionar a exigência da CNDT na medida em que advém de alteração à Lei nº 8.666/93, não aplicável mais às estatais. Porém, especialmente no caso de ajustes envolvendo disponibilização de mão de obra em regime de exclusividade, justificável e, mais, indispensável assim exigir. Para além da preocupação acerca do aspecto social envolvido (preservação dos direitos trabalhistas do empregado alocado), tem-se a potencialidade quanto à responsabilidade subsidiária trabalhista da Administração contratante, conforme a Súmula nº 331 do TST.

Outros três grupos são igualmente amparados por políticas públicas de inclusão social por meio das contratações públicas, a exemplo de presos, egressos e afrodescendentes.

De acordo com o *caput* do art. 36 da Lei nº 7.210/84 – Lei de Execuções Penais –, o "trabalho externo será admissível para os presos em regime fechado somente em serviço ou obras públicas realizadas por órgãos da Administração Direta ou Indireta, ou entidades privadas, desde que tomadas as cautelas contra a fuga e em favor da disciplina". Sobre o ponto, o Conselho Nacional de Justiça, em atenção ao Programa Começar de Novo, instituído no âmbito do Poder Judiciário pela Resolução CNJ nº 96/09, exarou a Recomendação nº 29, na qual recomenda aos Tribunais que "incluam nos editais de licitação de obras e serviços públicos exigência para a proponente vencedora, quando da execução do contrato, disponibilizar vagas aos presos, egressos,

---

[275] Na forma do §3º do art. 195 da Constituição Federal, "a pessoa jurídica em débito com o sistema da seguridade social, como estabelecido em lei, não poderá contratar com o Poder Público nem dele receber benefícios ou incentivos fiscais ou creditícios". Já no que diz respeito à comprovação de regularidade perante o FGTS, as Leis nº 8.036/90 e nº 9.012/95 vedam a contratação de pessoa jurídica em débito com o Fundo de Garantia por Tempo de Serviço (FGTS). A primeira torna obrigatória no seu art. 27, *a*, a apresentação de certificado de regularidade com o FGTS em "habilitação e licitação promovida por órgão da Administração Federal, Estadual e Municipal, Direta, Indireta ou Fundacional ou por entidade controlada direta e indiretamente pela União, Estado e Município". A segunda, no art. 2º, define: "As pessoas jurídicas em débito com o FGTS não poderão celebrar contratos de prestação de serviços ou realizar transação comercial de compra e venda com qualquer órgão da administração direta, indireta, autárquica e fundacional, bem como participar de concorrência pública".

cumpridores de penas e medidas alternativas e adolescentes em conflito com a lei", observadas as proporções que define.[276] A Lei nº 12.288/2010, que institui o Estatuto da Igualdade Racial, prevê no art. 39, *caput*, que o "poder público promoverá ações que assegurem a igualdade de oportunidades no mercado de trabalho para a população negra, inclusive mediante a implementação de medidas visando à promoção da igualdade nas contratações do setor público e o incentivo à adoção de medidas similares nas empresas e organizações privadas". Tais ações, que cumprirão ser delimitadas em legislação específica (§2º), terão em vista, entre outros aspectos, estimular por meio de incentivos a adoção de iguais medidas pelo setor privado (§3º); assegurar o princípio da proporcionalidade de gênero entre os beneficiários (§4º); e assegurar o acesso ao crédito para a pequena produção, nos meios rural e urbano, com ações afirmativas para mulheres negras (§5º).[277]

2.2.2.3 Fomento a micro e pequenas empresas

A Lei Complementar nº 123/2006 estimula o segmento de micro e pequenas empresas nos processos de contratação pública por meio de algumas medidas.

A primeira delas diz respeito ao critério de preferência nas licitações. Para tanto, entende-se por empate aquelas hipóteses em que as propostas apresentadas pelas micro e pequenas empresas sejam iguais ou superiores em até 10% (nas modalidades da Lei nº 8.666/93) ou 5% (no pregão – Lei nº 10.520/02) do melhor preço válido. Em se

---

[276] O Tribunal de Contas do Estado de Santa Catarina respondeu consulta pela possibilidade de o Tribunal de Justiça daquele mesmo Estado exarar ato normativo que exija a reserva de vagas a mão de obra presidiária e egressa: "Resolução do CNJ. Tribunal de Justiça. Contratação de mão de obra de presos e egressos. É possível ao Tribunal de Justiça prever em ato normativo a contratação terceirizada de mão obra presidiária e egressa, em quantidade não superior a 10% do contrato, mediante estipulação no edital de licitação ou modificação unilateral dos contratos, com fundamento na Res. 96/09 do Conselho Nacional de Justiça, art. 36, da Lei 7.210/84, e art. 58, I e §2º, da Lei 8.666/93" (CON-11/00315800). A esse mesmo respeito, veja-se a legislação estadual do Rio de Janeiro, Lei nº 3.940/2002, que foi alterada pela Lei nº 6.346/2012.

[277] Seguindo a diretriz traçada no Estatuto da Igualdade Racial, o Conselho Superior da Justiça do Trabalho editou a Resolução nº 131/2013: "Art. 1º Os editais de licitação visando à contratação de empresas para a prestação de serviços continuados e terceirizados, no âmbito dos Órgãos da Justiça do Trabalho, conterão cláusula prevendo a exigência de que, no mínimo, 10% (dez por cento) das vagas previstas no respectivo contrato sejam preenchidas por trabalhadores afrodescendentes, durante toda a execução contratual. §1º A exigência contida no caput aplica-se às hipóteses de dispensa ou inexigibilidade de licitação para o mesmo objeto. §2º A norma contida neste artigo aplica-se aos contratos com mais de 10 (dez) trabalhadores vinculado".

inserindo o licitante nesses casos, será oportunizado a ele o exercício de preferência para cobrir a melhor oferta.[278] Outro benefício diz respeito à habilitação fiscal do licitante micro ou pequena empresa, que não precisará estar regular no momento da análise pela comissão de licitação ou pelo pregoeiro. Havendo alguma restrição na regularidade fiscal, será assegurado o prazo de 5 (cinco) dias úteis, prorrogável por igual período a critério da Administração, para a regularização da documentação. Observa-se que, a partir de janeiro de 2018, conforme modificação realizada pela Lei Complementar nº 155/2016, esse mesmo benefício se estenderá para as situações de irregularidade trabalhista.

E um aspecto importante é que a Lei Complementar nº 147, ao alterar em 2014 a Lei Complementar nº 123/2006, tornou obrigatório o tratamento diferenciado nas licitações públicas da administração direta e indireta, autárquica e fundacional, federal, estadual e municipal, que privilegie as micro e pequenas empresas, objetivando a promoção do desenvolvimento econômico e social no âmbito municipal e regional, a ampliação das políticas públicas e o incentivo à inovação tecnológica.

Para tanto, exceto nas situações tratadas no art. 49 da Lei Complementar nº 123,[279] definiu que, nas licitações de valor até R$80.000,00, deverá ser oportunizada a participação exclusiva a micro e pequenas empresas. Já nos certames que ultrapassarem esse valor, porém compreenderem objetos de natureza divisível, cumprirá ser destinada cota de até 25% para disputa reservada a micro e pequenas empresas. Ainda, preservando a regra já existente na LC nº 123/2006, permanece possível, nos processos de contratação destinados a obras e serviços de engenharia, exigir dos licitantes a subcontratação de micro e pequenas empresas.

---

[278] A respeito do critério de desempate, ver OLIVEIRA, Antonio Flavio de. Estatuto da microempresa e empresa de pequeno porte e critério de desempate em licitação. *Fórum de Contratação e Gestão Pública*, Belo Horizonte, v. 6, n. 69, p. 85-88, set. 2007.

[279] Conforme o art. 49 da Lei Complementar nº 123, não se aplica a obrigação relacionada às licitações exclusivas, ou com reserva de cota para disputa separada por micro e pequenas empresas quando: a) não houver um mínimo de 3 (três) fornecedores competitivos enquadrados como microempresas ou empresas de pequeno porte sediados local ou regionalmente e capazes de cumprir as exigências estabelecidas no instrumento convocatório; b) o tratamento diferenciado e simplificado para as microempresas e empresas de pequeno porte não for vantajoso para a administração pública ou representar prejuízo ao conjunto ou complexo do objeto a ser contratado e c) a licitação for dispensável ou inexigível, nos termos dos arts. 24 e 25 da Lei nº 8.666, de 21 de junho de 1993, excetuando-se as dispensas tratadas pelos incisos I e II do art. 24 da mesma Lei, nas quais a compra deverá ser feita preferencialmente de microempresas e empresas de pequeno porte, aplicando-se o disposto no inciso I do art. 48.

Outra solução criada pela Lei Complementar nº 147/2014 foi a previsão do §3º do art. 48, que possibilita ao órgão ou entidade licitante, nas hipóteses de licitação exclusiva ou com cota destinada à disputa reservada a micro e pequenas empresas, fixar supostamente margem[280] de até 10% do melhor preço válido para priorizar a contratação de empresas sediadas local ou regionalmente, conforme definição do ato convocatório.[281]

Ou seja, em se justificando a criação de um privilégio às micro e pequenas empresas sediadas local ou regionalmente, tendo em vista, exemplificativamente, política existente para o desenvolvimento de determinado segmento econômico local, a lei em princípio autoriza a Administração despender até 10% a mais da melhor proposta válida.

Abre-se aqui um parêntese para destacar que há discussão na doutrina quanto à promoção de certame destinado à participação exclusiva de micro e pequenas empresas (art. 48, I, da Lei Complementar nº 123/2006). Joel de Menezes de Niebuhr coloca como crítica à medida um flagrante comprometimento dos princípios da isonomia, da eficiência e da competitividade e, inclusive, uma violação à livre iniciativa e concorrência na medida em que se estaria criando uma reserva de mercado.[282] Para José Anacleto Abduch Santos, o problema está na dificuldade em demonstrar que a licitação somente disputada entre micro e pequenas empresas se mostra mais vantajosa, sendo que eventual ausência de fundamentação nesse sentido violaria o princípio republicano. Ainda, na visão do autor, igualmente violaria o princípio da isonomia entre os potenciais competidores no mercado.[283] Já Jair Eduardo Santana e Edgar Guimarães, com fundamento no art. 170, IX, e art. 179 da Constituição da República, aparentemente se inclinam favoravelmente quanto à legitimidade dos benefícios estabelecidos pela Lei Complementar nº 123/2006 em favor das micro e pequenas empresas, no que se incluiria

---

[280] Diz-se supostamente porque o Decreto nº 8.538/2015 (art. 9º, II, incisos), ao regulamentar a Lei Complementar nº 123/2006 para a administração pública federal, disciplina o procedimento a ser adotado, estabelecendo, quanto ao ponto, a possibilidade de a micro ou pequena empresa sediada local ou regionalmente cobrir a melhor oferta.

[281] A respeito das atualizações promovidas pela Lei Complementar nº 147/2014, recomenda-se a leitura: LIMA, Edcarlos Alves; RICARDINO, Juliana Torresan. Lei Complementar nº 147/14 e seus reflexos na participação das microempresas e empresas de pequeno porte nas licitações públicas. *Revista Zênite – Informativo de Licitações e Contratos (ILC)*, Curitiba, n. 253, p. 249-257, mar. 2015.

[282] NIEBUHR, op. cit., p. 330-331.

[283] SANTOS, José Anacleto Abduch. *Licitações e o estatuto da microempresa e empresa de pequeno porte*. Curitiba: Juruá, 2009. p. 122.

a licitação exclusiva.[284] Para Marçal Justen Filho, com o que se concorda, o tratamento dispensado pelo Estatuto das Micro e Pequenas Empresas não infringe a Constituição, para o que cita os mesmos dispositivos constitucionais referendados por Jair Eduardo Santana e Edgar Guimarães.

Para o autor, trata-se de meio para "promover a intervenção do Estado nos domínios econômico e social, inclusive para cumprir o desígnio constitucional da redução das desigualdades regionais e da eliminação da pobreza". Porém, coloca como condicionante para a validade da discriminação sua concreta aptidão para realizar os fins e os princípios constitucionais.[285] Veja-se, ainda, que a própria Lei Complementar, em seu art. 49, já fixou as hipóteses em que seria possível deixar de realizar a licitação exclusiva, dentre elas, quando a medida se demonstrar comprovadamente desvantajosa para a Administração.[286] Esse aspecto será mais bem explorado no capítulo 3, item 3.2.

Importante destacar que a Lei das Estatais expressamente consignou no §1º do seu art. 28 que às licitações das empresas públicas e das sociedades de economia mista se aplicam as disposições constantes dos arts. 42 a 49 da Lei Complementar nº 123/06, cumprindo observar, desse modo, o regime acima tratado.

2.2.2.4 Preservação de patrimônio histórico e cultural

A Lei de Licitações igualmente se preocupou com a preservação do patrimônio histórico e cultural enquanto medida que potencializa o desenvolvimento sustentável.

Nesse sentido, o art. 24, XV, da Lei nº 8.666/93 dispensa a licitação para a aquisição ou restauração de obras de arte e objetos históricos,

---

[284] SANTANA, Jair Eduardo; GUIMARÃES, Edgar. *Licitações e o novo estatuto da pequena e microempresa*: reflexos práticos da LC nº 123/06. Belo Horizonte: Fórum, 2007. p. 27.

[285] Complementa o autor: "Não será válido aos Municípios e aos Estados adotarem de modo genérico a restrição da participação de sujeitos estabelecidos fora de seu território. Ou seja, admite-se a mitigação do tratamento não discriminatório entre brasileiros, tomando-se em vista a situação de penúria e pobreza de certas regiões. Daí não se segue a validade de restrições absolutas, generalizadas e incondicionadas, visando a beneficiar apenas as empresas locais. Essa solução será inconstitucional" (JUSTEN FILHO, Marçal. *Comentários à lei de licitações e contratos administrativos*. 16. ed. São Paulo: Revista dos Tribunais, 2014. p. 107-108).

[286] Em análise dirigida ao Estatuto das Microempresas e às alterações promovidas pela Lei Complementar nº 147/2014, Helio Saul Mileski reforça a compreensão quanto à constitucionalidade das medidas adotadas pela Lei Complementar nº 123, dentre elas as licitações exclusivas. Vide MILESKI, Helio Saul. Tratamento diferenciado e favorecido em licitações públicas: aperfeiçoamentos legais introduzidos ao Estatuto Nacional da Microempresa e da Empresa de Pequeno Porte (Lei Complementar nº 147/2014). *Interesse Público – IP*, Belo Horizonte, ano 16, n. 86, p. 56, jul./ago. 2014.

de autenticidade certificada, desde que compatíveis ou inerentes às finalidades do órgão ou entidade.

Conforme esclarecem Jessé Torres Pereira Junior e Marinês Restelatto Dotti, o "patrimônio histórico desempenha papel crucial no fortalecimento do sentimento de cidadania e identidade cultural do País, daí cometer-se ao Estado a promoção de ações que almejam a preservação de bens móveis e imóveis e a proteção do patrimônio natural e arqueológico".[287]

Quanto às estatais, a despeito de a Lei nº 13.303/2016 não consignar hipótese de dispensa semelhante, entende-se que ainda assim seria defensável a contratação direta, via inexigibilidade de licitação, desde que demonstrada a singularidade do objeto, o que pode encontrar como fundamento tanto o art. 30, *caput*, como seu inciso II, *g*, conforme forem as circunstâncias do caso concreto.[288] De toda sorte, deve-se destacar que a novel legislação consignou a necessidade de as licitações e contratos das estatais respeitarem as normas relativas à "proteção do patrimônio cultural, histórico, arqueológico e imaterial, inclusive por meio da avaliação do impacto direto ou indireto causado por investimentos realizados por empresas públicas e sociedades de economia mista" (art. 32, §1º, V).[289]

2.2.2.5 Desenvolvimento da ciência e tecnologia nacionais, incentivo ao mercado interno e à autonomia tecnológica do país

Na forma do art. 218 da Constituição, alterado pela Emenda Constitucional nº 85 de 2015, o Estado promoverá e incentivará o desenvolvimento científico, a pesquisa, a capacitação científica e tecnológica e a inovação.

---

[287] PEREIRA JUNIOR; DOTTI, op. cit., p. 37.
[288] A respeito da escorreita compreensão acerca das hipóteses de inexigibilidade de licitação, recomenda-se a leitura da obra de Renato Geraldo Mendes e Egon Bockmann Moreira: *Inexigibilidade de licitação*: repensando a contratação pública e o dever de licitar. Curitiba: Zênite, 2016.
[289] Lembre-se que as empresas públicas e sociedades de economia mista têm função social determinada por lei; assim, nenhum empreendimento de iniciativa delas pode ser realizado sem a consideração plena dos impactos sociais, econômicos, culturais e ambientais que podem ser gerados. A avaliação de tais impactos pode demandar a contratação de técnicos e especialistas. Identificados danos potenciais a quaisquer dos valores jurídicos elencados, é preciso apontar e adotar medidas mitigadoras ou compensatórias, quando cabíveis (GUIMARÃES; SANTOS, op. cit., p. 110).

Por sua vez, o art. 219 da Constituição definiu que o mercado interno integra o patrimônio nacional e será incentivado de modo a viabilizar o desenvolvimento cultural e socioeconomico, o bem-estar da população e a autonomia tecnológica do país, nos termos de lei federal.

A mesma Emenda Constitucional nº 85 de 2015, entre outras modificações, definiu, no parágrafo único do art. 219, que o Estado estimulará a formação e o fortalecimento da inovação nas empresas e entes públicos e privados, a constituição e a manutenção de parques e polos tecnológicos e demais ambientes promotores da inovação, atuação dos inventores independentes e a criação, absorção, difusão e transferência de tecnologia.

Dentre as medidas existentes para impulsionar essas políticas públicas, há na Lei de Licitações três hipóteses de dispensa de licitação.

No XXI do art. 24, dispensa-se a licitação para "a aquisição ou contratação de produto para pesquisa e desenvolvimento, limitada, no caso de obras e serviços de engenharia, a 20% (vinte por cento) do valor de que trata a alínea 'b' do inciso I do *caput* do art. 23", conforme redação dada pela Lei nº 13.243/2016.

O art. 24, XXV, dispensa a licitação na contratação realizada por Instituição Científica e Tecnológica (ICT) ou por agência de fomento para a transferência de tecnologia e para o licenciamento de direito de uso ou de exploração de criação protegida.

Já o XXXI do art. 24 dispensa a licitação nas contratações visando ao cumprimento do disposto nos arts. 3º, 4º, 5º e 20 da Lei nº 10.973, de 2 de dezembro de 2004, observados os princípios gerais de contratação dela constantes. A Lei nº 10.973/04, com redação atualizada pela Lei nº 13.243/2016, estabelece medidas de incentivo à inovação e à pesquisa científica e tecnológica no ambiente produtivo, com vistas à capacitação tecnológica, ao alcance da autonomia tecnológica e ao desenvolvimento do sistema produtivo nacional e regional do país, nos termos dos arts. 23, 24, 167, 200, 213, 218, 219 e 219-A da Constituição Federal. Válido destacar que essa mesma hipótese foi prevista para as contratações das estatais, conforme art. 29, XIV, da Lei nº 13.303/2016.

Ainda nessa temática, o §2º do art. 3º da Lei nº 8.666/93 fixou como critério de desempate a preferência, sucessivamente, aos bens e serviços: a) produzidos no país; b) produzidos ou prestados por empresas brasileiras; c) produzidos ou prestados por empresas que invistam em pesquisa no desenvolvimento de tecnologia no país.

Também como medida de incentivo ao mercado nacional[290] [291] e, especialmente, à produção de bens e serviços que observem as normas técnicas brasileiras, a Lei nº 13.146/2015 fixou a possibilidade de instituição de margem de preferência para produtos manufaturados e para serviços nacionais que atendam a normas técnicas brasileiras (art. 3º, §5º, I, da Lei nº 8.666/93). A Lei nº 12.349/2010, ao introduzir o §7º no art. 3º, ainda consignou a possibilidade de instituição de margem de preferência adicional àquela prevista no §5º. Por sua vez, o §10 desse mesmo dispositivo consignou a possibilidade de a margem de preferência delimitada no §5º ser estendida, total ou parcialmente, aos bens e serviços originários dos Estados Partes do Mercado Comum do Sul (MERCOSUL).

---

[290] Luiz Alberto Blanchet critica a "proteção aos empresários nacionais", sem o atendimento a propósitos específicos. "Deve, enfim, o Estado, aproveitar em suas contratações os benefícios do mercado globalizado ou proteger os nacionais? Afinal, os benefícios de mercado globalizado são imediatos para a coletividade titular do interesse envolvido na execução do contrato e mediato para os empresários nacionais. Não pode remanescer qualquer dúvida quanto à prevalência dos interesses da coletividade sobre os interesses de empresários nacionais que conseguiriam sair vencedores de uma licitação somente se houvesse proteção estatal pelo fato de serem nacionais e não em função de suas aptidões e de sua eficiência no atendimento de interesse público específico envolvido na satisfação do motivo de um contrato administrativo" (BLANCHET, Luiz Alberto. Fatores vinculantes da definição do objeto do contrato administrativo em cenário globalizado. In: BACELLAR FILHO, Romeu Felipe; GABARDO, Emerson; HACHEM, Daniel Wunder (Coord.). *Globalização, direitos fundamentais e direito administrativo*: novas perspectivas para o desenvolvimento econômico e socioambiental: Anais do I Congresso da Rede Docente Eurolatinoamericana de Direito Administrativo. Belo Horizonte: Fórum, 2011. p. 184-185).

[291] Quanto a um possível questionamento em relação à constitucionalidade da aplicação da margem de preferência em licitações, Leonardo Motta Espírito Santo conclui que, tendo em vista que tais disposições têm por mote o desenvolvimento nacional sustentável, "na condição de política pública implementada pelo governo federal a partir do disposto nos arts. 3º, inc. II, e 174 da Constituição Federal, entendemos que a discussão seria destituída de densidade jurídica suficiente a sua sustentação. Isso porque, os arts. 3º, inc. II, e 174 da Constituição Federal definem respectivamente que: a) o desenvolvimento nacional é um dos objetivos fundamentais da República Federativa do Brasil; e b) cabe ao Estado estabelecer as diretrizes e bases do planejamento do desenvolvimento nacional. No cenário mundial, em cujo contexto o Governo Federal busca a adoção de medidas anticíclicas na linha de mitigar os efeitos das crises internacionais, a implementação do desenvolvimento nacional sustentável surge como uma política pública de extrema importância para garantir a proteção do mercado e da indústria brasileira. Assim, sendo o desenvolvimento nacional um princípio constitucional, previsto também na Lei de Licitações, o estabelecimento da margem de preferência nas contratações é uma forma de sua implementação pelo Poder Executivo" (ESPÍRITO SANTO, Leonardo Motta. O desenvolvimento nacional sustentável e a aplicação da margem de preferência nas contratações públicas. In: BICALHO, Alécia Paolucci Nogueira; DIAS, Maria Tereza Fonseca (Coord.). *Contratações públicas*: estudos em homenagem ao Professor Carlos Pinto Coelho Motta. Belo Horizonte: Fórum, 2013. p. 295-301).

2.2.2.6 Incentivo à produção de bens e serviços de informática e automação

Quanto às contratações envolvendo bens e serviços de informática e automação, a Lei nº 8.248/91, em seu art. 3º, já estabelecia que os órgãos e entidades da Administração Pública federal, direta ou indireta, as fundações instituídas e mantidas pelo Poder Público e as demais organizações sob o controle direto ou indireto da União dariam preferência, na sequência, a: a) bens e serviços com tecnologia desenvolvida no país; b) bens e serviços produzidos de acordo com processo produtivo básico, na forma a ser definida pelo Poder Executivo. Ainda, na forma do §3º do art. 3º, alterado pela Lei nº 11.077/2004, a "aquisição de bens e serviços de informática e automação, considerados como bens e serviços comuns nos termos do parágrafo único do art. 1º da Lei nº 10.520, de 17 de julho de 2002, poderá ser realizada na modalidade pregão, restrita às empresas que cumpram o Processo Produtivo Básico nos termos desta Lei e da Lei nº 8.387, de 30 de dezembro de 1991".

A despeito de o dispositivo consignar a competição restrita, este é um exemplo de instituição de regra de política pública que precisaria ser mais bem avaliada, especialmente considerando o fato de que ainda não há uma produção significativa de produtos de informática e automação no país. Justamente por isso, enquanto não consolidado esse contexto, "não consulta a razoabilidade, sob pena de ofensa aos princípios da eficiência e da economicidade, impor-se à Administração Pública procedimento gravoso para aquisição de produtos não fabricados em escala doméstica".[292]

Registre-se, ainda, que em 2010 foi publicado o Decreto Federal nº 7.174, que regulamenta o art. 3º da Lei nº 8.248/91. O art. 5º do regulamento em apreço fixa a preferência para fornecedores de bens e serviços, na ordem: a) bens e serviços com tecnologia desenvolvida no país e produzidos de acordo com o Processo Produtivo Básico (PPB), na forma definida pelo Poder Executivo Federal; b) bens e serviços com tecnologia desenvolvida no país; c) bens e serviços produzidos de acordo com o PPB, na forma definida pelo Poder Executivo Federal. Ainda, na forma do parágrafo único do dispositivo, as microempresas e empresas de pequeno porte enquadradas nessas condições terão prioridade no exercício do direito de preferência em relação às médias e grandes empresas enquadradas na mesma condição.

---

[292] PEREIRA JUNIOR; DOTTI, op. cit., p. 42.

Relativamente às estatais, a Lei nº 13.303/2016 consignou dentre as condições de desempate de propostas, obedecida a ordem que delimita, os critérios estabelecidos no art. 3º da Lei nº 8.248/91.[293] Pode existir discussão em torno do exercício de preferência entre propostas na forma da Lei nº 8.248/91, na medida em que a Lei nº 13.303/2016 não tratou expressamente do tema.

Uma primeira linha de entendimento caminharia no sentido da inaplicabilidade dessa regra, uma vez que, ao instituir um novo regime jurídico a ser aplicado às contratações das estatais, a Lei nº 13.303/2016 teria derrogado qualquer disposição em sentido diverso dos seus expressos termos.

Com o devido respeito às posições nesse sentido, defende-se alinhamento diverso. O fato de a Lei nº 13.303/2016 não ter consignado expressamente a preferência instituída pela Lei nº 8.248/91 não significa dizer que derrogou a legislação vigente. Tampouco a menção expressa à aplicação das disposições previstas nos artigos 42 a 49 da Lei Complementar nº 123/06 às contratações das estatais possibilita concluir que apenas a preferência da micro e pequena empresa é que incidirá.

Consoante define o Decreto-Lei nº 4.657/1942, Lei de Introdução às normas do direito brasileiro, art. 2º, §1º, a "lei posterior revoga a anterior quando expressamente o declare, quando seja com ela incompatível ou quando regule inteiramente a matéria de que tratava a lei anterior". Ainda, conforme o §2º do mesmo dispositivo, a "lei nova, que estabeleça disposições gerais ou especiais a par das já existentes, não revoga nem modifica a lei anterior".

A Lei nº 13.303/2016 não revogou expressamente a Lei nº 8.248/91 para as estatais e, ainda, ao tratar de normas gerais a serem aplicadas a essas, em nenhum momento estabeleceu que apenas se aplicaria o regime de preferência instituído pela Lei Complementar nº 123/06. Veja-se que a Lei nº 13.303/2016, em seu art. 28, §1º, tão somente reafirmou que se aplicariam às licitações das empresas públicas e das sociedades de economia mista as disposições constantes nos arts. 42 a 49 da Lei Complementar nº 123, de 14 de dezembro de 2006.

Diante disso, restaria avaliar a compatibilidade entre os diplomas normativos, para o que, como bem esclarece R. Limongi França,

---

[293] Art. 55. Em caso de empate entre 2 (duas) propostas, serão utilizados, na ordem em que se encontram enumerados, os seguintes critérios de desempate: I - disputa final, em que os licitantes empatados poderão apresentar nova proposta fechada, em ato contínuo ao encerramento da etapa de julgamento; II - avaliação do desempenho contratual prévio dos licitantes, desde que exista sistema objetivo de avaliação instituído; III - os critérios estabelecidos no art. 3º da Lei nº 8.248, de 23 de outubro de 1991, e no §2º do art. 3º da Lei nº 8.666, de 21 de junho de 1993; IV - sorteio.

"é confrontando os dois preceitos (o revogado e o vigente) que bem se nos aclara a intenção do legislador de reconhecer a coexistência de normas gerais, ou especiais, que, versando embora a mesma matéria, se não contradigam".[294]

O disposto no art. 28, §1º, da Lei nº 13.303/2016 não é uma norma que, quanto ao conteúdo, seja incompatível com a Lei nº 8.248/91. Tanto isso é verdade que o decreto que regulamenta o tema na esfera federal (7.174/2010) prevê o privilégio das micro e pequenas empresas que atendam aos critérios que delimita em detrimento às demais. Sequer as demais normas constantes da Lei nº 13.303/2016 contemplam conteúdo contraditório em face da Lei nº 8.248/91. Logo, com exceção às preferências previstas na Lei nº 8.666/93 (bens e serviços nacionais e proteção à pessoa com deficiência, com redação dada pela Lei nº 13.146/2015), as quais evidentemente se encontram revogadas pela entrada em vigor da Lei nº 13.303/2016 para as estatais, em nenhum outro dispositivo deste diploma se extrai o afastamento de outras preferências, não decorrentes da Lei nº 8.666/93.

E como a ausência de um tratamento específico para o tema não pode fazer pressupor uma intenção do legislador quanto ao afastamento da norma especial, até porque, na forma mesmo do art. 2º, §2º, da Lei de Introdução às Normas do Direito Brasileiro a "lei nova, que estabeleça disposições gerais ou especiais a par das já existentes, não revoga nem modifica a lei anterior", forçoso concluir, então, que permanece vigente para as estatais as disposições constantes da Lei nº 8.248/91.

E aqui há um aspecto interessante que precisa ser sopesado. São constantes as críticas em torno da aplicação de políticas de fomento às contratações das estatais, sobretudo às exploradoras de atividade econômica. É evidente que, para que ampliem sua competitividade no mercado, não podem se submeter a contratações economicamente desvantajosas que comprometam o exercício de sua atividade econômica de forma eficiente. Contudo, se até mesmo os contratos eminentemente privados possuem uma função social, por que não o teriam as contratações das estatais?

A Lei nº 13.303/2016 foi expressa quanto à função social da estatal de realização do interesse coletivo (art. 27 da Lei nº 13.303/2016), que deve estar orientado, entre outros aspectos, para o desenvolvimento ou emprego de tecnologia brasileira para produção e oferta de produtos e serviços da empresa pública ou da sociedade de economia mista, sempre de maneira economicamente justificada. Ao assim consignar, a lei claramente definiu vetor de atuação para as estatais, no sentido

---

[294] FRANÇA, R. Limongi. *Hermenêutica jurídica*. 7. ed. São Paulo: Saraiva, 1999. p. 110.

de contribuírem concretamente para o desenvolvimento da tecnologia nacional.

E como já comentado, o compromisso com a concretização da função social das estatais não significa concluir, relativamente aos seus processos de contratação, que cumprirão adotar todas as políticas públicas existentes, direcionadas ao desenvolvimento nacional sustentável.

Na realidade, estarão sujeitas àquelas previstas na legislação que lhes seja aplicável, bem como às que, além de irem ao encontro do interesse coletivo (sob o prima social, ambiental, econômico etc.), restem economicamente justificadas.

Importante observar que a preferência instituída pelo art. 3º da Lei nº 8.248/91, regulamentada no âmbito federal pelo Decreto nº 7.174/2010, como incentivo à produção nacional de bens e serviços de informática e automação, a exemplo daquela prevista na Lei Complementar nº 123/06, art. 44, em favor das micro e pequenas empresas, na realidade, caracteriza exercício de preferência para desempate entre propostas em condição de empate ficto. Tanto no primeiro caso como no segundo, não há a delimitação de uma margem sobre o valor da melhor proposta, que, se observada, autoriza a Administração Pública a pagar um preço maior.

No caso de bens e serviços de informática, garante-se o exercício da preferência se a proposta estiver compreendida no limite de até dez por cento da melhor proposta válida, caso em que o licitante será convocado *para igualar ou superar a melhor proposta* (art. 8º do Decreto nº 7.174/2010). Quanto à política instituída em favor da micro e pequena empresa, observado o limite de até dez por cento da melhor proposta (ou cinco por cento, em se tratando de pregão), o licitante poderá *cobrir a melhor oferta*. Nos dois casos, a relação de melhor custo-benefício obtida na licitação é preservada, tanto sob o aspecto econômico, posto que não se defere uma margem para pagar mais; como sob o aspecto técnico, na medida em que apenas poderão ser classificadas propostas que atendam aos requisitos objetivamente previstos no ato convocatório, como indispensáveis a regular execução do objeto.

Portanto, sequer se verifica um prejuízo às estatais, mesmo às exploradas de atividade econômica, quanto à observância das políticas públicas citadas.

Em linhas gerais, essas compreendem as políticas públicas instituídas até o momento com o objetivo de estimular o desenvolvimento nacional sustentável, seja na gestão das contratações públicas ou no uso do poder de compra estatal como instrumento regulador de mercado. Conforme bem pontua Jessé Torres Pereira Junior, "todas essas políticas são estratégicas e compulsórias, isto é, ditam os elementos norteadores e vinculantes da gestão administrativa pública, que a Constituição quer comprometida com a obtenção de resultados compatíveis com as políticas traçadas".[295]

Ultrapassada a discussão em torno de uma adequada concepção do conceito de vantajosidade, bem como visualizado o potencial do uso do poder de compra estatal para impactar em objetivos diretamente relacionados ao desenvolvimento nacional sustentável, um aspecto que deve ser tratado, posto que relacionado às dificuldades dos órgãos e entidades de aplicar os critérios de sustentabilidade em suas contratações, é a necessidade e/ou relevância de regulamentação para tanto. Tal discussão será enfrentada no tópico subsequente.

2.3 Poder normativo da Administração Pública: instrumento que potencializa a eficácia das políticas públicas de fomento ao desenvolvimento nacional sustentável

Conforme visto no início deste capítulo, a partir do modelo de desenvolvimento descrito no capítulo 1 e especialmente considerando que todo contrato celebrado pela Administração Pública tem como impreterível finalidade a satisfação de interesses públicos, devidamente definidos e motivados estes últimos em observância do ordenamento jurídico aplicável, nenhuma irregularidade se verificaria na discriminação de uma solução que adotasse critérios de sustentabilidade, mesmo antes da alteração do art. 3º da Lei nº 8.666/93.

Aliás, tanto a Constituição da República já possibilitava definir uma série de medidas aptas a fundamentar os processos de contratação pública para o desenvolvimento nacional sustentável como a legislação infraconstitucional já direcionava nesse sentido. Veja-se, para tanto, as legislações já citadas, dentre elas a Lei nº 12.187/2009, que dispõe sobre a Política Nacional sobre Mudança do Clima; a Lei nº 12.305/2010, que instituiu a Política Nacional de Resíduos Sólidos; e a própria Lei nº 8.666/93, seja quando definiu determinados critérios habilitatórios, estabeleceu hipóteses de dispensa de licitação ou, mesmo, quando consignou no art. 6º, IX, e art. 12, VII, como requisito essencial do projeto básico e executivo a análise de impacto ambiental de empreendimentos.

Ocorre que essas legislações apenas definem diretrizes gerais, as quais cumprirão orientar o planejamento dos processos de contratação pública sustentáveis. Elas "não manifestam quais são os critérios de

---
[295] PEREIRA JUNIOR; DOTTI, *ibidem*, p. 32.

preferência socioambiental, tampouco mencionam as especificações de sustentabilidade que os bens, obras e serviços a serem contratados devem seguir".[296] De igual sorte, as principais leis que regulamentam o regime de contratações públicas (Lei nº 8.666/93, Lei nº 10.520/02, Lei nº 12.462/2011 e Lei nº 13.303/2016) não esmiúçam o conteúdo atinente às soluções a serem contratadas. E isso sequer seria possível, haja vista a multiplicidade de necessidades da Administração, o caráter efêmero de algumas demandas e, especialmente, a necessidade de considerar as práticas de mercado, naturalmente em constante modificação.

Em verdade, a atividade de definição da solução a ser contratada encontra-se inserida dentre aqueles atos administrativos tidos como discricionários. Porém, frise-se, discricionariedade não se confunde com arbitrariedade. A discricionariedade, como alerta Jaime Rodríguez-Arana Muñoz, é o Cavalo de Troia do direito público, pela simples razão de que seu objetivo nos situa no interior do Estado Democrático de Direito, e seu exercício abusivo nos leva ao mundo da arbitrariedade e do autoritarismo. Nessa medida, de suma importância o exercício da discricionariedade administrativa em harmonia com os princípios de direito e respeitando-se o dever de motivação. A arbitrariedade compreende a ausência de lei, a anulação dos direitos dos cidadãos em relação com a Administração.[297] Logo, a despeito de a definição da solução a ser pactuada em suas características e eventuais condicionantes e estar inserida na seara discricionária da Administração, impreterivelmente cumprirá levar em consideração os fins legalmente definidos para as contratações públicas, como o é o desenvolvimento nacional sustentável.

Trata-se do exercício de uma competência administrativa diretamente relacionada à dimensão objetiva do direito fundamental do cidadão ao desenvolvimento nacional sustentável. Quanto ao ponto, enquanto a dimensão subjetiva tem em vista a possibilidade de executoriedade do direito pelo titular do direito fundamental, a dimensão objetiva abriga um valor protegido pelo ordenamento jurídico, que obriga ainda que nenhum titular o tenha reclamado, determinando ao Estado promover de ofício eventuais providências necessárias a permitir

---

[296] SANTOS, Murillo Giordan. Poder normativo nas licitações sustentáveis. In: SANTOS, Murillo Giordan; VILLAC, Teresa (Coord.). *Licitações e contratações públicas sustentáveis*. 2. ed. Belo Horizonte: Fórum, 2015. p. 158.

[297] RODRÍGUEZ-ARANA MUÑOZ, Jaime. Sobre el derecho fundamental a la buena administración y la posición jurídica del ciudadano. *A&C – Revista de Direito Administrativo & Constitucional*, Belo Horizonte, ano 12, n. 47, p. 32, jan./mar. 2012.

a fruição universal desses bens jurídicos jusfundamentais.[298] Na medida em que a própria legislação ordinária já materializou o comando para a introdução de condições de sustentabilidade nos processos de contratação pública, tem-se um aspecto vinculado da competência administrativa. A discricionariedade estaria em definir quais elementos de sustentabilidade cumpririam ser adotados na específica solução a ser contratada e, a depender dos contornos da matéria, o como. Porém, não há discricionariedade quanto à consideração ou não de aspectos de sustentabilidade.[299] É a dimensão objetiva do direito fundamental ao desenvolvimento nacional sustentável que impõe à Administração assim agir. Aliás, a determinação para o emprego de condicionantes de sustentabilidade tem sido objeto de apontamento aos jurisdicionados do Tribunal de Contas da União.[300] Sob a premissa de que a competência discricionária em verdade abriga o múnus do agente público a agir de acordo com a melhor alternativa (ponderação a ser devidamente motivada), ela, então, "jamais pode ser invocada como fundamento para legitimar que o Poder Público permaneça inativo, deixando de

---

[298] Quanto ao ponto, esclarece Daniel Wunder Hachem: "O desenvolvimento das duas primeiras ideias tem o propósito de demonstrar, no ponto (c), que por força do direito do cidadão à tutela administrativa efetiva – espontânea, integral e igualitária – de sua esfera jurídica, a discricionariedade do Poder Público sofre, na seara dos direitos fundamentais, intensas limitações que advêm da dimensão objetiva de tais direitos, a qual impõe à Administração o dever de remover todos os entraves existentes e criar todas as condições necessárias para proporcionar a sua máxima satisfação, e de interpretar todo o ordenamento jurídico da maneira mais apropriada à realização ótima dos valores subjacentes aos direitos fundamentais" (HACHEM, Daniel Wunder. *Tutela administrativa efetiva dos direitos fundamentais sociais*: por uma implementação espontânea, integral e igualitária. Tese (Doutorado em Direito) – Setor de Ciências Jurídicas, Universidade Federal do Paraná, Curitiba, 2014. p. 407-408).

[299] Daí se depreende que em relação à dimensão objetiva dos direitos fundamentais, ligadas aos deveres da Administração Pública de agir espontaneamente em prol de sua máxima efetivação, as competências administrativas sempre contarão com alguns elementos vinculados e outros discricionários. A Administração pode – em alguns casos com mais intensidade, outros com menos – escolher quais ações serão priorizadas, com o investimento de quantias mais elevadas de recursos financeiros, os meios que serão empregados para implementá-las e as formas jurídicas que serão utilizadas para tanto. Aí residirá a discricionariedade. Porém, quanto a agir ou não agir e quanto ao momento de adotar medidas coletivas para proporcionar a realização dos direitos fundamentais, não haverá discricionariedade alguma: o dever de atuar sempre estará presente e deverá ser cumprido permanentemente, isto é, a todo o momento (HACHEM, *ibidem*, p. 412).

[300] A título exemplificativo, veja-se: "1.8. Recomendar ao Conselho Administrativo de Defesa Econômica (CADE) que: [...] 1.8.4. Promova campanhas educativas e de conscientização acerca da sustentabilidade ambiental junto aos seus servidores e adote critérios de sustentabilidade ambiental em suas licitações, na aquisição de bens, materiais de TI e na contratação de obras e serviços (item IX)" (TCU. Acórdão nº 4.482/2014 – Segunda Câmara. Relator Raimundo Carreiro. Data do julgamento: 02.09.2014). Nesse mesmo sentido, vejam-se os Acórdãos nº 4.239/2014 – Segunda Câmara e nº 6.708/2014 – Segunda Câmara.

empregar as medidas necessárias para dar concretude aos direitos fundamentais".[301]

Acontece que, não raras vezes, como não há clareza em torno dos critérios passíveis de adoção em cada caso, a discricionariedade acaba dando azo, ou à omissão da Administração na adoção de critérios de sustentabilidade, ou, por outro lado, na definição de condicionantes inadequadas. Diversos fatores influenciam nesse tipo de realidade, seja a ausência da capacitação adequada dos agentes públicos (os agentes envolvidos nas etapas de planejamento das contratações, muitas vezes integrantes dos setores demandantes pertinentes de tecnologia, de transporte, de serviços gerais, entre outros, geralmente não detêm a especialização técnica para adequada resolução da problemática), fator que se intensifica sobretudo em municípios;[302] "controvérsias sobre a efetividade dessas contratações sob o ponto de vista da sustentabilidade; temor dos gestores em reduzir a competitividade dos certames, com a consequente responsabilização que pode recair sobre eles; além, é claro, da segurança jurídica, que deve ser sempre privilegiada".[303] Esses compreendem fatores determinantes para a eficácia restrita das políticas públicas que se utilizam dos processos de contratação para a implementação do desenvolvimento nacional sustentável.

É nesse contexto que ganha força o poder regulamentar e normativo da Administração Pública. Será por meio deles que as diretrizes fixadas pela legislação já citada, que estabelece normas gerais em matéria de contratações públicas sustentáveis, poderão ser discriminadas.[304]

Para grande parcela das especificações de solução, não compreende condição *sine qua non* a existência de prévia regulamentação pela Administração, bastando ampla motivação nos autos do processo de contratação acerca da adoção das especificações baseadas em critérios de sustentabilidade. Trata-se de uma decorrência da aplicação concreta da dimensão objetiva do direito fundamental ao desenvolvimento sustentável, que deve ser perseguida pela Administração em seus processos de contratação.[305] A despeito disso, é de todo desejável o regramento,

---

[301] HACHEM, *op. cit.*, p. 417.

[302] Há diversos "Brasis" dentro do Brasil. Os fatores que impedem a aplicação plena e efetiva do valor da sustentabilidade na instituição de políticas públicas por meio das contratações são agravados na medida em que a maioria dos municípios brasileiros não possui condições para tanto.

[303] SANTOS, *op. cit.*, p. 161.

[304] SANTOS, ibidem. p. 159.

[305] Conforme explica Daniel Wunder Hachem, um dos efeitos jurídicos positivos que deriva do direito à tutela administrativa efetiva "consiste no dever, imposto à Administração Pública, de adotar espontaneamente todos os meios necessários à satisfação otimizada dos direitos fundamentais do cidadão, ainda que inexista regulamentação prevista em

por compreender medida que potencializa a eficácia das políticas públicas envolvendo o uso dos processos de contratação pública para o desenvolvimento nacional sustentável.[306] Dessa constatação, ganham relevo as atividades normativa e regulamentar da Administração Pública. O poder regulamentar caracteriza "umas das formas pelas quais se expressa a função normativa do Poder Executivo. Pode ser definido como o que cabe ao Chefe do Poder Executivo da União, dos Estados e dos Municípios, de editar normas complementares à lei, para sua fiel execução". Por outro lado, o poder normativo da Administração é reconhecidamente mais amplo, na medida em que abriga "resoluções, portarias, deliberações, instruções, editadas por autoridades que não o Chefe do Executivo".[307] Enquanto o exercício do poder regulamentar está direcionado à edição de decretos para fiel execução da lei, o poder normativo abriga os mais diversos atos que podem ser emanados pelas autoridades competentes. Ambos podem e devem ser utilizados como instrumentos para a definição de critérios de sustentabilidade para as soluções a serem pactuadas.[308] [309]

---

lei formal determinando os contornos da sua atuação, casos esses em que será exigível a atividade administrativa 'praeter legem'". (HACHEM, op. cit., p. 423.)

[306] A respeito do reflexo positivo quanto à definição de regras, Marçal Justen Filho explica que "a existência da regra reduz a autonomia decisória da autoridade. Verificados os pressupostos constantes da regra, deverá ser adotada uma decisão cujo conteúdo já foi por ela própria predeterminado. Logo, é possível prever a decisão futura, sempre que existirem regras disciplinando uma certa situação. Ou seja, a existências das regras é essencial para a segurança jurídica e para a certeza do direito. A regra traduz as escolhas quanto aos valores e aos fatos sociais, permitindo a todos os integrantes da sociedade conhecer de antemão a solução prestigiada pelo direito. Portanto, a ampliação da influência dos princípios produz a redução da certeza do direito, tal como aumentar a importância das regras poderá conduzir à cristalização da disciplina jurídica e sua inadequação para regular a vida social. É evidente que a aplicação das regras deve ser permeada pela influência dos princípios, mas não se pode eliminar a certeza, que é inerente à regra". (JUSTEN FILHO, Marçal. *Curso de Direito Administrativo*. 7. ed. Belo Horizonte: Fórum, 2011. p. 110-112.)

[307] DI PIETRO, Maria Sylvia Zanella. *Direito Administrativo*. 27. ed. São Paulo: Atlas, 2014. p. 93-95.

[308] SANTOS, op. cit., p. 164 et seq.

[309] A situação dos diversos entes federativos é distinta. A atividade administrativa da União está sujeita à Constituição e às leis nacionais e federais. A atividade administrativa dos Estados-membros e do Distrito Federal é disciplinada pela Constituição Federal, pelas leis nacionais, pela Constituição estadual e pelas leis estaduais (ou, no caso do Distrito Federal, pela Constituição Distrital e pelas leis distritais). Já a atividade administrativa do Município envolverá a aplicação da Constituição Federal, de leis nacionais, da Constituição estadual, de lei estadual (em alguns temas) e das leis municipais. Mas seria incorreto afirmar que a atividade administrativa federal é imune à disciplina estadual ou municipal. Assim, por exemplo, considerem-se os serviços de transporte rodoviário interestadual, que são de titularidade federal. Cabe à União estabelecer as condições de prestação do serviço, mas incumbe ao Município disciplinar o tráfego urbano. A União não poderá pretender impor o tráfego de ônibus por certas vias públicas, nem determinar a direção do tráfego. Essas são questões sujeitas à competência privativa do Município, uma vez que envolvem seu

O complexo desafio existente para o agente público na ponderação de fixação de critérios de sustentabilidade, especialmente considerando seu impacto em fatores como preço e competitividade, parece justificar um melhor aproveitamento do poder especialmente normativo da Administração. Como bem ressalta Murillo Giordan Santos, como o encontro desse equilíbrio é deveras trabalhoso, "o poder normativo deve servir como instrumento apto e legítimo para definir os parâmetros dessa ponderação".[310]

As atividades regulamentar e normativa da Administração Pública, na medida em que originárias de procedimento atento à realidade dos fatos e ao ordenamento jurídico incidente, funcionam como garantia democrática,[311] mais do que isso, como elemento fortalecedor da eficácia das políticas públicas que se utilizam dos processos de contratação pública para o plano de desenvolvimento nacional sustentável.

Nessa trilha, conforme se disse, ainda que, para algumas especificações da solução não fosse condição *sine qua non* a existência de prévia regulamentação (bastando ampla motivação nos autos do processo de contratação acerca da adoção das especificações baseadas em critérios de sustentabilidade), ela é de todo desejável.

Embora ainda exista muito que melhorar em matéria de regulamentação e normatização para os processos de contratação pública sustentáveis, o ordenamento jurídico vigente já contempla uma série de atos nesse sentido, os quais, sem sombra de dúvida, vêm contribuindo para tanto.

Enquanto exercício do poder regulamentar, citem-se alguns decretos editados até o momento: Decreto nº 7.746/2012, que, além de regulamentar o art. 3º da Lei nº 8.666/93 para estabelecer critérios para a promoção do desenvolvimento nacional sustentável por meio das contratações realizadas pela Administração Pública federal direta, autárquica e fundacional e pelas empresas estatais dependentes, instituiu também a Comissão Interministerial de Sustentabilidade na Administração Pública (CISAP), cuja missão é propor a implementação de critérios, práticas e ações de logística sustentável no âmbito da

---

peculiar interesse. Ou seja, existe uma complexa organização normativa, em que o regime jurídico é integrado por normas provenientes de diferentes órbitas federativas (JUSTEN FILHO, Marçal. *Curso de Direito Administrativo*. 7. ed. Belo Horizonte: Fórum, 2011. p. 180).

[310] SANTOS, *op. cit.*, p. 163.

[311] A procedimentalização significa a necessidade de que as decisões administrativas surjam como conclusão de uma série ordenada de atos estruturados entre si, de modo a propiciar a participação de todos os interessados, a ampla investigação da realidade dos fatos, a exposição dos motivos determinantes para as escolhas adotadas e a submissão à revisão dos entendimentos (JUSTEN FILHO, Marçal. *Curso de Direito Administrativo*. 7. ed. Belo Horizonte: Fórum, 2011. p. 181).

Administração Pública federal à SLTI/MPOG, a qual cumprirá expedir atos normativos complementares a respeito; Decreto nº 7.404/2010, cujo teor regulamenta a Lei nº 12.305, de 2 de agosto de 2010, que institui a Política Nacional de Resíduos Sólidos, e cria o Comitê Interministerial da Política Nacional de Resíduos Sólidos e o Comitê Orientador para a Implantação dos Sistemas de Logística Reversa; Decreto nº 5.940/2006, que instituiu a separação dos resíduos recicláveis descartados pelos órgãos e entidades da Administração Pública federal direta e indireta, na fonte geradora, e a sua destinação às associações e cooperativas dos catadores de materiais recicláveis, e dá outras providências; Decreto nº 8.538/2015, que regulamentou o tratamento favorecido, diferenciado e simplificado para as microempresas e empresas de pequeno porte nas contratações públicas de bens, serviços e obras, no âmbito da Administração Pública federal.

Por outro lado, enquanto exercício do poder normativo da Administração, tem-se, por exemplo, a Instrução Normativa nº 01 de 2010, cujo teor estabelece critérios de sustentabilidade ambiental na aquisição de bens, contratação de serviços ou obras na Administração Pública federal; Instrução Normativa nº 10/2012, da Secretaria de Logística e Tecnologia da Informação do Ministério do Planejamento, Orçamento e Gestão, que fixa regras para elaboração dos Planos de Gestão de Logística Sustentável de que trata o art. 16 do Decreto nº 7.746/2012; Portaria nº 02 de 2010, da SLTI/MPOG, que dispõe sobre as especificações padrão de bens de Tecnologia da Informação no âmbito da Administração Pública federal direta, autárquica e fundacional; Portaria MDIC nº 279/2011 (e alterações posteriores), que instituiu o regime de origem para efeitos de aplicação da margem de preferência etc.

Portanto, enquanto o exercício do poder regulamentar detalha aspectos previamente definidos pelo legislador (a exemplo do exercício de preferência e da definição de critérios de desempate), o poder normativo tem o objetivo de esmiuçar condições para o pleno atendimento das diretrizes gerais fixadas pelas leis e, inclusive, pelos próprios decretos regulamentares, relacionadas à solução a ser contratada. O exercício do poder regulamentar e normativo da Administração compreende, além de delimitadores da discricionariedade administrativa, alicerces para o pleno exercício da função administrativa nos processos de contratação pública visando ao desenvolvimento nacional sustentável.

Veja-se que até o momento foram tecidas considerações relativamente à *definição de especificações de sustentabilidade para a solução a ser pactuada*, para o que se concluiu que, na grande maioria dos casos, embora não fosse uma condição a existência de prévia normatização, sua existência é de todo desejável. No entanto, diversamente, quando o objeto da condicionante de sustentabilidade compreender um *critério de preferência ou desempate*, necessariamente haverá de existir autorização legal expressa para tanto.

Conforme visto no capítulo 1, uma releitura do princípio da legalidade que ostente a juridicidade não significa afastar de todo a legalidade estrita. O que se almeja é a ampliação das fontes de análise pelo intérprete. Porém, entende-se pela existência de matérias reservadas à prévia autorização legal, razão pela qual não autorizam inovação pela Administração Pública. A eventual atuação administrativa *praeter legem* (ou seja, ante a ausência de uma previsão normativa) objetivaria resguardar o universo jurídico dos cidadãos contra intervenções estatais agressivas, que lesionassem as esferas jurídicas individuais. Justamente por isso, como adverte Daniel Wunder Hachem, não sendo esse o caso, deve ser mantida a ideia de que "o princípio da legalidade resulta uma vinculação positiva da Administração à lei, de modo que ela só poderá adotar medidas ablativas, restritivas ou supressoras de direitos se estiver embasada em prévia habilitação contida em lei formal", entendimento adotado majoritariamente pela doutrina.[312]

Dessa análise, não seria possível à Administração, ainda que amparada em relevantes argumentos de interesse público, criar uma nova margem de preferência ou critério de desempate por meio de decretos ou outros atos normativos, a exemplo de instruções, portarias ou, ainda, pelo próprio instrumento convocatório da licitação. Idêntica racionalidade se aplica aos critérios de habilitação, embora, importante frisar, há ao menos dois dispositivos da Lei de Licitações de ampla abrangência (art. 28, V, e art. 30, IV), de cuja autorização legal torna possível definir exigências definidas em outros normativos (resoluções, instruções etc.), que estabeleçam condicionantes para o regular exercício da atividade. De toda sorte, frise-se, tal possibilidade decorre das autorizações legislativas expressas, como melhor será tratado no capítulo 3.

Ora, dentre os princípios basilares dos processos de contratação pública positivados constitucionalmente, tem-se o princípio da isonomia e da livre iniciativa e concorrência. Desses postulados, é direito fundamental dos particulares que intencionem contratar com o Poder Público serem tratados de forma equânime, em regime de livre, ampla e irrestrita competição, a não ser que lei, em sentido formal,

---

[312] A título meramente exemplificativo citem-se: DI PIETRO, *op. cit.*, p. 65; e MELLO, Celso Antônio Bandeira de. *Curso de Direito Administrativo*. 28. ed. São Paulo: Malheiros, 2011. p. 99 *et seq.*

tenha delimitado alguma distinção (como o fez a Lei Complementar nº 123/2006 relativamente às micro e pequenas empresas).[313] Outra discussão relevante e atual na matéria tem em vista a possibilidade de o Distrito Federal, Estados e Municípios definirem outros critérios de preferência, desempate ou habilitação, para além daqueles determinados pela União. A celeuma gira em torno de identificar se a regra que define essas temáticas compreende norma de caráter geral na medida em que, na forma do art. 22, XXVII, da Constituição, normas gerais de licitação e contratação, em todas as modalidades, para as administrações públicas diretas, autárquicas e fundacionais da União, Estados, Distrito Federal e Municípios, obedecido o disposto no art. 37, XXI, e para as empresas públicas e sociedades de economia mista, nos termos do art. 173, §1º, III, são de competência exclusiva da União.

Como não há uma delimitação de quais regras seriam normas gerais, o assunto gera grandes discussões na rotina administrativa e nos tribunais. Consoante lição de Marçal Justen Filho, não pode a norma geral "invadir a esfera de autonomia mínima, que dá identidade a uma federação. É vedado à norma geral disciplinar o modo de administração dos bens municipais ou estabelecer regras sobre a organização do ente federativo. Ou seja, os limites da norma geral são estabelecidos pelo conceito de federação".[314]

Partindo dessa definição, sobretudo considerando a ausência de uma matéria para tratamento com autonomia por Estado ou Município, seria possível compreender determinado critério para preferência entre propostas, por exemplo, como norma geral e, nesse sentido, não poderia um Município, hipoteticamente, ainda que mediante lei, criar uma nova margem de preferência em âmbito local.

Adotando tese nesse sentido, tem-se a ADI nº 3.670, julgada em abril de 2007 pelo Supremo Tribunal Federal (Rel. Min. Sepúlveda Pertence), cujo teor julgou inconstitucional a Lei Distrital nº 3.705/2005, que criava restrições a empresas que discriminassem na contratação de mão de obra, haja vista ofensa à competência privativa da União para legislar sobre normas gerais de licitação e contratação administrativa

---

[313] Explica Daniel Wunder Hachem: "A interdição de atuação administrativa *praeter legem* se destina apropriadamente à garantia da faceta defensiva, mas torna-se inócua para assegurar a implementação de todas as demais funções desses direitos. Logo, no que diz com as funções dos direitos fundamentais de cunho prestacional (em sentido amplo: fático e normativo), a Administração Pública está autorizada a agir à margem da lei e com fundamento direto na Constituição, desde que alguns critérios sejam observados para que não haja ofensa ao princípio da igualdade" (HACHEM, *op. cit.*, p. 431).

[314] JUSTEN FILHO, Marçal. *Curso de Direito Administrativo*. 7. ed. Belo Horizonte: Fórum, 2011. p. 180-181.

(CF, art. 22, XXVII) e para dispor sobre direito do trabalho e inspeção do trabalho (CF, art. 21, XXIV, e art. 22, I).

Recentemente, o Ministro Luiz Fux, do Supremo Tribunal Federal, em decisão proferida no Recurso Extraordinário com Agravo nº 1.023.066/RJ, a respeito da constitucionalidade de legislação municipal sobre reserva de vagas para mulheres nas empresas que prestam serviços à Administração Pública, confirmou o seguinte entendimento:

RECURSO EXTRAORDINÁRIO COM AGRAVO. ADMINISTRATIVO. REPRESENTAÇÃO DE INCONSTITUCIONALIDADE. *LEI COMPLEMENTAR Nº 150/2015. MUNICÍPIO DO RIO DE JANEIRO. RESERVA DE VAGAS PARA MULHERES NAS EMPRESAS CONTRATADAS PELO MUNICÍPIO PARA REALIZAÇÃO DE OBRAS PÚBLICAS. VÍCIO DE INICIATIVA. USURPAÇÃO DA COMPETÊNCIA DA UNIÃO PARA LEGISLAR SOBRE NORMAS GERAIS DE LICITAÇÃO E DIREITO DO TRABALHO.* REPERCUSSÃO GERAL NÃO EXAMINADA EM FACE DE OUTROS FUNDAMENTOS QUE OBSTAM A ADMISSÃO DO APELO EXTREMO. AGRAVO DESPROVIDO.

DECISÃO: Trata-se de agravo nos próprios autos objetivando a reforma de decisão que inadmitiu recurso extraordinário, manejado com arrimo na alínea a do permissivo constitucional, (...).

(...)

Extrai-se do voto condutor do acórdão recorrido:

'Conforme se observa a Lei Complementar ora impugnada, viola os artigos 22, I e XXVII e 37, XXI, da CRFB/88, eis que compete à União legislar acerca das normas gerais de licitação e contratação administrativa e de Direito do Trabalho.

Inegável que a Constituição da República Federativa do Brasil estabeleceu repartição de competências legislativas, adotando o critério da predominância do interesse. Significa dizer, que cabe à União as normas de interesse geral, ao passo que ao Estado a de interesse regional, e finalmente, aos Municípios, as matérias de interesse local.

A norma impugnada trata de matéria relativa ao Direito do Trabalho ao dispor sobre a reserva de cinco por cento de vagas para mulheres nas empresas de construção civil privadas e empresas prestadoras de serviços contratadas pela Prefeitura do Rio de Janeiro para realização de obras públicas.

Do mesmo modo, a lei impugnada viola também o disposto no artigo 37, XXI, da Constituição da República, que estabelece critério que deve ser observado de modo geral nos contratos administrativos do Município do Rio de Janeiro relativa à contratação de pessoal.'

A decisão está de acordo com a jurisprudência desta Corte, no sentido de que compete à União legislar, privativamente, sobre normas gerais de licitação e contratação, em todas as modalidades, para as administrações públicas diretas, autárquicas e fundacionais da União, Estados, Distrito Federal e Municípios, nos termos do art. 22, XXVII, da Constituição Federal. Nesse sentido: 'Ação direta de inconstitucionalidade: *L. Distrital 3.705, de 21.11.2005, que cria restrições a empresas que discriminarem na contratação de mão-de-obra: inconstitucionalidade declarada. 1. Ofensa à competência privativa da União para legislar sobre normas gerais de licitação e contratação administrativa, em todas as modalidades, para as administrações públicas diretas, autárquicas e fundacionais de todos os entes da Federação (CF, art. 22, XXVII) e para dispor sobre Direito do Trabalho e inspeção do trabalho (CF, arts. 21, XXIV e 22, I). 2.* Afronta ao art. 37, XXI, da Constituição da República - norma de observância compulsória pelas ordens locais - segundo o qual a disciplina legal das licitações há de assegurar a 'igualdade de condições de todos os concorrentes', o que é incompatível com a proibição de licitar em função de um critério - o da discriminação de empregados inscritos em cadastros restritivos de crédito -, que não tem pertinência com a exigência de garantia do cumprimento do contrato objeto do concurso.' (ADI 3.670/DF, Pleno, Rel. Min. Sepúlveda Pertence, DJ 18/5/2007) 'INCONSTITUCIONALIDADE. Ação direta. Lei nº 2.769/2001, do Distrito Federal. Competência Legislativa. direito do trabalho. Profissão de motoboy. Regulamentação. Inadmissibilidade. Regras sobre direito do trabalho, condições do exercício de profissão e trânsito. Competências exclusivas da União. Ofensa aos arts. 22, incs. I e XVI, e 23, inc. XII, da CF. Ação julgada procedente. Precedentes. É inconstitucional a lei distrital ou estadual que disponha sobre condições do exercício ou criação de profissão, sobretudo quando esta diga à segurança de trânsito.' (ADI 3.610, Rel. Min. Cezar Peluso, DJe 22/9/2011). Ex positis, DESPROVEJO o agravo, com fundamento no artigo 932, VIII, do CPC/2015 c/c o artigo 21, §1º, do RISTF." (Recurso Extraordinário com Agravo nº 1023066 / RJ - RIO DE JANEIRO; Julgamento: 24/02/2017. Destacou-se).

Em abril de 2004, o Supremo deferiu liminar na ADI nº 3.059/RS (Rel. Min. Ayres Britto) para suspender dispositivo da Lei Gaúcha nº 11.871/2002, que instituía preferência para utilização de *softwares* livres ou sem restrições proprietárias. A justificativa, uma vez mais, foi a usurpação da competência reservada à União para produzir normas gerais em tema de licitação, bem como violação ao princípio da separação de poderes. Ocorre que, em abril de 2015, por unanimidade de votos, o Plenário do Supremo Tribunal Federal julgou improcedente a ADI nº 3.059/RS. Em outubro de 2012, quando iniciou o julgamento pertinente, o Ministro Ayres Britto votou pela cassação da liminar concedida anteriormente, a qual suspendia a eficácia da lei gaúcha. Para este, a lei estadual gaúcha não fere a Constituição, apenas reforça ou complementa a legislação nacional preexistente, sem contrariá-la, ao estabelecer preferência pela aquisição de *softwares* livres. O Ministro Luiz Fux, que na ocasião solicitou vista, posteriormente apresentou voto acompanhando o relator. "É que, como visto, a preferência pelo *software* livre não traduz qualquer vantagem para determinado produto. Na realidade, por *software* livre quer se designar apenas um arranjo contratual específico de licenciamento e não certo bem material ou imaterial", observou. Quanto a uma possível usurpação de competência exclusiva da União, ressalvou o Ministro a existência de competência legislativa suplementar dos Estados-Membros para dispor sobre licitações e contratos administrativos, "a despeito de a temática não constar expressamente no rol de competências legislativas concorrentes previstas no artigo 24, da Constituição Federal".[315]

Veja-se que a temática comporta discussões. De todo modo, adotando-se a posição acima do Supremo Tribunal Federal, reconhecendo-se a existência de competência legislativa suplementar para dispor sobre licitações e contratos administrativos, determinado Município, Estado ou o Distrito Federal até poderia criar por lei própria novas regras sobre licitações e contratos. No entanto, a legitimidade da nova condicionante dependeria da sua adequação às normas gerais já previstas na legislação nacional e da análise quanto à compatibilidade entre as normas gerais já estabelecidas e as inovações fomentadas pelo direito local.[316]

Sem prejuízo à discussão acima, como, em sua esmagadora maioria, as condicionantes de sustentabilidade se materializam na *definição da solução* a ser pactuada, compreendendo, desse modo, em *critério de aceitação da proposta* e de *fiscalização* pela Administração na etapa de execução contratual, tem-se que a carência quanto à eficácia das políticas públicas de fomento ao desenvolvimento nacional sustentável e as contratações administrativas podem ser contornadas pelo exercício dos poderes regulamentar e normativo da Administração, cada qual com seu conteúdo próprio.

Juarez Freitas, ao propor um catálogo das regras em matéria de sustentabilidade, quais sejam, as regras legais, as regras administrativas expressas ou decorrentes do poder regulamentar e as regras interpretativas inferíveis do sistema constitucional, as quais "servem para colmatar

---

[315] SUPREMO TRIBUNAL FEDERAL. Disponível em: <http://www.stf.jus.br/portal/cms/verNoticiaDetalhe.asp?idConteudo=289082>. Acesso em: 10 jan. 2015.
[316] A esse respeito, vide o Informativo nº 838 do STF, de 5 a 9 de setembro de 2016, ADI nº 3.735/MS, rel. min. Teori Zavascki, julgamento em 8.9.2016, em que, por ofensa à competência privativa da União para legislar sobre normas gerais de licitação e contratos, o Plenário, por maioria, julgou procedente pedido formulado em ação direta para declarar a inconstitucionalidade da Lei nº 3.041/2005 do Estado de Mato Grosso do Sul, devido à criação de novo requisito habilitatório – Certidão de Violação aos Direitos do Consumidor (CVDC).

lacunas eficaciais e suprir a tópica insuficiência na proteção dos direitos fundamentais," acertadamente conclui que "existem regras suficientes (dos três grupos citados) para se considerar plena e imediatamente aplicável o princípio constitucional da sustentabilidade, nas licitações e contratações administrativas brasileiras".[317] De fato, em sua maioria, repisa-se, as condicionantes de sustentabilidade sequer precisariam de regulamentação. Todavia, reconhecendo a carência das estruturas administrativas brasileiras e a fim de conferir segurança jurídica aos certames, igualmente potencializando a eficácia das políticas públicas pertinentes, um melhor aproveitamento do poder regulamentar e normativo da Administração seria, no mínimo, bastante interessante.

---

[317] FREITAS, Juarez. Licitações e sustentabilidade: ponderação obrigatória dos custos e benefícios sociais, ambientais e econômicos. *Interesse Público – IP*, Belo Horizonte, ano 13, n. 70, nov./dez. 2011. Disponível em: <http://www.bidforum.com.br/bid/PDI0006. aspx?pdiCntd=76861>. Acesso em: 11 jun. 2012.

CAPÍTULO 3

A SUSTENTABILIDADE NOS PROCESSOS DE CONTRATAÇÃO PÚBLICA: A IMPLEMENTAÇÃO DE MEDIDAS CONCRETAS NAS DIFERENTES FASES, ETAPAS E ATOS

No capítulo 2, foi possível avaliar os processos de contratação pública como ferramentas na concretização do plano de desenvolvimento nacional sustentável complexo, definido na Constituição. Conforme visto, a análise pertinente tangencia duas facetas elementares das contratações públicas e da sustentabilidade: o aprimoramento da máquina administrativa e, a outra, a promoção do desenvolvimento nacional sustentável por meio das contratações públicas. Quanto ao aprimoramento da máquina administrativa, frisou-se a relevância de práticas de gestão concatenadas ao uso racional de recursos, à redução de entraves burocráticos que tornam os processos de contratação demasiado custosos, ao repensar a organização administrativa a fim de que setores direta e indiretamente envolvidos nas contratações participem de processo coeso, integrado, eficiente e eficaz de planejamento, bem como ao combate de vícios como patrimonialismos, tráfico de influências, omissivismos e mercenarismos. Outro aspecto relevante destacado teve em vista a capacitação dos agentes envolvidos para o melhor desempenho da atividade administrativa no que tange à gestão segundo padrões alinhados à sustentabilidade.

Voltando-se à reflexão para os processos de contratação em si, foram trabalhados três pontos elementares relativamente às políticas públicas para o desenvolvimento sustentável e as contratações públicas:

(i) a concepção de vantajosidade a ser considerada pela Administração, não atrelada simplesmente ao barateamento da proposta, mas, sim, à otimização dos dispêndios em atenção aos fins não apenas imediatos da contratação, mas igualmente mediatos, relacionados ao desenvolvimento nacional sustentável; (ii) a identificação do potencial do poder de compra estatal para impactar no plano de desenvolvimento nacional; e (iii) a relevância do poder regulamentar e normativo para a eficiência e eficácia das políticas públicas envolvendo a sustentabilidade e os processos de contratação pública.

O aspecto a ser desenvolvido no capítulo 3 tem em vista a implementação das condicionantes relacionadas ao desenvolvimento nacional sustentável no processo de contratação pública, ou seja, como deve se dar a atuação da Administração a fim de que esse objetivo seja alcançado.

Na forma do art. 37, XXI, da Constituição da República, bem como do art. 2º da Lei nº 8.666/93 (e art. 28, *caput*, da Lei nº 13.303/2016), as obras, serviços, inclusive de publicidade, compras, alienações, concessões, permissões e locações da Administração Pública, quando contratados com terceiros, serão necessariamente precedidos de licitação, salvo as hipóteses de dispensa e inexigibilidade previstas na lei. E, para tanto, considera-se contrato todo e qualquer ajuste entre órgãos ou entidades da Administração Pública e particulares em que haja um acordo de vontades para a formação de vínculo e a estipulação de obrigações recíprocas.

Para que esse contrato se desenvolva em atenção ao regime jurídico de direito administrativo aplicável, no que se inclui a análise e definição adequadas de critérios de sustentabilidade, necessária atenção a todas as fases, etapas e atos compreendidos no processo de contratação pública. Trata-se de corolário do princípio da legalidade, o qual sujeita o agente público, no exercício da função administrativa, à observância dos procedimentos definidos na legislação. Carlos Ari Sundfeld pontua que, como "a 'vontade' manifestada pelo Estado, na produção de seus atos (sejam legislativos, administrativos ou jurisdicionais), traduz sempre o exercício de função, segue-se que o processo é o modo normal de agir do Estado. Em outras palavras: a realização do processo é indispensável à produção ou execução dos atos estatais".[318]

Nesse sentido, o art. 4º da Lei nº 8.666/93 fixa que todos quantos participem do processo de contratação têm direito público subjetivo à fiel observância do pertinente procedimento estabelecido na

---

[318] SUNDFELD, Carlos Ari. *Fundamentos de Direito Público*. 4. ed. São Paulo: Malheiros, 2009. p. 173.

legislação,[319] compreendendo o processo de contratação ato administrativo formal. A observância do procedimento formal está diretamente relacionada à garantia da isonomia entre os concorrentes. E, justamente pensando nessa finalidade, procedimento formal jamais deve ser confundido com formalismo. Importa dizer, não se deve atuar "com rigor excessivo na interpretação dos textos normativos, porquanto está ultrapassado o posicionamento de que os intérpretes devam ser autômatos que aplicam a lei a partir de seu sentido literal".[320] O processo de contratação não é um fim em si mesmo. "As formalidades destinam-se a possibilitar a celebração de contrato válido e eficiente ao interesse público; nada mais. Caso supervalorizada a forma em detrimento da substância, o excesso deverá ser inibido administrativa ou judicialmente".[321]

E, como a lei, a despeito de fixar o direito público subjetivo à fiel observância do procedimento descrito e, ainda, qualificar o processo de contratação como ato administrativo formal, em muitos aspectos não definiu em detalhes os atos a serem praticados ou, mesmo, a forma de resolução de possíveis conflitos que venham se apresentar na rotina administrativa dos processos de contratação, cabe ainda ao agente público o cuidado com toda a principiologia que rege os processos de contratação pública.

Assim é que o agir administrativo deve estar iluminado pelo conjunto de princípios expressos e implícitos no ordenamento,[322] a fim

---

[319] Conforme a literalidade do dispositivo: "Art. 4º Todos quantos participem de licitação promovida pelos órgãos ou entidades a que se refere o art. 1º têm direito público subjetivo à fiel observância do pertinente procedimento estabelecido nesta lei, podendo qualquer cidadão acompanhar o seu desenvolvimento, desde que não interfira de modo a perturbar ou impedir a realização dos trabalhos. Parágrafo único. O procedimento licitatório previsto nesta lei caracteriza ato administrativo formal, seja ele praticado em qualquer esfera da Administração Pública". Ainda que a regra fale de todos quantos participem da licitação, tem-se que a mesma racionalidade se aplica em qualquer processo de contratação, seja ele oriundo de licitação, dispensa ou inexigibilidade. Vale dizer, igualmente nas contratações diretas, o agente público está sujeito à observância do regramento e principiologia aplicável.
[320] NOHARA, Irene Patrícia. *Direito Administrativo*. 2. ed. São Paulo: Atlas, 2012. p. 310.
[321] MOREIRA, Egon Bockmann; GUIMARÃES, Fernando Vernalha. *Licitação pública*. São Paulo: Malheiros, 2012. p. 32-33.
[322] Celso Antônio Bandeira de Mello, ao tratar dos princípios expressamente previstos no art. 37, XXI, da Constituição, lembra "que inúmeros outros mereceram igualmente consagração constitucional: uns, por constarem expressamente da Lei Maior, conquanto não mencionados no art. 37, *caput*; outros, por nele estarem abrigados logicamente, isto é, como consequências irrefragáveis dos aludidos princípios; outros, finalmente, por serem implicações evidentes do próprio Estado de Direito e, pois, do sistema constitucional como um todo" (MELLO, Celso Antônio Bandeira de. *Curso de Direito Administrativo*. 28. ed. São Paulo: Malheiros, 2011. p. 95).

de que a atuação administrativa de fato esteja consonante ao modelo de agir administrativo definido pelo plano de desenvolvimento nacional tratado no capítulo 1. Além dos princípios da legalidade, isonomia, moralidade, publicidade e eficiência, expressamente definidos no art. 37, XXI, da Constituição, chama-se igualmente a atenção aos princípios da vinculação ao instrumento convocatório, da impessoalidade, da razoabilidade, da proporcionalidade, da vantajosidade, da competitividade, da probidade administrativa, do julgamento objetivo, da boa administração, da finalidade, da motivação e demais princípios correlatos.[323][324]

Desse cenário, constitui o processo de contratação pública um conjunto formal e concatenado de fases, etapas e atos, alguns explícitos, outros implícitos no ordenamento, direcionados à celebração e execução de um contrato que satisfaça os objetivos a serem perseguidos pela Administração Pública, dentre eles o desenvolvimento nacional sustentável.[325][326] Encontra-se estruturado em três grandes fases:

---

[323] A doutrina disciplina a principiologia dos processos de contratação de formas diversas. Apenas a título exemplificativo, para Celso Antônio Bandeira de Mello, "os princípios cardeais da licitação poderiam ser resumidos nos seguintes: a) *competitividade*; b) *isonomia*; c) *publicidade*; d) *respeito às condições prefixadas no edital*; e e) *possibilidade de o disputante fiscalizar o atendimento dos princípios anteriores*. Afora o princípio da competitividade, que, embora não mencionado especificamente pela lei em tal qualidade, é da essência da licitação (tanto que a lei o encarece em alguns dispositivos, como no art. 3º, §1º, I, e no art. 90), todos descendem do princípio da isonomia, pois são requisitos necessários para garantir-lhe a existência" (MELLO, *ibidem*, p. 542-543. Destaques no original).

[324] Nohara chama atenção, enquanto princípios correlatos nas licitações, para o princípio do sigilo na apresentação da proposta, da adjudicação compulsória e da livre competição (NOHARA, op. cit., p. 318-319).

[325] Renato Geraldo Mendes trata o processo de contratação pública como um conjunto de fases, etapas e atos estruturado de forma lógica "para permitir que a Administração, a partir da identificação precisa da sua necessidade e demanda, possa definir com precisão o encargo desejado, minimizar seus riscos e selecionar, isonomicamente, se possível, a pessoa capaz de satisfazer a sua necessidade pela melhor relação benefício-custo" (MENDES, Renato Geraldo. *O processo de contratação pública*: fases, etapas e atos. Curitiba: Zênite, 2012. p. 25).

[326] Egon Bockmann Moreira e Fernando Vernalha Guimarães, embora tratem de "fases" para o que se chama "etapas", apresentam a mesma racionalidade no que tange à definição do processo de contratação e seus objetivos: "Diz-se que o processo licitatório está estruturado em fases, que se definem como subconjuntos de atos endoprocessuais destinados a decidir aspectos prévios e pressupostos à escolha do licitante vencedor. Estas fases, que se concluem sempre pela produção de atos decisórios, desenvolvem-se de modo sucessivo e cronologicamente integrado: no âmbito do processo, a fase posterior sempre pressupõe preclusivamente a fase anterior. Além disso, ainda que cada fase do processo esteja vocacionada a finalidades específicas e imediatas (como a divulgação da licitação; a habilitação dos licitantes; a avaliação das propostas etc.), todas e cada uma delas orientam-se mediatamente ao escopo último da licitação – qual seja: a escolha da proposta mais vantajosa à Administração, instaladora de solução fiel ao desenvolvimento nacional sustentável" (MOREIRA; GUIMARÃES, op. cit., p. 245).

planejamento, seleção de proponentes[327] e contratual. Em cada uma dessas fases, existem etapas específicas, que, por sua vez, acobertam uma série de atos. Cabe ao agente público avaliar, a partir dos regimes jurídicos de contratação vigentes (Lei nº 8.666/93, Lei nº 10.520/02, Lei nº 12.462/2011 e Lei nº 13.303/2016) e principiologia a eles inerente, em que momento do processo e de que forma devem fixar as diretrizes de sustentabilidade.

A partir da leitura até o momento apresentada da sustentabilidade e os processos de contratação pública, tem-se que tais diretrizes podem estar relacionadas: (i) à pessoa do licitante; (ii) à especificação do objeto e, desse modo, como um critério de classificação da proposta; (iii) como um critério de pontuação da proposta técnica em licitações do tipo melhor técnica ou técnica e preço, ou de fixação de remuneração variável; (iv) como critério de preferência entre propostas; (v) como critério de desempate entre propostas; (vi) como uma obrigação contratual a ser fiscalizada e atendida na fase pertinente.

Porém, nem todo critério de sustentabilidade se insere, indistintamente, nas hipóteses acima transcritas, as quais dizem respeito a etapas diversas do processo de contratação. Aliás, a fixação de uma condicionante inadequada, não apenas em relação aos objetivos perseguidos pela política pública pertinente, mas, igualmente, à etapa e modo de comprovação respectivos, pode levar à anulação do processo de contratação por vício de legalidade.[328] Conforme visto, uma das garantias do procedimento formal é justamente resguardar a isonomia, na medida em que apenas serão fixadas as condicionantes devidamente motivadas e adequadas à etapa de demonstração pertinente, resguardando, assim, a lisura, objetividade e competitividade do processo de

---

[327] Também é preciso dizer que a forma de condução da fase externa não se restringe à licitação. A fase externa do processo é o momento em que se verifica a ocorrência tanto do que se chama de licitação como da sua dispensa ou inexigência. Ela é caracterizada por dois procedimentos distintos: a licitação e a contratação direta (dispensa e inexigência). A licitação, por sua vez, admite diferentes variações procedimentais, que a legislação qualifica como modalidades de licitação (concorrência, leilão, pregão etc.) (MENDES, *op. cit.*, p. 30).

[328] A título exemplificativo, veja-se a determinação constante do Acórdão do Tribunal de Contas da União: "9.2. com fulcro no art. 71, IX, da Constituição Federal, c/c o art. 45 da Lei 8.443/1992, assinar prazo de 15 (quinze) dias, a contar da ciência desta deliberação, para que o Instituto Chico Mendes de Conservação da Biodiversidade (ICMBio) adote as providências necessárias à anulação do pregão eletrônico para registro de preços 19/2011, em face das seguintes ilegalidades principais: [...] 9.2.4. estabelecimento de exigências de habilitação técnica, descritas nos subitens 10.7.1.1 a 10.7.1.5, 10.7.1.9 e 10.7.1.10 do edital, sem comprovação da pertinência e imprescindibilidade das exigências em relação ao objeto licitado, em afronta ao art. 3º, §1º, I, art. 27 e art. 30 da Lei 8.666/1993, e inexistência de definição de parâmetros objetivos que permitissem a avaliação do cumprimento ou não dos critérios de sustentabilidade inseridos no edital" (TCU. Acórdão nº 122/2012 – Plenário. Relator Weder de Oliveira. Data do julgamento: 25.01.2012).

contratação. Portanto, o escorreito exercício da função administrativa demanda atenção para com a sustentabilidade nos processos de contratação pública. Porém, igual zelo se impõe na delimitação dos critérios de sustentabilidade, seja quanto à forma ou momento em que devidos durante o processo de contratação pública.

Para amparar a análise pertinente, passa-se, então, a discorrer a respeito das três fases do processo de contratação: 3.1) *fase de planejamento*: ações envoltas no planejamento da contratação para garantia do desenvolvimento sustentável; 3.2) *fase de seleção de proponentes*: a aplicação de preferências e benefícios para a garantia do desenvolvimento sustentável nos processos de contratação; e 3.3) *fase contratual*: da fiscalização quanto à adoção de práticas de sustentabilidade.

3.1 Fase de planejamento: ações envoltas no planejamento da contratação para garantia do desenvolvimento sustentável

A fase de planejamento, também chamada de fase interna do processo de contratação, destina-se à definição dos critérios para o adequado desenrolar das demais fases: de seleção dos proponentes e de execução contratual. Como coloca Renato Geraldo Mendes, fundamentalmente, "é o planejamento (fase interna) que condiciona todas as demais fases e etapas do processo e determina ou não o sucesso da contratação. Logo, ela é a mais importante de todas as três fases, e não a licitação ou o contrato, como se imagina em razão da visão tradicional".[329]

É na fase de planejamento que a Administração, primeiro, cumprirá identificar a *necessidade* existente. Identificar a necessidade significa diagnosticar a demanda em suas diversas características, quantitativos, prazos para atendimento etc. Nessa etapa, deve a Administração ter atenção para com a possível política de logística sustentável/regulamentos semelhantes existentes no órgão ou entidade, de modo que, ao diagnosticar a necessidade, igualmente sejam consideradas as diretrizes já definidas relativamente à política pertinente.

Feita essa avaliação, deve, então, a Administração voltar sua análise para o conhecimento das práticas de mercado e possíveis soluções disponíveis. Uma adequada definição de especificações da solução, delimitação dos critérios de aceitabilidade de propostas, de eventual pontuação de propostas técnicas, de definição de quesitos mínimos

---

[329] MENDES, *op. cit.*, p. 30.

indispensáveis de habilitação, bem como das condições de execução do ajuste, demanda do setor competente envolvido uma maior aproximação junto ao mercado. É com respaldo nesse levantamento que a Administração terá condições de, motivadamente, bem definir esses aspectos, sem comprometer injustificadamente a competitividade do processo de contratação.[330] Não cabe uma atuação arbitrária, aleatória ou descomprometida com o plano de desenvolvimento nacional no exercício dessa atividade. "A Administração Pública é uma função, por isso não comporta o exercício de vontade individual ou psicológica. Todos os atos praticados pela Administração Pública têm caráter instrumental, devem ter uma razão de ser, devem ter uma finalidade a atingir, e isso precisa ficar claro no processo."[331]

Justamente em razão desse dever e para que a definição dos critérios de sustentabilidade esteja consonante ao ordenamento jurídico vigente, necessário à Administração: (a) ao descrever a necessidade, considerar os parâmetros definidos para a política de sustentabilidade no órgão ou entidade; (b) ao ponderar a solução frente àquelas disponíveis no mercado, identificar aquelas que, contendo quesitos de sustentabilidade, não restrinjam imotivadamente a competitividade, elevando de uma forma desproporcional os preços; (c) identificar se a especificação está relacionada à pessoa do licitante ou ao objeto da contratação: se a especificação estiver relacionada à pessoa do licitante, compreenderá quesito de habilitação para licitação; se a especificação estiver relacionada ao objeto, compreenderá ou quesito de aceitabilidade

---

[330] A aproximação do mercado é indispensável, inclusive, para aferir as vantagens que este pode oferecer à Administração. Ao refletir acerca do motivo do contrato, pontua Luiz Alberto Blanchet: "A avaliação deve, enfim, ser feita caso a caso. De qualquer modo, pode-se com segurança afirmar que um ambiente globalizado, pareça-nos ele simpático ou repugnante, não pode ser ignorado ou desprezado pela Administração Pública desde a constatação e avaliação objetiva do motivo do contrato – antes, portanto do procedimento de licitação, dispensa ou inexigibilidade – até a satisfação da finalidade do contrato administrativo (atendimento do motivo originário). A Administração deve considerar os riscos e ameaças de um mercado globalizado, mas deve também aproveitar, no interesse da coletividade, as vantagens desse mesmo mercado. Ignorá-lo poderá redundar em desvio de finalidade, eis que a finalidade efetivamente alcançada ao final da execução do objeto do contrato será o atendimento de um motivo cuja avaliação foi subjetiva, incompleta ou infiel à realidade, ignorou indispensáveis aspectos *circunstanciais*" (BLANCHET, Luiz Alberto. Fatores vinculantes da definição do objeto do contrato administrativo em cenário globalizado. In: BACELLAR FILHO, Romeu Felipe; GABARDO, Emerson; HACHEM, Daniel Wunder (Coord.). *Globalização, direitos fundamentais e direito administrativo*: novas perspectivas para o desenvolvimento econômico e socioambiental: Anais do I Congresso da Rede Docente Eurolatinoamericana de Direito Administrativo. Belo Horizonte: Fórum, 2011. p. 182 e 183).

[331] DALLARI, Adilson Abreu. *Aspectos jurídicos da licitação*. 7. ed. São Paulo: Saraiva, 2006. p. 106.

de proposta, ou condição a ser exigida/fiscalizada na etapa de execução contratual. Ainda, pode ser o caso de o quesito de sustentabilidade não compreender uma condicionante de aceitabilidade de proposta, porém, ser considerado como critério de pontuação em licitação do tipo técnica e preço ou fator para definição de remuneração variável.

3.1.1 Diagnóstico e definição da necessidade: política de sustentabilidade no órgão ou entidade

O diagnóstico da necessidade envolve a verificação atenciosa quanto à demanda do órgão ou entidade, seja em relação à determinada compra, execução de obra ou serviço de engenharia, execução de serviços em geral ou desenvolvimento de uma solução, em suas características e quantitativos. Tendo em vista a diretriz para o desenvolvimento nacional sustentável, eleita como um dos objetivos a serem perseguidos nos processos de contratação pública, já no diagnóstico da necessidade impreterível considerar aspectos dessa natureza.

Nesse sentido, de nodal importância a existência de Plano de Gestão de Logística Sustentável/Política de Sustentabilidade no órgão ou entidade, que defina as diretrizes gerais e, em sendo o caso, específicas, relacionadas às regras e práticas de sustentabilidade a serem observadas para os processos de contratação da Administração.

No âmbito da Administração Pública federal, o Decreto nº 7.746/2012, em seu art. 4º, define algumas diretrizes em caráter exemplificativo, a exemplo da necessidade de considerar o menor impacto sobre recursos naturais, como flora, fauna, ar, solo e água; preferência para materiais, tecnologias e matérias-primas de origem local; maior eficiência na utilização de recursos naturais com água e energia; maior geração de empregos, preferencialmente com mão de obra local; maior vida útil e menor custo de manutenção do bem e da obra; uso de inovações que reduzam a pressão sobre recursos naturais; e origem ambientalmente regular dos recursos naturais utilizados nos bens, serviços e obras.

Em seu art. 16, o normativo de 2012 já delimitava a obrigação existente para a Administração Pública federal direta, autárquica e fundacional e as empresas estatais dependentes, de elaborar e implementar Planos de Gestão de Logística Sustentável, no prazo estipulado pela Secretaria de Logística e Tecnologia da Informação, prevendo, no mínimo, atualização do inventário de bens e materiais do órgão e identificação de similares de menor impacto ambiental para substituição;[332] práticas de sustentabilidade e de racionalização do uso de materiais e de serviços; responsabilidades, metodologia de implementação e avaliação do plano; e ações de divulgação, conscientização e capacitação.[333]

Ao regulamentar o Decreto nº 7.746/2012, a Secretaria de Logística e Tecnologia da Informação do Ministério do Planejamento, Orçamento e Gestão editou a Instrução Normativa nº 10 de 2012, cujo teor estabelece regras para elaboração dos Planos de Gestão de Logística Sustentável na Administração Pública. De acordo com o art. 8º da IN, as práticas de sustentabilidade e racionalização do uso de materiais e serviços deverão abranger, no mínimo, material de consumo, abarcando, pelo menos, papel para impressão, copos descartáveis e cartuchos para impressão; energia elétrica; água e esgoto; coleta seletiva; qualidade de vida no ambiente de trabalho; compras e contratações sustentáveis, compreendendo, pelo menos, obras, equipamentos, serviços de vigilância, de limpeza, de telefonia, de processamento de dados, de apoio administrativo e de manutenção predial; e deslocamento de pessoal,

---

[332] Sobre o ponto, estabelece o art. 7º da Instrução Normativa nº 01 de 2010: "Art. 7º Os órgãos e entidades da Administração Pública Federal direta, autárquica e fundacional deverão disponibilizar os bens considerados ociosos, e que não tenham previsão de utilização ou alienação, para doação a outros órgãos e entidades públicas de qualquer esfera da federação, respeitado o disposto no Decreto nº 99.658, de 30 de outubro de 1990, e suas alterações, fazendo publicar a relação dos bens no fórum de que trata o art. 9º. §1º Antes de iniciar um processo de aquisição, os órgãos e entidades da Administração Pública Federal direta, autárquica e fundacional deverão verificar a disponibilidade e a vantagem de reutilização de bens, por meio de consulta ao fórum eletrônico de materiais ociosos. §2º Os bens de informática e automação considerados ociosos deverão obedecer à política de inclusão digital do Governo Federal, conforme estabelecido em regulamentação específica".

[333] De acordo com o art. 4º, caput, da Instrução Normativa nº 10 de 2012, da SLTI/MPOG, cujo teor estabelece regras para elaboração dos Planos de Gestão de Logística Sustentável, os PLS "devem ser elaborados pelo órgão ou entidade e sua delegação e aprovação será de responsabilidade do Secretário-Executivo do respectivo Ministério, ou cargo equivalente no caso das Autarquias, Fundações e empresas estatais dependentes". E, de acordo com seus parágrafos: "§1º Os PLS poderão ser subdivididos, a critério de cada órgão ou entidade, em razão da complexidade de sua estrutura, sendo os resultados consolidados e apresentados pela autoridade referida no caput deste artigo. §2º Na hipótese de o edifício ser ocupado por mais de um órgão ou entidade, cada PLS deverá conter as ações específicas e as compartilhadas que dependam de esforços conjuntos. §3º Na hipótese de o órgão ou entidade não ser autorizado a realizar ações de adaptação no edifício que ocupa, tal impossibilidade deverá ser informada e justificada no PLS".

considerando todos os meios de transporte, com foco na redução de gastos e de emissões de substâncias poluentes.[334] [335] Veja-se que os Planos de Logística Sustentável (e regulamentos similares em matéria de sustentabilidade nas contratações públicas) definem práticas e critérios de sustentabilidade e racionalização, cujos parâmetros em muitos casos incidirão diretamente no diagnóstico e definição da necessidade pela Administração. Justamente por isso, ao diagnosticar e descrever a necessidade, importante já considerar as diretrizes e práticas constantes do Plano de Logística Sustentável e normativos internos correlatos, incidentes em cada processo de contratação, os quais devem ser objeto de constante análise e aprimoramento pela Administração.[336]

---

[334] Para tanto, o art. 9º da Instrução Normativa pertinente elenca a necessidade de serem criados Planos de Ação específicos: "Art. 9º Os PLS deverão ser formalizados em processos e, para cada tema citado no art. 8º, deverão ser criados Planos de Ação com os seguintes tópicos: I – objetivo do Plano de Ação; II – detalhamento de implementação das ações; III – unidades e áreas envolvidas pela implementação de cada ação e respectivos responsáveis; IV – metas a serem alcançadas para cada ação; V – cronograma de implantação das ações; e VI – previsão de recursos financeiros, humanos, instrumentais, entre outros, necessários para a implementação das ações. §1º Para os temas listados no art. 8º, os resultados alcançados serão avaliados semestralmente pela comissão gestora, utilizando, no mínimo, os indicadores elencados no Anexo III. §2º Caso o órgão ou entidade inclua outros temas no PLS deverão ser definidos os respectivos indicadores, contendo: nome, fórmula de cálculo, fonte de dados, metodologia de apuração e periodicidade de apuração".

[335] Em seu art. 11, a Instrução Normativa nº 12 ainda prevê importantes programas que poderão subsidiar a criação e implementação dos PLS, a exemplo do Programa de Eficiência do Gasto Público – PEG, desenvolvido no âmbito da Secretaria de Orçamento Federal do Ministério do Planejamento, Orçamento e Gestão – SOF/MP; Programa Nacional de Conservação de Energia Elétrica – Procel, coordenado pela Secretaria de Planejamento e Desenvolvimento Energético do Ministério de Minas e Energia – SPE/MME; Agenda Ambiental na Administração Pública – A3P, coordenado pela Secretaria de Articulação Institucional e Cidadania Ambiental do Ministério do Meio Ambiente – SAIC/MMA; Coleta Seletiva Solidária, desenvolvida no âmbito da Secretaria-Executiva do Ministério do Desenvolvimento Social e Combate à Fome – SE/MDS; Projeto Esplanada Sustentável – PES, coordenado pelo Ministério do Planejamento, Orçamento e Gestão, por meio da SOF/MP, em articulação com o MMA, MME e MDS; e Contratações Públicas Sustentáveis – CPS, coordenada pelo órgão central do Sistema de Serviços Gerais – SISG, na forma da Instrução Normativa nº 1, de 19 de janeiro de 2010, da Secretaria de Logística e Tecnologia da Informação – SLTI/MP.

[336] Em diversas manifestações, o Tribunal de Contas da União determina ao jurisdicionado atenção para com o planejamento engajado com a sustentabilidade. Nesse sentido, a título exemplificativo, no Acórdão nº 1.260/2010 – Segunda Câmara, determinou: "9.4. recomendar à Secretaria-Geral de Controle Externo que avalie a conveniência e oportunidade de orientar a Secretaria de Fiscalização e Avaliação de Programas de Governo – Seprog e a 8ª Secex a incluírem em seu planejamento a realização de trabalho conjunto para avaliar em que medida as ações adotadas pela administração pública nas áreas de redução de consumo próprio de papel, energia elétrica e de água atingiram os objetivos propostos inicialmente: metas fixadas, acompanhamento, ações objetivas e concretas implementadas, marcos legais fixados, perspectivas, dentre outras questões julgadas relevantes pelas referidas unidades técnicas, podendo as ações serem desenvolvidas

3.1.2 Definição da solução: prática mercadológica, restrição justificada da competitividade e razoabilidade de custos

Uma vez diagnosticada e descrita a necessidade, cabe ao agente público competente, mediante abrangente pesquisa de mercado, definir a solução apta a atendê-la, delimitando objetivamente as especificações mínimas indispensáveis para o escorreito atendimento do interesse público.[337] Para tanto, "seria ilógico, contraditório e totalmente despropositado que a Administração definisse as especificações dos objetos a serem contratados por ela de maneira contrária às políticas públicas estatais. Este é o espaço mais apropriado e eficaz para utilizar a licitação como instrumento para a promoção das políticas públicas".[338] [339]

Aliás, importante destacar que a atividade de planejamento da contratação é complexa, podendo demandar a atuação de profissionais de especialidades diversas para que o objetivo buscado seja atendido. Em muitas situações, apenas técnicos especializados poderão, mediante parecer técnico fundamentado, motivar a solução adotada frente às diretrizes constantes do Plano de Logística Sustentável/regulamentos correlatos do órgão ou entidade.

Porém, advirta-se ainda que um dos objetivos das políticas públicas para o desenvolvimento nacional sustentável e os processos de contratação seja, por meio do poder de compra estatal, impactar na conscientização, cultura e amadurecimento do mercado quanto à

---

separadamente por área" (TCU. Acórdão nº 1.260/2010 – Segunda Câmara. Relator André Luís Carvalho. Data do julgamento: 23.03.2010).

[337] Na forma do art. 40, I, da Lei nº 8.666/93, o edital conterá, entre outros elementos, a descrição do objeto da licitação, de forma sucinta e clara. Esse mesmo tratamento encontra previsão no art. 33 da Lei nº 13.303/2016.

[338] NIEBUHR, Joel de Menezes. *Licitação pública e contrato administrativo*. 4. ed. Belo Horizonte: Fórum, 2015. p. 41.

[339] Acerca da definição de critérios ambientais sustentáveis, comenta a doutrina: "Tal paradigma, por óbvio, também se aplica à licitação sustentável: a exigência de caráter ambiental deve ser adotada desde que haja justificativa robusta a demonstrar sua necessidade, relevância ou pertinência. A medida essencial a ser tomada é, sem dúvida, a formalização de justificativa técnica no processo, a cargo de profissional da área, elencando as razões que levaram à opção por aquela exata configuração do objeto da licitação. Em outras palavras, a definição dos critérios socioambientais que moldarão as propostas dos licitantes deverá basear-se em fundamentos objetivos, que assegurem a proteção ao meio ambiente ao mesmo tempo em que satisfaçam adequadamente a necessidade concreta da Administração" (TERRA, Luciana Maria Junqueira; CSIPAI, Luciana Pires; UCHIDA, Mara Tieko. Formas práticas de implementação das licitações sustentáveis: três passos para a inserção de critérios socioambientais nas contratações públicas. In: SANTOS, Murillo Giordan; VILLAC, Teresa (Coord.). *Licitações e contratações públicas sustentáveis*. 2. ed. Belo Horizonte: Fórum, 2015. p. 247).

consideração de práticas sustentáveis. Não se pode pretender promover esse impacto de forma a desconsiderar a realidade posta. Um aspecto inerente à política que pretende a regulação de mercado é seu caráter de evolução gradual. Conforme trecho da manifestação do Min. Rel. Benjamin Zymler do Tribunal de Contas da União, na Decisão monocrática no TC-003.405/2010-9, a adoção de restrições ambientais, discutida na análise realizada, deve se dar paulatinamente, de forma que os agentes do mercado possam se adaptar a essas novas exigências. "Caso contrário, estar-se-ia criando uma reserva de mercado para as poucas empresas que cumprirem de antemão essas exigências, implicando violação ao princípio constitucional da livre concorrência, maiores custos e reduzidas ofertas de produtos." Cabe à Administração, sensível a essa realidade, por meio de levantamento do potencial mercado fornecedor ou prestador do serviço, investigar em que medida já está preparada para atender eventuais critérios e práticas de sustentabilidade pretendidos.[340]

Há critérios de sustentabilidade peremptórios, já delimitados pelo ordenamento jurídico como condicionantes para o regular exercício da atividade, hipótese em que a Administração está diante de atividade vinculada, não lhe sendo possível deixar de considerar a condicionante.[341] São critérios definidos por organismos de regulação e fiscalização competentes, a exemplo do Instituto Nacional de Metrologia, Qualidade e Tecnologia (INMETRO), do Instituto Brasileiro do Meio Ambiente e dos Recursos Naturais Renováveis (IBAMA) e do Conselho Nacional do Meio Ambiente (CONAMA). Nesses casos, há um elemento facilitador para o gestor público na medida em que "os regramentos impostos por tais órgãos constituem um ponto de partida objetivo na escolha do objeto da licitação, retirando qualquer possibilidade de alegação de subjetividade ou pessoalidade".[342]

---

[340] Como forma de melhor concretizar essa análise e, especialmente, contribuir para com a adoção de medidas que fomentem o valor da sustentabilidade em compasso com a realidade do segmento de mercado envolvido, sugere-se a formalização de convênios entre órgãos e entidades de diferentes esferas, porém abrangidos em uma mesma realidade regional de mercado. A conjugação de esforços pode, além de reduzir os entraves burocráticos que inviabilizam a adoção de condicionantes de sustentabilidade adequadas, potencializar os ganhos com o resultado da pesquisa e avaliação realizada em ambiente cooperativo.

[341] Lembramos, por outro lado, que, com relação a diversos objetos, a especificação ultrapassa a seara técnica e adentra a esfera normativa, em razão de diplomas legais editados pelos órgãos de proteção ao meio ambiente (notadamente Ministério do Meio Ambiente, Ibama e Conama) que estabelecem parâmetros ambientais obrigatórios, a serem seguidos sobretudo pelo setor produtivo, orientando indiretamente os padrões de consumo da sociedade em geral – na qual a Administração Pública se inclui, quando exerce a posição ordinária de adquirente de bens e serviços (TERRA; CSIPAI; UCHIDA, *ibidem*, p. 247).

[342] TERRA; CSIPAI; UCHIDA, *ibidem*, p. 249.

Por outro lado, a grande maioria ainda é facultativa. É sobre esses últimos que reside a maior dificuldade da Administração. À Administração, no exercício de atividade discricionária, a partir do levantamento de mercado e diligências junto aos organismos de regulação e fiscalização envolvidos, cabe identificar que práticas e critérios atenderiam os objetivos do processo de contratação (dentre eles a sustentabilidade), sem com isso restringir de forma injustificada a competitividade da licitação. Feito isso, de forma motivada, então os consideraria na descrição da solução. Trata-se de análise a ser iluminada, sobretudo, pelos princípios da razoabilidade e da proporcionalidade,[343] de forma a não prejudicar outros valores igualmente presentes no regime jurídico da contratação pública, especialmente a isonomia, a competitividade e a economicidade.

Tanto a Instrução Normativa nº 01/2010 (art. 2º) como o Decreto nº 7.746/2012 (art. 2º, parágrafo único), anteriormente já citados, foram sensíveis a esse aspecto, qual seja de que a adoção de critérios e práticas de sustentabilidade deverá ser justificada nos autos e preservar o caráter competitivo do certame. É evidente que, como toda e qualquer condicionante, o critério de sustentabilidade detém um caráter restritivo. Contudo, o que se coíbe é a restrição imotivada, que provoque um comprometimento da competitividade de forma não razoável. Assim, se na comercialização de papel, por exemplo, a Administração identifica práticas sustentáveis diversas, restringir na descrição da solução apenas uma delas pode ser atentatório, injustificadamente, à competitividade.

Para além desse fator, há outro a ser considerado, qual seja a razoabilidade dos custos envolvidos. Conforme análise desenvolvida no capítulo 2 acerca do repensar da vantajosidade da contratação, a cautela a ser adotada tem em vista definir a solução ótima para o interesse público (considerando custos diretos e indiretos envolvidos, bem como

---

[343] Sobre o ponto comenta Joel de Menezes Niebuhr: "Advirta-se, apenas, que a especificação do objeto de modo ambientalmente adequado não prescinde de uma análise de proporcionalidade em sentido estrito, isto é, a relação entre custos e benefícios. Sucede que, diante da relevância do assunto, muitos empresários, com astúcia, agregam aos seus produtos algum aspecto ambientalmente positivo e desenvolvem ação coordenada de *marketing*, a fim de atrair os consumidores mais engajados. O problema é que muitas vezes o benefício ambiental é irrelevante ou, em que pese haver uma característica ambientalmente positiva, o produto traz consigo várias outras negativas. E, mais, as vezes o produto é ambientalmente adequado, porém com custo altíssimo, incompatível com os orçamentos públicos. Nem sempre, em razão dos seus custos, a Administração conseguirá arcar com os produtos ambientalmente adequados e isto pode ser, a depender do caso, justificativa para definir no edital produtos que não o sejam. A pauta da sustentabilidade depende em muito da correta apreensão e aplicação da máxima da proporcionalidade. E isto é, advirta-se, em todos os seus aspectos e com ênfase na definição da especificação do objeto da licitação" (NIEBUHR, *op. cit.*, p. 44-45).

o potencial para fomentar o desenvolvimento nacional sustentável), sopesando variações nas opções disponíveis no mercado, de modo a eleger a proposta em ambiente de maior competitividade possível e a partir do melhor parâmetro possível de aceitabilidade de custos.

Embora exista uma clara opção em pagar um valor maior pelo produto ou serviço atento a práticas e critérios sustentáveis – o que se verifica de forma notória pela criação das margens de preferência vigentes –, isso não significa autorizar a definição de qualquer solução sustentável, a partir de qualquer parâmetro de custo.

Em análise do tema, Luciana Maria Junqueira Terra, Luciana Pires Csipai e Mara Tieko Uchida, a fim de possibilitar um parâmetro objetivo à Administração, sugerem a adoção da margem de 25% definida para produtos manufaturados e serviços nacionais abarcados por regulamentos específicos. Trata-se, na visão dos autores, de um parâmetro reputado pelo legislador "como adequado para satisfazer a finalidade da promoção do desenvolvimento nacional sustentável, sem comprometer de forma desarrazoada a busca da proposta mais vantajosa que adquire contornos bastante objetivos, afastando-se do elemento puramente econômico para cumprir os demais objetivos da licitação pública". Seguindo a presente diretriz, ainda que a margem pertinente tenha sido instituída, formalmente, para aplicação de critério de preferência em determinados processos de contratação, cogita-se adotá-la como paradigma na etapa de planejamento de quaisquer outros processos, observadas as peculiaridades do caso concreto. Desse modo, caberia verificar "se o preço médio calculado para o produto sustentável destoa de forma desproporcional do preço médio calculado para o produto não sustentável", para o que se adotaria nessa comparação o referencial dos 25%. Se a solução sustentável residir na margem pertinente, teria o agente público um importante subsídio para justificar sua atuação, "na medida em que a relação custo-benefício da contratação se enquadra no patamar admitido pelo ordenamento jurídico como razoável para priorização da promoção do desenvolvimento nacional sustentável".

De toda sorte, os autores mesmo advertem não ser essa uma fórmula de aplicação automática, que abrigue parâmetro único, preponderante, infalível ou incontornável.[344] E nem poderia ser, na medida em que, primeiro, ao ter sido delimitada pelo legislador, a margem de 25% teve como premissa o desenvolvimento de bens e serviços nacionais; segundo, a margem de 25% é atinente à variável "custo", sendo preciso avaliar também a variável "benefício"; e terceiro, em vista da

---

[344] TERRA; CSIPAI; UCHIDA, op. cit., p. 262-263.

imperiosidade de conjugar nessa análise fatores diversos, inclusive eventual restrição orçamentária.[345] Em verdade, a solução ótima, embora complexa e desafiadora, está em, realizada uma escorreita análise de custos diretos e indiretos envolvidos, avaliação acerca do ciclo de vida da solução, dentre outros instrumentos que possibilitem aferir o custo (à luz da vertente ambiental, econômica e social) a longo prazo da alternativa, motivadamente, eleger a solução que contemple parâmetros de sustentabilidade, de modo a, como dito, eleger a proposta em ambiente de maior competitividade possível e a partir do melhor parâmetro possível de aceitabilidade de custos.

Toda essa análise precisa estar devidamente motivada e formalizada nos autos do processo de contratação.[346]

3.1.3 Fixação de condicionantes de sustentabilidade: critério de habilitação, de aceitabilidade das propostas, uma obrigação contratual, critério de pontuação de propostas em licitações do tipo técnica e preço ou fator para definição de remuneração variável

Eleita a solução sustentável em atenção às cautelas antes referidas, sobretudo a impossibilidade de restringir imotivadamente a competitividade, elevando de uma forma desproporcional os preços, necessário identificar, primeiro, se a especificação está relacionada ao

---

[345] Ao avaliar a definição da solução sustentável frente à elevação de custos, Marçal Justen Filho propõe um exemplo: "Considere-se que o aproveitamento da energia solar seja uma solução ambientalmente correta. Mas isso não autoriza que a Administração delibere substituir toda estrutura de iluminação nas repartições públicas por instrumento operante por meio de energia solar. O custo para implementar essa decisão seria vultoso e comprometeria a realização de outros desembolsos indispensáveis para promover outros valores prestigiados pela Nação. Portanto, o interesse do desenvolvimento sustentável autoriza, por exemplo, a utilização de lâmpadas mais eficientes – desde que o custo correspondente seja compatível com as finanças da entidade". (JUSTEN FILHO, Marçal. *Comentários à lei de licitações e contratos administrativos*. 16. ed. São Paulo: Revista dos Tribunais, 2014. p. 73.)

[346] Aqui, novamente, como forma de melhor concretizar essa análise e, especialmente, contribuir para com a adoção de medidas que fomentem o valor da sustentabilidade em compasso com a realidade do segmento de mercado envolvido, sugere-se a formalização de convênios entre órgãos e entidades de diferentes esferas, porém abrangidos em uma mesma realidade regional de mercado. A conjugação de esforços pode, além de reduzir os entraves burocráticos que inviabilizam a adoção de condicionantes de sustentabilidade adequadas, potencializar os ganhos com o resultado da pesquisa e avaliação realizada em ambiente cooperativo.

objeto ou à pessoa do licitante. A depender da natureza da exigência, será ela definida como quesito a ser demonstrado em determinada etapa do processo de contratação: habilitação, aceitabilidade da proposta, pontuação em certame do tipo técnica e preço, fator para definição de remuneração variável ou como uma obrigação contratual.

3.1.3.1 Etapa de habilitação

A etapa de habilitação intenciona investigar a idoneidade do interessado (pessoa) para contratar com a Administração. Adilson Abreu Dallari frisa que não "pode a Administração deixar de fixar critérios para aferição da idoneidade, porque sem isso seria impossível a observância ao princípio da igualdade entre os licitantes".[347][348]

No entanto, "a finalidade determinante da exigência há de ser compatível com o sistema jurídico. Não podem ser feitas exigências atentatórias contra a liberdade de exercício de qualquer trabalho, ofício ou profissão (CF, art. 5º, XIII) ou contra o princípio da livre concorrência (CF, art. 170, IV)".[349] Ainda, conforme a parte final do inc. XXI do art. 37 da Constituição, obras, serviços, compras e alienação serão contratados mediante processo de contratação contendo exigências de qualificação técnica e econômica indispensáveis à garantia do cumprimento das obrigações.

Ainda que a Constituição não tenha definido textualmente no art. 37 a possibilidade de exigir quesitos de habilitação relacionados à sustentabilidade, não se deve descuidar da análise complexa definida pelo Constituinte para o plano de desenvolvimento nacional, o qual, juntamente aos primados da livre iniciativa e concorrência, propugna pela redução de desigualdades sociais e à promoção do desenvolvimento nacional em suas diversas facetas. É essa análise complexa extraída a partir da Constituição para o plano de desenvolvimento nacional que autoriza a criação de critérios de habilitação relacionados à sustentabilidade nos processos de contratação pública.[350]

---

[347] DALLARI, op. cit., p. 148.
[348] Habilitação, conforme bem esclarece Marçal Justen Filho, também compreendem a designação para nomear "tanto a fase procedimental de avaliação das condições de licitar como a decisão proferida pela Administração" (JUSTEN FILHO, op. cit., p. 535).
[349] DALLARI, op. cit., p. 134.
[350] Na forma da parte final do XXI do art. 37 da Constituição Federal, em suas licitações, cabe à Administração exigir apenas as condicionantes de qualificação técnica e econômica indispensáveis à garantia do cumprimento das obrigações. Tendo como amparo essa matriz constitucional, Joel de Menezes Niebuhr reputa não ser permitido ao legislador formular exigências que não sejam de natureza técnica e econômica e que não sejam indispensáveis

Porém, como, na forma do art. 5º, *caput*, da Constituição, todos são iguais perante a lei, sem distinção de qualquer natureza, a rigor somente a própria lei poderia criar distinções, tal como tratado no capítulo 2, tópico 2.3. Não por outra razão, diz-se que a Lei nº 8.666/93, ao definir nos artigos 27 a 31 o rol de documentos de habilitação que podem ser exigidos dos licitantes, contemplou elenco *numerus clausus*. Tal como adverte Marçal Justen Filho, "é inviável o ato convocatório ignorar os limites legais e introduzir novos requisitos de habilitação, não autorizados legislativamente".[351] Diante desse contexto, necessário avaliar em que medida as políticas públicas para o desenvolvimento nacional sustentável se mostram presentes na etapa de habilitação.

Conforme visto no capítulo 2, tem-se a definição de critérios de habilitação que buscam priorizar a contratação de pessoas que cumpram suas obrigações relativamente às garantias trabalhistas e previdenciárias de empregados, bem como que estejam de acordo com as políticas de proteção de menores. Desse modo, a Lei nº 8.666/93, em seu art. 29, incs. IV e V, define como critério de habilitação a prova de regularidade perante a Seguridade Social e FGTS,[352] bem como a prova de inexistência de débitos inadimplidos perante a Justiça do Trabalho, mediante a apresentação de certidão negativa, nos termos do Título VII-A da Consolidação das Leis do Trabalho, aprovada pelo Decreto-Lei nº 5.452, de 1º de maio de 1943. Ainda, na forma do art. 27, V, para poder participar de processo de contratação pública, necessário ao interessado declarar o atendimento do XXXIII do art. 7º da Constituição, ou seja, que atende a regra de "proibição de trabalho noturno, perigoso ou insalubre a menores de dezoito e de qualquer

---

a avaliar se o licitante terá ou não condições de cumprir o contrato. Inclusive, compreende "categoricamente inconstitucionais todas as exigências de habilitação em licitação encartas na legislação que visam a promover políticas públicas, porque evidentemente não visam a avaliar se os licitantes têm ou não condições de cumprir o futuro contrato". (NIEBUHR, *op. cit.*, p. 40.)

[351] JUSTEN FILHO, *op. cit.*, p. 537.

[352] A necessidade de exigir prova de regularidade perante o INSS reside no art. 195, §3º, da Constituição da República: "Art. 195. A seguridade social será financiada por toda a sociedade, de forma direta e indireta, nos termos da lei, mediante recursos provenientes dos orçamentos da União, dos Estados, do Distrito Federal e dos Municípios, e das seguintes contribuições sociais: [...] §3º - A pessoa jurídica em débito com o sistema da seguridade social, como estabelecido em lei, não poderá contratar com o Poder Público nem dele receber benefícios ou incentivos fiscais ou creditícios." Já o fundamento legal que não permite a dispensa da comprovação de regularidade junto ao FGTS está prescrito no art. 2º da Lei nº 9.012/1995: "Art. 2º As pessoas jurídicas em débito com o FGTS não poderão celebrar contratos de prestação de serviços ou realizar transação comercial de compra e venda com qualquer órgão da administração direta, indireta, autárquica e fundacional, bem como participar de concorrência pública".

trabalho a menores de dezesseis anos, salvo na condição de aprendiz, a partir de quatorze anos".

Considerando os dispositivos acima, reputa-se que aquele que frauda os sistemas do INSS e FGTS apresenta certidão trabalhista positiva ou, mesmo, que age em desconformidade com as regras de proteção a menores não possui idoneidade necessária para contratar com a Administração Pública. Justamente por isso, independentemente do objeto da contratação, bem como se precedido de licitação, dispensa ou inexigibilidade, tais requisitos habilitatórios jamais poderão ser dispensados.[353] [354]

Quanto às estatais, sujeitas ao regime jurídico previsto na Lei nº 13.303/2016, ainda que o art. 58 não tenha sido expresso quanto à apresentação da documentação acima, não se mostra possível entender pela possibilidade de dispensá-la inadvertidamente. À luz do que dispõe o §3º do art. 195 da Constituição Federal, bem como as leis nº 8.036/90 e 9.012/95, a regularidade perante o FGTS e INSS cumprirá ser sempre exigida. O mesmo se diga relativamente à declaração de atendimento do XXXIII do art. 7º da Constituição. Quanto à CNDT, embora a Lei nº 13.303/2016 não contemple previsão nesse sentido, se o objeto da contratação envolver mão de obra alocada em regime de exclusividade, existindo, portanto, risco de responsabilidade subsidiária trabalhista por verbas trabalhistas inadimplidas (Súmula 331 TST), defende-se a possibilidade, mediante justificativa aposta no processo de contratação pertinente, de também exigir a CNDT.

Demais disso, ao menos em dois dispositivos – art. 28, V, e art. 30, IV – de habilitação jurídica e qualificação técnica, respectivamente, há abertura na Lei nº 8.666/93 para a realização de outras exigências

---

[353] Quanto à exigência de Certidão Negativa de Débitos Trabalhistas, veja-se: "A Certidão Negativa de Débitos Trabalhistas (CNDT) não deve ser exigida apenas nas licitações cujo objeto seja a prestação de serviços com dedicação exclusiva de mão de obra, visto que sua finalidade não consiste apenas em resguardar o Poder Público de possível responsabilização subsidiária. A CNDT foi idealizada como instrumento apto a tutelar os cidadãos em seus direitos trabalhistas, desencorajando os empregadores de incorrerem no inadimplemento de suas obrigações perante seus empregados, sob pena de não contratarem com o Poder Público. E, para cumprir essa função, é impreterível que, como regra, ela seja exigida em todos os processos de contratação pública, independentemente do objeto a ser adquirido. (Nota elaborada por Pedro Henrique Braz de Vita, integrante da Equipe Técnica Zênite) (MENDES, Renato Geraldo. *LeiAnotada.com*: Lei nº 8.666/93, nota ao art. 29, inc. V, categoria Doutrina. Disponível em: <http://www.leianotada.com>. Acesso em: 30 set. 2015).

[354] Entende-se que, para esses documentos, não se aplica a regra prevista no §1º do art. 32 da Lei nº 8.666/93, segundo a qual "§1º A documentação de que tratam os arts. 28 a 31 desta Lei poderá ser dispensada, no todo ou em parte, nos casos de convite, concurso, fornecimento de bens para pronta entrega e leilão".

relacionadas ao desenvolvimento sustentável, quando assim previsto em normatização especial.[355] [356]

O art. 28, V, estabeleceu como critério de habilitação jurídica a apresentação de "decreto de autorização, em se tratando de empresa ou sociedade estrangeira em funcionamento no País, e ato de registro ou autorização para funcionamento expedido pelo órgão competente, quando a atividade assim o exigir". O art. 30, que trata dos quesitos de habilitação técnica, em seu inciso IV, prevê a possibilidade de exigir prova de atendimento de requisitos previstos em lei especial, quando for o caso. Ambas as regras tratam de exigências previstas em legislação especial,[357] que exijam eventuais autorizações ou registros junto aos órgãos competentes de proteção e fiscalização para o regular exercício da atividade de comercialização de determinado produto ou execução de serviço.[358]

---

[355] É evidente que leis especiais poderão prever requisitos outros de habilitação para certas atividades (afinal, *lex specialis derogat legi generali*), mas isto não pode ser feito por meio de ato administrativo (seja ele regulamento prévio à licitação, seja o próprio edital). Por vezes o exercício de uma atividade poderá, inclusive, depender do atendimento a condição alheia àquelas estabelecidas nos arts. 27 a 32 da LGL (MOREIRA; GUIMARÃES, *op. cit.*, p. 248).

[356] O RDC – Regime Diferenciado de Contratações expressamente autorizou a possibilidade de exigir na etapa de habilitação requisitos de sustentabilidade ambiental, na forma da legislação aplicável (art. 14, parágrafo único, II, da Lei nº 12.462/2011).

[357] O TCU julgou legal edital que contemplava exigências de requisitos previstos em lei especial, entendendo que a expressão "lei especial", contida no inciso IV do art. 30 da Lei nº 8.666/93, deve ser interpretada no sentido lato, englobando inclusive regulamentos executivos (TCU, Acórdão nº 1.157/2005, 1ª Câmara, Rel. Min. Valmir Campelo, DOU de 22.06.2005, veiculado na *Revista Zênite – Informativo de Licitações e Contratos (ILC)*, Curitiba, n. 147, p. 472, maio 2006. Seção Tribunais de Contas).

[358] No Acórdão nº 6.047/2015, a 2ª Câmara do Tribunal de Contas da União reconheceu a regularidade de exigência habilitatória relacionada a licenciamento ambiental. Veja-se excerto extraído do Voto proferido pelo Ministro Raimundo Carreiro: "Voto (...) 6. Para uma melhor compreensão da matéria, é oportuno reproduzir a discutida exigência editalícia, relativa à comprovação de qualificação técnica, prevista tanto na Concorrência nº 007/2008, quanto na nº 004/2009 – que tiveram por objeto a contratação de empresa especializada para executar obras de recapeamento e restauração da pavimentação asfáltica, com CBUQ (Concreto Betuminoso Usinado a Quente), em várias ruas e avenidas da cidade de Mossoró-RN –, de idêntica redação: 'e.1) - Termo de Compromisso de fornecimento de CBUQ – Concreto Betuminoso Usinado à Quente, por usina de asfalto legalmente licenciada, na falta de usina própria e, indicação media do transporte do CBUQ para execução dos serviços referenciados, não podendo ultrapassar 150 km do local da obra. e.2) - Deverá ser apresentado juntamente com o Termo de Compromisso de fornecimento de CBUQ documentos que comprovem a regularidade ambiental – Licença de Operação – da usina de asfalto a ser utilizada no serviço pertinente emitido pelo IDEMA – Instituto de Desenvolvimento Econômico e Meio Ambiente do Rio Grande do Norte, conforme resolução do CONAMA Nº 006, de 24 de janeiro de 1986 e de Nº 237, de 19 de dezembro de 1997, inclusive no caso de usina própria.' (...) 9. A análise conjunta das duas disposições do edital (descritas no §6, acima) permite concluir que, sendo a usina própria ou de terceiros, o edital exigia a apresentação de documentos comprobatórios da

Imagine-se que o objeto da contratação envolva controle de pragas e dedetização por meio da aplicação de agrotóxicos. De acordo com a legislação específica, necessária autorização para funcionamento expedida pelo órgão competente do Estado, do Distrito Federal ou do Município, nos termos do art. 4º da Lei nº 7.802/89 (arts. 1º, XLI, e 37 a 42 do Decreto nº 4.074/02). Outro exemplo pode ser extraído da contratação de pessoa física ou jurídica que se dedique a atividades potencialmente poluidoras ou utilizadoras de recursos ambientais relacionadas ao consumo, comercialização, importação ou transporte de determinados produtos potencialmente perigosos ao meio ambiente, ou de produtos e subprodutos da fauna e flora (art. 17, I, da Lei nº 6.938/81), como no caso de prestação de serviços de assistência técnica em aparelhos de refrigeração. Na hipótese, como a atividade do licitante, relacionada ao objeto da licitação, envolve diretamente o bem jurídico de proteção da norma, necessário exigir o quesito de habilitação jurídica, relacionado ao comprovante de registro no Cadastro Técnico Federal de Atividades Potencialmente Poluidoras ou Utilizadoras de Recursos Ambientais, conforme legislação específica.

Para além de autorizações ou registros indispensáveis ao regular exercício da atividade, a garantia quanto à escorreita execução do objeto pode tornar indispensável exigir a comprovação quanto à execução pretérita de atividade compatível, especialmente em características sustentáveis, com o objeto da contratação. Imagine-se que o objeto compreenda justamente o desenvolvimento de solução sustentável

---

regularidade ambiental da usina de asfalto (no caso, Licença de Operação emitida pelo IDEMA, conforme a mencionada resolução do CONAMA). (...) 11. A mencionada exigência não feriu o caráter competitivo do certame, uma vez que teve por objetivo garantir o cumprimento da obrigação, ou seja, dar certeza à Administração de que o serviço seria executado. Pergunto: de que adiantaria viabilizar a participação de outros interessados — com o infundado receio de ferir o caráter competitivo do certame — para, depois, por falta da garantia estabelecida no Termo de Compromisso, correr-se o risco de o serviço não poder ser realizado, ser realizado com atrasos, ou, mais grave ainda, ser realizado com desrespeito ao meio ambiente, cujo dever de preservá-lo, para 'as presentes e futuras gerações', é imposto tanto ao Poder Público, quanto à coletividade (art. 225 da Constituição Federal)- 12. Entendo, ainda, que as exigências editalícias não só não feriram o §6º do art. 30 da Lei nº 8.666/93 (objeto de questionamento no acórdão recorrido), como, na verdade, vieram ao encontro da pretensão legal. É que a regularidade ambiental – requerida de forma indistinta de todos os licitantes – pode ser vista como uma necessidade essencial para que o objeto da licitação seja executado sem o comprometimento ambiental. (...) 14. Reafirmo: não houve estipulação de reivindicações discriminatórias ou que extrapolassem as reais necessidades de uma Administração comprometida (não apenas no nível do discurso) com o desenvolvimento sustentável; a exigência editalícia foi cominada quer aos licitantes que detinham usina própria, quer aos que não detinham. Desta forma, entendo que não houve ofensa nem à competitividade nem à igualdade de condições entre os concorrentes; tampouco pode-se, no meu sentir, apontar restrição ao caráter competitivo do certame".

para a organização de arquivos da Administração. Se o vulto e riscos envolvidos justificarem, possível à Administração, motivadamente,[359] exigir a apresentação de atestado de execução de serviços semelhantes em características com aquele descrito no edital.[360] De igual forma, se o objeto envolver o descarte de materiais tóxicos, possível exigir atestado relativamente à adoção de normas aplicáveis ou boas práticas.

O salutar, respeitando inclusive a racionalidade presente na parte final do inciso XXI do art. 37 da Constituição, é que apenas sejam fixados quesitos de habilitação, inclusive aqueles relacionados a diretrizes de sustentabilidade, mínimos indispensáveis à adequada execução do objeto.[361] [362] Para tanto, indispensável a consulta junto aos organismos de regulação e fiscalização da atividade envolvida no processo de contratação, a fim de se certificar quanto a autorizações, registros e licenciamentos condicionais ao regular exercício da atividade objeto do processo de contratação, bem como, no caso de exigência de atestados, sopesar a relevância da exigência.

Essa mesma racionalidade é válida para as estatais. A disciplina contida no art. 58, I e II, da Lei nº 13.303/2016 autoriza a realização de exigências relacionadas à documentação que comprove a possibilidade de contração de obrigações por parte do proponente (o que, defende-se, não se restringe à comprovação da capacidade para firmar juridicamente o negócio, mas também relativamente à regularidade jurídica para contrair obrigações no segmento envolvido), bem como a realização de exigências de qualificação técnica restritas às parcelas do objeto técnica ou economicamente relevantes, de acordo com parâmetros estabelecidos de forma expressa no instrumento convocatório. Ora, se se entender, consoante às circunstâncias do caso concreto, que determinado critério

---

[359] Conforme bem destaca Marçal Justen Filho, "a Constituição autoriza apenas exigências que configurem um *mínimo* de segurança. Portanto, não se admitem exigências que vão além disso. Logo, a Administração não poderá respaldar seus atos com a invocação e que a exigência *amplia* sua segurança. É evidente que o aumento de segurança corresponderia à ampliação das restrições à participação. Essa não é a solução imposta pela Constituição" (JUSTEN FILHO, *op. cit.*, p. 597. Destaques no original).

[360] Na forma do §1º do art. 30 da Lei nº 8.666/93, a comprovação da aptidão referida será feita por atestados fornecidos por pessoas jurídicas de direito público ou privado, devidamente registrados nas entidades profissionais competentes (quando for o caso), a serem apresentados na etapa de habilitação.

[361] Sobre o ponto, veja-se TERRA; CSIPAI; UCHIDA, *op. cit.*, p. 253.

[362] Não é demais ressaltar que, entre os princípios que orientam os processos de contratação, igualmente está o da universalidade. A partir disso, "não será obrigatória a estipulação de todos os requisitos previstos nos referidos artigos. Isto significa dizer que as exigências precisam ser pertinentes e proporcionais ao caso concreto: serão eleitas e dimensionadas segundo a natureza do contrato, sempre à luz do princípio da universalidade da licitação" (MOREIRA; GUIMARÃES, *op. cit.*, p. 248).

de sustentabilidade se mostra como mínimo indispensável à aferição da capacidade do particular para execução do encargo, então não apenas adequado como recomendável exigir atestado.

3.1.3.2 Etapa de aceitabilidade das propostas ou cumprimento de obrigação contratual

Diferentemente da hipótese acima tratada, as condicionantes de sustentabilidade podem estar relacionadas não às condições pessoais de idoneidade do interessado em contratar com a Administração, mas a uma especificação técnica do objeto/solução a ser contratada.

Pode o atendimento à solução sustentável motivadamente eleita demandar a disponibilização de equipamentos, instalações e pessoal técnico especializado atentos a critérios sustentáveis para a regular execução do objeto.

Em que pese esse tipo de exigência esteja encartada dentre os requisitos de habilitação técnica previstos na Lei de Licitações (art. 30, II, da Lei nº 8.666/93), reproduzem em verdade especificações do objeto.[363] Justamente por isso, como bem esclarece Marçal Justen Filho, "cabe ao sujeito expor a proposta que pretende executar e indicar os recursos materiais e a mão de obra de que se utilizará. Rigorosamente, não há fundamento para avaliar esses temas por ocasião do julgamento da habilitação".[364]

Logo, a despeito de visando atender uma condicionante formal prevista na Lei de Licitações ser devido ao licitante apresentar declaração formal na etapa de habilitação de que disporá dos meios indispensáveis exigidos, comprovará o atendimento pertinente apenas na fase de execução contratual. É o que determina o §6º do art. 30 da Lei nº 8.666/93 ao prever que as exigências mínimas relativas a instalações de canteiros, máquinas, equipamentos e pessoal técnico especializado, considerados essenciais para o cumprimento do objeto da licitação, serão atendidas mediante a apresentação de relação explícita e da declaração formal da sua disponibilidade, sob as penas cabíveis, vedadas as exigências de propriedade e de localização prévia.

---

[363] Quanto ao ponto, esclarece Marçal Justen Filho: "Deve-se ter em vista que os requisitos de habilitação se referem à demonstração da idoneidade do sujeito para executar o objeto do contrato. Isso não se confunde com o conteúdo da proposta propriamente dita. A experiência anterior na execução de objeto similar ao licitado é um requisito de habilitação. Mas o modo de executar o contrato não o é, eis que consiste num aspecto da proposta" (JUSTEN FILHO, op. cit., p. 617).
[364] JUSTEN FILHO, idem.

No caso das estatais, esse tipo de exigência deve constar formalmente da proposta e ser demonstrado na fase de execução contratual.

Pode ainda o atendimento à solução sustentável motivadamente eleita demandar uma característica da solução, um método de execução ou uma obrigação de fazer para o particular.

De todo modo, na medida em que definida uma condicionante de sustentabilidade relacionada à solução a ser contratada, de quaisquer tipos (especificação técnica do produto ou serviço, método de execução, uma obrigação de fazer, disponibilização de equipamentos, instalações, pessoal técnico especializado, atentos a critérios sustentáveis etc.), necessariamente ela deverá ser exigida como quesito de julgamento e aceitabilidade das propostas (à exceção da situação exposta, atinente ao art. 30 da Lei nº 8.666/93). Vale dizer, ela cumprirá estar descrita formalmente na proposta para que esta seja aceita.

No entanto, em relação à forma e momento de comprovação quanto ao atendimento do quesito sustentável, variará conforme a natureza do objeto, as obrigações envolvidas, bem como os meios disponíveis e difundidos para comprovação de atendimento da condicionante sustentável. Deve o agente público ter especial atenção quanto ao ponto a fim de que não se crie restrição injustificada à competitividade, o que pode macular a legalidade do processo de contratação.

Quando do processo de contratação destinado à compra de bens,[365] por exemplo, a Instrução Normativa nº 01/2010 prevê que a comprovação do atendimento dos critérios de sustentabilidade "poderá ser feita mediante apresentação de certificação emitida por instituição pública oficial ou instituição credenciada, ou por qualquer outro meio de prova que ateste que o bem fornecido cumpre com as exigências do edital" (art. 5º, §1º). Nesse caso, não deve a Administração condicionar a aceitação da proposta à apresentação de um determinado certificado, quando há mais de um ou outro meio de prova juridicamente possível

---

[365] O art. 5º da Instrução Normativa nº 01 de 2010 delimita a possibilidade de exigir os seguintes critérios de sustentabilidade: a) que os bens sejam constituídos, no todo ou em parte, por material reciclado, atóxico, biodegradável, conforme ABNT NBR – 15448-1 e 15448-2 (diretriz semelhante encontra-se no art. 5º do Decreto nº 7.746/2012); b) que sejam observados os requisitos ambientais para a obtenção de certificação do Instituto Nacional de Metrologia, Normalização e Qualidade Industrial (INMETRO) como produtos sustentáveis ou de menor impacto ambiental em relação aos seus similares; c) que os bens devam ser, preferencialmente, acondicionados em embalagem individual adequada, com o menor volume possível, que utilize materiais recicláveis, de forma a garantir a máxima proteção durante o transporte e o armazenamento; e d) que os bens não contenham substâncias perigosas em concentração acima da recomendada na diretiva RoHS (Restriction of Certain Hazardous Substances), tais como mercúrio (Hg), chumbo (Pb), cromo hexavalente (Cr(VI)), cádmio (Cd), bifenil-polibromados (PBBs), éteres difenil-polibromados (PBDEs).

existente para a demonstração da condicionante eleita.[366] Por outro lado, se, realizado o levantamento pertinente na etapa de planejamento, não se verificar a existência de um certificado ou meio de prova específico, o edital pode prever que, antes da assinatura do contrato, "o órgão ou entidade contratante poderá realizar diligências para verificar a adequação do produto às exigências do ato convocatório, correndo as despesas por conta da licitante selecionada. O edital ainda deve prever que, caso não se confirme a adequação do produto, a proposta selecionada será desclassificada" (art. 5º, §2º). Em igual sentido, art. 8º, §§1º e 2º, do Decreto nº 7.746/2012. Ainda, seguindo racionalidade semelhante para as estatais, o art. 47 da Lei nº 13.303/2016. [367]

A título exemplificativo, no caso de compra de equipamentos cujo funcionamento consuma energia elétrica, regulamentados pelo Programa Brasileiro de Etiquetagem, a exemplo de refrigeradores, tem-se o uso obrigatório de Etiqueta Nacional de Conservação de Energia (ENCE) a fim de aferir o nível de eficiência energética (Lei nº 10.295/01, Decreto nº 4.059/01, Decreto nº 4.508/02, Instrução Normativa nº 02 de 2014, SLTI/MPOG). Nesse caso, necessário inserir no edital item de especificação técnica do produto correspondente ao nível de eficiência justificadamente exigido e prever, como critério de aceitabilidade da proposta, cópia da Etiqueta Nacional de Conservação de Energia (ENCE) do produto ofertado para fins de análise de conformidade com a condicionante objetivamente definida no edital. E, evidentemente, até mesmo em decorrência do princípio do *pacta sunt servanda*,

---

[366] Joel de Menezes Niebuhr, ao esclarecer a possibilidade de as propostas virem acompanhadas de certificação que ateste a adequação do bem à condicionante de sustentabilidade, reforça a cautela pertinente: "No tocante às certificações, são necessários alguns cuidados, especialmente para preservar a competitividade. Primeiro: a participação na licitação e o oferecimento de proposta não deve depender da vontade de entidade privada que emite a certificação. Portanto, o edital não deve prever uma única certificação, deve oferecer ao licitante mais de uma opção. Segundo, e mais importante, o edital deve permitir que a exigência de adequação ambiental seja comprovada por mais de um meio, não apenas a certificação. Inclusive, a depender da situação, que a comprovação seja realizada em sede de diligência, com fundamento no §3º do art. 43 da Lei nº 8.666/93, dispensada para os licitantes que apresentassem a certificação" (NIEBUHR, *op. cit.*, p. 45).

[367] A Lei nº 13.303/2016, em seu art. 47, prevê exigência semelhante: "Art. 47. A empresa pública e a sociedade de economia mista, na licitação para aquisição de bens, poderão: (...) II - exigir amostra do bem no procedimento de pré-qualificação e na fase de julgamento das propostas ou de lances, desde que justificada a necessidade de sua apresentação; III - solicitar a certificação da qualidade do produto ou do processo de fabricação, inclusive sob o aspecto ambiental, por instituição previamente credenciada. Parágrafo único. O edital poderá exigir, como condição de aceitabilidade da proposta, a adequação às normas da Associação Brasileira de Normas Técnicas (ABNT) ou a certificação da qualidade do produto por instituição credenciada pelo Sistema Nacional de Metrologia, Normalização e Qualidade Industrial (Sinmetro)".

materializado no art. 66 da Lei nº 8.666/93[368] (art. 68 e art. 69, VIII, da Lei nº 13.303/2016), a especificação pertinente igualmente cumprirá estar descrita na minuta contratual como uma especificação a ser fiscalizada pela Administração.

Desse modo, nas contratações envolvendo compras pela Administração em que a condicionante de sustentabilidade estiver relacionada a uma especificação do produto, possível demandar a comprovação quanto ao atendimento do quesito sustentável na etapa de aceitabilidade da proposta, mediante a apresentação de certificados ou laudos, conforme a questão estiver tratada pela legislação e difundida nos específicos segmentos.[369] Igualmente, cumprirá descrever na minuta contratual a especificação técnica sustentável exigida e ofertada para fins de fiscalização contratual pela Administração.

Por outro lado, quando o objeto envolver a execução de serviços, geralmente os quesitos de sustentabilidade estarão relacionados a obrigações de fazer pela contratada, seja quanto à utilização de determinados produtos ou à adoção de determinadas medidas, por exemplo.[370] Justamente por isso, inclusive seguindo a diretriz formalmente exposta na Instrução Normativa nº 01/10, o edital deverá estabelecer as

---

[368] Art. 66. O contrato deverá ser executado fielmente pelas partes, de acordo com as cláusulas avençadas e as normas desta Lei, respondendo cada uma pelas consequências de sua inexecução total ou parcial.

[369] Por oportuno, veja-se o que prevê a Lei nº 12.462/2011 (RDC): "Art. 7º No caso de licitação para aquisição de bens, a administração pública poderá: [...] III - solicitar a certificação da qualidade do produto ou do processo de fabricação, inclusive sob o aspecto ambiental, por qualquer instituição oficial competente ou por entidade credenciada".

[370] Quanto à execução de serviços, o art. 6º da Instrução Normativa nº 01 de 2010 define que os editais deverão prever que os licitantes adotarão as seguintes práticas de sustentabilidade na execução de serviços quando couber: a) uso de produtos de limpeza e conservação de superfícies e objetos inanimados que obedeçam às classificações e especificações determinadas pela ANVISA; b) adoção de medidas para evitar o desperdício de água tratada, conforme instituído no Decreto nº 48.138, de 8 de outubro de 2003; c) observância à Resolução CONAMA nº 20, de 7 de dezembro de 1994, quanto aos equipamentos de limpeza que gerem ruído no seu funcionamento; d) fornecimento aos empregados dos equipamentos de segurança que se fizerem necessários, para a execução de serviços; e) realização de programa interno de treinamento de seus empregados, nos três primeiros meses de execução contratual, para redução de consumo de energia elétrica, de consumo de água e redução de produção de resíduos sólidos, observadas as normas ambientais vigentes; f) separação dos resíduos recicláveis descartados pelos órgãos e entidades da Administração Pública Federal direta, autárquica e fundacional, na fonte geradora, e a sua destinação às associações e cooperativas dos catadores de materiais recicláveis, que será procedida pela coleta seletiva do papel para reciclagem, quando couber, nos termos da IN/MARE nº 6, de 3 de novembro de 1995 e do Decreto nº 5.940, de 25 de outubro de 2006; g) respeito as Normas Brasileiras – NBR publicadas pela Associação Brasileira de Normas Técnicas sobre resíduos sólidos; e h) preveja a destinação ambiental adequada das pilhas e baterias usadas ou inservíveis, segundo disposto na Resolução CONAMA nº 257, de 30 de junho de 1999.

práticas de sustentabilidade a serem adotadas pelas prestadoras dos serviços durante a vigência do ajuste. Logo, na etapa de aceitabilidade das propostas, cumpre apenas se certificar de que o quesito sustentável consta formalmente da proposta. A verificação e fiscalização quanto ao atendimento pertinente devem se dar na etapa de execução contratual. Especial atenção deve existir relativamente às contratações de obras e serviços de engenharia. Ainda que, a exemplo da contratação de outros serviços, igualmente existirão obrigações a ser demonstradas na etapa de execução contratual, impreterível a cautela relativamente à aprovação de projetos básico e executivos atentos formalmente a quesitos de sustentabilidade e, sobretudo, à existência das autorizações ambientais pertinentes.

Tendo em vista o que dispõem o art. 12 da Lei nº 8.666/93 e a normatização federal para a contratação de obras e serviços de engenharia, os projetos básicos e executivos a serem elaborados deverão considerar a necessidade quanto à economia da manutenção e operacionalização da edificação, a redução do consumo de energia e água, bem como a utilização de tecnologias e materiais que reduzam o impacto ambiental (art. 4º da Instrução Normativa nº 01 de 2010 e art. 6º do Decreto nº 7.746/2012), a exemplo: a) uso de equipamentos de climatização mecânica ou de novas tecnologias de resfriamento do ar que utilizem energia elétrica, apenas nos ambientes onde for indispensável; b) automação da iluminação do prédio, projeto de iluminação, interruptores, iluminação ambiental, iluminação tarefa, uso de sensores de presença; c) uso exclusivo de lâmpadas fluorescentes compactas ou tubulares de alto rendimento e de luminárias eficientes; d) energia solar ou outra energia limpa para aquecimento de água; e) sistema de medição individualizado de consumo de água e energia; f) sistema de reuso de água e de tratamento de efluentes gerados; g) aproveitamento da água da chuva, agregando ao sistema hidráulico elementos que possibilitem a captação, transporte, armazenamento e seu aproveitamento; h) utilização de materiais que sejam reciclados, reutilizados e biodegradáveis, e que reduzam a necessidade de manutenção; e i) comprovação da origem da madeira a ser utilizada na execução da obra ou serviço.[371]

---

[371] Seguindo diretrizes semelhantes, o Regime Diferenciado de Contratações – Lei nº 12.462/2011 –, define em seu art. 4º, §1º: "Art. 4º Nas licitações e contratos de que trata esta Lei serão observadas as seguintes diretrizes: [...] §1º As contratações realizadas com base no RDC devem respeitar, especialmente, as normas relativas à: I - disposição final ambientalmente adequada dos resíduos sólidos gerados pelas obras contratadas; II - mitigação por condicionantes e compensação ambiental, que serão definidas no procedimento de licenciamento ambiental; III - utilização de produtos, equipamentos e serviços que, comprovadamente, reduzam o consumo de energia e recursos naturais; IV - avaliação de impactos de vizinhança, na forma da legislação urbanística; V - proteção do

Todas essas condicionantes estão diretamente relacionadas à solução a ser pactuada, razão pela qual se exigirá a demonstração quanto ao seu cumprimento, primeiro, como uma condição formal de aceitação da proposta. A prova de atendimento, por outro lado e observadas as cautelas relativamente à existência de certificações e laudos já tratadas, poderá se dar igualmente na etapa de aceitabilidade e julgamento das propostas – especialmente quando o objeto envolver uma compra, sendo o quesito de sustentabilidade uma especificação do produto – ou, em se tratando de serviços, em que a condicionante de sustentabilidade estiver relacionada a um insumo ou condição de execução do encargo, como cumprimento de uma obrigação contratual a ser fiscalizada pela Administração.

3.1.3.3 Critério de pontuação das propostas técnicas e remuneração variável

A depender das características da solução a ser contratada, especialmente nos casos envolvendo obras e serviços de engenharia, bem como no segmento de tecnologia da informação, pode a diretriz de sustentabilidade ser considerada como fator de pontuação das propostas técnicas em licitações do tipo técnica e preço (art. 46 da Lei nº 8.666/93, art. 20 da Lei nº 12.462/2011 e art. 54, III, da Lei nº 13.303/2016)[372] ou, ainda, como uma matriz para definição de remuneração variável.

As licitações do tipo técnica e preço são dirigidas às contratações de serviços predominantemente intelectuais ou, ainda, que envolvam metodologias de execução diversas, em que a busca pela melhor proposta não tem em vista propriamente o menor preço, mas a ponderação entre fatores técnicos objetivamente definidos no edital e preço.

A Lei nº 12.462/2011, que trata do Regime Diferenciado de Contratações, art. 20, §1º, define que o tipo técnica e preço será "utilizado quando a avaliação e a ponderação da qualidade técnica das propostas que superarem os requisitos mínimos estabelecidos no instrumento convocatório forem relevantes aos fins pretendidos pela administração pública", destinando-se exclusivamente a objetos: a) de

---

patrimônio cultural, histórico, arqueológico e imaterial, inclusive por meio da avaliação do impacto direto ou indireto causado pelas obras contratadas; e VI - acessibilidade para o uso por pessoas com deficiência ou com mobilidade reduzida". Veja-se também a Lei nº 13.303/2016, art. 42, VII, *d*, VIII.

[372] A Instrução Normativa nº 01 de 2010, em seu art. 3º, prevê que, "nas licitações que utilizem como critério de julgamento o tipo melhor técnica ou técnica e preço, deverão ser estabelecidos no edital critérios objetivos de sustentabilidade ambiental para a avaliação e classificação das propostas".

natureza predominantemente intelectual e de inovação tecnológica ou técnica; ou b) que possam ser executados com diferentes metodologias ou tecnologias de domínio restrito no mercado, pontuando-se as vantagens e qualidades que eventualmente forem oferecidas para cada produto ou solução.

Nada impede – aliás, é desejável – que fatores ligados ao desenvolvimento nacional sustentável sejam considerados no desenvolvimento de tecnologias e metodologias, razão pela qual seriam pontuados para seleção da relação de melhor custo-benefício pela Administração.

O que se mostra impreterível, frise-se, é a motivação acerca da adequação do critério de pontuação frente à solução que se está contratando, sua pertinência e relevância ao atendimento dos fins pretendidos com a contratação pública. Por oportuno, se houver mais de um critério de pontuação que possa ser objetivamente definido, então, em atenção à competitividade da licitação, adequado assim prever.

De igual modo, deve a Administração ter a cautela em motivar a imprescindibilidade da medida, inclusive considerando a impossibilidade de fixar condicionantes ou aspectos para pontuação que determinem a realização de gastos prévios pelo licitante que não sejam necessários. Sobre o ponto, a Súmula nº 272 do TCU esclarece: "No edital de licitação, é vedada a inclusão de exigências de habilitação e de quesitos de pontuação técnica para cujo atendimento os licitantes tenham de incorrer em custos que não sejam necessários anteriormente à celebração do contrato".

Ainda, a Lei nº 12.462/2011 (Regime Diferenciado de Contratações), em seu art. 10, estabeleceu expressamente, para a contratação de obras e serviços, a possibilidade de definir remuneração variável vinculada ao desempenho da contratada, com base em metas, padrões de qualidade e, entre outros possíveis critérios, de sustentabilidade ambiental.[373] De igual forma, a Lei das Estatais, em seu art. 45.[374] Mesmo em processos de contratação oriundos do regime jurídico instituído pela Lei nº 8.666/93 seria possível adotar a remuneração variável. Ora, na forma do art. 15,

---

[373] A contratação com remuneração variável consiste numa avença em que o particular assume a obrigação de executar obra ou serviço (inclusive de engenharia) de acordo com parâmetros mínimos de desempenho, com a possibilidade de variação da remuneração em vista da qualidade da prestação executada e nos termos da disciplina contratual (JUSTEN FILHO, Marçal. *Comentários ao RDC*. São Paulo: Dialética, 2013. p. 206-207).

[374] Art. 45. Na contratação de obras e serviços, inclusive de engenharia, poderá ser estabelecida remuneração variável vinculada ao desempenho do contratado, com base em metas, padrões de qualidade, critérios de sustentabilidade ambiental e prazos de entrega definidos no instrumento convocatório e no contrato. Parágrafo único. A utilização da remuneração variável respeitará o limite orçamentário fixado pela empresa pública ou pela sociedade de economia mista para a respectiva contratação.

III, da Lei nº 8.666/93, as contratações da Administração, sempre que possível, deverão respeitar as condições de aquisição e pagamento semelhantes ao setor privado. É o mercado, portanto, que dita a existência ou não de abertura para entabular negociação pautada em remuneração variável. Logo, identificando-se essa viabilidade mercadológica, sem que disso resulte um comprometimento aos demais valores tutelados com os processos de contratação, a exemplo da isonomia e da economicidade, então possível assim proceder.

Segundo Edgar Guimarães e José Anacleto Abduch Santos, ao tratar do regime instituído pela Lei nº 13.303/2016, afirmam que a "contratação pública pode e deve ser utilizada para fomentar a defesa e a preservação do direito das gerações atuais e futuras ao meio ambiente ecologicamente equilibrado. Podem ser estipulados critérios de sustentabilidade ambiental a serem atingidos pelo contratado para ter direito à elevação da remuneração".[375]

Mas a condicionante de sustentabilidade apenas poderá ser adotada como critério para definição de remuneração variável naquelas situações em que, desde logo, já não caracterizar uma obrigação contratual para o contratado. Conforme bem aponta Marçal Justen Filho, há "situações em que a execução do contrato comporta providências especialmente adequadas a preservar o meio ambiente. Em muitos casos, tais providências nem se encontram predeterminadas pela ciência ou pela técnica, mas são resultado da atuação criativa do particular". Logo, se o ajuste comportar "providências adicionais, que produzam benefícios extraordinários ou que reduzam de modo relevante os malefícios inerentes à atividade", então o particular "fará jus a uma remuneração adicional em virtude do desempenho extraordinariamente benéfico para a preservação (ou recuperação) ambiental".[376]

---

[375] Os autores destacam dois requisitos para a definição de remuneração variável, sendo um de ordem formal e, o outro, material. O primeiro tem em vista "a exigência de que os parâmetros e critérios para a fixação da remuneração variável estejam previstos no instrumento convocatório e no contrato. Antecedente à previsão o edital, é preciso que seja realizado um consistente planejamento da contratação baseada na remuneração variável, elegendo quais os elementos da execução contratual devem ser valorados para ajustes de remuneração baseada no atingimento ou não dos níveis técnicos ou jurídicos que serão definidos. Todos os critérios e fundamentos da remuneração variada devem ser devidamente motivados. Os seus parâmetros devem ser objetivamente mensuráveis. O requisito de ordem material é a atenção ao limite orçamentário fixado para a respectiva contratação. A variação de despesa decorrente da remuneração variável não pode desbordar dos limites da economicidade, da vantajosidade (na acepção legal), da razoabilidade, da proporcionalidade e da moralidade" (GUIMARÃES, Edgar; SANTOS, José Anacleto Abduch. *Lei das estatais*: comentários ao regime jurídico licitatório e contratual da Lei nº 13.303/2016. Belo Horizonte: Fórum, 2017. p. 159-160).

[376] JUSTEN FILHO, *ibidem*, p. 216.

Tanto no caso de definição do quesito de pontuação de propostas para certames do tipo "técnica e preço" como na hipótese de instituir remuneração variável vinculada a resultados atingidos dirigidos a aspectos de sustentabilidade, impreterível, na etapa de planejamento da contratação, definir objetivamente tais quesitos, motivando sua adequação frente aos objetivos buscados com o processo de contratação.

No caso da licitação "técnica e preço", a demonstração quanto ao atendimento do critério pontuável se dará na etapa de julgamento das propostas técnicas. Ainda, necessário incluir o cumprimento quanto à condicionante pontuada na minuta contratual, devendo ser observada na etapa de execução e fiscalizada pela Administração. Quanto à remuneração variável, além da clareza quanto à modelagem no ato convocatório da licitação, igualmente integrará a minuta contratual, compreendendo um pacto firmado entre as partes, a ser observado durante a execução contratual, de modo que a remuneração terá um incremento diretamente relacionado aos resultados atingidos.[377]

3.2 Fase de seleção de proponentes: a aplicação de preferências e benefícios para a garantia do desenvolvimento sustentável nos processos de contratação

A fase de seleção de proponentes, considerando a ocorrência de licitação, tem início com a publicação do ato convocatório, seguida do procedimento licitatório em si, até a formalização do contrato. Abrange uma sequência de atos administrativos formais,[378] definidos em conformidade com o regime jurídico aplicável em cada situação concreta. Para aquelas contratações cujos objetos se enquadrem no art. 2º da Lei nº 12.462/2011, o Regime Diferenciado de Contratações;[379] nas contratações

---

[377] Nas contratações examinadas, existe um pacto adicional estabelecendo que a superação da qualidade mínima atribuirá ao particular o direito a um benefício patrimonial diferenciado. Trata-se de uma espécie de prêmio pela superação da exigência mínima. Portanto, o atingimento do resultado mínimo não afasta a configuração do adimplemento. O devedor faz jus à remuneração apropriada, que corresponde ao índice de qualidade atingido (JUSTEN FILHO, *ibidem*, p. 206-208).

[378] Frise-se, como bem esclarecem Egon Bockmann Moreira e Fernando Vernalha Guimarães, que "onde está escrito 'ato administrativo formal' não se pode ler 'ato administrativo formalista'. O formalismo é a degeneração das formalidades úteis e necessárias à licitação: somente estas podem ser restritivamente aceitas como válidas, compreendidas devido à sua razão de existir" (MOREIRA; GUIMARÃES, *op. cit.*, p. 32).

[379] Art. 1º É instituído o Regime Diferenciado de Contratações Públicas (RDC), aplicável exclusivamente às licitações e contratos necessários à realização: I - dos Jogos Olímpicos e Paraolímpicos de 2016, constantes da Carteira de Projetos Olímpicos a ser definida

de bens e serviços comuns, o pregão, na forma da Lei nº 10.520/02;[380] para demais objetos, aplica-se a Lei nº 8.666/93, estatuto nacional de licitações e contratos; e especificamente em relação às contratações das estatais, deve ser observada a Lei nº 13.303/2016.

Os impactos provocados pelas políticas públicas para o desenvolvimento nacional sustentável, condizentes a essa fase do processo, decorrem das políticas instituídas para o fomento de micro e pequenas empresas (Lei Complementar nº 123/2006), de fomento à indústria nacional (§2º e seguintes do art. 3º da Lei nº 8.666/93), de fomento ao setor de informática e automação (art. 3º da Lei nº 8.248/1991) e das que buscam privilegiar a contratação de empresas atentas ao dever legal de inclusão de deficientes físicos e reabilitados da Previdência Social (incluído pela Lei nº 13.146, de 06.07.2015).[381]

Importante apenas alertar que, relativamente às estatais, com a entrada em vigor da Lei nº 13.303/2016, aplicam-se as políticas

---

pela Autoridade Pública Olímpica (APO); II - da Copa das Confederações da Federação Internacional de Futebol Associação - Fifa 2013 e da Copa do Mundo Fifa 2014, definidos pelo Grupo Executivo - Gecopa 2014 do Comitê Gestor instituído para definir, aprovar e supervisionar as ações previstas no Plano Estratégico das Ações do Governo Brasileiro para a realização da Copa do Mundo Fifa 2014 - CGCOPA 2014, restringindo-se, no caso de obras públicas, às constantes da matriz de responsabilidades celebrada entre a União, Estados, Distrito Federal e Municípios; III - de obras de infraestrutura e de contratação de serviços para os aeroportos das capitais dos Estados da Federação distantes até 350 km (trezentos e cinquenta quilômetros) das cidades sedes dos mundiais referidos nos incisos I e II; IV - das ações integrantes do Programa de Aceleração do Crescimento (PAC); V - das obras e serviços de engenharia no âmbito do Sistema Único de Saúde – SUS; VI - das obras e serviços de engenharia para construção, ampliação e reforma e administração de estabelecimentos penais e de unidades de atendimento socioeducativo; VII - das ações no âmbito da segurança pública; VIII - das obras e serviços de engenharia, relacionadas a melhorias na mobilidade urbana ou ampliação de infraestrutura logística; IX - dos contratos a que se refere o art. 47-A e X - das ações em órgãos e entidades dedicados à ciência, à tecnologia e à inovação.

[380] Art. 1º Para aquisição de bens e serviços comuns, poderá ser adotada a licitação na modalidade de pregão, que será regida por esta Lei. Parágrafo único. Consideram-se bens e serviços comuns, para os fins e efeitos deste artigo, aqueles cujos padrões de desempenho e qualidade possam ser objetivamente definidos pelo edital, por meio de especificações usuais no mercado.

[381] Observe-se que, a despeito da Lei nº 12.187/09, que instituiu a Política Nacional sobre Mudanças Climáticas, em seu art. 6º, XII, fazer referência à instituição de critério de preferência em licitações, até o momento, não foi objeto de regulamentação. Veja-se seu teor: "Art. 6º São instrumentos da Política Nacional sobre Mudança do Clima: XII - as medidas existentes, ou a serem criadas, que estimulem o desenvolvimento de processos e tecnologias, que contribuam para a redução de emissões e remoções de gases de efeito estufa, bem como para a adaptação, dentre as quais o estabelecimento de critérios de preferência nas licitações e concorrências públicas, compreendidas aí as parcerias público-privadas e a autorização, permissão, outorga e concessão para exploração de serviços públicos e recursos naturais, para as propostas que propiciem maior economia de energia, água e outros recursos naturais e redução da emissão de gases de efeito estufa e de resíduos".

públicas de fomento a micro e pequena empresa (art. 28, §1º, da Lei nº 13.303/2016) e, conforme o entendimento aqui defendido, ao setor de informática e automação (art. 3º da Lei nº 8.248/1991).[382] As políticas públicas de fomento à indústria nacional e as que buscam privilegiar a contratação de empresas atentas ao dever legal de inclusão de deficientes físicos e reabilitados da Previdência Social, na medida em que decorrem de alteração do art. 3º da Lei nº 8.666/93, apenas foram consideradas enquanto critério de desempate (art. 55, III, da Lei nº 13.303/2016).

Feito esse registro, tem-se que os impactos que essas políticas públicas podem reproduzir sobre a fase externa conduzirão: (a) à realização de disputa exclusiva a determinada categoria de empresas ou reservada a determinada solução; (b) à fixação de critérios de desempate; (c) à definição de critérios para exercício de preferência; e (d) a prazo diferenciado para comprovação de regularidade fiscal.

3.2.1 Licitação com participação exclusiva de determinada categoria ou reservada a determinada solução

Uma das formas de concretizar o fomento ao desenvolvimento nacional sustentável se dá mediante a realização de licitação com participação exclusiva de determinada categoria ou reservada a determinada solução. À luz do ordenamento jurídico vigente, duas seriam as hipóteses: (i) licitação com participação exclusiva de micro e pequenas empresas ou destinação de cota do objeto para disputa reservada para micro e pequenas empresas; ou (ii) contratações estratégias envolvendo tecnologia da informação e comunicação.

Conforme rapidamente pontuado no capítulo anterior, a Lei Complementar nº 147, ao alterar em 2014 a Lei Complementar nº 123/2006, tornou obrigatório o tratamento diferenciado nas licitações públicas da administração direta e indireta, autárquica e fundacional, federal, estadual e municipal, que privilegie as micro e pequenas empresas, objetivando a promoção do desenvolvimento econômico e social no âmbito municipal e regional, a ampliação das políticas públicas e o incentivo à inovação tecnológica.[383]

---

[382] A esse respeito, vide o capítulo 2, tópico 2.2.2.6.
[383] Inclusive, na forma do parágrafo único do art. 47: "No que diz respeito às compras públicas, enquanto não sobrevier legislação estadual, municipal ou regulamento específico de cada órgão mais favorável à microempresa e empresa de pequeno porte, aplica-se a legislação federal".

Em atenção a essa obrigatoriedade em cada processo de contratação e independentemente do objeto a ser contratado, necessário avaliar a incidência ou não do regime de licitações exclusivas ou com cota reservada para disputa entre micro e pequenas empresas. Se o valor da contratação for de até R$80.000,00 (art. 48, I, da Lei Complementar nº 123/06), deverá ser oportunizada a participação exclusiva a micro e pequenas empresas. Frise-se que, em licitação por itens ou lotes em que a disputa se dá por itens ou lotes de forma individualizada, então essa análise cumpre se dar em atenção ao valor do item (na hipótese de licitação por itens) ou do lote (em caso de licitação por lotes). A disputa dos diversos itens ou lotes em único procedimento não tem o condão de descaracterizar cada qual como um processo de contratação distinto.[384]

Por outro lado, caso o valor da contratação supere o valor de R$80.000,00, sendo o objeto de natureza divisível, deve-se reservar cota de até 25% para disputa em separado por micro e pequenas empresas. O desmembramento do objeto em cotas pressupõe sua divisibilidade, para o que não basta avaliar se, materialmente, o objeto é passível de fracionamento. Ou seja, não basta a análise a propósito do art. 87 do Código Civil, o qual qualifica como divisíveis os bens "que se podem fracionar sem alteração na sua substância, diminuição considerável de valor, ou prejuízo do uso a que se destinam". Ainda, necessário sopesar eventual perda significativa de economia de escala ou, mesmo, outros prejuízos aferíveis na situação concreta, a exemplo de eventual processo de padronização ou de dificuldades na gestão contratual.[385] Concluindo-se pela divisibilidade do objeto, então, motivadamente, deve-se fixar o percentual que será destinado à disputa em separado para micro e pequenas empresas, tendo por limite 25%, de modo que as duas cotas serão disputadas separadamente, como se licitação por itens o fosse.[386]

---

[384] O Decreto Federal nº 8.538/2015, ao regulamentar a Lei Complementar nº 123/2006 para a Administração Pública federal, confirma essa linha de interpretação: "Art. 9º Para aplicação dos benefícios previstos nos arts. 6º a 8º: I - será considerado, para efeitos dos limites de valor estabelecidos, cada item separadamente ou, nas licitações por preço global, o valor estimado para o grupo ou o lote da licitação que deve ser considerado como um único item".

[385] A análise a ser realizada se aproxima daquela enfrentada para decisão em torno da divisibilidade do objeto, tendo em vista ampliar a competitividade, sem que disso resulte prejuízo ao todo ou, mesmo, perda da economia de escala. Na forma do art. 23, §1º, da Lei nº 8.666/93, as "obras, serviços e compras efetuadas pela Administração serão divididas em tantas parcelas quantas se comprovarem técnica e economicamente viáveis, procedendo-se à licitação com vistas ao melhor aproveitamento dos recursos disponíveis no mercado e à ampliação da competitividade sem perda da economia de escala".

[386] Quanto ao ponto, comenta Marçal Justen Filho: "O Regulamento Federal parece confirmar a opção pelo fracionamento interno. Assim se passa porque o Regulamento alude a 'cota principal' e 'cota reservada', prevendo soluções cuja implementação somente poderá ser

Tanto na hipótese de licitação com participação exclusiva de micro e pequenas empresas como naquelas com cota reservada à participação de micro e pequenas empresas, será possível fixar margem de até 10% do melhor preço válido para priorizar a contratação de empresas sediadas local ou regionalmente, conforme definição do ato convocatório.[387] Ou seja, em se justificando a criação de um privilégio às micro e pequenas empresas sediadas local ou regionalmente, tendo em vista, exemplificativamente, política pública existente para o desenvolvimento de determinado segmento econômico local, a lei autoriza a Administração fixar a preferência da micro e pequena empresa local, a qual, na forma do Decreto nº 8.538/2015, poderá cobrir a proposta da micro ou pequena empresa primeira colocada.[388]

---

promovida caso exista uma única licitação. [...]. Antes de examinar essas regras, cabe assinalar que a existência de duas licitações autônomas, cada qual versando sobre uma cota, tornaria impossível a aplicação das soluções referidas. Isso significa que existirá uma única licitação, versando sobre duas cotas distintas e admitindo propostas parciais. Para fins de pregão (especialmente eletrônico), caberá dissociar as etapas competitivas, em vista das características da modalidade" (JUSTEN FILHO, Marçal. *O estatuto da microempresa e as licitações públicas*. 2. ed. São Paulo: Dialética, 2007. p. 141).

[387] A respeito das atualizações promovidas pela Lei Complementar nº 147/2014, recomenda-se a leitura: LIMA, Edcarlos Alves; RICARDINO, Juliana Torresan. Lei Complementar nº 147/14 e seus reflexos na participação das microempresas e empresas de pequeno porte nas licitações públicas. *Revista Zênite – Informativo de Licitações e Contratos (ILC)*, Curitiba, n. 253, p. 249-257, mar. 2015.

[388] O Decreto Federal nº 8.538/2015, ao regulamentar a Lei Complementar nº 123/2006 para a Administração Pública federal, disciplina o procedimento a ser adotado: "Art. 9º Para aplicação dos benefícios previstos nos arts. 6º a 8º: [...] II - poderá ser concedida, justificadamente, prioridade de contratação de microempresas e empresas de pequeno porte sediadas local ou regionalmente, até o limite de dez por cento do melhor preço válido, nos seguintes termos: a) aplica-se o disposto neste inciso nas situações em que as ofertas apresentadas pelas microempresas e empresas de pequeno porte sediadas local ou regionalmente sejam iguais ou até dez por cento superiores ao menor preço; b) a microempresa ou a empresa de pequeno porte sediada local ou regionalmente melhor classificada poderá apresentar proposta de preço inferior àquela considerada vencedora da licitação, situação em que será adjudicado o objeto em seu favor; c) na hipótese da não contratação da microempresa ou da empresa de pequeno porte sediada local ou regionalmente com base na alínea "b", serão convocadas as remanescentes que porventura se enquadrem na situação da alínea "a", na ordem classificatória, para o exercício do mesmo direito; d) no caso de equivalência dos valores apresentados pelas microempresas e empresas de pequeno porte sediadas local ou regionalmente, será realizado sorteio entre elas para que se identifique aquela que primeiro poderá apresentar melhor oferta; e) nas licitações a que se refere o art. 8º, a prioridade será aplicada apenas na cota reservada para contratação exclusiva de microempresas e empresas de pequeno porte; f) nas licitações com exigência de subcontratação, a prioridade de contratação prevista neste inciso somente será aplicada se o licitante for microempresa ou empresa de pequeno porte sediada local ou regionalmente ou for um consórcio ou uma sociedade de propósito específico formada exclusivamente por microempresas e empresas de pequeno porte sediadas local ou regionalmente; g) quando houver propostas beneficiadas com as margens de preferência para produto nacional em relação ao produto estrangeiro previstas no art. 3º da Lei nº 8.666, de 1993, a prioridade de contratação prevista neste artigo será aplicada exclusivamente

Apenas não haverá o dever de realizar a licitação exclusiva ou com cota reservada às micro e pequenas empresas nas hipóteses elencadas no art. 49 da Lei Complementar nº 123. Ou seja, quando não houver um mínimo de 3 (três) fornecedores competitivos enquadrados como microempresas ou empresas de pequeno porte sediados local ou regionalmente e capazes de cumprir as exigências estabelecidas no instrumento convocatório; quando o tratamento diferenciado e simplificado para as microempresas e empresas de pequeno porte não for vantajoso para a Administração Pública ou representar prejuízo ao conjunto ou complexo do objeto a ser contratado;[389] ou quando a licitação for dispensável ou inexigível, nos termos dos arts. 24 e 25 da Lei nº 8.666, de 21 de junho de 1993, excetuando-se as dispensas tratadas pelos incisos I e II do art. 24 da mesma lei, nas quais a compra deverá ser feita preferencialmente de microempresas e empresas de pequeno porte, aplicando-se o disposto no inciso I do art. 48.[390]

Quanto às contratações estratégicas em tecnologia da informação e comunicação, na forma do §12 do art. 3º da Lei nº 8.666/93, incluído pela Lei nº 12.349/2010, quando o processo de contratação envolver implantação, manutenção ou o aperfeiçoamento dos sistemas de tecnologia de informação e comunicação, considerados estratégicos em

---

entre as propostas que fizerem jus às margens de preferência, de acordo com os Decretos de aplicação das margens de preferência, observado o limite de vinte e cinco por cento estabelecido pela Lei nº 8.666, de 1993; e h) a aplicação do benefício previsto neste inciso e do percentual da prioridade adotado, limitado a dez por cento, deverá ser motivada, nos termos dos arts. 47 e 48, §3º, da Lei complementar nº 123, de 2006".

[389] O Acórdão nº 1.238/2016 – Plenário, do Tribunal de Contas da União, caminhou pela impossibilidade de parcelamento do objeto com o único objetivo de conferir o tratamento diferenciado às micro e pequenas empresas. Segundo a ementa noticiada: "Não há obrigação legal de parcelamento do objeto da licitação exclusivamente para permitir a participação de microempresas e empresas de pequeno porte. O parcelamento do objeto deve visar precipuamente o interesse da Administração".

[390] A respeito do tema, definiu o Decreto Federal nº 8.538/2015: "Art. 10. Não se aplica o disposto nos art. 6º ao art. 8º quando: I - não houver o mínimo de três fornecedores competitivos enquadrados como microempresas ou empresas de pequeno porte sediadas local ou regionalmente e capazes de cumprir as exigências estabelecidas no instrumento convocatório; II - o tratamento diferenciado e simplificado para as microempresas e as empresas de pequeno porte não for vantajoso para a administração pública ou representar prejuízo ao conjunto ou ao complexo do objeto a ser contratado, justificadamente; III - a licitação for dispensável ou inexigível, nos termos dos arts. 24 e 25 da Lei nº 8.666, de 1993, excetuadas as dispensas tratadas pelos incisos I e II do *caput* do referido art. 24, nas quais a compra deverá ser feita preferencialmente de microempresas e empresas de pequeno porte, observados, no que couber, os incisos I, II e IV do *caput* deste artigo; ou IV - o tratamento diferenciado e simplificado não for capaz de alcançar, justificadamente, pelo menos um dos objetivos previstos no art. 1º. Parágrafo único. Para o disposto no inciso II do *caput*, considera-se não vantajosa a contratação quando: I - resultar em preço superior ao valor estabelecido como referência; ou II - a natureza do bem, serviço ou obra for incompatível com a aplicação dos benefícios".

ato do Poder Executivo federal, a licitação poderá ser restrita a bens e serviços com tecnologia desenvolvida no país e produzidos de acordo com o processo produtivo básico de que trata a Lei nº 10.176, de 11 de janeiro de 2001.

A definição de sistemas de tecnologia de informação e comunicação estratégicos consta do art. 6º, XIX, da Lei nº 12.349/2010, segundo o qual "são bens e serviços de tecnologia da informação e comunicação cuja descontinuidade provoque dano significativo à administração pública e que envolvam pelo menos um dos seguintes requisitos relacionados às informações críticas: disponibilidade, confiabilidade, segurança e confidencialidade".

O Decreto nº 7.546/2011, ao regulamentar o disposto nos §§5º a 12 do art. 3º da Lei nº 8.666/93, em seu art. 10, reconheceu a competência dos Ministérios do Planejamento, Orçamento e Gestão, de Ciência e Tecnologia e do Desenvolvimento, Indústria e Comércio Exterior, para, mediante ato conjunto, reconhecer a solução de tecnologia a ser contratada como estratégica. Portanto, apenas se existir ato administrativo nesse sentido é que será possível aperfeiçoar a licitação com participação restrita de proponentes cujos bens e serviços abranjam tecnologia desenvolvida no país e produzidos de acordo com o processo produtivo básico.[391]

3.2.2 Fixação de critérios de desempate

As condicionantes de sustentabilidade igualmente estão presentes na fixação de critérios de desempate entre propostas.

O empate real entre propostas, em que pese não provável, pode ocorrer. Para esse caso, a Lei nº 8.666/93 delimitou ordem de prioridade na seleção das propostas (art. 3º, §2º, incisos), tendo por objetivo fomentar a indústria nacional, promover o incentivo a empresas que invistam em pesquisa e tecnologia no país, bem como privilegiar aquelas que cumpram o dever legal relativamente à inclusão de deficientes físicos e reabilitados da Previdência Social (incluído pela Lei nº 13.146, de 06.07.2015).

---

[391] Conforme bem observa Marçal Justen Filho, "a regra em questão não exclui o cabimento de configuração de hipótese de inviabilidade de competição, que acarrete a contratação direta por inexigibilidade de licitação. Ou seja, a disciplina sobre a preferência numa eventual licitação não equivale a tornar obrigatória a licitação. O dispositivo é interpretado no sentido de que, se estiverem presentes os pressupostos de uma licitação, poderá ser aplicada a preferência em questão" (JUSTEN FILHO, Marçal. *Comentários à lei de licitações e contratos administrativos*. 16. ed. São Paulo: Revista dos Tribunais, 2014. p. 122).

A partir do parâmetro legal, será observada em ordem sucessiva a preferência aos bens e serviços: (i) produzidos no país; (ii) produzidos ou prestados por empresas brasileiras; (iii) produzidos ou prestados por empresas que invistam em pesquisa e no desenvolvimento de tecnologia no país; (iv) produzidos ou prestados por empresas que comprovem cumprimento de reserva de cargos prevista em lei para pessoa com deficiência ou para reabilitado da Previdência Social e que atendam às regras de acessibilidade previstas na legislação.

Quanto ao primeiro critério – produzidos no país –, independe da nacionalidade do licitante. Abrange especialmente a contratação de compras cujas soluções são produzidas no país. Se as propostas em condições de empate não envolvem solução produzida no país, ou ambas o forem, então o desempate, conforme o segundo critério, terá em vista a nacionalidade da empresa proponente.[392] Não tendo solução o desempate, o critério subsequente tem em vista a comprovação de que a empresa investe em pesquisa e no desenvolvimento de tecnologia no país, o que mais uma vez independe de sua nacionalidade. Conforme o último critério, não se resolvendo o desempate pelos anteriores, a definição do vencedor teria em vista a realidade de empresa atenta ao dever legal de inclusão de deficientes físicos e reabilitados da Previdência Social. À luz do art. 93 da Lei nº 8.213/1991, a empresa com cem ou mais empregados está obrigada a preencher de 2% (dois por cento) a 5% (cinco por cento) dos seus cargos com beneficiários reabilitados ou pessoas portadoras de deficiência, habilitadas, na seguinte proporção: até 200 empregados, 2%; de 201 a 500 empregados, 3%; de 501 a 1.000 empregados, 4%; e de 1.001 em diante, 5%.

Se, aplicados os critérios acima, a condição de empate real se mantiver, a solução será o sorteio, na forma do art. 45, §2º, da Lei nº 8.666/93.[393]

Em relação às estatais, o art. 55 da Lei nº 13.303/2016 definiu que, em caso de empate real entre propostas, serão utilizados os seguintes critérios, observada esta ordem: (i) disputa final, em que os licitantes

---

[392] Conforme bem alerta Marçal Justen Filho, "não cabe estabelecer critério discriminatório fundado na nacionalidade ou residência dos sócios da pessoa jurídica" (JUSTEN FILHO, *ibidem*, p. 105).

[393] Art. 45. O julgamento das propostas será objetivo, devendo a Comissão de licitação ou o responsável pelo convite realizá-lo em conformidade com os tipos de licitação, os critérios previamente estabelecidos no ato convocatório e de acordo com os fatores exclusivamente nele referidos, de maneira a possibilitar sua aferição pelos licitantes e pelos órgãos de controle. [...] §2º No caso de empate entre duas ou mais propostas, e após obedecido o disposto no §2º do art. 3º desta Lei, a classificação se fará, obrigatoriamente, por sorteio, em ato público, para o qual todos os licitantes serão convocados, vedado qualquer outro processo.

empatados poderão apresentar nova proposta fechada, em ato contínuo ao encerramento da etapa de julgamento; (ii) avaliação do desempenho contratual prévio dos licitantes, desde que exista sistema objetivo de avaliação instituído; (iii) os critérios estabelecidos no art. 3º da Lei nº 8.248, de 23 de outubro de 1991, e no §2º do art. 3º da Lei nº 8.666, de 21 de junho de 1993; (iv) sorteio.

3.2.3 Definição de critérios para exercício de preferência

Outra forma de impactar na etapa de julgamento de propostas, considerando critérios de sustentabilidade, é por meio da definição de critérios para exercício de preferência. Há casos em que a definição de percentual aplicado sobre a melhor oferta conduz à hipótese de empate ficto, em que ao licitante será oportunizado cobrir ou igualar (dependendo da política) a melhor proposta. Por outro lado, é possível a fixação de margem sobre a melhor oferta, em que, caracterizada a situação regulada, desde logo se autoriza pagar um valor maior.

Há três situações atualmente autorizadas em lei e já regulamentadas para exercício de preferência. A primeira relacionada ao fomento de micro e pequenas empresas; e as outras duas, ao fomento da indústria nacional. A diferença entre as duas últimas reside no fato de que uma delas se dirige à contratação de bens e serviços de informática e automação (Lei nº 8.248/91, regulamentada no âmbito federal pelo Decreto nº 7.174/2010) e, a outra, genericamente, a bens e serviços nacionais (art. 3º, §5º e seguintes, da Lei nº 8.666/93, regulamentada pelo Decreto nº 7.546/2011).[394]

Para uma operacionalização adequada do exercício de preferências, necessário conhecer cada uma dessas preferências e, posteriormente, o modo de operacionalizá-las, de modo a resguardar os objetivos intentados com as políticas públicas pertinentes.

3.2.3.1 Exercício de preferência por micro e pequenas empresas

Quanto ao exercício da preferência por micro e pequenas empresas, necessário existir uma condição de empate ficto. O empate ficto tem em vista condição estabelecida pela Lei Complementar nº 123/2006

---

[394] Lembrando que o Decreto nº 7.546/11 é aplicável apenas no âmbito do Poder Executivo federal (art. 3º, *caput* e §1º), podendo se estender a critério do Poder Judiciário, Poder Legislativo e demais entes da Federação mediante decisão nesse sentido (art. 3º, §2º).

para fomentar o segmento de micro e pequenas empresas. Para tanto, entende-se por empate aquelas hipóteses em que as propostas apresentadas pelas micro e pequenas empresas sejam iguais ou superiores em até 10% (nas modalidades da Lei nº 8.666/93) ou 5% (no pregão – Lei nº 10.520/02) do melhor preço válido. Em se inserindo o licitante nesses casos, será oportunizado a ele cobrir a melhor oferta.[395]

Quanto à comprovação da condição de micro e pequena empresa, como tem em vista não apenas o exercício do direito de preferência, mas igualmente benefício relacionado à habilitação (regularidade fiscal), mostra-se interessante que já na abertura da licitação a empresa apresente declaração atestando sua condição de micro ou pequena empresa.[396]

3.2.3.2 Bens e serviços de informática e automação

A Lei nº 8.248/91 definiu a obrigação para os órgãos e entidades da Administração Pública Federal, direta ou indireta, as fundações instituídas e mantidas pelo Poder Público e as demais organizações sob o controle direto ou indireto da União de darem preferência, nas aquisições de bens e serviços de informática e automação, a bens e serviços com tecnologia desenvolvida no país e que cumpram processo produtivo básico.

O Decreto nº 7.174/2010 foi o responsável por regulamentar o tema na esfera federal. De acordo com o regulamento, a preferência será assegurada seguindo a seguinte ordem (art. 5º): a) bens e serviços com tecnologia desenvolvida no país e produzidos de acordo com o Processo Produtivo Básico (PPB), na forma definida pelo Poder Executivo Federal; b) bens e serviços com tecnologia desenvolvida no país; e c) bens e serviços produzidos de acordo com o PPB, na forma definida pelo Poder Executivo Federal.

Para tanto, são considerados bens e serviços de informática e automação com tecnologia desenvolvida no país aqueles cujo efetivo desenvolvimento local seja comprovado junto ao Ministério da Ciência e Tecnologia (art. 6º). A questão foi regulamentada pela Portaria MCT

---

[395] A respeito do critério de desempate, ver OLIVEIRA, Antonio Flavio de. Estatuto da microempresa e empresa de pequeno porte e critério de desempate em licitação. *Fórum de Contratação e Gestão Pública*, Belo Horizonte, v. 6, n. 69, p. 85-88, set. 2007.

[396] Nesse sentido, o Decreto nº 8.538/2015, art. 13, §2º, dispõe que deverá "ser exigida do licitante a ser beneficiado a declaração, sob as penas da lei, de que cumpre os requisitos legais para a qualificação como microempresa ou empresa de pequeno porte, microempreendedor individual, produtor rural pessoa física, agricultor familiar ou sociedade cooperativa de consumo, estando apto a usufruir do tratamento favorecido estabelecido nos art. 42 ao art. 49 da Lei Complementar nº 123, de 2006".

nº 950/2006, ao menos no que diz respeito aos produtos de informática. Para comprovar que o bem de informática ou automação compreende solução desenvolvida no país, necessário à empresa interessada encaminhar requerimento ao MCT, de Reconhecimento da Condição de Bem Desenvolvido no País, devidamente instruído com os documentos definidos na Portaria. Feito isso, será possível consultar no sítio eletrônico do MCT os produtos e respectivos modelos que obtiverem o reconhecimento da condição de bem de informática e automação desenvolvido no país.

O processo produtivo básico, por sua vez, "consiste na descrição das técnicas, materiais e tecnologias necessários à fabricação e prestação de um certo objeto na área industrial". A condicionante tem em vista verificar se o PPB atende determinados requisitos, "destinados a assegurar um grau mínimo de nacionalização da atividade de produção e a obtenção de vantagens para a Nação brasileira".[397] Quanto à comprovação de atendimento ao processo produtivo básico, se dará por meio de consulta ao sítio eletrônico do Ministério da Ciência e Tecnologia ou da Superintendência da Zona Franca de Manaus (SUFRAMA) ou por documento expedido para esta finalidade pelo Ministério da Ciência e Tecnologia ou pela SUFRAMA, mediante solicitação do licitante (art. 7º).

Assim, será oportunizada a preferência aos licitantes cujas propostas finais estejam situadas até dez por cento acima da melhor proposta válida (art. 8º, II), momento em que, para exercer a preferência, cumprirão comprovar o atendimento ao quesito pertinente (de bem desenvolvido no país e/ou que cumpra o processo produtivo básico). Seguindo a ordem do art. 5º do Decreto nº 7.174/2010, aos licitantes que estiverem na margem de até 10% da melhor proposta válida será oportunizado oferecer nova proposta para igualar ou reduzir a melhor oferta, caso em que será declarado vencedor.[398] Veja-se que, diferentemente da política pública que beneficia as micro e pequenas empresas, não se mostra necessário reduzir a melhor proposta, bastando igualar a ela.

Quanto à ordem para o exercício da preferência quando houver mais de uma proposta que preencha os critérios previstos nos incisos do art. 5º do Decreto nº 7.174/10 na margem de até 10% sobre o melhor preço válido, bem como sobre a coordenação dessa preferência com a

---

[397] JUSTEN FILHO, Marçal. *Comentários à lei de licitações e contratos administrativos*. 16. ed. São Paulo: Editora Revista dos Tribunais, 2014. p. 109.
[398] Para o exercício da preferência da Lei nº 8.248/91, regulamentada pelo Decreto nº 7.174/10, exige-se reduzir ou igualar o menor preço: "Art. 8º (...) III - convocação dos licitantes classificados que estejam enquadrados no inciso I do art. 5º, na ordem de classificação, para que possam oferecer nova proposta ou novo lance para igualar ou superar a melhor proposta válida, caso em que será declarado vencedor do certame".

concedida para micro e pequenas empresas, a questão será tratada no tópico 3.2.3.4.

3.2.3.3 Bens e serviços nacionais

As Leis nº 12.349/2010 e nº 13.146/2015, ao alterarem o art. 3º, §5º, da Lei nº 8.666/93, instituíram a possibilidade de criação de margem de preferência para produtos manufaturados e para serviços nacionais, e a segunda, para bens e serviços produzidos ou prestadores por empresas que comprovem cumprimento de reserva de cargos prevista em lei para pessoa com deficiência ou para reabilitado da Previdência Social e que atendam às regras de acessibilidade previstas na legislação.

Trata-se de políticas públicas instituídas pela União, no âmbito de sua competência exclusiva. A Lei nº 13.146/2015, quanto ao ponto, ainda depende de regulamentação para ser aplicada. Quanto à margem de preferência instituída pela Lei nº 12.349/2010, foi regulamentada pelo Poder Executivo Federal por meio do Decreto nº 7.546/2011, que, no art. 3º, §2º, fixou a possibilidade de os Estados, Distrito Federal, municípios e os demais poderes da União adotarem as margens de preferência fixadas pelo Poder Executivo federal.

Mas há hipóteses em que, mesmo para o Executivo federal, não se aplicarão as margens de preferência em apreço. São as situações de bens e serviços cuja capacidade de produção ou prestação no país seja inferior à quantidade a ser adquirida ou quando for inferior ao quantitativo mínimo fixado no edital para preservar a economia de escala (art. 3º, §9º, da Lei nº 8.666/93 e art. 4º do Decreto nº 7.546/2011). Nesses casos, necessário ao agente público competente motivar adequadamente a situação nos autos do processo, deixando claro a não incidência da margem de preferência no ato convocatório da licitação.

Outro aspecto que deve ser sopesado refere-se ao fato de que a incidência da margem de preferência para bens e serviços nacionais depende da edição de regulamentos específicos, que indiquem os bens ou serviços a que serão fixadas as margens de preferência e em que percentuais (limitado a 25%, conforme art. 3º, §8º, da Lei nº 8.666/93). Para que o produto ou serviço possa gozar da preferência, necessário que, além de ter sido contemplado em decreto específico, atenda a regulamentos técnicos pertinentes e a normas técnicas brasileiras.[399]

---

[399] O Decreto nº 7.546/2011, em seu art. 2º, VII, define normas técnicas brasileiras como sendo aquelas "produzidas e divulgadas pelos órgãos oficiais competentes, entre eles a Associação Brasileira de Normas Técnicas – ABNT e outras entidades designadas pelo Conselho Nacional de Metrologia, Normalização e Qualidade Industrial – CONMETRO".

Até dezembro de 2016, eram dezessete decretos que regulamentavam a fixação de margens de preferência, nos mais variados segmentos, a exemplo de fármacos e medicamentos, aquisição de caminhões, brinquedos, máquinas, equipamentos e licenciamento de uso de programas de computador.[400] Boa parte desses decretos teve sua vigência encerrada em 31.12.2016, sem prorrogação. Permanecem em vigor parte do Decreto nº 7.713/2012, até 30.03.2017, e Decreto nº 7.767/2012, até 30.06.2017.

Portanto, ao deflagrar processo de contratação, deve o agente público competente ter atenção quanto à existência ou não de margem de preferência para o objeto a ser contratado. Se houver, deve indicar expressamente no ato convocatório da licitação.

A política pública que institui margens de preferência para produtos e serviços nacionais estabeleceu dois tipos de margem de preferência: a normal e a adicional. A margem de preferência normal compreende o diferencial de preços entre os produtos manufaturados nacionais[401] e serviços nacionais[402] e os produtos manufaturados estrangeiros e serviços estrangeiros. Já a margem de preferência adicional representa, em acréscimo à condição anterior, o diferencial de preços entre

---

[400] Decreto nº 7.713/2012 – para aquisição de fármacos e medicamentos descritos no Anexo I; Decreto nº 7.756/2012 – para aquisição de produtos de confecções, calçados e artefatos; Decreto nº 7.767/2012 – para aquisição de produtos médicos; Decreto nº 7.810/2012 – para aquisição de papel-moeda; Decreto nº 7.812/2012 – para aquisição de veículos para vias férreas; Decreto nº 7.816/2012 – para aquisição de caminhões, furgões e implementos rodoviários; Decreto nº 7.840/2012 – para aquisição de perfuratrizes e patrulhas mecanizadas; Decreto nº 7.841/2012 – Altera o Anexo I ao Decreto nº 7.709, de 3 de abril de 2012, que dispõe sobre a margem de preferência para aquisição de retroescavadeiras e motoniveladores; Decreto nº 7.843/2012 – para aquisição de disco para moeda; Decreto nº 7.903/2013 – para aquisição de equipamentos de tecnologia da informação e comunicação que menciona; Decreto nº 8.002/2013 – para aquisição de pás carregadoras, tratores de lagarta e produtos afins; Decreto nº 8.184/2014 – para aquisição de equipamentos de tecnologia da informação e comunicação; Decreto nº 8.185/2014 – para aquisição de aeronaves executivas; Decreto nº 8.186/2014 – para aquisição de licenciamento de uso de programas de computador e serviços correlatos; Decreto nº 8.194/2014 – para aquisição de equipamentos de tecnologia da informação e comunicação; Decreto nº 8.223/2014 – para aquisição de brinquedos; Decreto nº 8.224/2014 – para aquisição de máquinas e equipamentos.

[401] Consoante ao art. 2º, IV, do Decreto nº 7.546/2011, compreende produto manufaturado nacional o "produto que tenha sido submetido a qualquer operação que modifique a sua natureza, a natureza de seus insumos, a sua finalidade ou o aperfeiçoe para o consumo, produzido no território nacional de acordo com o processo produtivo básico definido nas Leis nºs 8.387, de 30 de dezembro de 1991, e 8.248, de 23 de outubro de 1991, ou com as regras de origem estabelecidas pelo Poder Executivo federal, tendo como padrão mínimo as regras de origem do Mercosul".

[402] Por serviço nacional, entende-se o "serviço prestado no País, nos termos, limites e condições estabelecidos nos atos do Poder Executivo que estipulem a margem de preferência por serviço ou grupo de serviços" (art. 2º, V, do Decreto nº 7.546/2011).

produtos manufaturados nacionais e serviços nacionais, resultantes de desenvolvimento e inovação tecnológica realizados no país, e produtos manufaturados estrangeiros e serviços estrangeiros. Diferentemente das hipóteses de preferência da Lei Complementar nº 123/2006 e da Lei nº 8.248/91, as margens de preferência normal e adicional para produtos e serviços nacionais definem um limite percentual a ser aplicado sobre a melhor proposta de produto ou serviço estrangeiro, sobre o qual se dispõe a pagar preço maior.

Importante apenas observar que, a despeito de a política pública ter em vista fomentar a indústria nacional, ela o faz relativamente àqueles produtos e serviços nacionais cuja atividade atenda a todos os requisitos fixados na normatização (decretos, regulamentos específicos, normas técnicas brasileiras etc.). Considerada essa premissa, por meio da margem de preferência normal para os produtos manufaturados e para serviços nacionais se fomentariam a geração de empregos e de renda e reflexos na arrecadação de tributos, e por meio da margem de preferência adicional, mais elevada, se prestigiariam produtos e serviços nacionais que, além de atenderem aos requisitos anteriores, são resultantes de desenvolvimento e inovação tecnológica realizados no país.[403]

A partir disso, identificada a proposta de menor preço, que cote bem ou serviço estrangeiro, sobre ela serão calculadas as margens de preferência normal e adicional. Feito isso, necessário identificar a existência de licitantes nas condições preferenciais (e que comprovem o preenchimento das condicionantes para o exercício de preferência pertinente). O vencedor compreenderá aquele que, inserido na margem, detenha o menor preço. Assim, se na margem houver três licitantes, um cotando bem ou serviço nacional e dois cotando produto ou serviço nacional resultante de desenvolvimento e inovação tecnológica realizados no país, então será o vencedor aquele que detiver a proposta melhor classificada.

Dessa forma, veja-se que não há preferência entre propostas de licitantes que cotem bens e serviços nacionais, uns com produto resultante de desenvolvimento e inovação tecnológica realizados no país, e outros não. Trata-se de margens que apenas definem um valor adicional limite a que o Poder Público se sujeita a pagar em prestígio aos fins indiretos do processo de contratação. Assim, coexistindo licitantes nas

---

[403] JUSTEN FILHO, Marçal. *Comentários à lei de licitações e contratos administrativos*. 16. ed. São Paulo: Revista dos Tribunais, 2014. p. 119.

duas condições na margem de preferência, o de menor preço é que em princípio será o vencedor da licitação.[404] Diz-se em princípio, tendo em vista que, se houver micro ou pequena empresa dentre as licitantes que estão na margem de preferência para produtos ou serviços nacionais, então estas poderão exercer a preferência pertinente, conforme se verá no próximo tópico.

3.2.3.4 Coordenação na aplicação de preferências

Um ponto relevante na análise relacionada ao exercício de preferências nas licitações tem em vista o modo de operacionalizá-las, a fim de não anular os fins buscados com as políticas públicas pertinentes. Justamente por isso, necessária atenção com algumas diretrizes.

A primeira delas se direciona aos órgãos e entidades submetidos à Lei nº 8.666/93 e tem em vista o fato de que, como as políticas públicas direcionadas à aquisição de bens e serviços de informática e automação e aquelas relativas a bens e serviços nacionais intencionam um mesmo objetivo, qual seja o fomento da indústria nacional, se o processo de contratação envolver bens e serviços nacionais com margem de preferência já regulamentada, e em vigor, então não será aplicada a margem de preferência para bens e serviços de informática e automação.

---

[404] Sobre o tema, veja-se a explicação de Renato Geraldo Mendes: "Contratação pública – Margem de preferência em relação aos produtos e serviços nacionais – Resumo dos principais aspectos legais – Renato Geraldo Mendes. É possível resumir o conteúdo do art. 3º da Lei nº 8.666/93 no que diz respeito aos produtos e serviços nacionais da seguinte forma: a) a preferência prevista nos seus inúmeros parágrafos foi regulada no Decreto nº 7.546/11; b) nas licitações, deve ser dada preferência para produtos manufaturados e serviços nacionais (§5º); c) a preferência será viabilizada por meio de uma margem percentual que incidirá sobre o preço dos produtos e serviços estrangeiros (§§5º e 8º); d) a margem de preferência é a aceitação do governo de pagar mais caro para assegurar preferência aos produtos e serviços nacionais (§8º); e) a margem será definida por meio de ato do Poder Executivo (§8º); f) a margem pode ser normal (§5º) e adicional (§7º); g) a margem adicional será aplicada de forma cumulada com a margem normal apenas quando os produtos e serviços nacionais forem resultantes de desenvolvimento e inovação tecnológica realizados no País (§7º); h) o limite máximo da margem (normal e adicional) é de 25% sobre os produtos e serviços estrangeiros (§8º); i) a margem só é aplicável se houver produtos ou serviços estrangeiros sendo propostos na licitação (§5º); j) é possível aplicar a margem para os produtos e serviços oriundos do Mercosul (§10); k) a aplicação da margem de preferência não afasta a obrigação de assegurar tratamento privilegiado às pequenas empresas (§14); l) a margem de preferência deve ser aplicada antes de assegurar tratamento privilegiado às pequenas empresas (ME e EPP); m) a margem de preferência só será aplicada quando a capacidade de produção do mercado for superior à demandada pela Administração (§9º); n) ainda que existam outras preferências para produtos e serviços nacionais definidas em lei, as previstas no art. 3º da Lei nº 8.666/93 devem prevalecer na escolha da melhor proposta (§15)" (MENDES, op. cit., 2015).

Nesse sentido, o art. 3º, §15, da Lei nº 8.666/93 definiu que as preferências delimitadas no §5º (bens e serviços nacionais) prevalecem sobre as demais preferências previstas na legislação quando estas forem aplicadas sobre produtos ou serviços estrangeiros. Também o Decreto nº 8.538/2015, que regulamenta no âmbito federal a Lei Complementar nº 123/2006, ao tratar do exercício de preferências nas licitações, esclareceu esse aspecto. De acordo com seu art. 5º, §9º, III, "quando aplicada a margem de preferência a que se refere o Decreto nº 7.546, de 2 de agosto de 2011, não se aplicará o desempate previsto no Decreto nº 7.174, de 2010".

Outra diretriz relevante direcionada aos submetidos à Lei nº 8.666/93 ou à Lei nº 13.303/2016 (no que tange à aplicação da preferência da Lei nº 8.248/91) está relacionada à ordem entre as preferências de bens e serviços nacionais ou de informática frente à das micro e pequenas empresas.

O art. 8º do Decreto nº 7.174/2010, na definição do procedimento a ser adotado para aplicação do direito de preferência, considera como primeira análise a verificação de micro e pequenas empresas em condição de empate ficto. Tal previsão levou a Segunda Câmara do Tribunal de Contas da União a defender no Acórdão nº 4.241/2012 que, na aplicação da preferência disciplinada pelo Decreto nº 7.174/10, uma vez exercido o direito de preferência previsto na Lei Complementar nº 123/06 por uma pequena empresa, resolve-se o certame, não se processando a aplicação do direito de preferência previsto na Lei nº 8.248/91.[405] Ou seja, se exercida a preferência por uma micro ou pequena

---

[405] Sobre o assunto, destaca-se trecho dos Votos do Ministro Relator e Revisor: "Voto do Ministro Relator 13. Acompanho o posicionamento do Parquet especializado. 14. Com efeito, o Decreto nº 7.174, de 2010, não tencionou fixar critério para desempate entre as microempresas e empresas de pequeno porte e as empresas beneficiadas com a preferência prevista no art. 3º da Lei nº 8.248, de 1991. 15. O que o art. 8º do referido regulamento fez foi estabelecer uma ordem para a aplicação das preferências de que trata: em primeiro lugar, aplicam-se as regras de preferência para as ME/EPP, previstas no art. 44 da Lei Complementar nº 123, de 2006; e, apenas posteriormente, aplicam-se as regras do art. 3º da Lei nº 8.248, de 1991, 'com a classificação dos licitantes cujas propostas finais estejam situadas até dez por cento acima da melhor proposta válida, conforme o critério de julgamento, para a comprovação e o exercício do direito de preferência'. 16. E aí, como bem anotou o MPTCU, *a existência de empresas que se enquadrem no primeiro critério afasta a possibilidade de se aplicarem as regras atinentes ao segundo*. [...] Voto do Ministro Revisor. Desde logo, manifesto-me de acordo com as análises desenvolvidas pelo eminente Relator e pelo nobre Representante do Ministério Público quanto ao exercício do direito de preferência nas licitações realizadas para aquisição de bens e serviços de TI. 2. De fato, não há como dar razão à empresa representante e à instrução da Secex/RS, que defendem que a ordem de preferência estabelecida no art. 8º do Decreto 7.174/2010 deve ser seguida de forma cumulativa. [...] 24. Já com relação ao art. 8º do Decreto 7.174/2010, verifica-se que a sistemática ali estabelecida coaduna-se com o disposto no art. 45 da LC 123/2006. Isto é, primeiro, aplicam-se as regras relativas ao direito de preferência das microempresas

empresa, sequer seria verificada a existência de licitantes na margem de preferência para bens e serviços de informática.[406] Por outro lado, do Acórdão nº 10.015/2011 da 2ª Câmara do TCU, possível ainda extrair outra interpretação. Assim, primeiro se aplicaria a preferência de ME/EPPs com propostas até 5% superior à melhor proposta. E, depois, a preferência para produtos nacionais ou que atendam ao Processo Produtivo Básico, desde que cotem lance igual ao vencedor.

A falta de clareza quanto às regras a serem aplicadas tem provocado na rotina administrativa as mais variadas formas de concretização do exercício das preferências, o que se mostra extremamente prejudicial à segurança jurídica relativa ao processo formal da licitação e, o que é pior, uma crise de eficácia relativamente às políticas públicas correspondentes.

É necessário interpretar o sistema de regras vigente, observando evidentemente as diretrizes fixadas pelo legislador para o exercício das preferências, porém solucionando possíveis conflitos de regras em atenção aos fins buscados pelas políticas públicas pertinentes.

Desse modo, entende-se que, antes de aplicar a preferência das micro e pequenas empresas, necessário observar as preferências para bens e serviços nacionais (Lei nº 12.232/2010) e bens e serviços

---

e empresas de pequeno porte; *não ocorrendo a contratação dentro deste grupo*, passa-se a aplicar as regras atinentes ao direito de preferência dos fornecedores de TI fundado nas características dos bens e serviços, sem diferenciação quanto ao porte dos licitantes; não ocorrendo contratação mais uma vez, aplicam-se as regras usuais de licitação" (Destacou-se).

[406] Aparentemente, também foi essa a diretriz adotada no Acórdão nº 4056/2010 da 1ª Câmara do TCU. Veja-se trecho do Voto: "Voto (...) Quanto à alegada falta de regra para o exercício do direito de preferência dos produtos nacionais no processo licitatório, assiste razão à representante. O objeto do pregão trata, de fato, de prestação de serviço correspondente à disponibilização de gerador e no-break, acrescidos das atividades necessárias para assegurar o regular funcionamento dos equipamentos, tornando obrigatória a preferência descrita no art. 3º da Lei nº 8.248/91. Todavia, como bem anotado pela Unidade técnica, nos termos do art. 8º do Decreto nº 7.174/2010, *o exercício do direito de preferência será concedido, em primeiro lugar, para as ME/EPP dispostas no supramencionado Capítulo V da Lei Complementar nº 123/2006 (inciso I). Apenas depois é que se aplicam as regras de preferência nos termos do disposto no art. 3º da Lei nº 8.248/91, quando existirem fornecedores de bens e serviços com tecnologia desenvolvida no país cuja proposta seja até 10% acima da melhor proposta válida (incisos II, III e IV).* Compulsando os autos, as únicas propostas no intervalo de até 10% acima da melhor preço são de empresas também enquadradas como ME/EPP. Deste modo, as melhores propostas são de empresas que se enquadram no Capítulo V da Lei Complementar nº 123/2006, atendendo o contido art. 8º, inciso I, do Decreto nº 7.174/2010. Em outras palavras, a ausência da previsão de preferência para fornecedores que utilizam tecnologia nacional, nos termos do art. 3º da Lei nº 8.248/91 e do art. 8º, incisos II, III e IV, do Decreto nº 7.174/2010, não alterou, no caso concreto, o resultado da licitação" (Destacou-se).

de informática (Lei nº 8.248/91). Com isso, resguarda-se o benefício instituído pelas políticas públicas respectivas, compatibilizando-os.

Seguindo a presente racionalidade, é possível esclarecer os reflexos para coordenação entre as preferências entre bens e serviços de informática (Lei nº 8.248/91) X micro e pequenas empresas, e bens e serviços nacionais (Lei nº 12.232/2010) X micro e pequenas empresas.

Na hipótese de contratação de bens e serviços de informática (Lei nº 8.248/91), obtida a classificação final de propostas, a primeira medida compreenderá identificar os licitantes na margem de preferência de até 10% (dez por cento) da melhor proposta válida, primeira colocada, que cotou bem ou serviço estrangeiro, para então considerar, dentre esses, aqueles na condição de micro e pequenas empresas.

Em síntese, para as contratações de bens e serviços de informática (Lei nº 8.241/91, regulamentada pelo Decreto nº 7.174/2010), tendo o primeiro colocado cotado bem ou serviço estrangeiro, e aplicada a margem de 10%, seria o procedimento:
a) verificação de licitantes classificados que apresentem "bens e serviços com tecnologia desenvolvida no País e produzidos de acordo com o Processo Produtivo Básico (PPB)" (art. 5º, I). Se mais de um licitante estiver nessa condição, e um deles for micro ou pequena empresa, então será oportunizado a este exercer a preferência;
b) se não exercida a preferência nos moldes anteriores, identificar dentre as empresas classificadas aquelas que cotaram "bens e serviços com tecnologia desenvolvida no País" (art. 5º, II). Se mais de um licitante estiver nessa condição, e um deles for micro ou pequena empresa, então será oportunizado a este exercer a preferência;
c) se não exercida a preferência nos moldes anteriores, identificar dentre as empresas classificadas aquelas que cotaram "bens e serviços produzidos de acordo com o PPBs" (art. 5º, III). Se mais de um licitante estiver nessa condição, e um deles for micro ou pequena empresa, então será oportunizado a este exercer a preferência;
d) nas hipóteses *a*, *b* e *c*, se houver mais de um licitante na condição pertinente, e não houver micro ou pequena empresa, então o exercício da preferência se dará pelo licitante mais bem classificado.

Com esse procedimento, são prestigiadas as micro e pequenas empresas que atendam a política pública de fomento da informática. Ou seja, resguardam-se ambas as políticas públicas: de fomento ao micro e pequeno empresariado e de desenvolvimento da indústria nacional.

O recente Decreto Federal nº 8.538/2015 parece ter confirmado esse alinhamento. Em seu art. 5º, §9º, II, estabeleceu que, "nas contratações de bens e serviços de informática e automação, nos termos da Lei nº 8.248, de 23 de outubro de 1991, *as microempresas e as empresas de pequeno porte que fizerem jus ao direito de preferência previsto no Decreto nº 7.174, de 12 de maio de 2010*, terão prioridade no exercício desse benefício em relação às médias e às grandes empresas na mesma situação" (destacou-se).

Outro reflexo desse alinhamento tem em vista o benefício instituído em favor de micro e pequenas empresas que atendam os critérios para preferência de bens e serviços de informática, qual seja, para que tenham preservada a preferência em seu favor, não necessitarão ter sua proposta na condição de empate ficto com a primeira colocada. Se primeiro aplicado o critério da Lei Complementar nº 123/2006, a própria margem instituída em favor das micro e pequenas empresas que façam jus ao direito de preferência do Decreto nº 7.174/2010 (bens e serviços de informática) frente às demais empresas na mesma situação restará prejudicada.

Todavia, há uma cautela a ser observada, qual seja, em certame com preferências da Lei nº 8.248/91 e Decreto nº 7.174/2010, se uma micro ou pequena empresa for exercer a preferência em face de outras empresas nas condições das alíneas *a*, *b* e *c* acima elencadas, diferentemente das demais empresas (para as quais bastará igualar a melhor oferta), cumprirá à ME/EPP reduzir a proposta mais bem colocada.

Ora, na forma do §14 do art. 3º da Lei nº 8.666/93, "as preferências definidas neste artigo e nas demais normas de licitação e contratos devem privilegiar o tratamento diferenciado e favorecido às microempresas e empresas de pequeno porte *na forma da lei*" (destacou-se). E de acordo com a Lei Complementar nº 123/06, que define o tratamento diferenciado para micro e pequenas empresas, a empresa que estiver na condição pertinente poderá *cobrir* a melhor oferta.[407]

---

[407] Veja-se o teor do art. 45 da Lei Complementar nº 123/06: "Art. 45. Para efeito do disposto no art. 44 desta Lei Complementar, ocorrendo o empate, proceder-se-á da seguinte forma: I - a microempresa ou empresa de pequeno porte mais bem classificada poderá apresentar proposta de preço inferior àquela considerada vencedora do certame, situação em que será adjudicado em seu favor o objeto licitado; II - não ocorrendo a contratação da microempresa ou empresa de pequeno porte, na forma do inciso I do *caput* deste artigo, serão convocadas as remanescentes que porventura se enquadrem na hipótese dos §§1º e 2º do art. 44 desta Lei Complementar, na ordem classificatória, para o exercício do mesmo direito; III - no caso de equivalência dos valores apresentados pelas microempresas e empresas de pequeno porte que se encontrem nos intervalos estabelecidos nos §§1º e 2º do art. 44 desta Lei Complementar, será realizado sorteio entre elas para que se identifique aquela que primeiro poderá apresentar melhor oferta".

No que diz respeito à contratação de bens e serviços nacionais com margem de preferência já regulamentada e em vigor (Lei nº 12.349/2010, Decreto nº 7.546/2011 e decretos específicos), o procedimento será semelhante. A fim de demonstrar a forma de aplicação da preferência, cita-se, a título exemplificativo, o Decreto nº 8.224/14, que fixava a aplicação de margens de preferência normal e adicional para aquisição de máquinas e equipamentos (descritos em seu Anexo I) e vigorou até 31.12.2016.

Quanto às margens de preferência normal e adicional, o Decreto nº 8.224/2014 delimitava a margem de preferência normal de 15% para alguns bens e de 20% para outros. E, ainda, margem de preferência adicional de 5% para quase todos os bens beneficiados. Ainda, de acordo com o decreto, as margens de preferência instituídas seriam calculadas sobre o menor preço ofertado de produto manufaturado estrangeiro.

Seguindo a presente ordem de ideias, imagine-se a seguinte classificação final após a etapa de lances de um pregão, já com a análise referente à condição individual de cada licitante:

Classificação ao final da etapa de lances	Lance ofertado	Condição individual do licitante
A	R$100,00	Produto manufaturado estrangeiro.
B	R$112,00	Produto manufaturado nacional, com margem normal de 15%. *Grande empresa.*
C	R$115,00	Produto manufaturado nacional, com margem normal de 15%. *Microempresa.*
D	R$120,00	Produto manufaturado nacional, com margem normal de 15% e adicional de 5% = 20% de margem de preferência. *Grande empresa.*
E	R$140,00	Produto manufaturado nacional fora da margem de preferência. *Grande empresa.*

Na situação acima descrita, os licitantes B, C e D estariam contemplados pelas margens de preferência instituídas pelo Decreto nº 8.224/14. A proposta de menor valor seria a do licitante B (R$112,00).[408] Porém, na medida em que há microempresa entre as licitantes abrangidas pelas margens de preferência do Decreto nº 8.224/14, com proposta de preço no intervalo de 5% da proposta potencial vencedora (licitante B), então seria a ela oportunizado cobrir a melhor oferta (do licitante B – R$112,00). Caso a microempresa exercesse sua preferência nesse sentido, então seria a vencedora da licitação.

Veja-se que, conforme já esclarecido anteriormente, o exercício da preferência pela microempresa em licitação em que aplicáveis outras preferências deve se dar na forma da lei (§14 do art. 3º da Lei nº 8.666/93). E de acordo com o art. 44, §2º, da Lei Complementar nº 123/06, em pregão, considera-se empate ficto para fins de exercício da preferência por microempresa a situação em que a proposta apresentada por esta for igual ou até 5% superior ao melhor preço.

Se na hipótese acima, a proposta da ME/EPP beneficiada pela margem de preferência para produto nacional cotasse preço superior em mais de 5% sobre a proposta da licitante B, então não incidiria o direito de preferência previsto nos arts. 44 e 45 da Lei Complementar nº 123/06.

Em síntese, aos órgãos e entidades submetidos à Lei nº 8.666/93 e que, dessa forma, cumprem observar as políticas de fomento a bens e serviços nacionais, tem-se que, para as contratações de bens e serviços nacionais com regulamentação específica em vigor, tendo o primeiro colocado cotado bem manufaturado estrangeiro e aplicadas as margens normal e adicional definidas pelo regulamento, seria o procedimento:

a) verificação de licitantes contemplados pelas margens normal e adicional definidas no regulamento;
b) se apenas um licitante estiver nessa condição, será ele declarado vencedor;
c) se mais de um licitante estiver nessa condição, e o que tiver cotado o *menor valor* entre eles for ME/EPP, este será declarado vencedor (art. 45, §2º, da Lei Complementar nº 123/06: "O disposto neste artigo somente se aplicará quando a melhor

---

[408] O art. 4º e o Anexo II do Decreto nº 8.224/14 definem a forma de aplicação das margens de preferência: "Art. 4 º As margens de preferência de que trata o art. 1 º serão calculadas sobre o menor preço ofertado de produto manufaturado estrangeiro, conforme a fórmula prevista no Anexo II e as seguintes condições: I - o preço ofertado de produto manufaturado nacional será considerado menor que PE sempre que seu valor for igual ou inferior a PM; e II - o preço ofertado de produto manufaturado nacional será considerado maior que PE sempre que seu valor for superior a PM. ANEXO II. PM = PE x (1 + M), sendo: PM = preço com margem; PE = menor preço ofertado do produto manufaturado estrangeiro; M = margem de preferência em percentual, conforme estabelecido no Anexo I a este Decreto".

oferta inicial não tiver sido apresentada por microempresa ou empresa de pequeno porte");
d) se mais de um licitante estiver nessa condição, e o que tiver cotado o menor preço for grande empresa, e houver micro ou pequena empresa, então será oportunizado à ME/EPP que tiver a proposta de menor valor exercer a preferência, desde que seu preço esteja na margem de até 5% da melhor oferta dentre os licitantes contemplados pelas margens de preferência, para o que poderá cobrir a proposta respectiva;
e) se não exercida a preferência nos moldes anteriores, ou se não houver ME/EPP entre os licitantes abarcados pelas margens normal e adicional, então o licitante mais bem colocado entre aqueles que estão na margem normal e adicional é que será o vencedor.

Frise-se, por fim, que, consoante à política de fomento para bens e serviços nacionais, as margens de preferência normal e adicional definem um limite percentual a ser aplicado sobre a melhor proposta de produto ou serviço estrangeiro, sobre a qual se dispõe a pagar preço maior. Ou seja, diferentemente da política pública relacionada a bens e serviços de informática, não se mostra necessário reduzir ou, pelo menos, igualar a melhor oferta de produto ou serviço estrangeiro.

3.2.4 Prazo diferenciado para comprovação de regularidade fiscal

O regime diferenciado que busca fixar medidas consentâneas ao desenvolvimento nacional sustentável pode estar ainda relacionado à etapa de julgamento da habilitação nas licitações. É a Lei Complementar nº 123/2006, que cria benefício dessa natureza em favor das micro e pequenas empresas. De acordo com os artigos 42 e 43, se a microempresa ou empresa de pequeno porte estiver em condição irregular perante o fisco, terá um prazo diferenciado para comprovação da regularidade pertinente. De acordo com o §1º do art. 43, verificada a irregularidade fiscal, será assegurado o prazo de cinco dias úteis, prorrogável por igual período, a critério da Administração,[409] para a regularização da

---

[409] Para Jessé Torres Pereira Junior e Marinês Restelatto Dotti, há um dever para a Administração em prorrogar o prazo caso não demonstrada a condição regular no lapso inicialmente concedido. Apenas em hipótese de urgência ou prazo insuficiente para o empenho é que possível deixar de atender eventual solicitação de prorrogação do prazo. "De toda sorte, a urgência de contratação constitui, como visto acima, conceito jurídico indeterminado, a ser avaliado nas circunstâncias do caso. Se a Administração concluir pela urgência, terá o motivo necessário e suficiente para indeferir o pedido de prorrogação.

documentação, pagamento do débito e emissão de eventuais certidões negativas ou positivas com efeito de certidão negativa.

Em caso de não regularização no prazo estabelecido, a microempresa ou empresa de pequena porte decairá do direito pertinente, para o que deverá a Administração retomar o procedimento relativamente aos licitantes remanescentes, observada a ordem de classificação. Importante observar que o benefício habilitatório, até o momento, se restringe à regularidade fiscal.[410] Logo, se a micro ou pequena empresa estiver com documentação irregular de outra natureza, a exemplo da qualificação econômico-financeira, não terá em seu favor o prazo diferenciado.

3.3 Fase contratual: da fiscalização quanto à adoção de práticas de sustentabilidade

A fase contratual se inicia com a assinatura do contrato. Abriga as prestações e contraprestações ajustadas entre as partes, vinculadas aos critérios definidos na fase de planejamento e materializados no ato convocatório e especialmente consignadas na proposta vencedora da licitação. Nessa fase do processo de contratação, destacam-se dois fatores relevantes decorrentes das políticas públicas para o desenvolvimento nacional sustentável: (a) o dever de fiscalização da Administração enquanto elemento de controle das obrigações pactuadas; e (b) a existência de obrigações compartilhadas pela Administração Pública.

3.3.1 Dever de fiscalização da Administração enquanto elemento de controle das obrigações pactuadas

Nessa fase do processo de contratação, de nodal importância se reveste o papel fiscalizador da Administração Pública. O art. 67, *caput*, §§1º e 2º, da Lei nº 8.666/93 impõe à Administração o dever de indicar representante, especialmente designado, para acompanhar e fiscalizar a execução do contrato. O dispositivo ainda autoriza a contratação de terceiros para assistir e subsidiar a atuação do representante da

---

Caso contrário, motivo não haverá para o indeferimento e a prorrogação se impõe, sob pena de invalidade da decisão que a indeferisse. Não há solução intermediária, nos termos da norma" (PEREIRA JUNIOR, Jessé Torres; DOTTI, Marinês Restelatto. *Políticas públicas nas licitações e contratações administrativas*. 2. ed. Belo Horizonte: Fórum, 2012. p. 91).

[410] Observa-se que, a partir de janeiro de 2018, conforme modificação realizada pela Lei Complementar nº 155/2016, esse mesmo benefício se estenderá para as situações de irregularidade trabalhista.

Administração, caso assim se mostre necessário. Trata-se de uma prerrogativa da Administração a ser exercida pelo representante indicado, ao qual "caberá anotar em registro próprio todas as ocorrências relacionadas com a execução do contrato, determinando o que for necessário à regularização das faltas ou defeitos observados ou, se as decisões ultrapassarem sua competência, solicitá-las a seus superiores".[411]

A Lei das Estatais igualmente foi incisiva quanto a esse aspecto, na medida em que determinou às empresas públicas e sociedades de economia mista publicar e manter atualizado regulamento interno de licitações e contratos que, entre outros aspectos, trate da gestão e fiscalização de contratos (art. 40, VII, da Lei nº 13.303/2016).

O Tribunal de Contas da União, em diversas manifestações, reforça esse dever de indicação do representante da Administração, individualizando o servidor pertinente, para fins de acompanhamento e possível controle em torno dos atos praticados durante a execução contratual.[412] Ora, de nada adiantaria aplicar diversas condicionantes relacionadas à sustentabilidade na definição da solução a ser contratada, exigir quesitos de habilitação dessa natureza e, ainda, fixar obrigações contratuais diretamente relacionadas ao fomento do desenvolvimento nacional sustentável pertinentes ao objeto da contratação se não implementados mecanismos eficientes e eficazes de controle e fiscalização. Justamente por isso, mostra-se essencial a designação de representante da Administração para a fiscalização do contrato celebrado.

Observa-se que a Lei nº 13.146/2015 foi incisiva quanto ao dever de fiscalização ao alterar a Lei nº 8.666/93. De acordo com o art. 66-A,

---

[411] DI PIETRO, Maria Sylvia Zanella. *Direito Administrativo*. 27. ed. São Paulo: Atlas, 2014. p. 284.

[412] O TCU, em processo de auditoria, determinou à entidade que designasse formalmente empregado responsável pela fiscalização do contrato e indicou o procedimento a ser adotado, por esse fiscal, para recebimento e ateste de produtos e serviços. Consoante anotado pela Unidade Técnica, a fiscalização da execução do contrato é procedimento indispensável para assegurar o exato cumprimento de seus termos, tendo fundamento no princípio constitucional da eficiência. Com base nesses fundamentos, foi determinado que, "9.2.2. *nos procedimentos de recebimento e de atesto de produtos e serviços, principalmente em contratações de objetos de maior complexidade, façam constar do processo de pagamento documento assinado pelo responsável pela fiscalização do contrato, com a devida identificação (nome, cargo e matrícula) desse agente, que contenha análise com detalhamento dos requisitos considerados para o aceite ou o atesto, com demonstração de que os produtos ou serviços entregues atenderam ao objeto contratado, ou, quando for o caso, o detalhamento dos serviços prestados ou memória de cálculo do valor a ser pago, de forma a assegurar transparência ao processo de liquidação da despesa; 9.2.3. formalizem a designação formal de empregado para exercer a fiscalização dos contratos, com base no princípio constitucional da eficiência* (art. 37, *caput*, da Constituição Federal/1988)". No mesmo sentido: Acórdão nº 768/2013, Plenário. (TCU, Acórdão nº 526/2013, Plenário, Rel. Min. Marcos Bemquerer Costa, DOU de 18.03.2013) (MENDES, *op. cit.* Destaques no original).

caput e parágrafo único, as "empresas enquadradas no inciso V do §2º e no inciso II do §5º do art. 3º desta Lei deverão cumprir, durante todo o período de execução do contrato, a reserva de cargos prevista em lei para pessoa com deficiência ou para reabilitado da Previdência Social, bem como as regras de acessibilidade previstas na legislação", para o que cabe "à administração fiscalizar o cumprimento dos requisitos de acessibilidade nos serviços e nos ambientes de trabalho".

A depender da complexidade da solução pactuada, inclusive relativamente aos critérios de sustentabilidade fixados, pode ser necessária a contratação de terceiros para subsidiar o fiscal da Administração. O salutar é que o exercício da fiscalização se dê de modo escorreito, por pessoal com capacidade adequada para aferir o cumprimento dos compromissos assumidos e, para caso assim não tenha ocorrido, que impulsione o processo administrativo próprio para apuração das possíveis faltas contratuais.

Aliás, tendo em vista não apenas o caráter retributivo, mas, sobretudo, educativo da sanção, de todo recomendável especificar nas minutas contratuais as penalidades que serão aplicadas na hipótese de incumprimento das obrigações relacionadas aos critérios de sustentabilidade. Na forma do regime jurídico vigente, as sanções poderão ser de natureza pecuniária (multa) ou administrativa (advertência, suspensão do direito de licitar e contratar, declaração de inidoneidade e impedimento de licitar e contratar), e encontram previsão nos arts. 86 e 87 da Lei nº 8.666/93 e art. 7º da Lei nº 10.520/02. Quanto às estatais, o regime sancionatório encontra-se previsto no art. 82 e seguintes da Lei nº 13.303/2016. Frise-se que a apuração e incidência de sanção impõe a observância de escorreito processo administrativo, que observe os direitos à ampla defesa e contraditório prévios e oportunidade recursal *a posteriori* da decisão administrativa. Não é demais reforçar, igualmente, o dever de cautela relativamente aos princípios da razoabilidade e proporcionalidade, de modo a se eleger a sanção adequada a apenar a irregularidade praticada.[413]

---

[413] [...] 2. O art. 87, da Lei nº 8.666/93, não estabelece critérios claros e objetivos acerca das sanções decorrentes do descumprimento do contrato, mas por óbvio existe uma gradação acerca das penalidades previstas nos quatro incisos do dispositivo legal. 3. Na contemporaneidade, os valores e princípios constitucionais relacionados à igualdade substancial, justiça social e solidariedade, fundamentam mudanças de paradigmas antigos em matéria de contrato, inclusive no campo do contrato administrativo que, desse modo, sem perder suas características e atributos do período anterior, passa a ser informado pela noção de boa-fé objetiva, transparência e razoabilidade no campo pré-contratual, durante o contrato e pós-contratual. 4. Assim deve ser analisada a questão referente à possível penalidade aplicada ao contratado pela Administração Pública, e desse modo, o art. 87, da Lei nº 8.666/93, somente pode ser interpretado com base na razoabilidade, adotando,

Luciana Maria Junqueira Terra, Luciana Pires Csipai e Mara Tieko Uchida relacionam a eficiência das previsões relacionadas à sustentabilidade diretamente à "fiscalização constante e rigorosa do cumprimento das obrigações contratuais impostas ao contratado, a cargo de profissional com experiência na área, com a aplicação oportuna de sanções sempre que houver conduta culposa por parte da empresa".[414]

Segundo Juarez Freitas, na fase contratual conferirseá se a estimativa "compreensiva dos custos diretos e indiretos, acolhida no texto do contrato, resultou bemsucedida na execução, consoante sopesamento e pesagem dos custos e benefícios, expostos à reavaliação permanente dos aspectos comensuráveis e incomensuráveis, sempre com proporcionalidade e respeito ao equilíbrio econômicofinanceiro intangível".[415][416]

3.3.2 Existência de obrigações compartilhadas pela Administração Pública

A fase contratual do processo de contratação não apenas sintetiza responsabilidades para o contratado a serem fiscalizadas pela Administração, mas igualmente o compromisso da própria Administração Pública relativamente às temáticas sujeitas à responsabilidade compartilhada.

Juarez Freitas destaca ser imprescindível assumir, nos contratos administrativos, "a responsabilidade compartilhada pela destinação final dos resíduos e, quando couber, pela logística reversa. Novamente, não se trata de matéria de maior ou menor predileção do administrador,

---

entre outros critérios, a própria gravidade do descumprimento do contrato, a noção de adimplemento substancial, e a proporcionalidade (STJ, REsp nº 914.087, Rel. Min. José Delgado, DJ de 04.10.2007, veiculado na *Revista Zênite – Informativo de Licitações e Contratos (ILC)*, Curitiba, n. 167, p. 101, jan. 2008. Seção Jurisprudência).

[414] TERRA; CSIPAI; UCHIDA, *op. cit.*, p. 258-259.

[415] FREITAS, Juarez. Licitações e sustentabilidade: ponderação obrigatória dos custos e benefícios sociais, ambientais e econômicos. *Interesse Público – IP*, Belo Horizonte, ano 13, n. 70, nov./dez. 2011. Disponível em: <http://www.bidforum.com.br/bid/PDI0006.aspx?pdiCntd=76861>. Acesso em: 11 jun. 2012.

[416] A incorporação da sustentabilidade ao procedimento licitatório, recorte proposto, implica aprimoramento do processo jurídico, político e administrativo de tomada de decisão: a escolha sustentável do licitante mais apto, a fiscalização pautada por esteios de sustentabilidade e o encerramento contratual condizente com o amálgama das dimensões sustentáveis aumentam a eficiência e o controle de resultados nascidos de uma procedimentalização democrática (PIRES, Maria Coeli Simões; COSTA, Mila Batista Leite Corrêa. Sustentabilidade, licitação e pós-modernidade: pluridimensionalidade e releituras necessárias. In: BICALHO, Alécia Paolucci Nogueira; DIAS, Maria Tereza Fonseca (Coord.). *Contratações públicas*: estudos em homenagem ao Professor Carlos Pinto Coelho Motta. Belo Horizonte: Fórum, 2013. p. 354).

mas de *incontornável obrigação legal e constitucional*".[417] Para melhor esclarecer a temática, o autor exemplifica com a implementação de soluções destinadas ao reuso de água e a adoção de medidas de poupança de energia. Trata-se de soluções "resultantes deontológicas do princípio constitucional da sustentabilidade e das regras que, expressamente ou por inferência, ajudam a densificá-lo". E esclarece o autor, "o desperdício pode configurar, se doloso, uma quebra da probidade administrativa. A obra errada e inútil, o serviço nefasto e o produto nocivo compõem o quadro das inadmissíveis violações ao princípio".[418]

O compromisso para com o desenvolvimento nacional sustentável é de todos. Justamente por isso, não basta o envolvimento da Administração Pública com atividade de fiscalização quanto ao cumprimento das condicionantes de sustentabilidade ajustadas. Deve ela também se engajar nesse propósito, alinhando suas condutas às soluções consoantes ao princípio da sustentabilidade.

---

[417] FREITAS, *op. cit.*
[418] FREITAS, *op. cit.*

CONSIDERAÇÕES FINAIS

A partir da pesquisa realizada e da leitura que se propõe do ordenamento jurídico vigente, as conclusões alcançadas no trabalho foram as seguintes:
1. Enfrentar o tema do desenvolvimento sustentável impõe transpor algumas crises de percepção, especialmente aquelas relacionadas a paradigmas reducionistas, advenham eles de um recorte doutrinário ou científico. As forças da natureza e os desvios e instabilidades do mercado demandam uma atuação e estudo abrangente constantes, que possibilitem avaliar de forma complexa o agir humano e, nesse sentido, potencializar a redução de riscos ao pleno desenvolvimento das pessoas, presentes ou futuras.
2. A opção jurídico-política brasileira para o plano de desenvolvimento nacional, materializada na Constituição da República, jamais poderá ser confundida com mero crescimento econômico. O conteúdo normativo constitucional impõe um plano de desenvolvimento complexo, que abarca diferentes contextos, como a cultura, a tecnologia, o turismo, o mercado e a máquina administrativa, e que, conjuntamente, via implementação de políticas públicas complexas, promova a distribuição de riquezas, o pleno exercício dos direitos sociais, o desenvolvimento do potencial humano e do bem-estar em equilíbrio, prezando-se pelas gerações futuras.
3. Um dos aspectos que compõem a complexidade do plano de desenvolvimento nacional compreende a sustentabilidade e suas múltiplas dimensões, dentre elas: (3.1) a *espacial*, (3.2) a *social*, (3.3) a *econômica* e (3.4) a *ambiental*. Uma leitura dessas dimensões conforme a tessitura constitucional demanda resgatar três princípios ético-jurídicos, consagrados

no modelo de desenvolvimento previsto na Constituição, e que conformam o valor da sustentabilidade: o bem-estar, a solidariedade e a preocupação com as presentes e futuras gerações (a *solidariedade intergeracional*).

3.1 A *dimensão espacial* não tem em vista um conteúdo autônomo propriamente, mas, sim, instrumental. Ela possibilita, a partir da realidade empírica, delimitar um contexto político-institucional estabelecido para estudar a concretização do modelo de desenvolvimento sustentável eleito, sopesar as diversas confluências com o ambiente interno e externo ao espaço fixado, sob as diversas dimensões, de modo a ser possível fortalecer o plano existente, alterá-lo ou, até mesmo, redimensionar a abrangência espacial.

3.2 A *dimensão social* pressupõe o inafastável compromisso para com os direitos fundamentais sociais, relaciona-se ao padrão de vida do indivíduo e sua potencialidade de fazê-lo ir ao encontro de suas habilidades e de sua identidade cultural.

3.3 A *dimensão econômica*, que jamais deve ser confundida com crescimento econômico, puro e simples, abarca as estratégias de desenvolvimento econômico considerando as limitações naturais, seus potenciais riscos e ganhos à presente e às futuras gerações, bem como a sua condição de viabilizar maior distribuição de renda a partir de uma economia solidária e responsável. A dimensão econômica está diretamente relacionada à atividade de planejamento abrangente.

3.4 A *dimensão ambiental* reclama a consciência de que o ser humano integra o meio e, desse modo, se não preservado este, aquele verá sua ruína; a atenção para com a limitação dos recursos naturais quando do planejamento econômico; a consideração em torno do impacto significativo sobre a cultura, especialmente estímulos à mudança no padrão de consumo e da importância, entre outras estratégias, das trocas como forma de potencializar o reuso e a cooperação em âmbito internacional, na medida em que os riscos, sobretudo na esfera ambiental, a rigor não encontram delimitação espacial.

4. O *gerenciamento da máquina pública* também compreende uma dimensão da sustentabilidade, relacionada à atuação administrativa, sobretudo quando consideradas as transformações vividas pelo direito administrativo, em especial a consideração da pessoa como destinatário principal da Administração Pública. Desse novo paradigma, tem-se uma

transmutação dos princípios da legalidade e da eficiência e uma ênfase ao direito fundamental à boa administração. Da visão essencialmente estrita da legalidade passou-se ao dever de juridicidade. Da eficiência vista como mero incremento na redução de custos passa-se à compreensão de que será eficiente o agir administrativo na medida em que atento à produção dos fins de interesse público buscados e à promoção da excelência na gestão pública, direcionada para a melhor utilização possível dos meios disponíveis para a maximização dos objetivos definidos para o plano de desenvolvimento nacional. Ademais, o reconhecimento da existência normativa de um direito fundamental à boa administração surge como a materialização de uma garantia ao cidadão para o escorreito exercício da função administrativa, que observe todas essas diretrizes.

5. Mesmo antes das alterações provocadas pela Lei nº 12.349/10 sobre a Lei nº 8.666/93, já seria possível implementar condicionantes de sustentabilidade nos processos de contratação pública, haja vista todo o modelo constitucional vigente, já sensível a esse dever jurídico. Sem prejuízo dessa constatação, a sustentabilidade impactou efetivamente sobre os processos de contratação a partir das alterações provocadas pela Lei nº 12.349/10, no art. 3º da Lei nº 8.666/93. A partir desse, não novo, mas enfatizado paradigma, a doutrina passou a discorrer sobre as denominadas *licitações sustentáveis*. Optou-se, neste trabalho, pela expressão *processos de contratação pública sustentáveis*, que tem em vista duas facetas elementares das contratações públicas e da sustentabilidade: de um lado, o aprimoramento da máquina administrativa e, de outro, a promoção do desenvolvimento nacional sustentável por meio das contratações públicas, sejam elas decorrentes de certame licitatório, dispensa ou inexigibilidade de licitação.

6. Muito embora já exista o dever, inclusive positivado, de implementar a sustentabilidade nos processos de contratação há alguns anos, é notória a existência de dificuldades nesse sentido, o que impacta na eficácia dessas políticas públicas. Dentre os fatores que mais fragilizam a consideração de aspectos de sustentabilidade nos processos de contratação, está a percepção equivocada de agentes públicos em torno do que seria a proposta mais vantajosa e dos reflexos dos critérios pertinentes sobre a isonomia. A seleção da proposta

mais vantajosa em condições isonômicas não traduz o mero barateamento do preço a partir da mais ampla competitividade. Para que se atenda aos deveres de vantajosidade e do respeito à disputa isonômica, faz-se necessário definir a solução ótima para o interesse público (considerando custos diretos e indiretos envolvidos, bem como o potencial para fomentar o desenvolvimento nacional sustentável), sopesando variações nas opções disponíveis no mercado, de modo a eleger a proposta em ambiente de maior competitividade possível e a partir do melhor parâmetro possível de aceitabilidade de custos.

7. Do forte poder de compra estatal, tem-se relevante instrumento de transformação e de regulação do mercado. De toda sorte, cabe aos agentes públicos envolvidos na arquitetura de políticas públicas um zelo relativamente ao bom andamento das licitações, primando pela sua eficiência. A eficácia deve ser um critério norteador do desenho de políticas públicas para o uso nas contratações públicas visando ao desenvolvimento nacional sustentável, de modo que se mostra relevante avaliar cautelosamente, mediante estudos fundamentados, as medidas que serão adotadas, a fim de que não se desequilibre, em desprestígio dos princípios da razoabilidade e proporcionalidade, outros valores jurídicos igualmente importantes nas compras públicas. Sem prejuízo a essa orientação, o regime jurídico vigente aplicável aos processos de contratação pública claramente opta por um modelo de políticas públicas para o desenvolvimento nacional sustentável complexo, direcionado à satisfação de uma multiplicidade de objetivos, relacionados às diversas facetas do modelo de desenvolvimento nacional definido na Constituição da República: há aquelas direcionadas ao desenvolvimento sustentável na gestão pública, assim como as que se direcionam ao uso dos processos de contratação pública visando ao fomento do desenvolvimento nacional sustentável em suas diversas facetas.

8. Grande parte da normatização existente em matéria de contratações públicas sustentáveis consigna apenas diretrizes gerais relativas às condicionantes a serem consideradas nas contratações públicas. A ausência de critérios claros contribui para a omissão ou, o que é o pior, para fixação de critérios inadequados, levando à anulação de procedimentos e/ou a questionamentos pelos órgãos de controle.

Nesse cenário, ainda que para a maioria das condicionantes de sustentabilidade não fosse necessário um detalhamento por meio de atos normativos, sendo possível detalhá-los e justificá-los nos próprios autos da contratação, é de todo recomendável assim proceder. Em outros termos, o exercício do poder normativo da Administração pode contribuir para reduzir a justificável insegurança com que muitas vezes se deparam os agentes públicos, configurando medida que potencializa a eficácia das políticas públicas envolvendo o uso dos processos de contratação para o desenvolvimento nacional sustentável.

9. O bom conhecimento do processo de contratação pública, em suas fases, etapas e atos, é essencial para bem aplicar as condicionantes de sustentabilidade, de forma a preservar a competitividade e a isonomia, sem provocar máculas à garantia do processo formal. O processo pode ser dividido em (9.1) *fase de planejamento*: ações envoltas no planejamento da contratação para garantia do desenvolvimento sustentável; (9.2) *fase de seleção de proponentes*: aplicação de preferências e benefícios para a garantia do desenvolvimento sustentável nos processos de contratação e (9.3) *fase contratual*: fiscalização quanto à adoção de práticas sustentáveis.

10. Na fase de planejamento, cuida-se de bem especificar a necessidade concreta da Administração, conhecer as soluções disponíveis no mercado e, motivadamente, descrever os critérios sustentáveis que serão adotados na contratação a ser realizada. Justamente em razão desse dever e para que a definição dos critérios de sustentabilidade estejam consonantes ao ordenamento jurídico vigente, é necessário que a Administração: (10.1) ao descrever a necessidade, considere os parâmetros definidos para a política de sustentabilidade no órgão ou entidade; (10.2) ao ponderar a solução frente àquelas disponíveis no mercado, identifique aquelas que, contendo quesitos de sustentabilidade, não restrinjam imotivadamente a competitividade, elevando de uma forma desproporcional os preços; (10.3) identifique se a especificação está relacionada à pessoa do licitante ou ao objeto da contratação: se a especificação estiver relacionada à pessoa do licitante, compreenderá quesito de habilitação para licitação; se a especificação estiver relacionada ao objeto – compreenderá ou quesito de aceitabilidade de proposta ou condição a ser exigida/fiscalizada na etapa de

execução contratual. Ainda, pode ser o caso de o quesito de sustentabilidade não compreender uma condicionante de aceitabilidade de proposta, porém, ser considerado como critério de pontuação em licitação do tipo técnica e preço ou fator para definição de remuneração variável.

11. A fase de seleção de proponentes, considerando a ocorrência de licitação, tem início com a publicação do ato convocatório, seguida do procedimento licitatório em si, até a formalização do contrato. Abrange uma sequência de atos administrativos formais, definidos em conformidade com o regime jurídico aplicável em cada situação concreta (Lei nº 12.462/2011, Lei nº 10.520/02, Lei nº 8.666/93 ou Lei nº 13.303/2016). Os impactos que as políticas públicas vigentes podem provocar sobre a fase externa da licitação conduzirão: (11.1) à realização de disputa exclusiva a determinada categoria de empresas ou reservada a determinada solução; (11.2) à fixação de critérios de desempate; (11.3) à definição de critérios para exercício de preferência; e (11.4) a prazo diferenciado para comprovação de regularidade fiscal.

12. Na fase contratual, destacam-se dois fatores relevantes decorrentes das políticas públicas para o desenvolvimento nacional sustentável: (12.1) o dever de fiscalização da Administração enquanto elemento de controle das obrigações pactuadas; e (12.2) a existência de obrigações compartilhadas pela Administração Pública. O compromisso para com o desenvolvimento nacional sustentável é de todos. Justamente por isso, é necessário tanto o envolvimento da Administração Pública na atividade de controle e penalização em caso de descumprimento de uma condicionante sustentável quanto a atuação compartilhada na hipótese de destinação final dos resíduos e, quando couber, pela logística reversa.

REFERÊNCIAS

ALEXY, Robert. *Teoría de los derechos fundamentales*. Madrid: Centro de Estudios Constitucionales, 1993.

BACELLAR FILHO, Romeu Felipe. *Reflexões sobre Direito Administrativo*. Belo Horizonte: Fórum, 2009.

BARROSO, Luís Roberto. A constitucionalização do direito e suas repercussões no âmbito administrativo. In: ARAGÃO, Alexandre Santos de; MARQUES NETO, Floriano de Azevedo (Coord.). *Direito Administrativo e seus novos paradigmas*. Belo Horizonte: Fórum, 2012. p. 31-63.

BATISTA JÚNIOR, Onofre Alves. *Princípio constitucional da eficiência administrativa*. 2. ed. Belo Horizonte: Fórum, 2012.

BECK, Ulrich. *La sociedade delriesgo global*. España: SigloVeintiuno, 2002.

BERCOVICI, Gilberto. Desenvolvimento, Estado e Administração Pública. In: CARDOZO, José Eduardo Martins; QUEIROZ, João Eduardo Lopes; SANTOS, Márcia Walquíria Batista dos (Orgs.). *Curso de Direito Administrativo econômico*. São Paulo: Malheiros, 2006.

BETIOL, Luciana Stocco et al. *Compra sustentável*: a força do consumo público e empresarial para uma economia verde e inclusiva. São Paulo: Programa Gestão Pública e Cidadania, 2012.

BIDERMAN, Rachel et al. *Guia de compras públicas sustentáveis*: uso do poder de compra do governo para a promoção do desenvolvimento sustentável. 2. ed. Disponível em: <http://archive.iclei.org/fileadmin/user_upload/documents/LACS/Portugues/Servicos/Ferramentas/Manuais/Compras_publicas_2a_ed_5a_prova.pdf>. Acesso em: 08 set. 2015.

BIM, Eduardo Fortunato. Considerações sobre a juridicidade e os limites da licitação sustentável. In: SANTOS, Murillo Giordan; VILLAC, Teresa (Coords.). *Licitações e contratações públicas sustentáveis*. 2. ed. Belo Horizonte: Fórum, 2015. p. 183-230.

BINENBOJM, Gustavo. O sentido da vinculação administrativa à juridicidade no direito brasileiro. In: ARAGÃO, Alexandre Santos de; MARQUES NETO, Floriano de Azevedo (Coords.). *Direito Administrativo e seus novos paradigmas*. Belo Horizonte: Fórum, 2012. p. 145-204.

BITENCOURT NETO, Eurico. Há um direito fundamental à boa administração pública? In: GODINHO, Helena Telino Neves; FIUZA, Ricardo Arnaldo Malheiros (Coords.). *Direito constitucional em homenagem a Jorge Miranda*. Belo Horizonte: Del Rey, 2011.

BITTENCOURT, Sidney. *Licitações sustentáveis*: o uso do poder de compra do Estado fomentando o desenvolvimento nacional sustentável. Belo Horizonte: Del Rey, 2014.

BORGES, Gabriela Lira. Licitações conjuntas, dever de licitar e eficiência na contratação pública. *Revista Zênite – Informativo de Licitações e Contratos (ILC)*, Curitiba, n. 242, p. 338-344, abr. 2014.

BLANCHET, Luiz Alberto. *Direito Administrativo*: o estado, o particular e o desenvolvimento sustentável. 6. ed. Curitiba: Juruá, 2012.

BLANCHET, Luiz Alberto. Fatores vinculantes da definição do objeto do contrato administrativo em cenário globalizado. In: BACELLAR FILHO, Romeu Felipe; GABARDO, Emerson; HACHEM, Daniel Wunder (Coord.). *Globalização, direitos fundamentais e direito administrativo*: novas perspectivas para o desenvolvimento econômico e socioambiental: anais do I Congresso da Rede Docente Eurolatinoamericana de Direito Administrativo. Belo Horizonte: Fórum, 2011. p. 175-186.

BLIACHERIS, Marcos Weiss. Licitações sustentáveis: política pública. In: SANTOS, Murillo Giordan; VILLAC, Teresa (Coord.). *Licitações e contratações públicas sustentáveis*. 2. ed. Belo Horizonte: Fórum, 2015. p. 141-156.

BONAVIDES, Paulo. *Curso de Direito Constitucional*. 20. ed. São Paulo: Malheiros, 2007.

BORBA, Julian. Cultura política, ideologia e comportamento eleitoral: alguns apontamentos teóricos sobre o caso brasileiro. *Opinião Pública*, Campinas, v. 11, n. 1, Mar. 2005. Disponível em: <http://dx.doi.org/10.1590/S0104-62762005000100006>. Acesso em: 20 jun. 2015.

BRASIL. Advocacia-Geral da União. Tribunal de Contas da União. *Informativo de Licitações e Contratos n. 245*. Disponível em: <http://www.agu.gov.br/page/content/detail/id_conteudo/173177>. Acesso em: 10 jan. 2015.

BRASIL. Gov.br. *Diretrizes*. Disponível em: <http://www.governoeletronico.gov.br/o-gov.br/principios>. Acesso em: 27 set. 2015.

BRASIL. Ministério do Planejamento, Orçamento e Gestão. *Informativo sustentável*. Disponível em: <http://www.comprasgovernamentais.gov.br/gestor-de-compras/sustentabilidade/compras-sustentaveis>. Acesso em: 22 jan. 2016.

BRASIL. Supremo Tribunal Federal. *Notícias STF*. Disponível em: <http://www.stf.jus.br/portal/cms/verNoticiaDetalhe.asp?idConteudo=289082>. Acesso em: 10 jan. 2015.

BUCCI, Maria Paula Dallari. *Direito Administrativo e políticas públicas*. São Paulo: Saraiva, 2002.

CAPRA, Fritjof. *A teia da vida*. São Paulo: Cultrix, 2004.

CAPRA, Fritjof. *As conexões ocultas*. São Paulo: Cultrix, 2006.

CASTOR, Belmiro Valverde Jobim. Finalmente a aldeia global? In: SILVA, Christian Luiz da; MENDES, Judas Tadeu Grassi (Org.). *Reflexões sobre o desenvolvimento sustentável*: agentes e interações sob a ótica multidisciplinar. Petrópolis: Vozes, 2005. p. 153-193.

CENTRO Latinoamericano de Administración para El Desarrollo (CLAD). *Carta iberoamericana dos direitos e deveres do cidadão em relação com a administração pública*. Disponível em: <http://old.clad.org/documentos/declaraciones/Carta%20Iberoamericana%20de%20los%20deberes%20y%20derechos%20-%20documento%20aprobado.pdf/view>. Acesso em 09: de jan. 2015.

CLÈVE, Clèmerson Merlin. O desafio da efetividade dos direitos fundamentais sociais. *Revista da Academia Brasileira de Direito Constitucional*, Curitiba, v. 3, p. 291-300, 2003.

DALLARI, Adilson Abreu. *Aspectos jurídicos da licitação*. 7. ed. São Paulo: Saraiva, 2006.

DE GIORGI, Rafaelle. O risco na sociedade contemporânea. *Revista Sequência, Florianópolis*, ano XV, n. 28, p. 45-54, jun. 1994.

DI PIETRO, Maria Sylvia Zanella. *Direito Administrativo*. 27. ed. São Paulo: Atlas, 2014.

ESPÍRITO SANTO, Leonardo Motta. O desenvolvimento nacional sustentável e a aplicação da margem de preferência nas contratações públicas. In: BICALHO, Alécia Paolucci Nogueira; DIAS, Maria Tereza Fonseca (Coord.). *Contratações públicas*: estudos em homenagem ao Professor Carlos Pinto Coelho Motta. Belo Horizonte: Fórum, 2013. p. 295-301.

FERREIRA, Daniel. *A licitação pública no Brasil e sua nova finalidade legal*: a promoção do desenvolvimento nacional sustentável. Belo Horizonte: Fórum, 2012.

FINGER, Ana Cláudia. Licitações sustentáveis como instrumento de política pública na concretização do direito fundamental ao meio ambiente sadio e ecologicamente equilibrado. *A&C – Revista de Direito Administrativo & Constitucional*, Belo Horizonte, ano 13, n. 51, p. 121-153, jan./mar. 2013.

FOLLONI, André. A complexidade ideológica, jurídica e política do desenvolvimento sustentável e a necessidade de compreensão interdisciplinar do problema. *Revista Direitos Humanos Fundamentais*, Osasco, ano 14, n. 1, jan/jun. 2014.

FOLLONI, André. *Ciência do direito tributário no Brasil*: crítica e perspectiva a partir de José Souto Maior Borges. São Paulo: Saraiva, 2013.

FRANÇA, R. Limongi. *Hermenêutica jurídica*. 7. ed. São Paulo: Saraiva, 1999.

FRANCO, Caroline da Rocha. Licitações ecoeficentes e as políticas públicas ambientais. *A&C – Revista de Direito Administrativo & Constitucional*, Belo Horizonte, ano 13, n. 51, p. 275-286, jan./mar. 2013.

FREITAS, Juarez. Direito administrativo e gestão sustentável. *Revista Zênite – Informativo de Licitações e Contratos (ILC)*, Curitiba, n. 229, p. 270-276, mar. 2013.

FREITAS, Juarez. Licitações e sustentabilidade: ponderação obrigatória dos custos e benefícios sociais, ambientais e econômicos. *Interesse Público – IP*, Belo Horizonte, ano 13, n. 70, nov./dez. 2011. Disponível em: <http://www.bidforum.com.br/bid/PDI0006.aspx?pdiCntd=76861>. Acesso em: 11 jun. 2012.

FREITAS, Juarez. *O controle dos atos administrativos e os princípios fundamentais*. 3. ed. São Paulo: Malheiros, 2004.

FREITAS, Juarez. *Sustentabilidade*: direito ao futuro. 2. ed. Belo Horizonte: Fórum, 2012.

FREITAS, Thiago Pereira de. *Sustentabilidade e as contratações públicas*. Rio de Janeiro: Lumen Juris, 2014.

FURTADO, Lucas Rocha. *Curso de licitações e contratos administrativos*. 4. ed. Belo Horizonte: Fórum, 2012.

GABARDO, Emerson. *Interesse público e subsidiariedade*: o Estado e a sociedade civil para além do bem e do mal. Belo Horizonte: Fórum, 2009.

GABARDO, Emerson. *Eficiência e legitimidade do Estado*: uma análise das estruturas simbólicas do direito político. São Paulo: Manole, 2003.

GABARDO, Emerson; HACHEM, Daniel Wunder. Responsabilidade civil do Estado, *faute du service* e o princípio constitucional da eficiência administrativa. In: GUERRA, Alexandre Dartanhan de Mello; PIRES, Luis Manuel Fonseca; BENACCHIO, Marcelo (Coord.). *Responsabilidade civil do Estado*: desafios contemporâneos. São Paulo: Quartier Latin, 2010.

GUERRA, Evando Martins; PINHEIRO, Luís Emílio. Políticas públicas na fase interna da licitação. In: BICALHO, Alécia Paolucci Nogueira; DIAS, Maria Tereza Fonseca (Coord.).

Contratações públicas: estudos em homenagem ao Professor Carlos Pinto Coelho Motta. Belo Horizonte: Fórum, 2013. p. 257-266.

GUIMARÃES, Edgar; SANTOS, José Anacleto Abduch. *Lei das Estatais*: comentários ao regime jurídico licitatório e contratual da Lei nº 13.303/2016. Belo Horizonte: Fórum, 2017.

GUTIÉRRÉZ COLANTUONO, Pablo Ángel. Contrataciones públicas constitucional y socialmente sostenibles: el caso argentino. In: PERNAS GARCÍA, J. José; VALIM, Rafael (Dir.). *Contratación pública sostenible*: una perspectiva ibero-americana. La Coruña: Bubok Publishing, 2015.

HABILITAÇÃO. Documentação. Pessoa física. *Revista Zênite – Informativo de Licitações e Contratos (ILC)*, Curitiba, n. 245, p. 711, jul. 2014. (Seção "Perguntas e Respostas").

HACHEM, Daniel Wunder. A maximização dos direitos fundamentais econômicos e sociais pela via administrativa e a promoção do desenvolvimento. *Revista Direitos Fundamentais & Democracia (UniBrasil)*, v. 13, n. 13, Curitiba, p. 346-354, jan./jul. 2013.

HACHEM, Daniel Wunder. A noção constitucional de desenvolvimento para além do viés econômico: reflexos sobre algumas tendências do Direito Público brasileiro. *A&C – Revista de Direito Administrativo & Constitucional*, Belo Horizonte, ano 13, n. 53, p. 133-168, jul./set. 2013.

HACHEM, Daniel Wunder. *Princípio constitucional da supremacia do interesse público*. Belo Horizonte: Fórum, 2011.

HACHEM, Daniel Wunder. *Tutela administrativa efetiva dos direitos fundamentais sociais*: por uma implementação espontânea, integral e igualitária. Tese (Doutorado em Direito) – Setor de Ciências Jurídicas, Universidade Federal do Paraná, Curitiba, 2014.

JACOBY FERNANDES, Jorge Ulysses. *Contratação direta sem licitação*. 9. ed. Belo Horizonte: Fórum, 2011.

JUSTEN FILHO, Marçal. *Comentários à lei de licitações e contratos administrativos*. 16. ed. São Paulo: Revista dos Tribunais, 2014.

JUSTEN FILHO, Marçal. *Comentários ao RDC*. São Paulo: Dialética, 2013.

JUSTEN FILHO, Marçal. *Curso de Direito Administrativo*. 7. ed. Belo Horizonte: Fórum, 2011.

JUSTEN FILHO, Marçal. O direito administrativo de espetáculo. In: ARAGÃO, Alexandre Santos de; MARQUES NETO, Floriano de Azevedo (Coord.). *Direito administrativo e seus novos paradigmas*. Belo Horizonte: Fórum, 2008.

JUSTEN FILHO, Marçal. *O estatuto da microempresa e as licitações públicas*. São Paulo: Dialética, 2007.

KARKACHE, Sergio. *Princípio do tratamento favorecido*: o direito das empresas de pequeno porte a uma carga tributária menor. Curitiba: [s.n.], 2010.

LIMA, Edcarlos Alves; RICARDINO, Juliana Torresan. Lei Complementar nº 147/14 e seus reflexos na participação das microempresas e empresas de pequeno porte nas licitações públicas. *Revista Zênite – Informativo de Licitações e Contratos (ILC)*, Curitiba, n. 253, p. 249-257, mar. 2015.

LÖWY, Michael. *Ecologia e socialismo*. São Paulo: Cortez, 2005.

MEIRELLES, Hely Lopes. *Direito Administrativo brasileiro*. São Paulo: Malheiros, 2005.

MELLO, Celso Antônio Bandeira de. *Curso de Direito Administrativo.* 28. ed. São Paulo: Malheiros, 2011.

MENDES, Renato Geraldo. *LeiAnotada.com:* Lei nº 8.666/93. Disponível em: <http://www.leianotada.com>. Acesso em: 07 set. 2015.

MENDES, Renato Geraldo. *O processo de contratação pública:* fases, etapas e atos. Curitiba: Zênite, 2012.

MENEGUIN, Fernando B.; SANTOS, Pedro Felipe de Oliveira. *Há incompatibilidade entre legalidade e eficiência?* Brasília: Núcleo de Estudos e Pesquisas/CONLEG/Senado, ago. 2013 (Texto para Discussão nº 133). Disponível em: <www.senado.leg.br/estudos>. Acesso em: 28 jun. 2015.

MEZZAROBA, Orides; STRAPAZZON, Carloz Luiz. Direitos fundamentais e a dogmática do bem comum constitucional. *Sequência – estudos jurídicos e políticos,* Florianópolis, ano XXXIII, v. 33, n. 64, p. 335-372, jul. 2012.

MILESKI, Helio Saul. Tratamento diferenciado e favorecido em licitações públicas: aperfeiçoamentos legais introduzidos ao Estatuto Nacional da Microempresa e da Empresa de Pequeno Porte (Lei Complementar nº 147/2014). *Interesse Público – IP,* Belo Horizonte, ano 16, n. 86, p. 51-70, jul./ago. 2014.

MODESTO, Paulo. Notas para um debate sobre o princípio constitucional da eficiência. *Revista Eletrônica de Direito Administrativo Econômico (REDAE),* Salvador, n. 10, maio/jul. 2007. Disponível em: <http://www.direitodoestado.com.br/redae.asp>. Acesso em: 28 jun. 2015.

MOREIRA NETO, Diogo de Figueiredo. Políticas públicas e parcerias: juridicidade, flexibilidade negocial e tipicidade na administração consensual. *Revista de Direito do Estado – RDE,* Rio de Janeiro, Renovar, ano I, n. 1, p. 105-117, jan./mar. 2006.

MOREIRA, Egon Bockmann; GUIMARÃES, Fernando Vernalha. *Licitação pública.* São Paulo: Malheiros, 2012.

MORIN, Edgar. *Ciência com consciência.* Tradução Maria D. Alexandre e Maria Alice Sampaio Dória. Rio de Janeiro: Bertrand Brasil, 1996.

NIEBUHR, Joel de Menezes. *Dispensa e inexigibilidade de licitação pública.* São Paulo: Dialética, 2003.

NIEBUHR, Joel de Menezes. Licitação pública e contrato administrativo. 4. ed. Belo Horizonte: Fórum, 2015.

NOHARA, Irene Patrícia. *Direito Administrativo.* 2. ed. São Paulo: Atlas, 2012.

OLIVEIRA, Antonio Flavio de. Estatuto da microempresa e empresa de pequeno porte e critério de desempate em licitação. *Fórum de Contratação e Gestão Pública,* Belo Horizonte, v. 6, n. 69, p. 85-88, set. 2007.

ORMEROD, Alexandre Rodriguez Bueno. *Administração pública dialógica e legitimação da atuação administrativa.* Rio de Janeiro: 2012. Disponível em: <www.emerj.tjrj.jus.br/paginas/trabalhos.../alexandreormerod.pdf>. Acesso em: 03 jan. 2015.

PALU, Oswaldo Luiz. *Controle dos atos de governo pela jurisdição.* São Paulo: Revista dos Tribunais, 2004.

PEIXINHO, Manoel Messias. *A interpretação da constituição e os princípios fundamentais:* elementos para uma hermenêutica constitucional renovada. 2. ed. Rio de janeiro: Lumen Juris, 2000.

PEREIRA JUNIOR, Jessé Torres; DOTTI, Marinês Restelatto. *Políticas públicas nas licitações e contratações administrativas*. 2. ed. Belo Horizonte: Fórum, 2012.

PERNAS GARCÍA, Juan José. Apuntes introductorios sobre la contratación pública verde em Europa y em España. In: BACELLAR FILHO, Romeu Felipe; GABARDO, Emerson; HACHEM, Daniel Wunder (Coord.). *Globalização, direitos fundamentais e Direito Administrativo*: novas perspectivas para o desenvolvimento econômico e socioambiental: Anais do I Congresso da Rede Docente Eurolatinoamericana de Direito Administrativo. Belo Horizonte: Fórum, 2011. p. 125-138.

PINTO, Luciana Moraes Raso Sardinha; ARAUJO, Ana Luiza Gomes de; RODRIGUES, Maria Isabel Araújo. Compras públicas sustentáveis. In: BICALHO, Alécia Paolucci Nogueira; DIAS, Maria Tereza Fonseca (Coord.). *Contratações públicas*: estudos em homenagem ao Professor Carlos Pinto Coelho Motta. Belo Horizonte: Fórum, 2013. p. 317-325.

PIRES, Maria Coeli Simões; COSTA, Mila Batista Leite Corrêa da. Sustentabilidade, licitação e pós-modernidade: pluridimensionalidade e releituras necessárias. In: BICALHO, Alécia Paolucci Nogueira; DIAS, Maria Tereza Fonseca (Coord.). *Contratações públicas*: estudos em homenagem ao Professor Carlos Pinto Coelho Motta. Belo Horizonte: Fórum, 2013. p. 341-356.

RELIEF. *Sustainable procurement resource center*: informartion, news and exchange. Disponível em: <http://www.sustainable-procurement.org/about-us/past-projects/relief/>. Acesso em: 08 set. 2015.

REVISTA ZÊNITE – Informativo de Licitações e Contratos (ILC), Curitiba, n. 136, jun. 2005. (Seção Perguntas e Respostas).

REVISTA ZÊNITE, Curitiba, n. 147, maio 2006. (Seção Tribunais de Contas).

REVISTA ZÊNITE, Curitiba: n. 167, jan. 2008. (Seção Jurisprudência).

REYNA, Justo J. Globalización, pluralidad sistémica y derecho administrativo: apuntes para un derecho administrativo multidimensional. In: BACELLAR FILHO, Romeu Felipe; GABARDO, Emerson; HACHEM, Daniel Wunder (Coord.). *Globalização, direitos fundamentais e Direito Administrativo*: novas perspectivas para o desenvolvimento econômico e socioambiental: Anais do I Congresso da Rede Docente Eurolatinoamericana de Direito Administrativo. Belo Horizonte: Fórum, 2011. p. 25-53.

RIBEIRO, Diógenes V. Hassan. As ações repetitivas e a exigência de soluções complexas. *Revista Brasileira de Direito Processual – RBDPro*, Belo Horizonte, ano 23, n. 87, jul./set. 2014.

RODRÍGUEZ-ARANA MUÑOZ, Jaime. *Direito fundamental à boa administração pública*. Tradução Daniel Wunder Hachem. Belo Horizonte: Fórum, 2012.

RODRÍGUEZ-ARANA MUÑOZ, Jaime. Sobre el derecho fundamental a la buena administración y la posición jurídica del ciudadano. *A&C – Revista de Direito Administrativo & Constitucional*, Belo Horizonte, ano 12, n. 47, p. 13-50, jan./mar. 2012.

RUOCCO, Graciela. La "buena administración" y el "interés general". *A&C – R. de Dir. Administrativo & Constitucional*, Belo Horizonte, ano 12, n. 49, p. 27-45, jul./set. 2012.

SAMPAIO, Ricardo Alexandre. A adoção do registro de preços para serviços contínuos – Breve comentário. *Revista Zênite – Informativo de Licitações e Contratos (ILC)*, Curitiba, n. 240, p. 149-153, fev. 2014.

SANTANA, Jair Eduardo. Pensamentos linear-cartesiano, sistêmico e complexo aplicados à governança pública: as aquisições governamentais. *Revista Zênite – Informativo de Licitações e Contratos (ILC)*, Curitiba, n. 226, p. 1207-1217, dez. 2012.

SANTANA, Jair Eduardo; GUIMARÃES, Edgar. *Licitações e o novo estatuto da pequena e microempresa*: reflexos práticos da LC nº 123/06. Belo Horizonte: Fórum, 2007.

SANTOS, José Anacleto Abduch. *Licitações e o estatuto da microempresa e empresa de pequeno porte*. Curitiba: Juruá, 2009.

SANTOS, Murillo Giordan. Poder normativo nas licitações sustentáveis. In: SANTOS, Murillo Giordan; VILLAC, Teresa (Coord.). *Licitações e contratações públicas Sustentáveis*. 2. ed. Belo Horizonte: Fórum, 2015. p. 157-181.

SEN, Amartya. *Desenvolvimento como liberdade*. São Paulo: Companhia das Letras, 2000.

SILVA, Christian Luiz da. Desenvolvimento sustentável: um conceito multidisciplinar. In: SILVA, Christian Luiz da; MENDES, Judas Tadeu Grassi (Org.). *Reflexões sobre o desenvolvimento sustentável*: agentes e interações sob a ótica multidisciplinar. Petrópolis: Vozes, 2005. p. 11-40.

SILVA, Renato Cader da. *Compras compartilhadas sustentáveis*. Disponível em: <http://www.comprasgovernamentais.gov.br/paginas/artigos/compras-compartilhadas-sustentaveis>. Acesso em: 08 set. 2015.

SILVA, Renato Cader da Silva; BARKI, Teresa Villac Pinheiro. Compras públicas compartilhadas: a prática das licitações sustentáveis. *Revista do Serviço Público Brasília*, v. 63, n. 2, p. 157-175, abr./jun. 2012.

SUNDFELD, Carlos Ari. *Fundamentos de Direito Público*. 4. ed. São Paulo: Malheiros, 2009.

TERRA, Luciana Maria Junqueira; CSIPAI, Luciana Pires; UCHIDA, Mara Tieko. Formas práticas de implementação das licitações sustentáveis: três passos para a inserção de critérios socioambientais nas contratações públicas. In: SANTOS, Murillo Giordan; VILLAC, Teresa (Coord.). *Licitações e contratações públicas sustentáveis*. 2. ed. Belo Horizonte: Fórum, 2015.

THOMPSON, John B. *Ideologia e cultura moderna*: teoria social crítica na era dos meios de comunicação de massa. Petrópolis: Vozes, 2000.

VALIM, Rafael. La contratación pública sostenible em Brasil. In: PERNAS GARCÍA, J. José; VALIM, Rafael (Dir.). *Contratación pública sostenible*: una perspectiva ibero-americana. La Coruña: Bubok Publishing, 2015.

VALLE, Vanice Regina Lírio do. *Direito fundamental à boa administração e governança*. Belo Horizonte: Fórum, 2011.

VALLE, Vanice Regina Lírio do. Sustentabilidade das escolhas públicas: dignidade da pessoa traduzida pelo planejamento público. *A&C – Revista de Direito Administrativo & Constitucional*, Belo Horizonte, ano 11, n. 45, p. 127-149, jul./set. 2011.

VILLAC, Teresa. Direito internacional ambiental como fundamento principiológico e de juridicidade para as licitações sustentáveis no Brasil. In: SANTOS, Murillo Giordan; VILLAC, Teresa (Coords.). *Licitações e contratações públicas sustentáveis*. 2. ed. Belo Horizonte: Fórum, 2015. p. 43-68.

ZANOTELLI, Maurício. A compreensão dos direitos humanos como condição de possibilidade de interpretar o direito administrativo: um vir-à-fala hermenêutico. In: SILVA, Maria Teresinha Pereira e; ZANOTELLI, Maurício (Coord.). *Direito e administração pública*: por uma hermenêutica compatível com os desafios contemporâneos. Curitiba: Juruá, 2011.

ANEXO

Guia Nacional de Licitações Sustentáveis

NESLIC – Núcleo Especializado Sustentabilidade, Licitações e Contratos
DECOR/CGU/AGU

Abril/2016

CONSULTORIA-GERAL DA UNIÃO   Guia Nacional de Licitações Sustentáveis

ADVOGADO-GERAL DA UNIÃO

José Eduardo Martins Cardozo

CONSULTOR-GERAL DA UNIÃO

José Levi Mello de Amaral Júnior

Elaboração do Texto

Flávia Gualtieri de Carvalho – Advogada da União

Maria Augusta de Oliveira Ferreira – Advogada da União

Teresa Villac – Advogada da União

Advocacia-Geral da União

Edifício Sede AGU I - SAS Quadra 3 Lotes 5/6 CEP: 70070-030

Brasília-DF

Telefone: (61) 2026-8545

Permitida a reprodução parcial ou total desta publicação, desde que citada a fonte.

B823 Brasil. Advocacia-Geral da União (AGU). Consultoria-Geral da União. Guia Nacional de Licitações Sustentáveis / Flávia Gualtieri de Carvalho, Maria Augusta Soares de Oliveira Ferreira e Teresa Villac, Brasília: AGU, 2016. 42 p. il. 1. Licitação sustentável. Legislação e normas. Direito Ambiental. Direito Administrativo. CDU: 351.712(81)

CONSULTORIA-GERAL DA UNIÃO   Guia Nacional de Licitações Sustentáveis

Sumário

PARTE TEÓRICA

1. CONSIDERAÇÕES INICIAIS 7
2. desenvolvimento sustentável 10
3. LICITAÇÃO SUSTENTÁVEL 12
4. FUNDAMENTOS JURÍDICOS 16
5. **PROCEDIMENTO DA LICITAÇÃO SUSTENTÁVEL (passo a passo)** 20
   A SUSTENTABILIDADE NA AQUISIÇÃO DE BENS E PRODUTOS 28
6. SERVIÇOS 31
   Aspectos gerais atinentes à Sustentabilidade em serviços 31
   SUSTENTABILIDADE EM QUAIS SERVIÇOS? 32
7. oBRAS E SERVIÇOS DE ENGENHARIA 32
   dEFINIÇõES 33
   A SUSTENTABILIDADE EM OBRAS E SERVIÇOS DE ENGENHARIA 33
   compreendendo prevenção de resíduos: 34
   compreendendo gestão de resíduos: 35
   A ACESSIBILIDADE EM OBRAS E SERVIÇOS DE ENGENHARIA 36
   SUSTENTABILIDADE EM OBRAS E SERVIÇOS DE ENGENHARIA NO ORDENAMENTO
   JURÍDICO LICITATÓRIO: LEI 8.666/93 E DECRETO 7.746/12 38
   ACESSIBILIDADE EM OBRAS E SERVIÇOS DE ENGENHARIA 41
   ACESSIBILIDADE EM LOCAÇÕES 42
   AGROTÓXICOS 43
   APARELHOS ELÉTRICOS EM GERAL 46
   APARELHOS ELETRODOMÉSTICOS 52
   AQUISIÇÃO DE ALIMENTOS 54

CONSULTORIA-GERAL DA UNIÃO Guia Nacional de Licitações Sustentáveis

CADASTRO TÉCNICO FEDERAL 55
CONSTRUÇÃO CIVIL 62
CONSTRUÇÃO CIVIL – Resíduos 65
CREDENCIAMENTO NA ÁREA DE SAÚDE 68
DETERGENTE EM PÓ 69
EMISSÃO DE POLUENTES ATMOSFÉRICOS POR FONTES FIXAS 71
FRASCOS DE AEROSSOL EM GERAL 72
LÂMPADAS FLUORESCENTES 74
LIMPEZA E CONSERVAÇÃO 76
LIXO TECNOLÓGICO 80
MERCÚRIO METÁLICO 82
ÓLEO LUBRIFICANTE 83
PILHAS OU BATERIAS 85
PNEUS 88
PRODUTOS OU SUBPRODUTOS FLORESTAIS 89
PRODUTOS PRESERVATIVOS DE MADEIRA 93
RESÍDUOS – Serviços de saúde 96
RESÍDUOS SÓLIDOS EM GERAL OU REJEITOS 101
RESÍDUOS SÓLIDOS EM GERAL OU REJEITOS – Resíduos perigosos 105
SERVIÇOS DE ALIMENTAÇÃO 109
A Resolução RDC ANVISA n. 216/04 estabelece Boas Práticas para Serviços de Alimentação.. 109
SERVIÇO DE LAVANDERIA HOSPITALAR 110
SUBSTÂNCIAS QUE DESTROEM A CAMADA DE OZÔNIO 112
SUBSTÂNCIAS QUE DESTROEM A CAMADA DE OZÔNIO – Serviços de manutenção 116
TECNOLOGIA DA INFORMAÇAO 119
VEÍCULOS 121

CONSULTORIA-GERAL DA UNIÃO   Guia Nacional de Licitações Sustentáveis

Apresentação

O presente Guia Nacional de Licitações Sustentáveis representa mais uma iniciativa do Núcleo Especializado em Sustentabilidade, Licitações e Contratos – NESLIC, integrante da estrutura do Departamento de Coordenação e Orientação de Órgãos Jurídicos (DECOR), da Consultoria-Geral da União (CGU).

Resultado do profícuo e inovador trabalho dos membros desse núcleo do DECOR/CGU, com destaque para o esforço pessoal das Advogadas Teresa Villac, Maria Augusta de Oliveira Ferreira e Flávia Gualtieri de Carvalho, autoras deste projeto, o Guia Nacional de Licitações Sustentáveis constitui um marco simbólico e operacional no âmbito da Consultoria-Geral da União.

Simbólico porque reforça o comprometimento da CGU com a disseminação da temática socioambiental nas contratações públicas entre seus membros e nos órgãos públicos federais por ela assessorados em todo o Brasil. Esse comprometimento pode ser verificado em iniciativas anteriores da Consultoria-Geral da União, como o manual "Implementando Licitações Sustentáveis na Administração Pública Federal", o livro "Licitações e Contratações Administrativas", ambos disponíveis na página institucional na internet[1], e parcerias para a ampla disseminação do conhecimento da CGU sobre o tema. Operacional porque traz em seu bojo legislação e demais normas infralegais de incidência nos editais, termos de referência e contratos. Nesse sentido, é também pedagógico e, por isso, traz segurança jurídica aos gestores públicos na implementação das licitações sustentáveis, exigência normativa atualmente inconteste no sistema jurídico nacional.

Com efeito, a consideração de critérios de sustentabilidade nos procedimentos de contratação pública é uma obrigação imposta a todos os Poderes Públicos, a qual decorre não apenas do atual comando normativo explícito do art. 3º da Lei de Licitações (Lei n. 8.666/93), mas igualmente do dever de proteção socioambiental prescrito pelo art. 225 da Constituição e, em uma visão mais ampla, do próprio sistema normativo constitucional. Como há muito ressalta o Prof. J. J. Gomes Canotilho, o Estado constitucional é também "Estado constitucional

---

[1] www.agu.gov.br/cgu - link: "Kit Consultivo".

CONSULTORIA-GERAL DA UNIÃO   Guia Nacional de Licitações Sustentáveis

ecológico" (*Der Ökologische Verfassungstaat*)[2], comprometido nos planos interno e internacional com a defesa e a proteção do meio ambiente (os "deveres fundamentais ecológicos") e com o desenvolvimento sustentável das sociedades contemporâneas, em prol de suas gerações futuras.

Assim, pensar-se juridicamente em desenvolvimento sustentável como um dos princípios que norteia a licitação (artigo 3º, "caput", da Lei 8.666/93) é agregar ao clássico tripé da sustentabilidade – ambiental, social e econômico, constante do Relatório Brundtland – os fundamentos e princípios da República Federativa do Brasil constantes de seus artigos 1º e 3º: cidadania, dignidade da pessoa humana, valores sociais do trabalho e livre iniciativa, construção de uma sociedade livre, justa e solidária, erradicação da pobreza e da marginalização, com redução das desigualdades sociais e regionais, promoção do bem estar de todos, juntamente com o constitucional dever estatal em preservar o meio ambiente (artigo 225). Esse substrato constitucional brasileiro exige um desenvolvimento que vá muito além dos aspectos econômicos e que, nos internacionalmente difundidos dizeres do Prof. Amartya Sen, prêmio Nobel da Economia, possibilite o fortalecimento das liberdades substantivas de todo ser humano.

Nesse contexto, é também inegável a existência de um conteúdo ético subjacente aos atos e procedimentos públicos como promotores do desenvolvimento nacional sustentável: o reconhecimento de que a sustentabilidade é um valor que irradia para todo o ordenamento jurídico. Além de dever fundamental de proteção ambiental decorrente da Constituição e de dever legal de sustentabilidade imposto pela Lei de Licitações, a consideração de aspectos socioambientais nos processos licitatórios representa um dever ético, o qual decorre do *princípio responsabilidade* (Hans Jonas)[3] como "ética do agir humano", uma "ética de responsabilidade", e que pode pressupor, igualmente, uma espécie de "imperativo categórico-ambiental" (Canotilho).

Portanto, com este Guia Nacional renova-se o comprometimento e o reconhecimento institucional da Consultoria-Geral da União de que a preservação do meio ambiente é obrigação constitucional, dever ético e, portanto, missão institucional do Advogado Público, inserindo-se

---

[2] CANOTILHO, J. J. Gomes. Estado constitucional ecológico e democracia sustentada. In: GRAU, Eros Roberto; CUNHA, Sérgio Sérvulo (coord.). *Estudos de Direito Constitucional em homenagem a José Afonso da Silva*. São Paulo: Malheiros; 2003, p. 101 e ss.

[3] JONAS, Hans. *O princípio responsabilidade. Ensaio de uma ética para a civilização tecnológica*. Trad. Marijane Lisboa, Luis Barros Montez. Rio de Janeiro: Contraponto; 2006.

CONSULTORIA-GERAL DA UNIÃO   Guia Nacional de Licitações Sustentáveis

entre as atividades profissionais de todos os Membros da Instituição, constitucionalmente reconhecida como Função Essencial à Justiça.

ANDRÉ RUFINO DO VALE
Diretor do Departamento de Coordenação e Orientação de Órgãos Jurídicos
(DECOR/CGU/AGU)

CONSULTORIA-GERAL DA UNIÃO   Guia Nacional de Licitações Sustentáveis

1. CONSIDERAÇÕES INICIAIS

O Núcleo Especializado Sustentabilidade, Licitações e Contratos (NESLIC), integrante da Consultoria-Geral da União - CGU, da Advocacia-Geral da União, é responsável pela uniformização de entendimento no aspecto socioambiental em matéria de licitações e contratos, no âmbito da CGU. O NESLIC atua para uniformizar e promover o assessoramento jurídico dos órgãos da Administração Pública Federal, especialmente no que diz respeito às chamadas licitações sustentáveis – contratações públicas que consideram os aspectos socioambientais dos bens, serviços e obras a serem contratados pela Administração pública.

O NESLIC apresenta agora, em março de 2016, a primeira edição do Guia Nacional de Licitações Sustentáveis (GNLS). Partindo-se do sucesso e da importância para o assessoramento jurídico acerca das licitações sustentáveis alcançados pelo Guia Prático de Licitações Sustentáveis da CJU/SP, a elaboração deste GNLS se fez necessária em razão da crescente importância no contexto brasileiro atual das licitações sustentáveis. Esta importância das licitações sustentáveis se reflete no constante surgimento de novas normas que demandam especial atenção para atualização da legislação acerca da matéria.

Além da necessária atualização da legislação, este GNLS amplia a orientação jurídica das licitações sustentáveis para incluir uma parte introdutória mais geral acerca dos fundamentos das licitações sustentáveis, desde a definição de desenvolvimento sustentável, passando por uma visão geral da legislação acerca da matéria. Outra importante novidade deste GNLS está na orientação acerca das licitações sustentáveis, desde a avaliação da necessidade de contratação, passando pelo planejamento da contratação pública com a inclusão de critérios, práticas e diretrizes de sustentabilidade, para se chegar a promoção do desenvolvimento sustentável através da contratação pública. O GNLS também inova ao dialogar com outros instrumentos de orientação da

CONSULTORIA-GERAL DA UNIÃO   Guia Nacional de Licitações Sustentáveis

CGU, o Manual Implementando Licitações Sustentáveis na Administração Pública Federal, o Manual de Licitações e Contratações Administrativas, o Manual de Obras e Serviços de Engenharia, e os modelos de editais da Comissão Permanente de Atualização e Modelos da CGU.

O GNLS lastreia-se, em especial, na nova redação do art. 3º, da Lei 8.666/93, que erigiu a promoção do desenvolvimento nacional sustentável ao mesmo patamar de importância das demais finalidades da licitação - a garantia da isonomia e da seleção da proposta mais vantajosa. Parte-se, portanto, do pressuposto jurídico de que a inclusão de critérios sustentáveis nas licitações deve ser a regra e a não inclusão é exceção, que necessita inclusive ser justificada pelo gestor.

Sabemos que toda nova lei necessita de algum tempo para se tornar efetiva, e neste caso das licitações sustentáveis necessita especialmente, diante da complexidade do tema da sustentabilidade, de instrumentos que possam facilitar o seu cumprimento. Eis o principal propósito deste GNLS, contribuir para o cumprimento da legislação acerca das licitações sustentáveis, facilitando o trabalho dos gestores e dos advogados públicos.

Agradecemos às autoras do Guia Prático de Licitações Sustentáveis da CJU/SP, Dras. Luciana Pires Cspai, Luciana Maria Junqueira Terra, Mara Tieko Uchida e Viviane Vieira da Silva, pelo trabalho pioneiro e de grande envergadura jurídica, cuja estrutura foi mantida na segunda parte deste GNLS. Agradecemos à Consultoria Geral da União, nas pessoas da Dra. Sávia Maria Leite Rodrigues e Joaquim Modesto Pinto Júnior, que estimularam e viabilizaram a realização deste trabalho. Agradecemos à Profa. Socorro Maria de Jesus Seabra Sarkis, da Escola Preparatória de Cadetes do Exército pela legislação e normas encaminhadas e em especial a todos os Gestores e Advogados Públicos Federais, que contribuem cotidianamente para a promoção do desenvolvimento nacional sustentável através das licitações públicas, cumprindo o mister constitucional de defesa e preservação do meio ambiente para as presentes e futuras gerações.

CONSULTORIA-GERAL DA UNIÃO — Guia Nacional de Licitações Sustentáveis

Flávia Gualtieri de Carvalho

Maria Augusta Soares de Oliveira Ferreira

Teresa Villac

CONSULTORIA-GERAL DA UNIÃO   Guia Nacional de Licitações Sustentáveis

2. DESENVOLVIMENTO SUSTENTÁVEL

Desde 1972, época da Conferência de Estocolmo, a Organização das Nações Unidas - ONU - ocupa-se de refletir, discutir e disseminar a ideia de desenvolvimento sustentável.

O Relatório Brundtland, de 1987, elaborado pela Comissão Mundial sobre o Meio Ambiente e o Desenvolvimento, representa um marco histórico na evolução do tema.

Na atualidade, o desenvolvimento sustentável constitui um princípio de direito internacional geral, o que implica no dever de sua persecução por parte de todos os Estados que compõem a comunidade internacional.

Em linhas gerais, podemos afirmar que a necessidade de desenvolvimento e o dever de proteger o meio ambiente são valores que se impõem com grande força e que ocorrem simultaneamente, sem qualquer possibilidade de exclusão entre si.

Não há a menor viabilidade, nos tempos que correm, de pensarmos o desenvolvimento apenas como fator econômico. Daqui em diante, o desenvolvimento há de vir sempre acompanhado e orientado por necessidades socioambientais. Sendo assim, todo desenvolvimento deve ser qualificado e entendido como desenvolvimento sustentável.

CONSULTORIA-GERAL DA UNIÃO   Guia Nacional de Licitações Sustentáveis

O desenvolvimento sustentável está associado a uma conjugação de, no mínimo, três esforços primordiais:

- bem estar social;

- desenvolvimento econômico;

- preservação do meio ambiente.

A partir deste enfoque tripartite, que constitui o núcleo mínimo do desenvolvimento sustentável, reconhecemos que o desenvolvimento sustentável envolve ainda outras dimensões, tais como a ética, a jurídica e a política.

O **bem estar social** relaciona-se com a efetivação de direitos sociais, como saúde, educação e segurança, entre outros, assim como a garantia dos direitos assegurados aos trabalhadores, tais como proibição do trabalho do menor, fixação de salário mínimo, medidas relacionadas à fixação da jornada de trabalho e medidas de proteção à segurança e saúde no ambiente de trabalho, a título de mera exemplificação.

O **desenvolvimento econômico** diz respeito à geração e distribuição de riqueza.

A **preservação do meio ambiente** constitui importante elo da corrente do desenvolvimento sustentável e impõe que tanto o bem estar social quanto o desenvolvimento econômico sejam alcançados sem prejuízo do meio ambiente ecologicamente equilibrado, que deve ser mantido e preservado pela geração atual em benefício próprio e das futuras gerações.

CONSULTORIA-GERAL DA UNIÃO   Guia Nacional de Licitações Sustentáveis

Ressalte-se, por oportuno, que o desenvolvimento sustentável não pode subsistir apenas como ideário, simplesmente alicerçado em boas intenções, sábias palavras e atitudes heroicas.

O desenvolvimento sustentável precisa evoluir, com urgência, em direção a mudança da realidade. O Poder Público e a sociedade devem conjugar esforços e adotar práticas voltadas para a realização imediata desta importante diretriz. Quando o planeta sofre, a humanidade sofre ainda mais. Precisamos, todos, de atenção e cuidado. Não podemos postergar o ideal de construirmos uma sociedade livre, justa, solidária e sustentável, sendo que cada um destes valores, ressalte-se, não existem por si, mas estão todos coimplicados.

Neste contexto, entre diversas outras medidas a cargo do Poder Público, destaca-se a adoção de uma política de contratações públicas sustentáveis. Daí a relevância da atualização e da nacionalização do presente Guia Nacional de Licitação Sustentável.

3. LICITAÇÃO SUSTENTÁVEL

Licitação é o procedimento administrativo formal utilizado no âmbito da Administração Pública que visa a escolher, entre os diversos interessados, aquele que apresentar a proposta mais vantajosa para a celebração de determinado contrato (fornecimento, serviços, obras), de acordo com critérios objetivos de julgamento previamente estabelecidos em edital.

Licitação sustentável, por sua vez, é a licitação que integra considerações socioambientais em todas as suas fases com o

CONSULTORIA-GERAL DA UNIÃO   Guia Nacional de Licitações Sustentáveis

objetivo de reduzir impactos negativos sobre o meio ambiente e, via de consequência, aos direitos humanos.

Trata-se de uma expressão abrangente, uma vez que não está delimitada pelo procedimento licitatório em si, mas perpassa todas as fases da contratação pública, desde o planejamento até a fiscalização da execução dos contratos.

A licitação sustentável deverá considerar, no mínimo, ao lado de aspectos sociais e da promoção do comércio justo no mercado global, os seguintes aspectos:

> redução do consumo;

> análise do ciclo de vida do produto (produção, distribuição, uso e disposição) para determinar a vantajosidade econômica da oferta;

> estímulo para que os fornecedores assimilem a necessidade premente de oferecer ao mercado, cada vez mais, obras, produtos e serviços sustentáveis, até que esta nova realidade passe a representar regra geral e não exceção no mercado brasileiro;

> fomento da inovação, tanto na criação de produtos com menor impacto ambiental negativo, quanto no uso racional destes produtos, minimizando a poluição e a pressão sobre os recursos naturais;

Atualmente, são finalidades do procedimento licitatório:

CONSULTORIA-GERAL DA UNIÃO   Guia Nacional de Licitações Sustentáveis

- realização do princípio da isonomia (igualdade, imparcialidade);
- seleção da proposta mais vantajosa;
- promoção do desenvolvimento nacional sustentável (Lei nº 12.349, de 15/12/2010, alterou o art. 3º da Lei nº 8.666/93, introduzindo o desenvolvimento nacional sustentável como objetivo das contratações públicas).

A inovação legislativa acima referida é altamente significativa para a efetivação da licitação sustentável no Brasil. Trata-se de fundamento jurídico sólido e de cristalina interpretação. Isto porque, ao introduzir como finalidade do procedimento licitatório, no art. 3º da Lei nº 8.666/93, a promoção do desenvolvimento nacional sustentável, no mesmo patamar normativo das finalidades anteriores, quais sejam a realização do princípio da isonomia e a seleção da proposta mais vantajosa, passou a obrigar que a promoção do desenvolvimento nacional sustentável seja um fator de observância cogente pelo gestor público nas licitações.

Em outros termos, podemos afirmar que a licitação sustentável não pode mais ser considerada como exceção no cotidiano da Administração Pública. Ao contrário, ainda que sua implantação esteja ocorrendo de uma maneira gradativa, a realização da licitação sustentável pela Administração Pública, na forma descrita nos parágrafos anteriores, deixou de ser medida excepcional para ser a regra geral.

Constituem diretrizes de sustentabilidade, entre outras:

- menor impacto sobre recursos naturais (flora, fauna, solo, água, ar);

- preferência para materiais, tecnologias e matérias-primas de origem local;

CONSULTORIA-GERAL DA UNIÃO Guia Nacional de Licitações Sustentáveis

- maior eficiência na utilização de recursos naturais como água e energia;

- maior geração de empregos, preferencialmente com mão de obra local;

- maior vida útil e menor custo de manutenção do bem e da obra;

- uso de inovações que reduzam a pressão sobre recursos naturais.

- origem ambientalmente regular dos recursos naturais utilizados nos bens, serviços e obras.

(Art. 4º do Decreto nº 7.746, de 05 de junho de 2012, que regulamenta o art. 3º da Lei nº 8.666/93).

Estima-se que as contratações públicas no Brasil representam 13,8% do Produto Interno Bruto ("Mensurando o mercado de compras governamentais brasileiro" de Cássio Garcia Ribeiro e Edmundo Inácio Júnior, publicado no Caderno de Finanças Públicas, n. 14, p. 265/287, dez. 2014). Sendo assim, temos que a licitação sustentável constitui significativo instrumento que dispõe a Administração Pública para exigir que as empresas que pretendam contratar com o Poder Público, cumpram requisitos de sustentabilidade socioambiental desde a produção até a distribuição de bens, assim como na prestação de serviços e na realização de obras de engenharia.

Sendo assim, precisamos avançar e agilizar a efetivação da licitação sustentável, sem nunca descuidar da livre e isonômica participação dos

CONSULTORIA-GERAL DA UNIÃO   Guia Nacional de Licitações Sustentáveis

interessados, da preocupação com a qualidade da despesa pública e com a vantajosidade das propostas para a Administração Pública.

De acordo com o ordenamento constitucional vigente, efetivar na prática a licitação sustentável, promovendo o uso racional e inteligente dos recursos naturais é dever do Poder Público e da sociedade. Trata-se de uma política pública socioambiental e, no fundo, de um compromisso ético com a vida, de um elo na corrente da promoção de uma civilização melhor, de um futuro melhor.

4. FUNDAMENTOS JURÍDICOS

A **Constituição da República Federativa do Brasil** em vigor, promulgada em 05 de outubro de 1988, foi a primeira constituição brasileira a afirmar expressamente o direito ao meio ambiente ecologicamente equilibrado.

O "caput" do art. 225 é norma central para a compreensão inicial do tema, razão pela qual segue transcrito:

> Art. 225 – Todos têm direito ao meio ambiente ecologicamente equilibrado, bem de uso comum do povo e essencial à sadia qualidade de vida, impondo-se ao Poder Público e à coletividade o dever de defendê-lo e preservá-lo para as presentes e futuras gerações.

A partir deste comando nuclear, editou-se caudalosa legislação ambiental e estruturou-se o sistema nacional do meio ambiente, incumbido de realizar diversificadas políticas públicas, tendo em vista a necessidade de assegurar a efetividade do direito acima delineado.

CONSULTORIA-GERAL DA UNIÃO   Guia Nacional de Licitações Sustentáveis

No âmbito federal, de acordo coma a Lei nº 10.683, de 28/02/2003, que dispõe sobre a organização da Presidência da República e dos Ministérios, tal sistema está estruturado a partir do Ministério do Meio Ambiente – MMA, cujas principais atribuições destacamos a seguir:

- política nacional do meio ambiente e dos recursos hídricos;

- política de preservação, conservação e utilização sustentável de ecossistemas, biodiversidade e florestas;

- proposição de estratégias, mecanismos e instrumentos econômicos e sociais para a melhoria da qualidade ambiental e do uso sustentável dos recursos naturais;

- políticas para integração do meio ambiente e produção;

- políticas e programas ambientais para a Amazônia Legal;

- zoneamento ecológico-econômico.

No que diz respeito especificamente à licitação sustentável, destaca-se a força vinculante das normas produzidas pelo Instituto Brasileiro do Meio Ambiente – IBAMA, Conselho Nacional do Meio Ambiente e dos recursos naturais renováveis – CONAMA, Ministério do Meio Ambiente e Ministério do Planejamento.

Relacionamos, a seguir, a título de mera exemplificação, alguns diplomas normativos cujo conhecimento reputamos como essencial para os agentes públicos envolvidos nos procedimentos relacionados à licitação sustentável:

CONSULTORIA-GERAL DA UNIÃO   Guia Nacional de Licitações Sustentáveis

○ Constituição da República Federativa do Brasil – art. 170 e art. 225

○ Lei nº 6.938/1981 – Política Nacional do Meio Ambiente

○ Lei nº 12.187/2009 - Política Nacional de Mudança do Clima

○ Lei nº 12.305/2010 – Política Nacional de Resíduos Sólidos

○ Lei nº 12.349/2010, que alterou o artigo 3º da Lei nº 8.666/93

○ Decreto nº 2.783/98 – Proíbe entidades do governo federal de comprar produtos ou equipamentos contendo substâncias degradadoras da camada de ozônio

○ Decreto nº 7.746/2012 – Regulamenta o art. 3º da Lei nº 8.666/93

○ Decreto 5.940/06 – Coleta Seletiva Solidária na Administração Pública Federal

○ Instrução Normativa SLTI/MPOG nº 01, de 19/01/2010 – Dispõe sobre critérios de sustentabilidade ambiental na aquisição de bens, contratação de serviços ou obras pela administração direta, autárquica e funcional

○ Instrução Normativa SLTI/MPOG n. 10, de 12/11/2012 - Estabelece regras para elaboração dos Planos de Gestão de Logística Sustentável de que trata o art. 16,

CONSULTORIA-GERAL DA UNIÃO   Guia Nacional de Licitações Sustentáveis

do Decreto nº 7.746, de 5 de junho de 2012, e dá outras providências.

○ Portaria nº 61 – MMA, de 15/05/2008, estabelece práticas de sustentabilidade ambiental nas compras públicas

○ Portaria nº 43 – MMA, de 28/01/2009, proíbe o uso de amianto em obras públicas e veículos de todos os órgãos vinculados à administração pública

○ - Portaria n. 23, - MPOG, estabelece boas práticas de gestão e uso de Energia Elétrica e de Água nos órgãos e entidades da Administração Pública Federal direta, autárquica e fundacional e dispõe sobre o monitoramento de consumo desses bens e serviços.

O Enunciado nº 22 do Manual de Boas Práticas Consultivas da Consultoria Geral da União, por sua vez, determina: os órgãos consultivos devem adotar medidas tendentes à construção de um meio ambiente sustentável, a partir do próprio exemplo, que deverá repercutir no trabalho desenvolvido.

Ao lado dos fundamentos jurídicos gerais, acima sugeridos, deverão ser utilizados outros instrumentos normativos para a, originários de diversificados órgãos públicos (IBAMA, CONAMA, INMETRO e outros), de acordo com o objeto licitado.

CONSULTORIA-GERAL DA UNIÃO   Guia Nacional de Licitações Sustentáveis

5. PROCEDIMENTO DA LICITAÇÃO SUSTENTÁVEL (passo a passo)

Regras gerais

1º PASSO: NECESSIDADE DA CONTRATAÇÃO E A POSSIBILIDADE DE REUSO/REDIMENSIONAMENTO OU AQUISIÇÃO PELO PROCESSO DE DESFAZIMENTO

2º PASSO: PLANEJAMENTO DA CONTRATAÇÃO PARA ESCOLHA DE BEM OU SERVIÇO COM PARAMETROS DE SUSTENTABILIDADE

3º PASSO: ANÁLISE DO EQUILÍBRIO ENTRE OS PRINCÍPIOS LICITATÓRIOS

Detalhamento dos três passos:

CONSULTORIA-GERAL DA UNIÃO   Guia Nacional de Licitações Sustentáveis

1º PASSO: NECESSIDADE DA CONTRATAÇÃO E A POSSIBILIDADE DE REUSO/REDIMENSIONAMENTO OU AQUISIÇÃO PELO PROCESSO DE DESFAZIMENTO

- VERIFICAR A NECESSIDADE DE CONTRATAR/ADQUIRIR

– POSSIBILIDADE DE REUTILIZAR BEM OU REDIMENSIONAR SERVIÇO JÁ EXISTENTE

– POSSIBILIDADE DE ADQUIRIR BEM PROVENIENTE DO DESFAZIMENTO

O gestor público deve ser bastante criterioso e cauteloso acerca da necessidade de contratação ou aquisição de novos bens ou serviços.

Ainda assim, mesmo diante da necessidade de um bem ou serviço, o gestor deve analisar com cuidado a possibilidade de reuso dos seus bens ou redimensionamento dos serviços já existentes.

Esta ordem de prioridade está em conformidade com o disposto no art.9º da Lei 12.305/2010.

> Art. 9º. Na gestão e gerenciamento de resíduos sólidos, deve ser observada a seguinte ordem de prioridade: **não geração, redução, reutilização**, reciclagem, tratamento dos resíduos sólidos e disposição final ambientalmente adequada dos rejeitos.

Além disso, existe a possibilidade de adquirir bens provenientes de outro órgão público pelo processo de **desfazimento**, em conformidade especialmente com o decreto 99.658/90 e a Lei 12.305/2010.

CONSULTORIA-GERAL DA UNIÃO   Guia Nacional de Licitações Sustentáveis

2º PASSO: PLANEJAMENTO DA CONTRATAÇÃO PARA ESCOLHA DE BEM OU SERVIÇO COM PARAMETROS DE SUSTENTABILIDADE

- ESCOLHER E INSERIR CRITÉRIOS, PRÁTICAS E DIRETRIZES DE SUSTENTABILIDADE COM OBJETIVIDADE E CLAREZA

Art. 3º Os critérios e práticas de sustentabilidade de que trata o art. 2º serão veiculados como especificação técnica do objeto ou como obrigação da contratada.

Art. 4º São diretrizes de sustentabilidade, entre outras:

I – menor impacto sobre recursos naturais como flora, fauna, ar, solo e água;

II – preferência para materiais, tecnologias e matérias-primas de origem local;

III – maior eficiência na utilização de recursos naturais como água e energia;

IV – maior geração de empregos, preferencialmente com mão de obra local;

V – maior vida útil e menor custo de manutenção do bem e da obra;

VI – uso de inovações que reduzam a pressão sobre recursos naturais; e

VII – origem ambientalmente regular dos recursos naturais

CONSULTORIA-GERAL DA UNIÃO   Guia Nacional de Licitações Sustentáveis

utilizados nos bens, serviços e obras.

– VERIFICAR A POSSIBILIDADE DE COMPROVAÇÃO DESSES PARÂMETROS E A SUA DISPONIBILIDADE NO MERCADO

"Na esfera contratual pública, a Administração fixa suas necessidades para a consecução das finalidades institucionais de cada órgão. É neste momento que o gestor público escolhe o objeto a ser licitado."

(Fonte: Manual Implementando Licitações e Contratos. PARTE I, Teresa Villac. Cadernos da Consultoria-Geral da União - grifamos)
http://www.agu.gov.br/page/content/detail/id_conteudo/327966

Após constatada a necessidade de licitar, o gestor público irá escolher o objeto (bem ou serviço) a ser licitado.

Esclareça-se que ora se trata da discricionariedade, da possibilidade de escolha do gestor, entretanto, existem **limitações** a esta discricionariedade impostas pela **legislação ambiental** incidente sobre os vários produtos e serviços, bem como da **legislação trabalhista** que, por exemplo, limita o trabalho infantil e proíbe o trabalho escravo. Esta legislação está detalhada na parte prática do Guia.

Neste momento da escolha do objeto a ser licitado se dá a inserção de critérios de sustentabilidade nas especificações dos bens ou serviços, podendo ocorrer no termo de referência ou projeto básico, ou na minuta do contrato.

Esta inclusão de critérios de sustentabilidade deve ser feita de modo **claro** e **objetivo**, observando-se o que o mercado pode ofertar e as **possibilidades de comprovação e verificação** dos critérios inseridos pelo órgão público, através de **certificações, documentos comprobatórios, amostra** etc.

CONSULTORIA-GERAL DA UNIÃO   Guia Nacional de Licitações Sustentáveis

Destaque-se que em licitações com critério de julgamento do tipo **melhor técnica ou técnica e preço**, os critérios de sustentabilidade serão considerados na avaliação e classificação das propostas.

VISÃO SISTÊMICA:

O DECRETO 7.546/11 regulamentou a incidência de margem de preferência com lastro na Lei 12.349/10.

http://www.planalto.gov.br/ccivil_03/_ato2011-2014/2012/decreto/d7746.htm

Exemplos de critérios de sustentabilidade estão descritos na legislação, dentre elas a Lei 12.187/2009 (Mudanças Climáticas), Lei 12. 305/2011 (Resíduos Sólidos), Decreto 7.746/2012 (que regulamenta o art. 3º da Lei 8666/93).

...postas que propiciem **maior economia de energia, água e outros recursos naturais e redução da emissão de gases de efeito estufa e de resíduos**;

○ Lei 12. 305/2010

- (...) **produtos reciclados e recicláveis**;

CONSULTORIA-GERAL DA UNIÃO   Guia Nacional de Licitações Sustentáveis

- bens, serviços e obras que considerem critérios compatíveis com padrões de consumo social e ambientalmente sustentáveis;

o Decreto 7.746/2012, Art. 4°

- menor impacto sobre recursos naturais como flora, fauna, ar, solo e água;

- preferência para materiais, tecnologias e matérias-primas de origem local;

- maior eficiência na utilização de recursos naturais como água e energia;

- maior geração de empregos, preferencialmente com mão de obra local;

- maior vida útil e menor custo de manutenção do bem e da obra;

- uso de inovações que reduzam a pressão sobre recursos naturais; e

- origem ambientalmente regular dos recursos naturais utilizados nos bens, serviços e obras.

Art. 5º (...) bens que estes sejam constituídos por **material reciclado, atóxico ou biodegradável**

Ressalte-se que estes são "exemplos", podendo haver a inclusão de outros critérios a partir da análise de cada caso, em se tratando de bens, serviços ou obras, como adiante será detalhado.

CONSULTORIA-GERAL DA UNIÃO   Guia Nacional de Licitações Sustentáveis

Aqui também se insere a ANÁLISE DO CICLO DE VIDA, em aquisições de bens ou produtos

"Neste processo, destaca-se a importância da **objetividade na especificação técnica** do bem a ser adquirido e a orientação do órgão de Consultoria Jurídica (artigo 38, parágrafo único, da Lei nº 8.666/93) para que sejam **respeitados os princípios licitatórios.** "

(...)

(..), destacamos a existência de **catálogos oficiais de produtos sustentáveis** em diferentes esferas governamentais, como o Catálogo de Materiais do Sistema de Compras do Governo Federal (CATMAT SUSTENTÁVEL), o Catálogo Socioambiental do Estado de São Paulo e a inclusão de itens com critérios sustentáveis no Catálogo de Materiais e Serviços (CATMAS) do Estado de Minas Gerais. (Grifamos)

(Fonte: Manual Implementando Licitações e Contratos. PARTE I, Teresa Villac. Cadernos da Consultoria-Geral da União) http://www.agu.gov.br/page/content/detail/id_conteudo/327966

3º PASSO: ANÁLISE DO EQUILÍBRIO ENTRE OS PRINCÍPIOS LICITATÓRIOS

CONSULTORIA-GERAL DA UNIÃO   Guia Nacional de Licitações Sustentáveis

O gestor público deve buscar o equilíbrio entre os três princípios norteadores da licitação pública: sustentabilidade, economicidade e competitividade.

(Fonte: Manual Implementando Licitações e Contratos. PARTE II, Marcos Bliacheris. Cadernos da Consultoria-Geral da União) http://www.agu.gov.br/page/content/det ail/id_conteudo/327966

"(..) faz-se necessário o equilíbrio, não podendo a Administração se descuidar da competitividade e economicidade, buscando, sempre que possível o equilíbrio destas com a redução de impacto ambiental e benefícios sociais desejados."

"A melhor proposta não é simplesmente a de menor preço mas é aquela que melhor atende ao interesse público, considerando-se inclusive seus aspectos ambientais."

(Fonte: Manual Implementando Licitações e Contratos. PARTE II, Marcos Bliacheris. Cadernos da Consultoria-Geral da União) http://www.agu.gov.br/page/content/detail/id_conteudo/327966

CONSULTORIA-GERAL DA UNIÃO   Guia Nacional de Licitações Sustentáveis

É o que se chama de "melhor preço", que será proposta de menor preço que atende as especificações com critérios de sustentabilidade (conforme o 2º passo).

Tem-se então o equilíbrio entre a economicidade e a redução do impacto ambiental.

Quanto ao equilíbrio entre a competitividade e a redução do impacto ambiental, de maneira geral é reconhecido que caso existam três fornecedores diferentes a competitividade está preservada.

Entretanto, a **sustentabilidade pode, de modo justificado, se sobrepor aos outros princípios**, tanto a economicidade, quanto a competitividade. Ressalte-se que nestes casos a **justificativa do gestor é necessária**, onde ele pode, por exemplo, optar por um produto mais caro do que o similar e isto fazendo parte de uma medida de gestão mais ampla, que no final reduz o custo em outros produtos ou no mesmo em razão da economia gerada, ou mesmo relacionados com o objetivo de fomento a novos mercados para produtos sustentáveis, que sejam necessárias à Administração em ações ligadas à sustentabilidade ou outras.

A SUSTENTABILIDADE NA AQUISIÇÃO DE BENS E PRODUTOS

Os três passos gerais acima descritos serão seguidos na aquisição de bens e produtos, com destaque para a análise do Ciclo de Vida do produto que deve ser inserida no Segundo Passo, no momento da escolha do critério de sustentabilidade.

CONSULTORIA-GERAL DA UNIÃO   Guia Nacional de Licitações Sustentáveis

Fonte:
http://www.cnpma.embrapa.
br/nova/mostra2.php3?id=9
38

Através da análise do ciclo de vida verifica-se a inserção de critérios de sustentabilidade nos vários momentos do ciclo. Desde os materiais utilizados e o modo de produção, passando pelo modo de distribuição, embalagem e transporte, até chegar no uso e por fim na disposição final.

EXEMPLOS DE CRITÉRIOS DE SUSTENTABILIDADE EM CADA FASE DO CICLO DE VIDA:

PRODUÇÃO

Materiais – com material reciclado, biodegradável, atóxico, com madeira proveniente de reflorestamento

Modo de produção - sem utilização de trabalho escravo ou infantil; com máquinas que reduzem a geração de resíduos industriais,

DISTRIBUIÇÃO

Embalagens compactas, indústria local, produtor local.

CONSULTORIA-GERAL DA UNIÃO   Guia Nacional de Licitações Sustentáveis

USO

Produtos que economizam água e energia, produtos educativos que levam à conscientização ambiental.

DESTINAÇÃO FINAL

Produtos recicláveis, biodegradáveis, atóxicos, com possibilidade para o reuso.

Nesse sentido, os exemplos de produtos sustentáveis constantes do Art. 5º da Instrução Normativa 01/2010 da SLTI/MPOG:

> I - bens constituídos, no todo ou em parte, por material reciclado, atóxico, biodegradável, conforme ABNT NBR – 15448-1 e 15448-2;
>
> II – que sejam observados os requisitos ambientais para a obtenção de certificação do Instituto Nacional de Metrologia, Normalização e Qualidade Industrial – INMETRO como produtos sustentáveis ou de menor impacto ambiental em relação aos seus similares;
>
> III – que os bens devam ser, preferencialmente, acondicionados em embalagem individual adequada, com o menor volume possível, que utilize materiais recicláveis, de forma a garantir a máxima proteção durante o transporte e o armazenamento; e

IV – que os bens não contenham substâncias perigosas em concentração acima da recomendada na diretiva RoHS (Restriction of Certain Hazardous Substances), tais como mercúrio (Hg), chumbo (Pb), cromo hexavalente (Cr(VI)), cádmio (Cd), bifenil-polibromados (PBBs), éteres difenil-polibromados (PBDEs).

6. SERVIÇOS

ASPECTOS GERAIS ATINENTES À SUSTENTABILIDADE EM SERVIÇOS

Nos termos do Decreto 7.746/12, a inserção da sustentabilidade em serviços contratados pela Administração Pública, tem como possibilidades:

a) obrigação da contratada;

b) na descrição do serviço em si.

Assim, no tocante à primeira hipótese, as previsões de sustentabilidade referem-se às condições em que prestado o serviço. As obrigações da contratada devem estar relacionadas ao objeto contratual e podem **decorrer da inserção de normas ambientais** ou de **outras obrigações estabelecidas, motivadamente, pela Administração**, para a consecução do serviço.

Em acréscimo, não pode ser descartada a possibilidade de a sustentabilidade estar inserida na própria descrição do serviço a ser contratado. Tenha-se por exemplo a contratação de empresa de gerenciamento de resíduos sólidos por órgão público que, nos termos de legislação municipal, configure-se como grande gerador de resíduos. Outra situação é termo de compromisso com

CONSULTORIA-GERAL DA UNIÃO   Guia Nacional de Licitações Sustentáveis

cooperativas e associações de catadores para destinação ambiental dos resíduos recicláveis (Decreto 5.940/06).

SUSTENTABILIDADE EM QUAIS SERVIÇOS?

- Serviços em geral
- Serviços continuados sem dedicação exclusiva de mão-de-obra
- Serviços continuados com dedicação exclusiva de mão-de-obra

Em cada caso concreto, o órgão público deve verificar se o objeto a ser licitado comporta a inserção de aspectos de sustentabilidade.

VISÃO SISTÊMICA:

Consulte também o Manual de **Licitações e Contratações Administrativas**, um dos Cadernos da CGU disponíveis no KIT CONSULTIVO, na internet da AGU:

www.agu.gov.br/cgu

7. OBRAS E SERVIÇOS DE ENGENHARIA

CONSULTORIA-GERAL DA UNIÃO   Guia Nacional de Licitações Sustentáveis

VISÃO SISTÊMICA:
Consulte também Manual de Obras e Serviços de Engenharia – Fundamentos da Licitação e Contratação, um dos Cadernos da CGU disponíveis no KIT CONSULTIVO, na internet da AGU:

www.agu.gov.br/cgu

DEFINIÇÕES

Embora o conceito de obra não tenha contornos bem definidos no direito e seja definido por lei de forma exemplificativa (art. 6º, I), pode-se dizer que obra é toda e qualquer criação material nova ou incorporação de coisa nova à estrutura já existente.

Serviço de engenharia é a atividade destinada a garantir a fruição de utilidade já existente ou a proporcionar a utilização de funcionalidade nova em coisa/bem material já existente. Não se cria coisa nova. Pelo contrário, o serviço consiste no conserto, na conservação, operação, reparação, adaptação ou manutenção de um bem material específico já construído ou fabricado. Ou, ainda, na instalação ou montagem de objeto em algo já existente. Objetiva-se, assim, manter-se ou aumentar-se a eficiência da utilidade a que se destina ou pode se destinar um bem perfeito e acabado.

(Fonte: Manual de Obras e Serviços de Engenharia – fundamentos da Licitação e Contratação. Cadernos da Consultoria-Geral da União. Manoel Paz e Silva Filho – http://www.agu.gov.br/page/content/detail/id_conteudo/327966)

A SUSTENTABILIDADE EM OBRAS E SERVIÇOS DE ENGENHARIA

A inserção da sustentabilidade em obras e serviços configura-se em:

ANEXO | 251

CONSULTORIA-GERAL DA UNIÃO   Guia Nacional de Licitações Sustentáveis

a) Aspectos técnicos constantes do projeto básico ou termo de referência (aqui para serviços comuns de engenharia).
b) Observância da legislação e normas.

Obras e serviços de engenharia geram resíduos e rejeitos e a fase de planejamento da contratação deve considerar: medidas para a minimizar sua geração e prever sua destinação ambiental adequada

Hierarquia da PNRS
Fonte: VILLAC, T. A Construção da Política Nacional de Resíduos Sólidos. In *Design Resíduo & Dignidade*. SANTOS, M.C.L (coord).
Disponível em:
http://www.usp.br/residuos/?pag e_id=626

❖ Prevenção de resíduos é pensar previamente, antes que eles existam.

❖ Gestão de resíduos é o que fazer com os resíduos já existentes.

Compreendendo prevenção de resíduos:

CONSULTORIA-GERAL DA UNIÃO   Guia Nacional de Licitações Sustentáveis

A prevenção inclui medidas tomadas antes de uma substância, material ou produto tornar-se um resíduo. Estas medidas incluem:

(A)   Redução da quantidade de RS (resíduo sólido), nomeadamente por meio da reutilização de produtos ou do prolongamento do tempo de vida dos produtos.

(B)   Redução dos impactos negativos dos RS gerados, no ambiente e na saúde humana.

(C)   Redução do teor de substâncias nocivas presentes nos materiais e produtos.

(DIAS, S.L.F.G; BORTOLETO, A.P. A prevenção de resíduos sólidos e o desafio da sustentabilidade. In *Design Resíduo & Dignidade*. SANTOS, M.C.L – coord.)

Compreendendo gestão de resíduos:

A gestão de resíduos de engenharia possui regramentos próprios, constantes dos Planos de Gerenciamento de Resíduos de Construção Civil, detalhado em tópico próprio.

CONSULTORIA-GERAL DA UNIÃO Guia Nacional de Licitações Sustentáveis

A ACESSIBILIDADE EM OBRAS E SERVIÇOS DE ENGENHARIA

Quais as relações entre sustentabilidade e acessibilidade em obras/serviços de engenharia?

As licitações sustentáveis são uma política pública socioambiental e, como toda política transversal, articula-se com outras, procurando fortalecê-las e conferir-lhes efetividade. É o que ocorre, no que pertinente, com a Política Nacional de Resíduos Sólidos (Lei 12.305/10), a Coleta Seletiva Solidária na Administração Pública Federal (Decreto 5.940/06) e a Política Nacional para Integração das Pessoas com Deficiência (Decreto 914/1993).

(...) pensar em sociedades sustentáveis, necessariamente implica em garantir uma nova discussão sobre acessibilidade, direitos humanos e cidadania.

(Jorge Amaro)

Destacamos o Decreto 6.949/2009, que promulgou a Convenção Internacional sobre os Direitos das Pessoas com Deficiência:

EM DESTAQUE

CF
Lei 10.098/2000
Lei 7.405/85
Lei 8.160/91
Decreto 5.296/2004
NBR 9.050/2004.
Em SERVIÇOS PÚBLICOS Lei 10.048/2000, 10.436/2002, 11.126/2005, Decreto 5.296/2004, Decreto 5.904/06

23,92% da população brasileira tem alguma deficiência
(Censo IBGE 2010)

Acessibilidade é um atributo essencial do ambiente que garante a melhoria da qualidade de vida das pessoas. Deve estar presente nos espaços, no meio físico, no transporte, na informação e comunicação, inclusive nos sistemas e tecnologias da informação e comunicação, bem como em outros serviços e instalações abertos ao público ou de uso público, tanto na cidade como no campo
fonte:
http://www.pessoacomdeficiencia.gov.br/app/

Sustentabilidade & Acessibilidade

Autor: Jorge Amaro de Souza Borges.
Livro disponível para download gratuito no site da OAB/link publicações:

http://www.oab.org.br/biblioteca-digital/publicacoes/

CONSULTORIA-GERAL DA UNIÃO — Guia Nacional de Licitações Sustentáveis

Artigo 9. Acessibilidade

2.Os Estados Partes também tomarão medidas apropriadas para:

a) Desenvolver, promulgar e monitorar a implementação de normas e diretrizes mínimas para a acessibilidade das instalações e dos serviços abertos ao público ou de uso público;

d) Dotar os edifícios e outras instalações abertas ao público ou de uso público de sinalização em braille e em formatos de fácil leitura e compreensão;"

O Tribunal de Contas da União tem se posicionado sobre o tema:

9.1.recomendar à ... que:

9.1.10.adeque-se aos padrões de acessibilidade definidos na NBR 9050, instalando elevadores/rampas/plataformas de acesso em seus prédios com mais de um pavimento, a fim de propiciar condições efetivas de acesso a todos os cidadãos indiscriminadamente, e, dessa forma, dar cumprimento ao Decreto 6.949/2009 e ao princípio da isonomia/equidade/igualdade;

9.1.12.considere, em seus projetos futuros e naqueles em andamento, os padrões de acessibilidade definidos nas NBRs 9050/2004 e 15575-1, além de outros normativos aplicáveis à matéria, sem prejuízo de outras ações não normatizadas que visem a atender o princípio da isonomia, no que se refere à acessibilidade;

(AC-0047-01/15-P, Plenário, Relator Bruno Dantas)

9.1. dar ciência... acerca das seguintes irregularidades identificadas:

CONSULTORIA-GERAL DA UNIÃO   Guia Nacional de Licitações Sustentáveis

9.2.3. inobservância de requisitos legais e técnicos de acessibilidade(...), a exemplo da existência de apenas um sanitário destinado a portadores de necessidades especiais, sem haver distinção por gênero, contrariando a NBR 9.050/2004 e a Lei 10.098/2000 (achado 3.3).

(Acórdão 1972/2014 – Plenário).

SUSTENTABILIDADE EM OBRAS E SERVIÇOS DE ENGENHARIA NO ORDENAMENTO JURÍDICO LICITATÓRIO: LEI 8.666/93 E DECRETO 7.746/12

Na elaboração do projeto básico/termo de referência de serviço comum de engenharia, destacamos o que consta do ordenamento jurídico licitatório geral:

Lei 8.666/93

> *Art. 12. Nos projetos básicos e projetos executivos de obras e serviços serão considerados principalmente os seguintes requisitos*
>
> *I - segurança;*
>
> *II - funcionalidade e adequação ao interesse público;*
>
> *III - economia na execução, conservação e operação;*
>
> *IV - possibilidade de emprego de mão-de-obra, materiais, tecnologia e matérias-primas existentes no local para*

execução, conservação e operação;

V - facilidade na execução, conservação e operação, sem prejuízo da durabilidade da obra ou do serviço;

VI - adoção das normas técnicas, de saúde e de segurança do trabalho adequadas;

VII - impacto ambiental.

Decreto 7.746/12:

Art. 4º São diretrizes de sustentabilidade, entre outras:

I – menor impacto sobre recursos naturais como flora, fauna, ar, solo e água;

II – preferência para materiais, tecnologias e matérias-primas de origem local;

III – maior eficiência na utilização de recursos naturais como água e energia;

IV – maior geração de empregos, preferencialmente com mão de obra local;

V – maior vida útil e menor custo de manutenção do bem e da obra;

VI – uso de inovações que reduzam a pressão sobre recursos naturais; e

VII – origem ambientalmente regular dos recursos naturais utilizados nos bens, serviços e obras.

Art. 5º A administração pública federal direta, autárquica e fundacional e as empresas estatais dependentes poderão exigir no instrumento convocatório para a aquisição de bens que estes sejam constituídos por material reciclado, atóxico ou biodegradável, entre outros critérios de sustentabilidade.

Art. 6º As especificações e demais exigências do projeto básico ou executivo para contratação de obras e serviços de engenharia devem ser elaboradas, nos termos do art. 12 da lei nº 8.666, de 1993, de modo a proporcionar a economia da manutenção e operacionalização da edificação e a redução do consumo de energia e água, por meio de tecnologias, práticas e materiais que reduzam o impacto ambiental.

Além destas previsões, detalhamento da legislação em geral e normas na 2ª Parte deste Manual

---

ACESSIBILIDADE EM OBRAS E SERVIÇOS DE ENGENHARIA

LEGISLAÇÃO	PRINCIPAIS DETERMINAÇÕES	PROVIDÊNCIA A SER TOMADA	PRECAUÇÕES
Lei 10.098/2000　　Decreto 5.296/2004　　Decreto 6.949/2009　　NBR 9050/ABNT	Necessidade que obras e serviços de engenharia sejam executados de modo a que se tornem acessíveis a pessoas com deficiência e mobilidade reduzida	Na elaboração do projeto básico deverão ser considerados os padrões de acessibilidade constantes da Lei 10.098/2000, Decreto 5.296/2004 e NBR 9050/ABNT, bem como sinalização em braille e em formatos de fácil leitura e compreensão nos termos do Decreto 6.949/2009.	

ACESSIBILIDADE EM LOCAÇÕES

LEGISLAÇÃO	PRINCIPAIS DETERMINAÇÕES	PROVIDÊNCIA A SER TOMADA	PRECAUÇÕES
Lei 10.098/2000 Decreto 5.296/2004 Decreto 6.949/2009 NBR 9050/ABNT	Necessidade que os imóveis locados pelos órgãos públicos sejam acessíveis a pessoas com deficiência e mobilidade reduzida	Na escolha do imóvel a ser locado deverão ser considerados os padrões de acessibilidade constantes da Lei 10.098/2000, Decreto 5.296/2004 e NBR 9050/ABNT, bem como sinalização em braille e em formatos de fácil leitura e compreensão nos termos do Decreto 6.949/2009.	

AGROTÓXICOS

Aquisição ou serviços que envolvam a aplicação de agrotóxicos e afins, definidos como:

"produtos e agentes de processos físicos, químicos ou biológicos, destinados ao uso nos setores de produção, no armazenamento e beneficiamento de produtos agrícolas, nas pastagens, na proteção de florestas, nativas ou plantadas, e de outros ecossistemas e de ambientes urbanos, hídricos e industriais, cuja finalidade seja alterar a composição da flora ou da fauna, a fim de preservá-las da ação danosa de seres vivos considerados nocivos, bem como as substâncias e produtos empregados como desfolhantes, dessecantes, estimuladores e inibidores de crescimento;"

(Decreto nº 4.074/2002, art. 1º, IV)

Exemplos:

Controle de pragas – Dedetização – Jardinagem - Etc.

LEGISLAÇÃO	PRINCIPAIS DETERMINAÇÕES	PROVIDÊNCIA A SER TOMADA	PRECAUÇÕES
Lei nº 7.802/89 Decreto nº 4.074/2002 Lei nº 12.305/2010 – Política Nacional de Resíduos Sólidos	• Os agrotóxicos e afins só podem ser produzidos, comercializados e utilizados se estiverem previamente registrados no órgão federal competente, qual seja: a) o Ministério da Agricultura, Pecuária e Abastecimento, para os agrotóxicos destinados ao uso nos setores de produção, armazenamento e beneficiamento de produtos	**EM QUALQUER CASO:** **1) Inserir no EDITAL - item de habilitação jurídica da empresa:** "x) Para o exercício de atividade que envolva produção, comercialização ou aplicação de agrotóxicos e afins: ato de registro ou autorização para funcionamento expedido pelo órgão competente do Estado, do Distrito Federal ou do Município, nos termos do artigo 4º da Lei nº 7.802, de 1989. e artigos 1º, inciso XLI, e 37 a 42, do Decreto nº 4.074, de 2002, e legislação correlata. x.1) Caso o licitante seja dispensado de tal registro, por força de dispositivo legal, deverá apresentar o documento comprobatório ou declaração correspondente, sob as penas da lei."	- Lembramos que o fabricante de inseticidas, fungicidas ou germicidas também deve estar registrado no Cadastro Técnico Federal de Atividades Potencialmente Poluidoras ou Utilizadoras de Recursos

agrícolas, nas florestas plantadas e nas pastagens;

b) o Ministério da Saúde, para os agrotóxicos destinados ao uso em ambientes urbanos, industriais, domiciliares, públicos ou coletivos, ao tratamento de água e ao uso em campanhas de saúde pública;

c) o Ministério do Meio Ambiente, para os agrotóxicos destinados ao uso em ambientes hídricos, na proteção de florestas nativas e de outros ecossistemas.

• A empresa que produz, comercializa ou presta serviços que envolvam a aplicação de agrotóxicos e afins:

a) deve possuir registro junto ao órgão competente municipal ou estadual, para fins de autorização de funcionamento;

b) não pode funcionar sem a assistência e responsabilidade de técnico legalmente habilitado.

---

2) Inserir no TERMO DE REFERÊNCIA - item de obrigações da contratada:

"A Contratada é obrigada a efetuar o recolhimento das embalagens vazias e respectivas tampas dos agrotóxicos e afins, mediante comprovante de recebimento, para fins de destinação final ambientalmente adequada, a cargo das empresas titulares do registro, produtoras e comercializadoras, ou de posto de recebimento ou centro de recolhimento licenciado e credenciado, observadas as instruções constantes dos rótulos e das bulas, conforme artigo 33, inciso I, da Lei nº 12.305, de 2010, artigo 53 do Decreto nº 4.074, de 2002, e legislação correlata."

NA AQUISIÇÃO:

1) Inserir no TERMO DE REFERÊNCIA - item de descrição ou especificação técnica do produto:

"Só será admitida a oferta de agrotóxicos, seus componentes e afins que estejam previamente registrados no órgão federal competente, de acordo com as diretrizes e exigências dos órgãos federais responsáveis pelos setores da saúde, do meio ambiente e da agricultura, conforme artigo 3º da Lei nº 7.802, de 1989, e artigos 1º, inciso XLII, e 8º a 30, do Decreto nº 4.074, de 2002, e legislação correlata."

2) Inserir no EDITAL - item de julgamento da proposta, na fase de avaliação de sua aceitabilidade e do cumprimento das especificações do objeto:

"(x) O Pregoeiro solicitará ao licitante provisoriamente classificado em primeiro lugar que apresente ou envie imediatamente, sob pena de não-aceitação da proposta, o documento comprobatório do registro do agrotóxico, seus componentes e afins no órgão federal competente, de acordo com as diretrizes e exigências dos órgãos federais responsáveis pelos setores da saúde, do meio ambiente e da agricultura, conforme artigo

---

Ambientais, de sorte que as disposições específicas deste Guia Prático sobre CTF também devem ser seguidas.

- Quanto especificamente à qualificação técnica, atentar para o disposto no art. 37 do Decreto nº 4.074/2002, de acordo com o qual a empresa deve dispor da assistência e responsabilidade de um técnico legalmente habilitado para executar a aplicação de agrotóxicos e afins.

• O usuário de agrotóxicos e afins deve efetuar tempestivamente a devolução das embalagens vazias, e respectivas tampas, aos estabelecimentos comerciais em que foram adquiridos, mediante comprovante, observadas as instruções constantes dos rótulos e das bulas, para destinação final ambientalmente adequada, a cargo das respectivas empresas titulares do registro, produtoras e comercializadoras.	3º da Lei nº 7.802, de 1989, e artigos 1º, inciso XLII, e 8º a 30, do Decreto nº 4.074, de 2002, e legislação correlata. x.1) Caso o licitante seja dispensado de tal registro, por força de dispositivo legal, deverá apresentar o documento comprobatório ou declaração correspondente, sob as penas da lei." **NOS SERVIÇOS:** **1) Inserir no TERMO DE REFERÊNCIA - item de obrigações da contratada:** "Os agrotóxicos, seus componentes e afins a serem utilizados na execução dos serviços deverão estar previamente registrados no órgão federal competente, de acordo com as diretrizes e exigências dos órgãos federais responsáveis pelos setores da saúde, do meio ambiente e da agricultura, conforme artigo 3º da Lei nº 7.802, de 1989, e artigos 1º, inciso XLII, e 8º a 30, do Decreto nº 4.074, de 2002, e legislação correlata."

45

APARELHOS ELÉTRICOS EM GERAL

Máquinas e aparelhos cujo funcionamento consuma energia elétrica

Exemplos:

Refrigeradores – Televisores - Condicionadores de ar – Lâmpadas - Etc.

LEGISLAÇÃO	PRINCIPAIS DETERMINAÇÕES	PROVIDÊNCIA A SER TOMADA	PRECAUÇÕES
Lei n° 10.295/2001 Decreto n° 4.059/2001 Decreto n° 4.508/2002 – art. 2° **Requisitos de Avaliação da Conformidade – RAC** *Aquecedores de água a gás, dos tipos instantâneo e de acumulação:* Portaria INMETRO n° 119, de 30/03/2007 Portaria INMETRO n° 182, de 13/04/2012 alterada pela Portaria INMETRO n.° 390, de 06/08/2013	• Com vistas à alocação eficiente de recursos energéticos e à preservação do meio ambiente, o Poder Executivo estabelecerá, no âmbito da Política Nacional de Conservação e Uso Racional de Energia, os níveis máximos de consumo de energia, ou mínimos de eficiência energética, para máquinas e aparelhos fabricados ou comercializados no País. • Tais parâmetros serão fixados através de portaria interministerial dos Ministérios de Minas e Energia - MME, da Ciência e Tecnologia - MCT e do Desenvolvimento, Indústria e Comércio Exterior - MDIC. • Os fabricantes e os importadores de máquinas e aparelhos consumidores de energia são obrigados a adotar as medidas necessárias para que sejam obedecidos os níveis máximos de consumo de energia e mínimos de eficiência	**NA AQUISIÇÃO OU LOCAÇÃO:** 1) **Inserir no TERMO DE REFERÊNCIA - item de descrição ou especificação técnica do produto:** "Só será admitida a oferta do produto XXXX que possua a Etiqueta Nacional de Conservação de Energia – ENCE, na(s) classe(s) XXXX, nos termos da Portaria INMETRO n° XXXX, que aprova os Requisitos de Avaliação da Conformidade – RAC do produto e trata da etiquetagem compulsória." 2) **Inserir no EDITAL - item de julgamento da proposta, na fase de avaliação de sua aceitabilidade e do cumprimento das especificações do objeto:** "O Pregoeiro solicitará ao licitante provisoriamente classificado em primeiro	- O cumprimento dos níveis de eficiência energética fixados pelo Poder Público é requisito para a comercialização do aparelho no Brasil. A lógica é que tais níveis correspondam à classe de menor eficiência da ENCE. - Assim, a partir do momento em que se exige ENCE na(s) classe(s) mais eficientes, já é pressuposto o cumprimento dos índices mínimos de eficiência energética eventualmente

Bombas e Motobombas Centrífugas: Portaria INMETRO n° 455, de 01/12/2010 *Condicionadores de ar:* Portaria INMETRO n° 7, de 04/01/2011 Portaria INMETRO n.° 643, de 30/11/2012 Portaria INMETRO n.° 410, de 16/08/2013. *Fornos de Micro-ondas:* Portaria INMETRO n.° 497, de 28/12/2011 alterada pela Portaria INMETRO n.° 600, de 09/11/2012 *Fogões e fornos a Gás de Uso Doméstico:* Portaria INMETRO n° 18, de 15/01/2008 Portaria INMETRO n° 400, de 01/08/2012 alterada pela	energética, constantes da regulamentação específica estabelecida para cada tipo de produto. • As máquinas e aparelhos encontrados no mercado sem as especificações legais, quando da vigência da regulamentação específica, deverão ser recolhidos, no prazo máximo de 30 (trinta) dias, pelos respectivos fabricantes e importadores, sob pena de multa, por unidade, de até 100% (cem por cento) do preço de venda por eles praticados. • Os dados relativos ao índice de eficiência energética e ao nível de consumo de energia de cada máquina ou aparelho são informados na respectiva Etiqueta Nacional de Conservação de Energia – ENCE, que deve ser aposta em todos os produtos sujeitos à etiquetagem compulsória, a cargo do INMETRO. • Para cada tipo de máquina ou aparelho, o INMETRO elabora Requisitos de Avaliação da Conformidade – RAC específicos, fixando os respectivos índices de eficiência energética e de consumo e a escala de classes correspondentes — sendo "A" a mais eficiente, "B" a segunda mais eficiente, e assim sucessivamente, até normalmente "E", "F" ou "G", as menos eficientes. • A princípio, a Etiqueta Nacional de Conservação de Energia – ENCE serve como importante elemento de convencimento no processo de escolha do produto pelo consumidor.	lugar que apresente ou envie imediatamente, sob pena de não-aceitação da proposta, cópia da Etiqueta Nacional de Conservação de Energia – ENCE do produto ofertado, para comprovação de que pertence à(s) classe(s) exigida(s) no Termo de Referência." **NOS SERVIÇOS:** **1) Inserir no TERMO DE REFERÊNCIA - item de obrigações da contratada:** "O produto XXXX a ser utilizado na execução dos serviços deverá possuir a Etiqueta Nacional de Conservação de Energia – ENCE, na(s) classe(s) XXXX, nos termos da Portaria INMETRO n° XXXX, que aprova os Requisitos de Avaliação da Conformidade – RAC do produto e trata da etiquetagem compulsória." incidentes para aquele aparelho.

Portaria INMETRO n.º 496, de 10/10/2013	Todavia, o ordenamento jurídico vem evoluindo no sentido de impor como mandatória a preocupação com a eficiência energética dos produtos adquiridos pela Administração Pública.
Lâmpadas a Vapor de Sódio a Alta Pressão:	• O Decreto n.º 7.746/2012, que estabelece a adoção de critérios e práticas de sustentabilidade nas contratações realizadas pela administração pública federal, estipula como diretrizes de sustentabilidade: menor impacto sobre recursos naturais como flora, fauna, ar, solo e água, maior eficiência na utilização de recursos naturais como água e energia e maior vida útil e menor custo de manutenção do bem e da obra (art. 4º, I, III e V).
Portaria INMETRO n.º 483, de 07/12/2010 alterada pela Portaria INMETRO/MDIC n.º 124, de 15/03/2011	
Lâmpadas de uso doméstico – linha Incandescente:	
Portaria INMETRO n.º 283, de 11/08/2008	• Assim, há forte embasamento normativo para que a Administração deixe de adquirir bens de baixa eficiência energética, acrescentando como requisito obrigatório da especificação técnica do objeto que o produto ofertado pelos licitantes possua ENCE da(s) classe(s) de maior eficiência.
Lâmpadas fluorescentes compactas com reator integrado:	
Portaria INMETRO n.º 289, de 16/11/2006	• Conforme premissa do art. 2º, parágrafo único, do Decreto n.º 7.746/2012 ("A adoção de critérios e práticas de sustentabilidade deverá ser justificada nos autos e preservar o caráter competitivo do certame"), é necessário que o órgão licitante adote os seguintes procedimentos:
Portaria INMETRO n.º 489, de 08/12/10	
Lâmpadas LED com dispositivo integrado à base:	- consultar as tabelas divulgadas no site do INMETRO (http://www.inmetro.gov.br/consumidor/ta belas.asp), para pesquisar as condições
Portaria INMETRO n.º 144, de 13/03/2015	

Máquinas de lavar roupas de uso doméstico:	médias do mercado – isto é, a divisão e proporcionalidade das classes de ENCE entre os produtos e fabricantes analisados;
Portaria INMETRO n° 185, de 15/09/2005	- a partir de tal pesquisa, o órgão definirá qual ou quais classes de ENCE serão admitidas no certame – por exemplo, apenas produtos da classe mais econômica, a classe A (caso haja número razoável de produtos e fabricantes em tal classe); ou das classes A e B, ou A e B e C, etc.
Motores elétricos trifásicos de indução:	
Portaria INMETRO n° 488, de 08/12/2010	
Reatores Eletromagnéticos para Lâmpadas à vapor de sódio e Lâmpadas à vapor metálico (Halogenetos):	• O objetivo essencial é assegurar a aquisição pela Administração do produto de maior eficiência energética, sem prejuízo relevante da competitividade.
Portaria INMETRO n° 454, de 01/12/2010 alterada pela Portaria INMETRO n.° 517, de 29/10/2013	
Refrigeradores e seus assemelhados, de uso doméstico:	
Portaria INMETRO n° 20, de 01/02/2006	
Sistemas e equipamentos para energia Fotovoltaica (Módulo, controlador de carga, Inversor e bateria):	

Portaria INMETRO n° 4, de 04/01/2011	*Televisores com tubos de raios catódicos (Cinescópio):*
Portaria INMETRO n° 267, de 01/08/2008	
Portaria INMETRO n° 563, de 23/12/2014	*Televisores do tipo plasma, LCD e de projeção:*
Portaria INMETRO n° 85, de 24/03/2009	
Portaria INMETRO n° 563, de 23/12/2014	*Ventiladores de Mesa, Coluna e Circuladores de Ar:*
Portaria INMETRO n° 20, de 18/01/2012	*Ventiladores de teto de uso residencial:*

Portaria INMETRO nº 113, de 07/04/2008

51

APARELHOS ELETRODOMÉSTICOS

Aquisição ou serviços que envolvam a utilização dos seguintes aparelhos eletrodomésticos: liquidificadores, secadores de cabelo e aspiradores de pó.

Exemplos:

Limpeza - Preparação de refeições - Etc.

LEGISLAÇÃO	PRINCIPAIS DETERMINAÇÕES	PROVIDÊNCIA A SER TOMADA	PRECAUÇÕES
Resolução CONAMA n° 20, de 07/12/94 *Liquidificadores:* Instrução Normativa MMA n° 3, de 07/02/2000 *Secadores de cabelo:* Instrução Normativa MMA n° 5, de 04/08/2000 *Aspiradores de pó:*	• Institui o Selo Ruído, que indica o nível de potência sonora, medido em decibel - dB(A), de aparelhos eletrodomésticos que gerem ruído no seu funcionamento. • Atualmente, a aposição do Selo Ruído é obrigatória para liquidificadores, secadores de cabelo e aspiradores de pó comercializados no país, nacionais ou importados.	NA AQUISIÇÃO OU LOCAÇÃO: **1) Inserir no TERMO DE REFERÊNCIA - item de descrição ou especificação técnica do produto:** "Só será admitida a oferta de **(liquidificador ou secador de cabelo ou aspirador de pó)** que possua Selo Ruído, indicativo do respectivo nível de potência sonora, nos termos da Resolução CONAMA n° 20, de 07/12/94, e da **Instrução Normativa n° XXXX**, e legislação correlata." **2) Inserir no EDITAL - item de julgamento da proposta, na fase de avaliação de sua aceitabilidade e do cumprimento das especificações do objeto:** "O Pregoeiro solicitará ao licitante provisoriamente classificado em primeiro lugar que apresente ou envie imediatamente, sob pena de não-aceitação da proposta, cópia do Selo Ruído do produto ofertado, nos termos da Resolução CONAMA n° 20, de 07/12/94, e da **Instrução Normativa n° XXXX**, e legislação correlata."	- Lembramos que o fabricante de aparelhos eletrodomésticos também deve estar registrado no Cadastro Técnico Federal de Atividades Potencialmente Poluidoras ou Utilizadoras de Recursos Ambientais, de sorte que as disposições específicas deste Guia Prático sobre CTF também devem ser seguidas.

Instrução Normativa IBAMA n° 15, de 18/02/2004		NOS SERVIÇOS: 1) Inserir no **TERMO DE REFERÊNCIA - item de obrigações da contratada:** "Os **(liquidificadores ou secadores de cabelo ou aspiradores de pó)** utilizados na prestação dos serviços deverão possuir Selo Ruído, indicativo do respectivo nível de potência sonora, nos termos da Resolução CONAMA n° 20, de 07/12/94, e da **Instrução Normativa n° XXXX**, e legislação correlata."

AQUISIÇÃO DE ALIMENTOS

Percentual mínimo destinado à aquisição de gêneros alimentícios de agricultores familiares e suas organizações, empreendedores familiares rurais e demais beneficiários da Lei nº 11.326, de 24 de julho de 2006

LEGISLAÇÃO	PRINCIPAIS DETERMINAÇÕES	PROVIDÊNCIA A SER TOMADA	PRECAUÇÕES
DECRETO Nº 8.473, DE 22 DE JUNHO DE 2015	Estabelece, no âmbito da Administração Pública federal, o percentual mínimo destinado à aquisição de gêneros alimentícios de agricultores familiares e suas organizações, empreendedores familiares rurais e demais beneficiários da Lei nº 11.326, de 24 de julho de 2006	Na fase de planejamento da contratação, o órgão da Administração Pública Federal deverá considerar que: Do total de recursos destinados no exercício financeiro à aquisição de gêneros alimentícios pelos órgãos e entidades de que trata o **caput**, pelo menos 30% (trinta por cento) deverão ser destinados à aquisição de produtos de agricultores familiares e suas organizações, empreendedores familiares rurais e demais beneficiários que se enquadrem na <u>Lei nº 11.326, de 2006</u>, e que tenham a Declaração de Aptidão ao Pronaf - DAP.	Exceções previstas no artigo 2º, do Decreto 8.473/2015

CADASTRO TÉCNICO FEDERAL		
ATIVIDADES POTENCIALMENTE POLUIDORAS OU UTILIZADORAS DE RECURSOS AMBIENTAIS - *Fabricação ou industrialização de produtos em geral*		
Aquisição ou locação de produto cuja fabricação ou industrialização envolva atividades potencialmente poluidoras ou utilizadoras de recursos ambientais (art. 17, I, da Lei n° 6.938/81).		
Citam-se exemplificativamente as seguintes categorias de fabricantes (Anexo I da Instrução Normativa IBAMA n° 06/2013): - estruturas de madeira e de móveis - veículos rodoviários e ferroviários, peças e acessórios - aparelhos elétricos e eletrodomésticos - material elétrico, eletrônico e equipamentos para telecomunicação e informática - pilhas e baterias - papel e papelão - preparados para limpeza e polimento, desinfetantes, inseticidas, germicidas e fungicidas - sabões, detergentes e velas - tintas, esmaltes, lacas, vernizes, impermeabilizantes, solventes e secantes Etc.		
LEGISLAÇÃO	PRINCIPAIS DETERMINAÇÕES	PROVIDÊNCIA A SER TOMADA	PRECAUÇÕES

Lei nº 6.938/81	NA AQUISIÇÃO OU LOCAÇÃO (vide observação ao final do texto):	- O registro do fabricante no Cadastro Técnico Federal – CTF assegura que o processo de fabricação ou industrialização de um produto, em razão de seu impacto ambiental (atividade potencialmente poluidora ou utilizadora de recursos ambientais), está sendo acompanhado e fiscalizado pelo órgão competente.
Instrução Normativa IBAMA nº 06, de 15/03/2013	• As pessoas físicas e jurídicas que desenvolvem tais atividades, listadas no Anexo I da Instrução Normativa IBAMA nº 06/2013, são obrigadas ao registro no Cadastro Técnico Federal de Atividades Potencialmente Poluidoras ou Utilizadoras de Recursos Ambientais, instituído pelo art. 17, inciso II, da Lei nº 6.938/81.	
	1) Inserir no TERMO DE REFERÊNCIA - item de descrição ou especificação técnica do produto:	
	"Para os itens abaixo relacionados, cuja atividade de fabricação ou industrialização é enquadrada no Anexo I da Instrução Normativa IBAMA nº 06, de 15/03/2013, só será admitida a oferta de produto cujo fabricante esteja regularmente registrado no Cadastro Técnico Federal de Atividades Potencialmente Poluidoras ou Utilizadoras de Recursos Ambientais, instituído pelo artigo 17, inciso II, da Lei nº 6.938, de 1981:	
	• A formalização do registro se dá mediante a emissão do Comprovante de Registro, contendo o número do cadastro, o CPF ou CNPJ, o nome ou a razão social, o porte e as atividades declaradas.	- Todavia, normalmente quem participa da licitação não é o fabricante em si, mas sim revendedores, distribuidores ou comerciantes em geral – os quais, por não desempenharem diretamente atividades poluidoras ou utilizadoras de recursos ambientais, não são obrigados a registrar-se no Cadastro Técnico Federal – CTF do IBAMA.
	a) ITEM XX;	
	b) ITEM XX;	
	c) ITEM XX;	
	(...)."	
	2) Inserir no EDITAL - item de julgamento da proposta, na fase de avaliação de sua aceitabilidade e do cumprimento das especificações do objeto:	
	• A comprovação da regularidade do registro se dá mediante a emissão do Certificado de Regularidade, com validade de três meses, contendo o número do cadastro, o CPF ou CNPJ, o nome ou razão social, as atividades declaradas que estão ativas, a data de emissão, a data de validade e chave de identificação eletrônica.	- Portanto, a fim de não introduzir distinções entre os licitantes, entendemos que a forma mais adequada de dar cumprimento à determinação legal é inseri-la na especificação do produto a ser adquirido.
	• A inscrição no Cadastro Técnico Federal não desobriga as pessoas físicas ou jurídicas de obter as	"a) Para os itens enquadrados no Anexo I da Instrução Normativa IBAMA nº 06, de 15/03/2013, o Pregoeiro solicitará ao licitante provisoriamente classificado em primeiro lugar que apresente ou

| licenças, autorizações, permissões, concessões, alvarás e demais documentos obrigatórios dos órgãos federais, estaduais ou municipais para o exercício de suas atividades. | envie imediatamente, sob pena de não-aceitação da proposta, o Comprovante de Registro do fabricante do produto no Cadastro Técnico Federal de Atividades Potencialmente Poluidoras ou Utilizadoras de Recursos Ambientais, acompanhado do respectivo Certificado de Regularidade válido, nos termos do artigo 17, inciso II, da Lei n° 6.938, de 1981, e da Instrução Normativa IBAMA n° 06, de 15/03/2013, e legislação correlata.

a.1) A apresentação do Certificado de Regularidade será dispensada, caso o Pregoeiro logre êxito em obtê-lo mediante consulta *on line* ao sítio oficial do IBAMA, imprimindo-o e anexando-o ao processo;

a.2) Caso o fabricante seja dispensado de tal registro, por força de dispositivo legal, o licitante deverá apresentar o documento comprobatório ou declaração correspondente, sob as penas da lei."

Obs.: Conforme ressaltamos na primeira parte deste Guia (inserir o link), cabe ao gestor, na fase do planejamento da contratação, verificar a possibilidade de comprovação dos critérios de sustentabilidade e a sua disponibilidade no mercado. Neste caso, por se tratar de registro do fabricante, deve-se atentar para essas cautelas, e, caso não seja possível a obtenção do produto com o cumprimento da exigência do registro no CTF do seu fabricante (licitação deserta), deve-se acostar a justificativa ao | - Nessa hipótese, o licitante deverá comprovar, como requisito de aceitação de sua proposta, que o fabricante do produto por ele ofertado está devidamente registrado junto ao CTF. |

| processo. |

ATIVIDADES POTENCIALMENTE POLUIDORAS OU UTILIZADORAS DE RECURSOS AMBIENTAIS - *Consumo, Comercialização, Importação ou Transporte de determinados produtos*

Contratação de pessoa física ou jurídica que se dedique a atividades potencialmente poluidoras ou utilizadoras de recursos ambientais, relacionadas ao consumo, comercialização, importação ou transporte de determinados produtos potencialmente perigosos ao meio ambiente, ou de produtos e subprodutos da fauna e flora (art. 17, I, da Lei n° 6.938/81).

Citam-se exemplificativamente as seguintes categorias (Anexo I da Instrução Normativa IBAMA n° 06, de 15/03/2013):

- produtor, importador, exportador, usuário ou comerciante de produtos e substâncias controladas pelo Protocolo de Montreal (Substâncias que Destroem a Camada de Ozônio - SDOs)

- comerciante de:

  - motosserras;
  - combustíveis;
  - derivados de petróleo;
  - mercúrio metálico;
  - produtos químicos ou perigosos;
  - pneus e similares;
  - construtor de obras civis;
  - importador de baterias para comercialização de forma direta ou indireta;
  - importador de pneus e similares;

- transportador de produtos florestais;
- transportador de cargas perigosas;
- consumidor de madeira, lenha ou carvão vegetal;
- prestadores de serviços de assistência técnica em aparelhos de refrigeração.

LEGISLAÇÃO	PRINCIPAIS DETERMINAÇÕES	PROVIDÊNCIA A SER TOMADA	PRECAUÇÕES
Lei n° 6.938/81 Instrução Normativa IBAMA n°06, de 15/03/2013 alterada pela Instrução Normativa IBAMA n°01 de 31/01/2014	Já tratadas no item acima.	**NOS SERVIÇOS:** **1) Inserir no EDITAL - item de habilitação jurídica da empresa:** "a) Para o exercício de atividade de XXXX, classificada como potencialmente poluidora ou utilizadora de recursos ambientais, conforme Anexo I da Instrução Normativa IBAMA n° 06, de 15/03/2013: Comprovante de Registro no Cadastro Técnico Federal de Atividades Potencialmente Poluidoras ou Utilizadoras de Recursos Ambientais, acompanhado do respectivo Certificado de Regularidade válido, nos termos do artigo 17, inciso II, da Lei n° 6.938, de 1981, e da Instrução Normativa IBAMA n° 06, de 15/03/2013, e legislação correlata. a.1) A apresentação do Certificado de Regularidade será dispensada, caso o Pregoeiro logre êxito em obtê-lo mediante consulta *on line* ao sítio oficial do IBAMA, imprimindo-o e anexando-o ao processo;	- Nesse caso, diferentemente do item acima, o licitante desempenha diretamente as atividades poluidoras ou utilizadoras de recursos ambientais, de modo que deverá obrigatoriamente estar registrado no Cadastro Técnico Federal – CTF do IBAMA. - Assim, o registro no CTF deve ser exigido como requisito de habilitação jurídica do licitante, conforme art. 28, V, da Lei n° 8.666/93.

	a.2) Caso o licitante seja dispensado de tal registro, por força de dispositivo legal, deverá apresentar o documento comprobatório ou declaração correspondente, sob as penas da lei."

INSTRUMENTOS DE DEFESA AMBIENTAL

Contratação de consultoria técnica sobre problemas ecológicos e ambientais, ou contratação de aquisição, instalação ou manutenção de equipamentos, aparelhos e instrumentos destinados ao controle de atividades efetiva ou potencialmente poluidoras (art. 17. I, da Lei nº 6.938/81)

LEGISLAÇÃO	PRINCIPAIS DETERMINAÇÕES	PROVIDÊNCIA A SER TOMADA	PRECAUÇÕES
Lei nº 6.938/81 Instrução Normativa IBAMA nº 10, de 27/05/2013	• As pessoas físicas e jurídicas que desenvolvem tais atividades, listadas no Anexo I da **Instrução Normativa IBAMA nº 10, de 27/05/2013**, são obrigadas ao registro no Cadastro Técnico Federal de Instrumentos de Defesa Ambiental, instituído pelo art. 17. inciso I, da Lei nº 6.938/81. • A formalização do registro se dá mediante a emissão do Comprovante de Registro, contendo o número do cadastro, o CPF ou CNPJ, o nome ou a razão social, o porte e as atividades declaradas. • A comprovação da regularidade do registro se dá mediante a emissão do Certificado de Regularidade, com validade de três meses, contendo o número do cadastro, o CPF ou CNPJ, o nome ou razão social, as atividades declaradas que estão ativas, a data de	**NOS SERVIÇOS:** **1) Inserir no EDITAL - item de habilitação jurídica da empresa:** "a) Para o exercício de atividade de **XXXX**, classificada como instrumento de defesa ambiental, conforme Anexo I da **Instrução Normativa IBAMA nº 10, de 27/05/2013**: Comprovante de Registro no Cadastro Técnico Federal de Instrumentos de Defesa Ambiental, acompanhado do respectivo Certificado de Regularidade válido, nos termos do artigo 17, inciso I, da Lei nº 6.938, de 1981, e da **Instrução Normativa IBAMA nº 10, de 27/05/2013**, e legislação correlata. a.1) A apresentação do Certificado de Regularidade será dispensada, caso o Pregoeiro logre êxito em obtê-lo	

emissão, a data de validade e chave de identificação eletrônica. • A inscrição no Cadastro Técnico Federal não desobriga as pessoas físicas ou jurídicas de obter as licenças, autorizações, permissões, concessões, alvarás e demais documentos obrigatórios dos órgãos federais, estaduais ou municipais para o exercício de suas atividades.	mediante consulta *on line* ao sítio oficial do IBAMA, imprimindo-o e anexando-o ao processo; a.2) Caso o licitante seja dispensado de tal registro, por força de dispositivo legal, deverá apresentar o documento comprobatório ou declaração correspondente, sob as penas da lei."

CONSTRUÇÃO CIVIL

Obras ou serviços de engenharia.

LEGISLAÇÃO	PRINCIPAIS DETERMINAÇÕES	PROVIDÊNCIA A SER TOMADA	PRECAUÇÕES
Instrução Normativa SLTI/MPOG n° 1, de 19/01/2010	• Nos termos do art. 12 da Lei n° 8.666, de 1993, as especificações e demais exigências do projeto básico ou executivo, para contratação de obras e serviços de engenharia, devem ser elaborados visando à economia da manutenção e operacionalização da edificação, a redução do consumo de energia e água, bem como a utilização de tecnologias e materiais que reduzam o impacto ambiental, tais como: I - uso de equipamentos de climatização mecânica, ou de novas tecnologias de resfriamento do ar, que utilizem energia elétrica, apenas nos ambientes aonde for indispensável; II - automação da iluminação do prédio, projeto de iluminação, interruptores, iluminação ambiental, iluminação tarefa, uso de sensores de presença;	As disposições da Instrução Normativa SLTI/MPOG n° 1, de 19/01/2010, devem ser aplicadas pela Administração no momento da elaboração do Projeto Básico, documento que deve trazer o "conjunto de elementos necessários e suficientes, com nível de precisão adequado, para caracterizar a obra ou serviço, ou complexo de obras ou serviços objeto da licitação, elaborado com base nas indicações dos estudos técnicos preliminares, que assegurem a viabilidade técnica e o adequado tratamento do impacto ambiental do empreendimento, e que possibilite a avaliação do custo da obra e a definição dos métodos e do prazo de execução" (art. 6°, inciso IX, da Lei n° 8.666/93). Pelo caráter eminentemente técnico do Projeto Básico, não cabe a um órgão de assessoramento jurídico estabelecer quaisquer elementos de seu conteúdo. A opção por uma ou outra metodologia é decisão discricionária da Administração, que deve sempre basear-se em estudos técnicos e, agora, também nas determinações da IN SLTI/MPOG n° 1, de 19/01/2010.	

III - uso exclusivo de lâmpadas fluorescentes compactas ou tubulares de alto rendimento e de luminárias eficientes;

IV - energia solar, ou outra energia limpa para aquecimento de água;

V - sistema de medição individualizado de consumo de água e energia;

VI - sistema de reuso de água e de tratamento de efluentes gerados;

VII - aproveitamento da água da chuva, agregando ao sistema hidráulico elementos que possibilitem a captação, transporte, armazenamento e seu aproveitamento;

VIII - utilização de materiais que sejam reciclados, reutilizados e biodegradáveis, e que reduzam a necessidade de manutenção;

IX - comprovação da origem da madeira a ser utilizada na execução da obra ou serviço.

• Deve ser priorizado o emprego de mão-de-obra, materiais, tecnologias e matérias-primas de origem local para execução, conservação e operação das obras públicas.

• Devem ser observadas as normas do Instituto Nacional de Metrologia, Normalização e Qualidade Industrial - INMETRO e as normas ISO n° 14.000 da Organização Internacional para a Padronização

De todo modo, fica registrado o alerta para que, na fase de elaboração do Projeto Básico das obras ou serviços de engenharia, sejam aplicadas as diretrizes de sustentabilidade ambiental do novo diploma normativo.

(International Organization for Standardization), relativas a sistemas de gestão ambiental.

• Quando a contratação envolver a utilização de bens, o instrumento convocatório deverá exigir a comprovação de que o licitante adota práticas de desfazimento sustentável ou reciclagem dos bens que forem inservíveis para o processo de reutilização.

• Deve ser exigido o uso obrigatório de agregados reciclados nas obras contratadas, sempre que existir a oferta de agregados reciclados, capacidade de suprimento e custo inferior em relação aos agregados naturais.

CONSTRUÇÃO CIVIL – Resíduos

Obras ou serviços de engenharia que gerem resíduos, definidos como:

"são os provenientes de construções, reformas, reparos e demolições de obras de construção civil, e os resultantes da preparação e da escavação de terrenos, tais como: tijolos, blocos cerâmicos, concreto em geral, solos, rochas, metais, resinas, colas, tintas, madeiras e compensados, forros, argamassa, gesso, telhas, pavimento asfáltico, vidros, plásticos, tubulações, fiação elétrica etc... comumente chamados de entulhos de obras, caliça ou metralha" (Resolução CONAMA n° 307/2002, art. 2°, inciso I)

Os resíduos da construção civil subdividem-se em quatro classes (art. 3° da Resolução):

I - Classe A - são os resíduos reutilizáveis ou recicláveis como agregados, tais como:

a) de construção, demolição, reformas e reparos de pavimentação e de outras obras de infra-estrutura, inclusive solos provenientes de terraplanagem;

b) de construção, demolição, reformas e reparos de edificações: componentes cerâmicos (tijolos, blocos, telhas, placas de revestimento etc.), argamassa e concreto;

c) de processo de fabricação e/ou demolição de peças pré-moldadas em concreto (blocos, tubos, meio-fios etc.) produzidas nos canteiros de obras;

II - Classe B - são os resíduos recicláveis para outras destinações, tais como: plásticos, papel, papelão, metais, vidros, madeiras e gesso;

III - Classe C - são os resíduos para os quais não foram desenvolvidas tecnologias ou aplicações economicamente viáveis que permitam a sua reciclagem ou recuperação;

IV - Classe D - são resíduos perigosos oriundos do processo de construção, tais como tintas, solventes, óleos e outros ou aqueles contaminados ou prejudiciais à saúde oriundos de demolições, reformas e reparos de clínicas radiológicas, instalações industriais e outros, bem como telhas e demais objetos e materiais que contenham amianto ou outros produtos nocivos à saúde.

LEGISLAÇÃO	PRINCIPAIS DETERMINAÇÕES	PROVIDÊNCIA A SER TOMADA	PRECAUÇÕES
Resolução CONAMA n°	• Os geradores de resíduos da construção civil devem ter como objetivo prioritário a	NAS OBRAS E SERVIÇOS DE ENGENHARIA:	

307, de 05/07/2002 (com alterações introduzidas pelas Resoluções CONAMA nº 431, de 24/05/2011, e nº 448, de 18/01/2012) Lei nº 12.305/2010 – Política Nacional de Resíduos Sólidos	não geração de resíduos e, secundariamente, a redução, a reutilização, a reciclagem, o tratamento dos resíduos sólidos e a disposição final ambientalmente adequada dos rejeitos. • Os pequenos geradores devem seguir as diretrizes técnicas e procedimentos do Plano Municipal de Gestão de Resíduos da Construção Civil, elaborado pelos municípios e pelo Distrito Federal, em conformidade com os critérios técnicos do sistema de limpeza urbana local. • Os grandes geradores deverão elaborar e implementar Plano de Gerenciamento de Resíduos da Construção Civil próprio, a ser apresentado ao órgão competente, estabelecendo os procedimentos necessários para a caracterização, triagem, acondicionamento, transporte e destinação ambientalmente adequados dos resíduos. • Os resíduos não poderão ser dispostos em aterros de resíduos domiciliares, áreas de "bota fora", encostas, corpos d'água, lotes vagos e áreas protegidas por Lei, bem como em áreas não licenciadas. • Ao contrário, deverão ser destinados de acordo com os seguintes procedimentos:	1) Inserir no TERMO DE REFERÊNCIA/PROJETO BÁSICO - item de obrigações da contratada: "A Contratada deverá observar as diretrizes, critérios e procedimentos para a gestão dos resíduos da construção civil estabelecidos na Lei nº 12.305, de 2010 – Política Nacional de Resíduos Sólidos, Resolução nº 307, de 05/07/2002, do Conselho Nacional de Meio Ambiente – CONAMA, e Instrução Normativa SLTI/MPOG nº 1, de 19/01/2010, nos seguintes termos: a) O gerenciamento dos resíduos originários da contratação deverá obedecer às diretrizes técnicas e procedimentos do Plano Municipal de Gestão de Resíduos da Construção Civil, ou do Plano de Gerenciamento de Resíduos da Construção Civil apresentado ao órgão competente, conforme o caso; b) Nos termos dos artigos 3º e 10º da Resolução CONAMA nº 307, de 05/07/2002, a Contratada deverá providenciar a destinação ambientalmente adequada dos resíduos da construção civil originários da contratação, obedecendo, no que couber, aos seguintes procedimentos: b.1) resíduos Classe A (reutilizáveis ou recicláveis como agregados): deverão ser reutilizados ou reciclados na forma de agregados ou encaminhados a aterro de resíduos Classe A de reservação de material para usos futuros; b.2) resíduos Classe B (recicláveis para outras destinações): deverão ser reutilizados, reciclados ou encaminhados a áreas

	I - Classe A: deverão ser reutilizados ou reciclados na forma de agregados ou encaminhados a aterro de resíduos Classe A de reservação de material para usos futuros; II - Classe B: deverão ser reutilizados, reciclados ou encaminhados a áreas de armazenamento temporário, sendo dispostos de modo a permitir a sua utilização ou reciclagem futura; III - Classe C: deverão ser armazenados, transportados e destinados em conformidade com as normas técnicas específicas; IV - Classe D: deverão ser armazenados, transportados e destinados em conformidade com as normas técnicas específicas.	de armazenamento temporário, sendo dispostos de modo a permitir a sua utilização ou reciclagem futura: b.3) resíduos Classe C (para os quais não foram desenvolvidas tecnologias ou aplicações economicamente viáveis que permitam a sua reciclagem/recuperação): deverão ser armazenados, transportados e destinados em conformidade com as normas técnicas específicas; b.4) resíduos Classe D (perigosos, contaminados ou prejudiciais à saúde): deverão ser armazenados, transportados e destinados em conformidade com as normas técnicas específicas. c) Em nenhuma hipótese a Contratada poderá dispor os resíduos originários da contratação aterros de resíduos domiciliares, áreas de "bota fora", encostas, corpos d'água, lotes vagos e áreas protegidas por Lei, bem como em áreas não licenciadas.
Instrução Normativa SLTI/MPOG n° 1, de 19/01/2010	• O Projeto de Gerenciamento de Resíduo de Construção Civil - PGRCC, nas condições determinadas pela Resolução CONAMA n° 307, de 05/07/2002, deverá ser estruturado em conformidade com o modelo específicado pelos órgãos competentes. • Os contratos de obras e serviços de engenharia deverão exigir o fiel cumprimento do PGRCC, sob pena de multa, estabelecendo, para efeitos de fiscalização, que todos os resíduos removidos deverão estar acompanhados de Controle de Transporte de Resíduos, em conformidade	d) Para fins de fiscalização do fiel cumprimento do Plano Municipal de Gestão de Resíduos da Construção Civil, ou do Plano de Gerenciamento de Resíduos da Construção Civil, conforme o caso, a contratada comprovará, sob pena de multa, que todos os resíduos removidos estão acompanhados de Controle de Transporte de Resíduos, em conformidade com as normas da Agência Brasileira de Normas Técnicas - ABNT, ABNT NBR n°s 15.112, 15.113, 15.114, 15.115 e 15.116, de 2004."

	com as normas da Agência Brasileira de Normas Técnicas - ABNT. ABNT NBR nºs 15.112, 15.113, 15.114, 15.115 e 15.116, de 2004, disponibilizando campo específico na planilha de composição dos custos.

CREDENCIAMENTO NA ÁREA DE SAÚDE

LEGISLAÇÃO	PRINCIPAIS DETERMINAÇÕES	PROVIDÊNCIA A SER TOMADA	PRECAUÇÕES
Norma Regulamentadora NR 32/ABNT Resolução da Diretoria Colegiada RDC 15/2012 – Anvisa Resolução n. 258/2005 – CONAMA Resolução da Diretoria	Aspectos de proteção à segurança e à saúde dos trabalhadores, processamento de produtos de saúde e destinação ambiental de resíduos de saúde.	Inserir como obrigação da contratada no termo de referencia: A contratada observará: a) Proteção à segurança e à saúde dos trabalhadores dos serviços de saúde e daqueles que exercem atividades de promoção e assistência à saúde em geral, consubstanciada na Norma Regulamentadora NR 32/ABNT; b) boas práticas em processamento de produtos de saúde (Resolução da Diretoria Colegiada RDC 15/2012 – Anvisa)	

Colegiada RDC 306/2004 – ANVISA	c) destinação ambiental adequada dos resíduos de saúde (Resolução n. 258/2005 – CONAMA e Resolução da Diretoria Colegiada RDC 306/2004 – ANVISA). d) Utilização de produtos de acordo com as diretrizes da Anvisa e Inmetro, se existentes.

DETERGENTE EM PÓ

Aquisição ou serviços que envolvam a utilização de detergente em pó

Exemplo:

Limpeza – Lavanderia - Etc.

LEGISLAÇÃO	PRINCIPAIS DETERMINAÇÕES	PROVIDÊNCIA A SER TOMADA	PRECAUÇÕES
Resolução CONAMA n° 359, de 29/04/2005	• Os detergentes em pó utilizados no país, ainda que importados, devem respeitar limites de concentração máxima de fósforo.	**NA AQUISIÇÃO:** **1) Inserir no TERMO DE REFERÊNCIA - item de descrição ou especificação técnica do produto:** "Só será admitida a oferta de detergente em pó, fabricado no país ou importado, cuja composição respeite os limites de concentração máxima de fósforo admitidos na Resolução CONAMA n° 359, de 29/04/2005, e legislação correlata."	- Lembramos que o fabricante de detergentes também deve estar registrado no Cadastro Técnico Federal de Atividades Potencialmente Poluidoras ou Utilizadoras de Recursos Ambientais, de sorte que as disposições específicas deste Guia Prático sobre CTF também devem ser seguidas.

NOS SERVIÇOS:

1) Inserir no TERMO DE REFERÊNCIA - item de obrigações da contratada:

"O detergente em pó a ser utilizado na execução dos serviços deverá possuir composição que respeite os limites de concentração máxima de fósforo admitidos na Resolução CONAMA n° 359, de 29/04/2005, e legislação correlata."

EMISSÃO DE POLUENTES ATMOSFÉRICOS POR FONTES FIXAS

Obras ou serviços que envolvam a utilização de fonte fixa que lance poluentes na atmosfera, definida como:

"qualquer instalação, equipamento ou processo, situado em local fixo, que libere ou emita matéria para a atmosfera, por emissão pontual ou fugitiva;"

(Resolução CONAMA n° 382/2006, art. 3°, "g")

Exemplo:

Obras e serviços de engenharia - Etc.

LEGISLAÇÃO	PRINCIPAIS DETERMINAÇÕES	PROVIDÊNCIA A SER TOMADA	PRECAUÇÕES
Resolução CONAMA n° 382, de 26/12/2006 Resolução CONAMA n° 436, de 22/12/2011	• A emissão de poluentes atmosféricos por fontes fixas deve respeitar limites máximos, de acordo com a natureza do poluente e com o tipo de fonte. • Para as fontes fixas instaladas antes de 02/01/2007 ou que tenham solicitado Licença de Instalação-LI anteriormente a essa data – data de entrada em vigor da Resolução CONAMA n° 382/2006 –, incidem os limites máximos estabelecidos pela Resolução CONAMA n° 436/2011.	EM QUALQUER CASO: **1) Inserir no TERMO DE REFERÊNCIA - item de obrigações da contratada:** "Qualquer instalação, equipamento ou processo, situado em local fixo, que libere ou emita matéria para a atmosfera, por emissão pontual ou fugitiva, utilizado pela contratada na execução contratual, deverá respeitar os limites máximos de emissão de poluentes admitidos na Resolução CONAMA n° 382, de 26/12/2006, e Resolução CONAMA n° 436, de 22/12/2011, e legislação correlata, de acordo com o poluente e o tipo de fonte."	

FRASCOS DE AEROSSOL EM GERAL

Aquisição ou serviços que envolvam a utilização de frascos de aerossol

Exemplo:

Limpeza – Pintura - Manutenção predial - Obras e serviços de engenharia - Etc.

LEGISLAÇÃO	PRINCIPAIS DETERMINAÇÕES	PROVIDÊNCIA A SER TOMADA	PRECAUÇÕES
Lei n° 12.305/2010 – Política Nacional de Resíduos Sólidos	• Os fabricantes, distribuidores, importadores, comerciantes ou revendedores de frascos de aerossol em geral são responsáveis pelo recolhimento, pela descontaminação e pela destinação final ambientalmente adequada do produto. • Para tanto, devem manter um sistema de coleta em recipientes próprios, instalados em locais visíveis, para que os usuários do produto possam descartá-lo adequadamente.	A logística reversa é um instrumento de desenvolvimento econômico e social que busca devolver os resíduos sólidos ao setor empresarial. Este sistema deverá ser implementado, prioritariamente, pelos seguintes tipos de resíduos: agrotóxicos, pilhas e baterias, óleos lubrificantes, lâmpadas fluorescentes e eletroeletrônicos. Como primeira cautela, o órgão deve verificar se, para aquele produto ou embalagem, já existe regulamentação editada pelo Poder Público – seja na esfera federal, estadual ou municipal –, ou acordo setorial ou termo de compromisso celebrado pelo Poder Público com o setor produtivo. Se ainda não houver regulamentação ou acordo, é recomendável que o órgão consulte os fornecedores do ramo para conhecer suas práticas de destinação final dos produtos ou embalagens comercializados. Desta forma, poderá avaliar se há condições médias no mercado de exigir, como obrigação contratual, que a empresa contratada efetue o recolhimento e a destinação final	O órgão deverá verificar se existe legislação estadual ou local específica disciplinando o tema.

[72]

ambientalmente adequada dos produtos ou embalagens por ela utilizados ou fornecidos.

De todo modo, o pressuposto para a inserção de tal obrigação contratual, quando ainda não houver acordo setorial ou termo de compromisso, é assegurar que não represente fator de restrição à competitividade ou custo desarrazoável para o órgão contratante.

EM QUALQUER CASO:

1) Inserir no TERMO DE REFERÊNCIA - item de obrigações da contratada:

"A contratada deverá providenciar o recolhimento e o adequado descarte dos frascos de aerossol originários da contratação, recolhendo-os ao sistema de coleta montado pelo respectivo fabricante, distribuidor, importador, comerciante ou revendedor, para fins de sua destinação final ambientalmente adequada."

LÂMPADAS FLUORESCENTES

Aquisição ou serviços que envolvam a utilização de lâmpadas fluorescentes

Exemplo:

Manutenção predial - Obras e serviços de engenharia - Etc.

LEGISLAÇÃO	PRINCIPAIS DETERMINAÇÕES	PROVIDÊNCIA A SER TOMADA	PRECAUÇÕES
Lei n° 12.305/2010 – Política Nacional de Resíduos Sólidos	• Os fabricantes, distribuidores, importadores, comerciantes ou revendedores de lâmpadas fluorescentes são responsáveis pelo recolhimento, pela descontaminação e pela destinação final ambientalmente adequada do produto. • Para tanto, devem manter um sistema de coleta em recipientes próprios, instalados em locais visíveis, para que os usuários do produto possam descartá-lo adequadamente.	A logística reversa é um instrumento de desenvolvimento econômico e social que busca devolver os resíduos sólidos ao setor empresarial. Este sistema deverá ser implementado, prioritariamente, pelos seguintes tipos de resíduos: agrotóxicos, pilhas e baterias, óleos lubrificantes, lâmpadas fluorescentes e eletroeletrônicos. Como primeira cautela, o órgão deve verificar se, para aquele produto ou embalagem, já existe regulamentação editada pelo Poder Público – seja na esfera federal, estadual ou municipal –, ou acordo setorial ou termo de compromisso celebrado pelo Poder Público com o setor produtivo. Se ainda não houver regulamentação ou acordo, é recomendável que o órgão consulte os fornecedores do ramo para conhecer suas práticas de destinação final dos produtos ou embalagens comercializadas. Desta forma, poderá avaliar se há condições médias no	- A Lei n° 12.305/2010 – Política Nacional de Resíduos Sólidos, de abrangência nacional, determina que os fabricantes, importadores, distribuidores e comerciantes de lâmpadas fluorescentes, de vapor de sódio e mercúrio e de luz mista são obrigados a estruturar e implementar sistemas de logística reversa, mediante retorno dos produtos e embalagens após o uso pelo consumidor, de forma independente do serviço público de limpeza urbana e de manejo dos resíduos sólidos O órgão deverá verificar se existe legislação estadual ou local específica disciplinando o tema.

mercado de exigir, como obrigação contratual, que a empresa contratada efetue o recolhimento e a destinação final ambientalmente adequada dos produtos ou embalagens por ela utilizados ou fornecidos.

De todo modo, o pressuposto para a inserção de tal obrigação contratual, quando ainda não houver acordo setorial ou termo de compromisso, é assegurar que não represente fator de restrição à competitividade ou custo desarrazoável para o órgão contratante.

EM QUALQUER CASO:

1) Inserir no TERMO DE REFERÊNCIA - item de obrigações da contratada:

"A contratada deverá providenciar o recolhimento e o adequado descarte das lâmpadas fluorescentes originárias da contratação, recolhendo-as ao sistema de coleta montado pelo respectivo fabricante, distribuidor, importador, comerciante ou revendedor, para fins de sua destinação final ambientalmente adequada."

- Lembramos que determinados tipos de lâmpadas também se sujeitam às disposições da Lei n° 10.295/2001 e Decreto n° 4.059/2001, que fixam índices mínimos de eficiência energética ou níveis máximos de consumo de energia elétrica (conforme item específico deste Guia Prático - "APARELHOS ELÉTRICOS EM GERAL").

LIMPEZA E CONSERVAÇÃO

Serviços de limpeza e conservação

LEGISLAÇÃO	PRINCIPAIS DETERMINAÇÕES	PROVIDÊNCIA A SER TOMADA	PRECAUÇÕES
Lei n° 12.305/2010 – Política Nacional de Resíduos Sólidos Instrução Normativa SLTI/MPOG n° 2, de 30/04/2008 com as alterações introduzidas pelas seguintes INs: n° 3, de 15/10/2009 n° 4, de 11/11/2009 n° 5, de 18/12/2009	• O Anexo V da Instrução Normativa ("Metodologia de Referência dos Serviços de Limpeza e Conservação") traz diversas obrigações de cunho ambiental para as empresas contratadas, dentre elas: a) reciclagem e destinação adequada dos resíduos gerados; b) otimização na utilização de recursos e na redução de desperdícios e de poluição, notadamente quanto ao uso de substâncias tóxicas ou poluentes e ao consumo de energia elétrica e água; c) descarte adequado de materiais potencialmente poluidores, tais como pilhas e baterias, lâmpadas fluorescentes e frascos de	**NOS SERVIÇOS:** **1) Inserir no TERMO DE REFERÊNCIA - item de obrigações da contratada:** "Nos termos do Anexo V da Instrução Normativa SLTI/MPOG n° 2, de 30/04/2008, e da Instrução Normativa SLTI/MPOG n° 1, de 19/01/2010, a contratada deverá adotar as seguintes providências: a) realizar a separação dos resíduos recicláveis descartados pela Administração, na fonte geradora, e a coleta seletiva do papel para reciclagem, promovendo sua destinação às associações e cooperativas dos catadores de materiais recicláveis, nos termos da IN MARE n° 6, de 3/11/95, e do Decreto n° 5.940/2006, ou outra forma de destinação adequada, quando for o caso; a.1) os resíduos sólidos reutilizáveis e recicláveis devem ser acondicionados adequadamente e de forma diferenciada, para fins de disponibilização à coleta seletiva.	- A princípio, as Instruções Normativas da Secretaria de Logística e Tecnologia da Informação do Ministério do Planejamento, Orçamento e Gestão – SLTI/MPOG possuem aplicação obrigatória somente aos órgãos e entidades integrantes do Sistema de Serviços Gerais – SISG da Administração Federal. Todavia, os órgãos militares também podem aplicar, no que couber, as normas pertinentes ao SISG (Decreto n° 1.094/94). - Quando os serviços de limpeza abarcam itens já sujeitos a regramento próprio (descarte adequado de pilhas, lâmpadas e pneus usados; utilização de aparelhos eletrodomésticos; etc.), cabe reproduzir também as

	aerossóis e pneumáticos inservíveis.	b) otimizar a utilização de recursos e a redução de desperdícios e de poluição, através das seguintes medidas, dentre outras:	disposições específicas a cada item, por serem mais detalhadas que as previsões genéricas da Instrução Normativa SLTI/MPOG n° 2/2008.
Instrução Normativa SLTI/MPOG n° 1, de 19/01/2010	• Os editais para a contratação de serviços deverão prever que as empresas contratadas adotem as seguintes práticas de sustentabilidade na execução dos serviços, quando couber:	b.1) racionalizar o uso de substâncias potencialmente tóxicas ou poluentes;	
n° 6, de 23/12/2013		b.2) substituir as substâncias tóxicas por outras atóxicas ou de menor toxicidade;	
n° 3, de 24/06/2014	I - use produtos de limpeza e conservação de superfícies e objetos inanimados que obedeçam às classificações e especificações determinadas pela ANVISA;	b.3) usar produtos de limpeza e conservação de superfícies e objetos inanimados que obedeçam às classificações e especificações determinadas pela ANVISA;	
n° 4, de 20/03/2015	II - adote medidas para evitar o desperdício de água tratada, conforme parâmetros do Decreto estadual n° 48.138, de 8/10/2003, do Estado de São Paulo;	b.4) racionalizar o consumo de energia (especialmente elétrica) e adotar medidas para evitar o desperdício de água tratada, conforme parâmetros do Decreto estadual n° 48.138, de 8/10/2003, do Estado de São Paulo;	
	III - observe a Resolução CONAMA n° 20, de 7/12/94, quanto aos equipamentos de limpeza que gerem ruído no seu funcionamento;	b.5) realizar um programa interno de treinamento de seus empregados, nos três primeiros meses de execução contratual, para redução de consumo de energia elétrica, de consumo de água e redução de produção de resíduos sólidos, observadas as normas ambientais vigentes;	
	IV - forneça aos empregados os equipamentos de segurança que se fizerem necessários, para a execução de serviços;	b.6) treinar e capacitar periodicamente os empregados em boas práticas de redução de desperdícios e poluição;	
		c) utilizar lavagem com água de reuso ou outras fontes, sempre que possível (águas de chuva, poços cuja água seja certificada de não contaminação por metais pesados ou agentes bacteriológicos, minas e outros);	

V - realize um programa interno de treinamento de seus empregados, nos três primeiros meses de execução contratual, para redução de consumo de energia elétrica, de consumo de água e redução de produção de resíduos sólidos, observadas as normas ambientais vigentes;

VI - realize a separação dos resíduos recicláveis descartados pelos órgãos e entidades da Administração Pública Federal direta, autárquica e fundacional, na fonte geradora, e a sua destinação às associações e cooperativas dos catadores de materiais recicláveis, que será precedida pela coleta seletiva do papel para reciclagem, quando couber, nos termos da IN MARE n° 6, de 3 de novembro de 1995 e do Decreto n° 5.940, de 25 de outubro de 2006;

VII - respeite as Normas Brasileiras - NBR publicadas pela Associação Brasileira de Normas Técnicas sobre resíduos sólidos;

VIII - preveja a destinação ambiental adequada das pilhas e baterias usadas ou inservíveis,

d) observar a Resolução CONAMA n° 20, de 7/12/94, e legislação correlata, quanto aos equipamentos de limpeza que gerem ruído no seu funcionamento;

e) fornecer aos empregados os equipamentos de segurança que se fizerem necessários, para a execução de serviços;

f) respeitar as Normas Brasileiras - NBR publicadas pela Associação Brasileira de Normas Técnicas sobre resíduos sólidos;

g) desenvolver ou adotar manuais de procedimentos de descarte de materiais potencialmente poluidores, dentre os quais:

g.1) pilhas e baterias que contenham em suas composições chumbo, cádmio, mercúrio e seus compostos devem ser recolhidas e encaminhadas aos estabelecimentos que as comercializam ou à rede de assistência técnica autorizada pelas respectivas indústrias, para repasse aos fabricantes ou importadores;

g.2) lâmpadas fluorescentes e frascos de aerossóis em geral devem ser separados e acondicionados em recipientes adequados para destinação específica;

g.3) pneumáticos inservíveis devem ser encaminhados aos fabricantes para destinação final, ambientalmente adequada, conforme disciplina normativa vigente."

	segundo disposto na Resolução do CONAMA vigente.
Lei nº 12.305/2010 – Política Nacional de Resíduos Sólidos	• Para fins de coleta seletiva, os consumidores são obrigados a acondicionar adequadamente e de forma diferenciada os resíduos sólidos reutilizáveis e recicláveis.

LIXO TECNOLÓGICO

Exemplo:

Manutenção de computadores - Manutenção de aparelhos eletrônicos - Etc.

LEGISLAÇÃO	PRINCIPAIS DETERMINAÇÕES	PROVIDÊNCIA A SER TOMADA	PRECAUÇÕES
Lei n° 12.305/2010 – Política Nacional de Resíduos Sólidos	• Os produtores, comerciantes ou importadores de produtos e componentes eletrônicos que estejam em desuso e sujeitos à disposição final, considerados lixo tecnológico, devem dar-lhes destinação final ambientalmente adequada.	A logística reversa é um instrumento de desenvolvimento econômico e social que busca devolver os resíduos sólidos ao setor empresarial. Este sistema deverá ser implementado, prioritariamente, pelos seguintes tipos de resíduos: agrotóxicos, pilhas e baterias, óleos lubrificantes, lâmpadas fluorescentes e eletroeletrônicos. Assim, como primeira cautela, o órgão deve verificar se, para aquele produto ou embalagem, já existe regulamentação editada pelo Poder Público – seja na esfera federal, estadual ou municipal –, ou acordo setorial ou termo de compromisso celebrado pelo Poder Público com o setor produtivo. Se ainda não houver regulamentação ou acordo, é recomendável que o órgão consulte os fornecedores do ramo para conhecer suas práticas de destinação final dos produtos ou embalagens comercializados. Desta forma, poderá avaliar se há condições médias no mercado de exigir, como obrigação contratual, que a empresa contratada efetue o recolhimento e a destinação final ambientalmente adequada dos produtos ou embalagens por ela utilizados ou fornecidos.	- Lembramos que os fabricantes de aparelhos elétricos ou de equipamentos de informática também devem estar registrados no Cadastro Técnico Federal de Atividades Potencialmente Poluidoras ou Utilizadoras de Recursos Ambientais, de sorte que as disposições específicas deste Guia Prático sobre CTF também devem ser seguidas. Verificar se existe legislação local específica disciplinando o tema. - A Lei n° 12.305/2010 – Política Nacional de Resíduos Sólidos, de abrangência nacional, determina que os fabricantes, importadores, distribuidores e comerciantes de produtos eletroeletrônicos e seus componentes são obrigados a estruturar e implementar sistemas de logística reversa, mediante retorno dos

De todo modo, o pressuposto para a inserção de tal obrigação contratual, quando ainda não houver acordo setorial ou termo de compromisso, é assegurar que não represente fator de restrição à conpetitividade ou custo desarrazoável para o órgão contratante.	produtos e embalagens após o uso pelo consumidor, de forma independente do serviço público de limpeza urbana e de manejo dos resíduos sólidos. Todavia, tal sistema de logística reversa deverá ser implementado progressivamente, segundo cronograma a ser estabelecido em regulamento.

MERCÚRIO METÁLICO

Aquisição de mercúrio metálico

LEGISLAÇÃO	PRINCIPAIS DETERMINAÇÕES	PROVIDÊNCIA A SER TOMADA	PRECAUÇÕES
Decreto nº 97.634/89 Portaria IBAMA nº 32, de 12/05/95	• O importador, produtor ou comerciante de mercúrio metálico deve possuir cadastro junto ao IBAMA para o regular exercício de suas atividades.	**EM QUALQUER CASO:** **1) Inserir no EDITAL - item de habilitação jurídica da empresa:** "x) Para o exercício de atividade que envolva a importação, produção ou comercialização de mercúrio metálico: Certificado de Registro que comprove o cadastramento válido junto ao IBAMA, acompanhado da Autorização de Importação, Produção ou Comercialização correspondente, nos termos dos artigos 1º e 3º do Decreto nº 97.634, de 1989, e da Portaria IBAMA nº 32, de 12/05/95, e legislação correlata. x.1) Caso o licitante seja dispensado de tal cadastramento, por força de dispositivo legal, deverá apresentar o respectivo documento comprobatório.	- Lembramos que o comerciante de mercúrio metálico também deve estar registrado no Cadastro Técnico Federal de Atividades Potencialmente Poluidoras ou Utilizadoras de Recursos Ambientais, de sorte que as disposições específicas deste Guia Prático sobre CTF também devem ser seguidas.

ÓLEO LUBRIFICANTE

Aquisição ou serviços que envolvam a utilização de óleo lubrificante.

Exemplo:

Manutenção de veículos - Etc.

LEGISLAÇÃO	PRINCIPAIS DETERMINAÇÕES	PROVIDÊNCIA A SER TOMADA	PRECAUÇÕES
Lei n° 12.305/2010 – Política Nacional de Resíduos Sólidos Resolução CONAMA n° 362, de 23/06/2005 Acordo Setorial – implantação do Sistema de Logística Reversa de embalagens plásticas de óleo lubrificante, de 19/12/2013	• A pessoa física ou jurídica que, em decorrência de sua atividade, gera óleo lubrificante usado ou contaminado deve recolhê-lo e encaminhá-lo a seu produtor ou importador, de forma a assegurar a destinação final ambientalmente adequada do produto, mediante processo de reciclagem ou outro que não afete negativamente o meio ambiente.	EM QUALQUER CASO: **1) Inserir no TERMO DE REFERÊNCIA - item de obrigações da contratada:** "Nos termos do artigo 33, inciso IV, da Lei n° 12.305/2010 – Política Nacional de Resíduos Sólidos e Resolução CONAMA n° 362, de 23/06/2005, a contratada deverá efetuar o recolhimento e o descarte adequado do óleo lubrificante usado ou contaminado originário da contratação, bem como de seus resíduos e embalagens, obedecendo aos seguintes procedimentos: a) recolher o óleo lubrificante usado ou contaminado, armazenando-o em recipientes adequados e resistentes a vazamentos e adotando as medidas necessárias para evitar que venha a ser misturado com produtos químicos, combustíveis, solventes, água e outras substâncias que inviabilizem sua reciclagem, conforme artigo 18, incisos I e II, da Resolução CONAMA n° 362, de 23/06/2005, e legislação correlata;	- Lembramos que o comerciante de produtos derivados de petróleo também deve estar registrado no Cadastro Técnico Federal de Atividades Potencialmente Poluidoras ou Utilizadoras de Recursos Ambientais, de sorte que as disposições específicas deste Guia Prático sobre CTF também devem ser seguidas.

b) providenciar a coleta do óleo lubrificante usado ou contaminado recolhido, através de empresa coletora devidamente autorizada e licenciada pelos órgãos competentes, ou entregá-lo diretamente a um revendedor de óleo lubrificante acabado ou no atacado ou no varejo, que tem obrigação de recebê-lo e recolhê-lo de forma segura, para fins de sua destinação final ambientalmente adequada, conforme artigo 18, inciso III e § 2º, da Resolução CONAMA nº 362, de 23/06/2005, e legislação correlata;

c) exclusivamente quando se tratar de óleo lubrificante usado ou contaminado não reciclável, dar-lhe a destinação final ambientalmente adequada, devidamente autorizada pelo órgão ambiental competente, conforme artigo 18, inciso VII, da Resolução CONAMA nº 362, de 23/06/2005, e legislação correlata;"

PILHAS OU BATERIAS

Aquisição ou serviços que envolvam a utilização de pilhas e baterias portáteis, baterias chumbo-ácido, automotivas e industriais ou pilhas e baterias dos sistemas eletroquímicos níquel-cádmio e óxido de mercúrio, relacionadas nos capítulos 85.06 e 85.07 da Nomenclatura Comum do Mercosul-NCM (Resolução CONAMA n° 401/2008, art. 1°).

Exemplo:

Serviços de telefonia móvel com fornecimento de aparelhos - Aparelhos de comunicação – Instrumentos de medição - Etc.

LEGISLAÇÃO	PRINCIPAIS DETERMINAÇÕES	PROVIDÊNCIA A SER TOMADA	PRECAUÇÕES
Lei n° 12.305/2010 – Política Nacional de Resíduos Sólidos Resolução CONAMA n° 401, de 04/11/2008 Instrução Normativa IBAMA n° 08, de 03/09/2012	• As pilhas e baterias comercializadas no território nacional devem respeitar limites máximos de chumbo, cádmio e mercúrio admitidos para cada tipo de produto, conforme laudo físico-químico de composição elaborado por laboratório acreditado pelo INMETRO ou demais laboratórios admitidos pela Instrução Normativa IBAMA n° 08, de 03/09/2012. • Não são permitidas formas inadequadas de destinação final de pilhas e baterias usadas, tais como:	**EM QUALQUER CASO:** **1) Inserir no TERMO DE REFERÊNCIA - item de obrigações da contratada:** "Não são permitidas, à contratada, formas inadequadas de destinação final das pilhas e baterias usadas originárias da contratação, nos termos do artigo 22 da Resolução CONAMA n° 401, de 04/11/2008, tais como: a) lançamento a céu aberto, tanto em áreas urbanas como rurais, ou em aterro não licenciado; b) queima a céu aberto ou incineração em instalações e equipamentos não licenciados; c) lançamento em corpos d'água, praias, manguezais, pântanos, terrenos baldios, poços ou cacimbas, cavidades subterrâneas, redes de drenagem de águas pluviais, esgotos, ou redes de eletricidade ou telefone, mesmo que abandonadas, ou em áreas sujeitas à inundação."	- Lembramos que o fabricante e o importador de pilhas e baterias também devem estar registrados no Cadastro Técnico Federal de Atividades Potencialmente Poluidoras ou Utilizadoras de Recursos Ambientais, de sorte que as disposições específicas deste Guia Prático sobre CTF também

a) lançamento a céu aberto, tanto em áreas urbanas como rurais, ou em aterro não licenciado; b) queima a céu aberto ou incineração em instalações e equipamentos não licenciados; c) lançamento em corpos d'água, praias, manguezais, pântanos, terrenos baldios, poços ou cacimbas, cavidades subterrâneas, redes de drenagem de águas pluviais, esgotos, ou redes de eletricidade ou telefone, mesmo que abandonadas, ou em áreas sujeitas à inundação. • Os estabelecimentos que comercializam pilhas e baterias e a rede de assistência técnica autorizada pelos respectivos fabricantes e importadores devem receber dos usuários os produtos usados, respeitando o mesmo princípio ativo, para fins de repasse ao respectivo fabricante ou importador, responsável pela destinação ambientalmente adequada, nos	"A contratada deverá providenciar o adequado recolhimento das pilhas e baterias originárias da contratação, para fins de repasse ao respectivo fabricante ou importador, responsável pela destinação ambientalmente adequada, nos termos da Instrução Normativa IBAMA n° 08, de 03/09/2012, conforme artigo 33, inciso II, da Lei n° 12.305, de 2010 – Política Nacional de Resíduos Sólidos, artigos 4° e 6° da Resolução CONAMA n° 401, de 04/11/2008, e legislação correlata." **NA AQUISIÇÃO:** **1) Inserir no TERMO DE REFERÊNCIA - item de descrição ou especificação técnica do produto:** "Só será admitida a oferta de pilhas e baterias cuja composição respeite os limites máximos de chumbo, cádmio e mercúrio admitidos na Resolução CONAMA n° 401, de 04/11/2008, para cada tipo de produto, conforme laudo físico-químico de composição elaborado por laboratório acreditado pelo INMETRO, nos termos da Instrução Normativa IBAMA n° 08, de 03/09/2012." **2) Inserir no EDITAL - item de julgamento da proposta, na fase de avaliação de sua aceitabilidade e do cumprimento das especificações do objeto:** "O Pregoeiro solicitará ao licitante provisoriamente classificado em primeiro lugar que apresente ou envie imediatamente, sob pena de não-aceitação da proposta, o laudo físico-químico de composição, emitido por laboratório acreditado junto ao INMETRO, nos termos da Instrução Normativa IBAMA n° 08, de 03/09/2012, ou outro documento comprobatório de que a composição das pilhas e baterias ofertadas respeita os limites máximos de chumbo, cádmio e mercúrio admitidos na referida Resolução, para cada tipo de produto."	devem ser seguidas.

	NOS SERVIÇOS:
termos da Instrução Normativa IBAMA n° 03, de 30/03/2010. • Para tanto, devem manter pontos de recolhimento adequados.	**1) Inserir no TERMO DE REFERÊNCIA - item de obrigações da contratada:** "As pilhas e baterias a serem utilizadas na execução dos serviços deverão possuir composição que respeite os limites máximos de chumbo, cádmio e mercúrio admitidos na Resolução CONAMA n° 401, de 04/11/2008, para cada tipo de produto, conforme laudo físico-químico de composição elaborado por laboratório acreditado pelo INMETRO, nos termos da Instrução Normativa IBAMA n° 08, de 03/09/2012."

PNEUS

Aquisição ou serviços que envolvam a utilização de pneus

Exemplo:

Manutenção de veículos - Etc.

LEGISLAÇÃO	PRINCIPAIS DETERMINAÇÕES	PROVIDÊNCIA A SER TOMADA	PRECAUÇÕES
Lei n° 12.305/2010 – Política Nacional de Resíduos Sólidos Resolução CONAMA n° 416, de 30/09/2009 Instrução Normativa IBAMA n° 01, de 18/03/2010	• Os fabricantes e importadores de pneus novos devem coletar e dar destinação adequada aos pneus inservíveis existentes no território nacional, nos termos da Instrução Normativa IBAMA n° 01, de 18/03/2010, recebendo e armazenando os produtos entregues pelos usuários através de pontos de coleta e centrais de armazenamento. • Ao realizar a troca de um pneu usado por um novo ou reformado, o estabelecimento de comercialização de pneus também é obrigado a receber e armazenar o produto usado entregue pelo consumidor, sem ônus.	**EM QUALQUER CASO:** **1) Inserir no TERMO DE REFERÊNCIA - item de obrigações da contratada:** "A contratada deverá providenciar o recolhimento e o adequado descarte dos pneus usados ou inservíveis originários da contratação, recolhendo-os aos pontos de coleta ou centrais de armazenamento mantidos pelo respectivo fabricante ou importador, ou entregando-os ao estabelecimento que houver realizado a troca do pneu usado por um novo, para fins de sua destinação final ambientalmente adequada, nos termos da Instrução Normativa IBAMA n° 01, de 18/03/2010, conforme artigo 33, inciso III, da Lei n° 12.305, de 2010 – Política Nacional de Resíduos Sólidos, artigos 1° e 9° da Resolução CONAMA n° 416, de 30/09/2009, e legislação correlata."	- Lembramos que o fabricante e o comerciante de pneus também devem estar registrados no Cadastro Técnico Federal de Atividades Potencialmente Poluidoras ou Utilizadoras de Recursos Ambientais, de sorte que as disposições específicas deste Guia Prático sobre CTF também devem ser seguidas.

PRODUTOS OU SUBPRODUTOS FLORESTAIS

Obras ou serviços de engenharia e demais serviços que envolvam a utilização de produtos ou subprodutos florestais (Instrução Normativa 21, 23/12/2014, IBAMA)

Art. 32. Para os efeitos desta Instrução Normativa, entende-se por produto florestal a matéria-prima proveniente da exploração de florestas ou outras formas de vegetação, classificado da seguinte forma:

I - produto florestal bruto: aquele que se encontra no seu estado bruto ou in natura, nas formas abaixo:
a) madeira em tora;
b) torete;
c) poste não imunizado;
d) escoramento;
e) estaca e mourão;
f) acha e lasca nas fases de extração/fornecimento;
g) pranchão desdobrado com motosserra;
h) bloco, quadrado ou filé obtido a partir da retirada de costaneiras;
i) lenha;
j) palmito;
k) xaxim;
l) óleo essencial.

II - produto florestal processado: aquele que, tendo passado por atividade de processamento, obteve a seguinte forma:
a) madeira serrada devidamente classificada conforme Glos-sário do Anexo III desta Instrução Normativa;
b) piso, forro (lambril) e porta lisa feitos de madeira maciça conforme Glossário do Anexo III desta Instrução Normativa;
c) rodapé, portal ou batente, alisar, tacos e decking feitos de madeira maciça e de perfil reto conforme Glossário do Anexo III desta Instrução Normativa;
d) lâmina torneada e lâmina faqueada;
e) madeira serrada curta classificada conforme Glossário do Anexo III desta Instrução Normativa, obtida por meio do aprovei- tamento de resíduos provenientes do processamento de peças de ma- deira categorizadas na alínea "a";
f) resíduos da indústria madeireira para fins energéticos, ex- ceto serragem;
g) dormentes;
h) carvão de resíduos da indústria madeireira;
i) carvão vegetal nativo, inclusive o embalado para varejo na

fase de saída do local da exploração florestal, produção e/ou em- pacotamento;

j) artefatos de xaxim na fase de saída da indústria;

k) cavacos em geral.

Parágrafo único. Considera-se, ainda, produto florestal bruto, para os fins do disposto no inciso I deste artigo, as plantas vivas e produtos florestais não madeireiros da flora nativa brasileira coletados na natureza e constantes em lista federal de espécies ameaçadas de extinção, ou nos Anexos da Convenção sobre o Comércio Internacional de Espécies da Flora e Fauna Selvagem em Perigo de Extinção - Cites.

LEGISLAÇÃO	PRINCIPAIS DETERMINAÇÕES	PROVIDÊNCIA A SER TOMADA	PRECAUÇÕES
Decreto n° 5.975/2006 – art. 11	• As empresas que utilizam matéria-prima florestal são obrigadas a se suprir de recursos oriundos de: I - manejo florestal, realizado por meio de Plano de Manejo Florestal Sustentável - PMFS devidamente aprovado; II - supressão da vegetação natural, devidamente autorizada; III - florestas plantadas; e IV - outras fontes de biomassa florestal, definidas em normas específicas do órgão ambiental competente.	EM QUALQUER CASO: 1) Inserir no TERMO DE REFERÊNCIA/PROJETO - item de obrigações da contratada: "A contratada deverá utilizar somente matéria-prima florestal procedente, nos termos do artigo 11 do Decreto n° 5.975, de 2006, de: a) manejo florestal, realizado por meio de Plano de Manejo Florestal Sustentável - PMFS devidamente aprovado pelo órgão competente do Sistema Nacional do Meio Ambiente – SISNAMA; b) supressão da vegetação natural, devidamente autorizada pelo órgão competente do Sistema Nacional do Meio Ambiente – SISNAMA; c) florestas plantadas; e	

		d) outras fontes de biomassa florestal, definidas em normas específicas do órgão ambiental competente."	
Decreto n° 5.975/2006 – art. 20 Portaria MMA n° 253, de 18/08/2006 Instrução Normativa 21/2014 - IBAMA	• O transporte e armazenamento de produtos e subprodutos florestais de origem nativa depende da emissão de uma licença obrigatória, o Documento de Origem Florestal – DOF, contendo as informações sobre a respectiva procedência. • O controle do DOF dá-se por meio do Sistema-DOF, disponibilizado no site eletrônico do IBAMA. • O DOF acompanhará obrigatoriamente o produto ou subproduto florestal nativo da origem ao destino nele consignado, por meio de transporte rodoviário, aéreo, ferroviário, fluvial ou marítimo, e deverá ter validade durante todo o tempo do transporte e armazenamento.	EM QUALQUER CASO: 1) Inserir no TERMO DE REFERÊNCIA/PROJETO BÁSICO - item de obrigações da contratada: "A contratada deverá comprovar a procedência legal dos produtos ou subprodutos florestais utilizados em cada etapa da execução contratual, por ocasião da respectiva medição, mediante a apresentação dos seguintes documentos, conforme o caso: a) Cópias autenticadas das notas fiscais de aquisição dos produtos ou subprodutos florestais; b) Cópia dos Comprovantes de Registro do fornecedor e do transportador dos produtos ou subprodutos florestais junto ao Cadastro Técnico Federal de Atividades Potencialmente Poluidoras ou Utilizadoras de Recursos Ambientais – CTF, mantido pelo IBAMA, quando tal inscrição for obrigatória, acompanhados dos respectivos Certificados de Regularidade válidos, nos termos da Instrução Normativa IBAMA n° 06, de 15/03/2013, e legislação correlata; c) Documento de Origem Florestal – DOF, instituído pela Portaria n° 253, de 18/08/2006, do Ministério do	- Verificar se, nos modelos da CJU/SP específicos para a licitação de obras e serviços de engenharia, já constam as redações atualizadas sugeridas. - Alguns Estados brasileiros (atualmente, Mato Grosso, Pará, Rondônia e Minas Gerais) possuem documentos de controle próprios, que substituem o DOF como a licença obrigatória para o transporte e armazenamento de produtos e subprodutos florestais. - Portanto, quando os produtos ou subprodutos florestais tiverem origem em tais Estados, o documento correspondente também

Meio Ambiente, e Instrução Normativa IBAMA nº 21/2014, legislação correlata e superveniente, válido por todo o tempo e percurso do transporte e armazenamento, quando se tratar de produtos ou subprodutos florestais de origem nativa cujo transporte e armazenamento exija a emissão de tal licença obrigatória. c.1) Caso os produtos ou subprodutos florestais utilizados na execução contratual tenham origem em Estado que possua documento de controle próprio, a Contratada deverá apresentá-lo, em complementação ao DOF, para fins de demonstrar a regularidade do transporte e armazenamento nos limites do território estadual."	deve ser exigido da contratada.

PRODUTOS PRESERVATIVOS DE MADEIRA

Aquisição ou serviços que envolvam a utilização de produtos preservativos de madeira

Exemplo:

Conserto de móveis - Obras e serviços de engenharia – Manutenção de imóveis - Etc.

LEGISLAÇÃO	PRINCIPAIS DETERMINAÇÕES	PROVIDÊNCIA A SER TOMADA	PRECAUÇÕES
Portaria Interministerial n° 292, de 28/04/89 dos Ministros da Fazenda, da Saúde e do Interior Instrução Normativa IBAMA n° 5, de 20/10/92	• Os produtos preservativos de madeira e seus ingredientes ativos, inclusive importados, só podem ser fabricados, consumidos ou postos à venda se estiverem previamente registrados no IBAMA, à exceção dos preservativos destinados à experimentação e ao uso domissanitário. • O produtor industrial de preservativos de madeira e as usinas de preservação de madeira devem possuir registro junto ao IBAMA. • O importador, o comerciante e o usuário de produtos preservativos de madeira devem efetuar seu cadastramento junto ao IBAMA. • As embalagens e os resíduos de produtos preservativos de madeira:	EM QUALQUER CASO: **1) Inserir no EDITAL - item de habilitação jurídica da empresa:** "x) Para o exercício de atividade que envolva produção industrial, importação, comercialização ou utilização de produtos preservativos de madeira: ato de registro ou cadastramento expedido pelo IBAMA, nos termos dos artigos 1° e 14 da Portaria Interministerial n° 292, de 28/04/89, dos Ministros da Fazenda, da Saúde e do Interior, e da Instrução Normativa IBAMA n° 05, de 20/10/92, e legislação correlata." x.1) Caso o licitante seja dispensado de tal registro, por força de dispositivo legal, deverá apresentar o documento comprobatório ou declaração correspondente, sob as penas da lei." **2) Inserir no TERMO DE REFERÊNCIA - item de obrigações da contratada:** "As embalagens e os resíduos de produtos preservativos de madeira não podem ser reutilizados ou reaproveitados, devendo ser recolhidos pela contratada e descartados de acordo com as recomendações técnicas apresentadas na bula, para destinação final ambientalmente	

a) não podem ser reutilizados ou reaproveitados; b) devem ser descartados de acordo com as recomendações técnicas apresentadas na bula, para destinação final ambientalmente adequada.	adequada, conforme item VI da Instrução Normativa IBAMA n° 05, de 20/10/92, e legislação correlata." **NA AQUISIÇÃO:** **1) Inserir no TERMO DE REFERÊNCIA - item de descrição ou especificação técnica do produto:** "Só será admitida a oferta de produto preservativo de madeira que esteja previamente registrado no IBAMA, conforme artigo 3° da Portaria Interministerial n° 292, de 28/04/89, dos Ministros da Fazenda, da Saúde e do Interior, e da Instrução Normativa IBAMA n° 05, de 20/10/92, e legislação correlata." **2) Inserir no EDITAL - item de julgamento da proposta, na fase de avaliação de sua aceitabilidade e do cumprimento das especificações do objeto:** "x) O Pregoeiro solicitará ao licitante provisoriamente classificado em primeiro lugar que apresente ou envie imediatamente, sob pena de não-aceitação da proposta, o documento comprobatório do registro do produto preservativo de madeira no IBAMA, conforme artigo 3° da Portaria Interministerial n° 292, de 28/04/89, dos Ministros da Fazenda, da Saúde e do Interior, e da Instrução Normativa IBAMA n° 05, de 20/10/92, e legislação correlata. x.1) Caso o licitante seja dispensado de tal registro, por força de dispositivo legal, deverá apresentar o documento comprobatório ou declaração correspondente, sob as penas da lei." **NOS SERVIÇOS:**

Instrução Normativa IBAMA nº 132, de 10/11/2006	• Proíbe a comercialização e a utilização, no Brasil, de produtos preservativos de madeira que contenham os ingredientes ativos Lindano (gama-hexaclorociclohexano) e Pentaclorofenol (PCF) e seus sais.	1) Inserir no TERMO DE REFERÊNCIA - item de obrigações da contratada: "Os produtos preservativos de madeira a serem utilizados na execução dos serviços deverão estar previamente registrados no IBAMA, conforme artigo 3º da Portaria Interministerial nº 292, de 28/04/89, dos Ministros da Fazenda, da Saúde e do Interior, e Instrução Normativa IBAMA nº 05, de 20/10/92, e legislação correlata." EM QUALQUER CASO: 1) Inserir no TERMO DE REFERÊNCIA - item de obrigações da contratada: "É vedada à contratada a utilização, na contratação, de produtos preservativos de madeira que contenham os ingredientes ativos Lindano (gama-hexaclorociclohexano) e Pentaclorofenol (PCF) e seus sais."

RESÍDUOS – *Serviços de saúde*

Os resíduos decorrentes de serviços de saúde têm destinação ambiental específica.

LEGISLAÇÃO	PRINCIPAIS DETERMINAÇÕES	PROVIDÊNCIA A SER TOMADA	PRECAUÇÕES
Resolução CONAMA n° 358, de 29/04/2005 RDC 306, DE 07/12/2004 – ANVISA Lei n° 12.305/2010 – Política Nacional de Resíduos Sólidos	• O gerenciamento dos resíduos de serviços de saúde deve ser executado de acordo com o Plano de Gerenciamento de Resíduos de Serviços de Saúde – PGRSS elaborado pelo gerador, em consonância com as normas vigentes, especialmente as de vigilância sanitária.	EM QUALQUER CASO: **1) Inserir no TERMO DE REFERÊNCIA - item de obrigações da contratada:** "Quanto ao gerenciamento dos resíduos de serviços de saúde, a contratada deverá obedecer às disposições do Plano de Gerenciamento de Resíduos de Serviços de Saúde – PGRSS elaborado pelo órgão, além de obedecer às diretrizes constantes da Lei n° 12.305, de 2010 – Política Nacional de Resíduos Sólidos, Resolução CONAMA n° 358, de 29/04/2005 e RDC 306, de 07/12/2004 – ANVISA. a) os resíduos de serviços de saúde devem ser acondicionados atendendo às exigências legais referentes ao meio ambiente, à saúde e à limpeza urbana, e às normas da Associação Brasileira de Normas Técnicas – NBR 7.500 ABNT B) os resíduos de serviços de saúde devem ser armazenados atendendo às exigências legais referentes ao meio ambiente, à saúde e à limpeza urbana, e às normas da Associação Brasileira de Normas Técnicas – ABNT – NBR12235 C) a coleta e o transporte de resíduos de serviços de saúde devem atender às exigências legais e as normas da ABNT – NBR12.810 e NBR14652;	- Lembramos que as exigências de adequado gerenciamento dos resíduos de serviços de saúde também incidem na contratação de Organizações Civis de Saúde (OCS) e Profissionais de Saúde Autônomos (PSA) pelas Forças Armadas. Assim, cabe inserir as disposições pertinentes nos editais de credenciamento

D) as estações para transferência de resíduos de serviços de saúde devem estar licenciadas pelo órgão ambiental competente e manter as características originais de acondicionamento, sendo vedada a abertura, rompimento ou transferência do conteúdo de uma embalagem para outra; lançados para tal fim.

E) a destinação ambiental dos resíduos de saúde deve observar a lei 12.305/10, legislação e normas ambientais incidentes.

f) os resíduos pertencentes ao Grupo A do Anexo I da Resolução CONAMA n° 358, de 29/04/2005, não podem ser reciclados, reutilizados ou reaproveitados, inclusive para alimentação animal.

f.1) os resíduos pertencentes ao Grupo A1 do Anexo I da Resolução CONAMA n° 358, de 29/04/2005, devem ser submetidos a processo de tratamento que promova redução de carga microbiana compatível com nível III de inativação e devem ser encaminhados para aterro sanitário licenciado ou local devidamente licenciado para disposição final de resíduos dos serviços de saúde.

f.2) os resíduos pertencentes ao Grupo A2 do Anexo I da Resolução CONAMA n° 358, de 29/04/2005, devem ser submetidos a processo de tratamento, de acordo com o porte do animal, que promova redução de carga microbiana compatível com nível III de inativação e devem ser encaminhados para aterro sanitário licenciado ou local devidamente licenciado para disposição final de resíduos dos serviços de saúde, ou para sepultamento em cemitério de animais.

f.2.1) quando houver necessidade de fracionamento, este deve ser autorizado previamente pelo órgão de saúde competente.

f.3) os resíduos pertencentes ao Grupo A3 do Anexo I da Resolução CONAMA n° 358, de 29/04/2005, quando não houver requisição pelo paciente ou familiares e/ou não tenham mais valor científico ou legal, devem ser encaminhados para sepultamento em cemitério, desde que haja autorização do órgão competente do Município, do Estado ou do Distrito Federal, ou para tratamento térmico por incineração ou cremação, em equipamento devidamente licenciado para esse fim.

f.3.1) na impossibilidade de atendimento de tais destinações, o órgão ambiental competente nos Estados, Municípios e Distrito Federal pode aprovar outros processos alternativos de destinação.

f.4) os resíduos pertencentes ao Grupo A4 do Anexo I da Resolução CONAMA n° 358, de 29/04/2005, podem ser encaminhados sem tratamento prévio para local devidamente licenciado para a disposição final de resíduos dos serviços de saúde, a não ser que haja exigência de tratamento prévio por parte dos órgãos ambientais estaduais e municipais.

f.5) os resíduos pertencentes ao Grupo A5 do Anexo I da Resolução CONAMA n° 358, de 29/04/2005, **devem ser submetidos a tratamento específico orientado pela Agência Nacional de Vigilância Sanitária - ANVISA.**

g) os resíduos pertencentes ao Grupo B do Anexo I da Resolução CONAMA n° 358, de 29/04/2005, com características de periculosidade, conforme Ficha de Informações de Segurança de Produtos Químicos – FISPQ, quando não forem submetidos a processo de reutilização, recuperação ou reciclagem, devem ser submetidos a tratamento e disposição final específicos.

g.1) os resíduos no estado sólido, quando não tratados, devem ser dispostos em aterro de resíduos perigosos - Classe I.

g.2) os resíduos no estado líquido não devem ser encaminhados para disposição final em aterros.

g.3) os resíduos sem características de periculosidade não necessitam de tratamento prévio e podem ter disposição final em aterro licenciado, quando no estado sólido, ou ser lançados em corpo receptor ou na rede pública de esgoto, quando no estado líquido, desde que atendam as diretrizes estabelecidas pelos órgãos ambientais, gestores de recursos hídricos e de saneamento competentes.

h) os rejeitos radioativos devem obedecer às exigências definidas pela Comissão Nacional de Energia Nuclear - CNEN.

h.1) os rejeitos radioativos não podem ser considerados resíduos até que seja decorrido o tempo de decaimento necessário ao atingimento do limite de eliminação.

h.2) os rejeitos radioativos, quando atingido o limite de eliminação, passam a ser considerados resíduos das categorias biológica, química ou de resíduo comum, devendo seguir as determinações do grupo ao qual pertencem.

i) os resíduos pertencentes ao Grupo D Do Anexo I da Resolução CONAMA n° 358, de 29/04/2005, quando não forem passíveis de processo de reutilização, recuperação ou reciclagem, devem ser encaminhados para aterro sanitário de resíduos sólidos urbanos, devidamente licenciado pelo órgão ambiental competente.

i.1) quando tais resíduos forem passíveis de processo de reutilização, recuperação ou reciclagem, devem atender as normas legais de higienização e descontaminação e a Resolução CONAMA n° 275, de 25/04/2001.

j) os resíduos pertencentes ao Grupo E do Anexo I da Resolução CONAMA n° 358, de 29/04/2005, devem ser apresentados para coleta acondicionados em coletores estanques, rígidos e hígidos, resistentes à ruptura, à punctura, ao corte ou à escarificação, e ter tratamento específico de acordo com a contaminação química, biológica ou radiológica.

j.1) os resíduos com contaminação radiológica devem seguir as orientações relativas aos resíduos do Grupo C.

| | j.2) os resíduos que contenham medicamentos citostáticos ou antineoplásicos devem seguir as orientações relativas aos resíduos do Grupo B com características de periculosidade.

j.3) os resíduos com contaminação biológica devem seguir as orientações relativas aos resíduos do Grupo A1 e A4." | |
|---|---|---|

RESÍDUOS SÓLIDOS EM GERAL OU REJEITOS

Aquisições ou serviços que gerem resíduos sólidos ou rejeitos.

- Resíduos sólidos: "material, substância, objeto ou bem descartado resultante de atividades humanas em sociedade, a cuja destinação final se procede, se propõe proceder ou se está obrigado a proceder, nos estados sólido ou semissólido, bem como gases contidos em recipientes e líquidos cujas particularidades tornem inviável o seu lançamento na rede pública de esgotos ou em corpos d'água, ou exijam para isso soluções técnica ou economicamente inviáveis em face da melhor tecnologia disponível" (art. 3°. XVI, da Lei n° 12.305/2010 – Política Nacional de Resíduos Sólidos);

- Rejeitos: "resíduos sólidos que, depois de esgotadas todas as possibilidades de tratamento e recuperação por processos tecnológicos disponíveis e economicamente viáveis, não apresentem outra possibilidade que não a disposição final ambientalmente adequada" (art. 3°, XV, da mesma lei).

Conforme art. 13 da Lei n° 12.305/2010, os resíduos sólidos têm a seguinte classificação:

I - quanto à origem:

a) resíduos domiciliares: os originários de atividades domésticas em residências urbanas;

b) resíduos de limpeza urbana: os originários da varrição, limpeza de logradouros e vias públicas e outros serviços de limpeza urbana;

c) resíduos sólidos urbanos: os englobados nas alíneas "a" e "b";

d) resíduos de estabelecimentos comerciais e prestadores de serviços: os gerados nessas atividades, excetuados os referidos nas alíneas "b", "e", "g", "h" e "j";

e) resíduos dos serviços públicos de saneamento básico: os gerados nessas atividades, excetuados os referidos na alínea "c";

f) resíduos industriais: os gerados nos processos produtivos e instalações industriais;

g) resíduos de serviços de saúde: os gerados nos serviços de saúde, conforme definido em regulamento ou em normas estabelecidas pelos órgãos do Sisnama e do SNVS;

h) resíduos da construção civil: os gerados nas construções, reformas, reparos e demolições de obras de construção civil, incluídos os resultantes da preparação e escavação de terrenos para obras civis;

i) resíduos agrossilvopastoris: os gerados nas atividades agropecuárias e silviculturais, incluídos os relacionados a insumos utilizados nessas atividades;

j) resíduos de serviços de transportes: os originários de portos, aeroportos, terminais alfandegários, rodoviários e ferroviários e passagens de fronteira;

k) resíduos de mineração: os gerados na atividade de pesquisa, extração ou beneficiamento de minérios;

II - quanto à periculosidade:

a) resíduos perigosos: aqueles que, em razão de suas características de inflamabilidade, corrosividade, reatividade, toxicidade, patogenicidade, carcinogenicidade, teratogenicidade e mutagenicidade, apresentam significativo risco à saúde pública ou à qualidade ambiental, de acordo com lei, regulamento ou norma técnica;

b) resíduos não perigosos: aqueles não enquadrados na alínea "a".

Exemplo:

Serviços de limpeza e conservação - Serviços de manutenção - Etc.

LEGISLAÇÃO	PRINCIPAIS DETERMINAÇÕES	PROVIDÊNCIA A SER TOMADA	PRECAUÇÕES
Lei nº 12.305/2010 – Política Nacional de Resíduos Sólidos Decreto nº 7.404/2010	• Na gestão e gerenciamento de resíduos sólidos, deve ser observada a seguinte ordem de prioridade: não geração, redução, reutilização, reciclagem, tratamento dos resíduos sólidos e disposição final ambientalmente adequada dos rejeitos.	EM QUALQUER CASO: 1) Inserir no TERMO DE REFERÊNCIA - item de obrigações da contratada: "a) Caso se enquadre nas hipóteses do artigo 20 da Lei nº 12.305, de 2010 – Política Nacional de Resíduos Sólidos, a Contratada deverá elaborar plano de	O órgão assessorado deve verificar a existência de legislação ambiental estadual e local sobre o tema.

• Dentre outros, estão sujeitos à elaboração de plano de gerenciamento de resíduos sólidos: - os geradores de resíduos industriais; - os geradores de resíduos de serviços de saúde; - estabelecimentos comerciais ou prestadores de serviços que gerem resíduos perigosos ou que, mesmo caracterizados como não perigosos, por sua natureza, composição ou volume, não sejam equiparados aos resíduos domiciliares pelo poder público municipal; - as empresas de construção civil e as empresas de transporte, conforme regulamentação própria. • São proibidas as seguintes formas de destinação ou disposição final de resíduos sólidos ou rejeitos: - lançamento em praias, no mar ou em quaisquer corpos hídricos; - lançamento **in natura** a céu aberto, excetuados os resíduos de mineração;	gerenciamento de resíduos sólidos, sujeito à aprovação da autoridade competente. a.1) Para a elaboração, implementação, operacionalização e monitoramento de todas as etapas do plano de gerenciamento de resíduos sólidos, nelas incluído o controle da disposição final ambientalmente adequada dos rejeitos, será designado responsável técnico devidamente habilitado. b) São proibidas, à contratada, as seguintes formas de destinação ou disposição final de resíduos sólidos ou rejeitos: - lançamento em praias, no mar ou em quaisquer corpos hídricos; - lançamento **in natura** a céu aberto, excetuados os resíduos de mineração; - queima a céu aberto ou em recipientes, instalações e equipamentos não licenciados para essa finalidade; - **outras formas vedadas pelo poder público.**"

- queima a céu aberto ou em recipientes, instalações e equipamentos não licenciados para essa finalidade; - outras formas vedadas pelo poder público.

RESÍDUOS SÓLIDOS EM GERAL OU REJEITOS – *Resíduos perigosos*

"Aqueles que, em razão de suas características de inflamabilidade, corrosividade, reatividade, toxicidade, patogenicidade, carcinogenicidade, teratogenicidade e mutagenicidade, apresentam significativo risco à saúde pública ou à qualidade ambiental, de acordo com lei, regulamento ou norma técnica" (art. 13, II, "a", da Lei n° 12.305/2010)

Consideram-se geradores ou operadores de resíduos perigosos os empreendimentos ou atividades (art. 64 do Decreto n° 7.404/2010):

I - cujo processo produtivo gere resíduos perigosos;

II - cuja atividade envolva o comércio de produtos que possam gerar resíduos perigosos e cujo risco seja significativo a critério do órgão ambiental;

III - que prestam serviços que envolvam a operação com produtos que possam gerar resíduos perigosos e cujo risco seja significativo a critério do órgão ambiental;

IV - que prestam serviços de coleta, transporte, transbordo, armazenamento, tratamento, destinação e disposição final de resíduos ou rejeitos perigosos; ou

V - que exercerem atividades classificadas em normas emitidas pelos órgãos do SISNAMA, SNVS ou SUASA como geradoras ou operadoras de resíduos perigosos.

LEGISLAÇÃO	PRINCIPAIS DETERMINAÇÕES	PROVIDÊNCIA A SER TOMADA	PRECAUÇÕES
Lei n° 12.305/2010 – Política Nacional de Resíduos Sólidos Decreto n° 7.404/2010	• Os estabelecimentos comerciais e de prestação de serviços que gerem resíduos perigosos estão sujeitos à elaboração de plano de gerenciamento de resíduos sólidos. • A instalação e o funcionamento de empreendimento ou atividade que gere ou opere com resíduos perigosos somente podem ser autorizados ou licenciados pelas autoridades competentes se o responsável	EM QUALQUER CASO: 1) Inserir no **TERMO DE REFERÊNCIA** - item de obrigações da contratada: "a) Para a gestão e operação dos resíduos perigosos gerados a partir da presente contratação, a contratada deverá observar a Lei n° 12.305, de 2010 – Política	

| Instrução Normativa IBAMA n° 1, de 25/01/2013 | comprovar, no mínimo, capacidade técnica e econômica para prover os cuidados necessários ao gerenciamento desses resíduos, quanto a:

- dispor de meios técnicos e operacionais adequados para o atendimento da respectiva etapa do processo de gerenciamento dos resíduos sob sua responsabilidade, observadas as normas e outros critérios estabelecidos pelo órgão ambiental competente;

- apresentar, quando da concessão ou renovação do licenciamento ambiental, as demonstrações financeiras do último exercício social, a certidão negativa de falência, bem como a estimativa de custos anuais para o gerenciamento dos resíduos perigosos, ficando resguardado o sigilo das informações apresentadas.

• As pessoas jurídicas geradoras e/ou operadoras de resíduos perigosos, conforme classificação do Anexo I da Instrução Normativa IBAMA n° 1, de 25/01/2013, são obrigadas a cadastrar-se no Cadastro Nacional de Operadores de Resíduos Perigosos – CNORP, parte integrante do Cadastro Técnico Federal de Atividades Potencialmente Poluidoras ou Utilizadoras de Recursos Ambientais. | Nacional de Resíduos Sólidos, Decreto n° 7.404, de 2010, e Instrução Normativa 1, 25/01/2013 – IBAMA.

a.1) estar regularmente cadastrada no Cadastro Nacional de Operadores de Resíduos Perigosos – CNORP, parte integrante do Cadastro Técnico Federal de Atividades Potencialmente Poluidoras ou Utilizadoras de Recursos Ambientais, conforme classificação do Anexo I da Instrução Normativa IBAMA n° 1, de 25/01/2013;

a.2) possuir plano de gerenciamento de resíduos sólidos aprovado pelo órgão competente e em conformidade com as exigências legais e normas pertinentes dos órgãos do SISNAMA, do SNVS e do SUASA;

a.3) possuir, caso exigível, autorização ou licenciamento junto ao órgão competente, que comprove, no mínimo, capacidade técnica e econômica para prover os cuidados necessários ao gerenciamento desses resíduos.

b) A Contratada que também operar com resíduos perigosos, em qualquer fase do seu gerenciamento, nos termos da Lei n° 12.305, de 2010 – Política Nacional de Resíduos Sólidos, e Decreto n° 7.404, de 2010, deverá:

b.1) elaborar plano de gerenciamento de resíduos perigosos, a ser submetido ao órgão competente;

b.2) adotar medidas destinadas a reduzir o volume e a periculosidade dos resíduos sob sua responsabilidade, bem como a aperfeiçoar seu gerenciamento; |

A inscrição no CNORP engloba:	b.3) informar imediatamente aos órgãos competentes sobre a ocorrência de acidentes ou outros sinistros relacionados aos resíduos perigosos."
- a inscrição prévia do gerador ou operador de resíduos perigosos no Cadastro Técnico Federal;	
- a indicação do responsável técnico pelo gerenciamento dos resíduos perigosos, de seu próprio quadro de funcionários ou contratado, devidamente habilitado;	
- a prestação anual de informações sobre a geração, a coleta, o transporte, o transbordo, armazenamento, tratamento, destinação e disposição final de resíduos ou rejeitos perigosos.	
• As pessoas jurídicas que operam com resíduos perigosos também são obrigadas a:	
- elaborar plano de gerenciamento de resíduos perigosos, a ser submetido ao órgão competente;	
- adotar medidas destinadas a reduzir o volume e a periculosidade dos resíduos sob sua responsabilidade, bem como a aperfeiçoar seu gerenciamento;	
- informar imediatamente aos órgãos competentes sobre a ocorrência de	

	acidentes ou outros sinistros relacionados aos resíduos perigosos.	
	• É proibida a importação de resíduos sólidos perigosos e rejeitos, bem como de resíduos sólidos cujas características causem dano ao meio ambiente, à saúde pública e animal e à sanidade vegetal, ainda que para tratamento, reforma, reúso, reutilização ou recuperação.	

SERVIÇOS DE ALIMENTAÇÃO		
A Resolução RDC ANVISA n. 216/04 estabelece Boas Práticas para Serviços de Alimentação.		
Aplica-se aos serviços de alimentação que realizam algumas das seguintes atividades: manipulação, preparação, fracionamento, armazenamento, distribu consumo, tais como cantinas, bufês, comissarias, confeitarias, cozinhas industriais, cozinhas institucionais, delicatéssens, lanchonetes, padarias, pastelari As comissarias instaladas em Portos, Aeroportos, Fronteiras e Terminais Alfandegados devem, ainda, obedecer aos regulamentos técnicos específicos. Excluem-se deste Regulamento os lactários, as unidades de Terapia de Nutrição Enteral - TNE, os bancos de leite humano, as cozinhas dos estabelecimentos assistenciais de saúde e os estabelecimentos industriais abrangidos no âmbito do Regulamento Técnico sobre as Condições Higiênico-Sanitárias e de Boas Práticas de Fabricação para Estabelecimentos Produtores/Industrializadores de Alimentos.		
LEGISLAÇÃO	PRINCIPAIS DETERMINAÇÕES	PROVIDÊNCIA A SER TOMADA	PRECAUÇÕES
RESOLUÇÃO RDC ANVISA 216/04	Trata-se do Regulamento Técnico de Boas Práticas para Serviços de Alimentação	1) Inserir no TERMO DE REFERÊNCIA - item de obrigações da contratada: "A contratada observará a Resolução RDC ANVISA 216, de 2004, bem como legislação e/ou normas de órgãos de vigilância sanitária estaduais, distrital e municipais."	

SERVIÇO DE LAVANDERIA HOSPITALAR

Entende-se por vigilância sanitária um conjunto de ações capaz de eliminar, diminuir ou prevenir riscos à saúde e de intervir nos problemas sanitários decorrentes do meio ambiente, da produção e circulação de bens e da prestação de serviços de interesse da saúde, abrangendo: o controle da prestação de serviços que se relacionam direta ou indiretamente com a saúde. (Lei 80890/90, artigo 6°, parágrafo 1°, II)

LEGISLAÇÃO	PRINCIPAIS DETERMINAÇÕES	PROVIDÊNCIA A SER TOMADA	PRECAUÇÕES
Leis 9.782/99 e 6.437/77	Há necessidade de alvará sanitário/licença de funcionamento de lavanderia hospitalar, emitido pelo órgão de vigilância sanitária estadual ou municipal competente, conforme exigido pelas Leis 9.782/99 e 6.437/77	1) Inserir no EDITAL - requisito de habilitação: Apresentar alvará sanitário/licença de funcionamento de lavanderia hospitalar, emitido pelo órgão de vigilância sanitária estadual ou municipal competente, conforme exigido pelas Leis 9.782/99 e 6.437/77	
Lei n° 6.437, de 20 de agosto de 1977		1) Inserir no TERMO DE REFERÊNCIA - obrigações da contratada: A contratada deverá observar a Lei n° 6.437, de 20 de	

Resolução RDC n. 6/2012 - ANVISA		agosto de 1977, que disciplinou regramentos e infrações à legislação sanitária federal, bem como a Resolução RDC n. 6/2012 - ANVISA, que dispõe sobre as Boas Práticas de Funcionamento para as Unidades de Processamento de Roupas de Serviços de Saúde e dá outras providências.	

SUBSTÂNCIAS QUE DESTROEM A CAMADA DE OZÔNIO

Aquisição ou serviços que envolvam a utilização de Substâncias que Destroem a Camada de Ozônio - SDOs, especificadas nos anexos A e B do Protocolo de Montreal (promulgado pelo Decreto nº 99.280/90), notadamente CFCs, Halons, CTC e tricloroetano.

Tais substâncias são encontradas geralmente nos seguintes produtos:

- Unidades de ar condicionado automotivo
· Refrigeradores e congeladores
- Equipamentos e sistemas de refrigeração
- Equipamentos e aparelhos de ar condicionado
- Instalações frigoríficas
- Resfriadores de água e máquinas de gelo
- Aerossóis
- Equipamentos e sistemas de combate a incêndio
- Extintores de incêndio portáteis
- Solventes
- Esterilizantes
- Espumas rígidas e semi-rígidas

Etc.

LEGISLAÇÃO	PRINCIPAIS DETERMINAÇÕES	PROVIDÊNCIA A SER TOMADA	PRECAUÇÕES
Decreto nº 2.783/98	• É vedada a aquisição, pelos órgãos e entidades da Administração Pública Federal, de produtos ou equipamentos que contenham ou façam uso das Substâncias que Destroem a Camada de Ozônio – SDO abrangidas pelos Anexos A e B do Protocolo de Montreal, como, por exemplo, as seguintes listadas: CFCs 11 a 13; CFCs 111 a 115; CFCs 211 a 217; Halons 1211, 1301 e 2402; CTC, e tricloroetano • São exceções à vedação: a) produtos ou equipamentos considerados de usos essenciais, como medicamentos e equipamentos de uso médico e hospitalar; b) serviços de manutenção de equipamentos e sistemas de refrigeração.	NA AQUISIÇÃO OU LOCAÇÃO: 1) Inserir no TERMO DE REFERÊNCIA - item de descrição ou especificação técnica do produto: "Nos termos do Decreto nº 2.783, de 1998, e Resolução CONAMA nº 267, de 14/11/2000, é vedada a oferta de produto ou equipamento que contenha ou faça uso de qualquer das Substâncias que Destroem a Camada de Ozônio – SDO abrangidas pelo Protocolo de Montreal" NOS SERVIÇOS: 1) Inserir no TERMO DE REFERÊNCIA - item de obrigações da contratada: "Nos termos do Decreto nº 2.783, de 1998, e Resolução CONAMA nº 267, de 14/11/2000, é vedada a utilização, na execução dos serviços, de qualquer das Substâncias que Destroem a Camada de Ozônio – SDO abrangidas pelo Protocolo de Montreal."	-
Resolução CONAMA nº 267, de 14/11/2000	• É proibida, em todo o território nacional, a utilização de Substâncias que Destroem a Camada de Ozônio – SDO abrangidas pelos Anexos A e B do Protocolo de Montreal, na produção ou instalação, a partir de 1º de janeiro de 2001, de: a) novos aerossóis, exceto para fins medicinais; b) novos refrigeradores e congeladores domésticos;		

c) novos equipamentos, sistemas e instalações de refrigeração;

d) novas instalações de ar condicionado central;

e) novas unidades de ar condicionado automotivo;

f) instalações frigoríficas com compressores de potência unitárias superior a 100 HP;

g) novos equipamentos, sistemas e instalações combate a incêndio, exceto na navegação aérea ou marítima, quanto aos Halons 1211 e 1301;

h) novas espumas rígidas e semi-rígidas (flexível e moldada/pele integral);

i) novos solventes ou esterilizantes.

• As SDOs somente podem ser utilizadas para os "usos essenciais" listados no art. 4º da Resolução:

I – para fins medicinais e formulações farmacêuticas para medicamentos na forma aerossol, tais como os Inaladores de Dose de Medida-MDI e/ou assemelhados na forma "spray" para uso nasal ou oral;

II – como agente de processos químicos e analíticos e como reagente em pesquisas científicas;

III – em extinção de incêndio na navegação aérea e marítima, aplicações militares não especificadas, acervos culturais e artísticos, centrais de geração e transformação de energia elétrica e nuclear, e em plataformas marítimas de extração de petróleo – Halons 1211 e 1301.

SUBSTÂNCIAS QUE DESTROEM A CAMADA DE OZÔNIO – *Serviços de manutenção*

Serviços de manutenção de sistemas, equipamentos ou aparelhos que contenham Substâncias que Destroem a Camada de Ozônio – SDOs abrangidas pelo Protocolo de Montreal.

Exemplo:

- Manutenção de sistemas de refrigeração - Manutenção de equipamentos de ar condicionado - Manutenção de extintores de incêndio ou de sistemas de combate a incêndio – Etc.

LEGISLAÇÃO	PRINCIPAIS DETERMINAÇÕES	PROVIDÊNCIA A SER TOMADA	PRECAUÇÕES
Resolução CONAMA n° 340, de 25/09/2003	• Estabelece especificações técnicas para os procedimentos de recolhimento, acondicionamento, armazenamento e transporte de Substâncias que Destroem a Camada de Ozônio – SDOs, notadamente CFCs, Halons, CTC e tricloroetano. • Para o recolhimento e transporte de CFC-12, CFC-114, CFC-115, R-502 e Halons 1211, 1301 e 2402, é vedado o uso de cilindros pressurizados descartáveis que não estejam em conformidade com as especificações da Resolução, bem como de quaisquer outros vasilhames utilizados indevidamente como recipientes. • Quando os sistemas, equipamentos ou aparelhos que utilizem SDOs forem	**NOS SERVIÇOS:** **1) Inserir no TERMO DE REFERÊNCIA - item de obrigações da contratada:** "Na execução dos serviços, a contratada deverá obedecer às disposições da Resolução CONAMA n° 340, de 25/09/2003, nos procedimentos de recolhimento, acondicionamento, armazenamento e transporte das Substâncias que Destroem a Camada de Ozônio – SDOs abrangidas pelo Protocolo de Montreal (notadamente CFCs, Halons, CTC e tricloroetano), obedecendo às seguintes diretrizes: a) é vedado o uso de cilindros pressurizados descartáveis que não estejam em conformidade com as especificações da citada Resolução, bem como de quaisquer outros	- Embora, em tese, já esteja vigente há tempos a proibição de utilização de SDOs como fluidos de refrigeração ou de extinção de incêndio em aparelhos ou equipamentos novos, conforme Resoluções CONAMA n° 13, de 13/12/95, e n° 267, de 14/11/2000, é possível que a Administração ainda possua aparelhos ou equipamentos que contenham SDOs, ou por serem mais antigos, ou por não ter sido observada a proibição por parte do fabricante. - Assim, estas disposições são essenciais na contratação de serviços de manutenção de equipamentos e aparelhos de ar condicionado ou de extintores de incêndio que contenham SDOs, a fim de amenizar o impacto

objeto de manutenção, reparo ou recarga, ou outra atividade que acarrete a necessidade de retirada da SDO, é proibida a liberação de tais substâncias na atmosfera, devendo ser recolhidas mediante coleta apropriada e colocadas em recipientes adequados.

• A SDO recolhida deve ser reciclada *in loco*, mediante a utilização de equipamentos adequados, ou acondicionada em recipientes e enviada a unidades de reciclagem ou centros de incineração, licenciados pelo órgão ambiental competente.

• Quando a SDO recolhida for o CFC-12, os respectivos recipientes devem ser enviados aos centros regionais de regeneração de refrigerante licenciados pelo órgão ambiental competente, ou aos centros de coleta e acumulação associados às centrais de regeneração.

vasilhames utilizados indevidamente como recipientes, para o acondicionamento, armazenamento, transporte e recolhimento das SDOs CFC-12, CFC-114, CFC-115, R-502 e dos Halons H-1211, H-1301 e H-2402;

b) quando os sistemas, equipamentos ou aparelhos que utilizem SDOs forem objeto de manutenção, reparo ou recarga, ou outra atividade que acarrete a necessidade de retirada da SDO, é proibida a liberação de tais substâncias na atmosfera, devendo ser recolhidas mediante coleta apropriada e colocadas em recipientes adequados, conforme diretrizes específicas do artigo 2º e parágrafos da citada Resolução;

c) a SDO recolhida deve ser reciclada *in loco*, mediante a utilização de equipamento projetado para tal fim que possua dispositivo de controle automático antitransbordamento, ou acondicionada em recipientes adequados e enviada a unidades de reciclagem ou centros de incineração, licenciados pelo órgão ambiental competente.

c.1) quando a SDO recolhida for o CFC-12, os respectivos recipientes devem ser enviados aos centros regionais de regeneração de refrigerante licenciados pelo órgão ambiental competente, ou aos centros de coleta e

ambiental da liberação de tais substâncias na atmosfera.

- Lembramos que os prestadores de serviços de reparação de aparelhos de refrigeração, bem como aqueles que recolhem ou reciclam substâncias controladas pelo Protocolo de Montreal (Substâncias que Destroem a Camada de Ozônio - SDOs), também devem estar registrados no Cadastro Técnico Federal de Atividades Potencialmente Poluidoras ou Utilizadoras de Recursos Ambientais, de sorte que as disposições específicas deste Guia Prático sobre CTF também devem ser seguidas.

acumulação associados às centrais de regeneração."

TECNOLOGIA DA INFORMAÇÃO

LEGISLAÇÃO	PRINCIPAIS DETERMINAÇÕES	PROVIDÊNCIA A SER TOMADA	PRECAUÇÕES
Portaria n. 86, 24/09/14. SLTI/MP	Dispõe sobre as orientações e especificações de referência para contratação de soluções de Tecnologia da Informação no âmbito da Administração Pública Federal direta, autárquica e fundacional e dá outras providências.	Na fase de planejamento da contratação, o órgão assessorado deve observar o que se segue. As contratações de Soluções de Tecnologia da Informação pelos órgãos e entidades integrantes do Sistema de Administração dos Recursos de Tecnologia da Informação - SISP: I - serão precedidas por processo de planejamento alinhado ao PDTI do órgão e aderente às políticas de aquisição, substituição e descarte de equipamentos constantes da Instrução Normativa SLTI/ MP nº 1, de 19 de janeiro de 2010, do Decreto nº 99.658, de 30 de outubro de 1990, e de suas alterações posteriores. II - tomarão como referência as especificações técnicas de soluções de Tecnologia da Informação disponíveis no endereço eletrônico http://www.governoeletronico.gov.br/sisp-conteudo/nucleo-de-contrattacoes-de-ti.	

adequando-as, quando necessário, à satisfação de suas necessidades específicas:

III - observarão as orientações técnicas no que tange aos aspectos: de aderência a requisitos de sustentabilidade, de posicionamento da tecnologia, de ciclo de vida, de uso da linguagem, de usabilidade, entre outros, disponíveis no endereço eletrônico http://www.governoeletronico.gov.br/sisp-conteudo/nucleo-de-contratacoesde-ti.

VEÍCULOS

Aquisição ou serviços que envolvam a utilização de veículos automotores.

Exemplo:

Locação de automóveis – Serviços de transporte – Etc.

LEGISLAÇÃO	PRINCIPAIS DETERMINAÇÕES	PROVIDÊNCIA A SER TOMADA	PRECAUÇÕES
Lei nº 9.660/98 Instrução Normativa SLTI/MPOG nº 3, de 15/05/2008	• Os veículos leves adquiridos para compor frota oficial ou locados de terceiros para uso oficial deverão utilizar combustíveis renováveis. • Excluem-se de tal obrigatoriedade os veículos componentes da frota das Forças Armadas, os de representação dos titulares dos Poderes da União, dos Estados, do Distrito Federal e dos Municípios e, conforme dispuser regulamento, aqueles destinados à prestação de serviços públicos em faixas de fronteira e localidades desprovidas de abastecimento com combustíveis renováveis.	**NA AQUISIÇÃO OU LOCAÇÃO:** **1) Inserir no TERMO DE REFERÊNCIA - item de descrição ou especificação técnica do produto:** "Só será admitida a oferta de veículo automotor que utilize o combustível renovável XXXX (etanol, gás natural veicular, biodiesel, eletricidade, etc.), inclusive mediante tecnologia "flex", nos termos da Lei nº 9.660, de 1998." **NOS SERVIÇOS:** **1) Inserir no TERMO DE REFERÊNCIA - item de obrigações da contratada:** "Os veículos automotores utilizados na prestação dos serviços deverão utilizar o combustível renovável XXXX (etanol, gás natural veicular, biodiesel, eletricidade, etc.), inclusive mediante tecnologia "flex", nos termos da Lei nº 9.660, de 1998."	- A Lei nº 9.660/98 foi editada quando veículos movidos exclusivamente a álcool eram fabricados e comercializados no Brasil. Atualmente, todavia, a indústria automobilística não mais produz tais veículos – sucedidos pelos modelos "flex", movidos por mais de um tipo de combustível: gasolina e etanol, gasolina e eletricidade, etc. - Assim, quanto ao combustível etanol, entendemos necessário adotar uma

Resolução CONAMA n° 1, de 11/02/1993	• limites máximos de ruídos para veículos automotores nacionais e importados, em aceleração e na condição parado.	NA AQUISIÇÃO OU LOCAÇÃO:
Resolução CONAMA n° 272, de 14/09/2000		**1) Inserir no TERMO DE REFERÊNCIA - item de descrição ou especificação técnica do produto:**
Resolução CONAMA 8/1993		"Só será admitida a oferta de veículo automotor que atenda aos limites máximos de ruídos fixados nas Resoluções CONAMA n° 1, de 11/02/1993, n. 08/1993, n. 17/1995, n° 272/2000 e n. 242/1998 e legislação superveniente e correlata."
Resolução CONAMA 17/1995		NOS SERVIÇOS:
Resolução CONAMA 242/1998		**1) Inserir no TERMO DE REFERÊNCIA - item de obrigações da contratada:**
		"Os veículos automotores utilizados na prestação dos serviços deverão atender aos limites máximos de ruídos fixados nas CONAMA n° 1, de 11/02/1993, n. 08/1993, n. 17/1995, n° 272/2000 e n. 242/1998 e legislação superveniente e correlata."

interpretação ampla do dispositivo legal, no sentido de admitir veículos "flex", sob pena de restrição desarrazoada da ampla competitividade.

- Lembramos que o fabricante de veículos rodoviários, inclusive peças e acessórios, também deve estar registrado no Cadastro Técnico Federal de Atividades Potencialmente Poluidoras ou Utilizadoras de Recursos Ambientais, de sorte que as disposições específicas deste Guia Prático sobre CTF também devem ser seguidas.

Resolução CONAMA n° 18, de 06/05/1986	• O Programa de Controle da Poluição do Ar por Veículos Automotores – PROCONVE tem o objetivo principal de reduzir os níveis de emissão de poluentes por veículos automotores, visando ao atendimento de padrões de qualidade do ar, especialmente nos centros urbanos.	**NA AQUISIÇÃO OU LOCAÇÃO:** **1) Inserir no TERMO DE REFERÊNCIA - item de descrição ou especificação técnica do produto:** "Só será admitida a oferta de veículo automotor que atenda aos limites máximos de emissão de poluentes provenientes do escapamento fixados no âmbito do Programa de Controle da Poluição do Ar por Veículos Automotores – PROCONVE, conforme Resoluções CONAMA n° 18, de 06/05/1986, complementações e alterações supervenientes" **NOS SERVIÇOS:** **1) Inserir no TERMO DE REFERÊNCIA - item de obrigações da contratada:** "Os veículos automotores utilizados na prestação dos serviços deverão atender aos limites máximos de emissão de poluentes provenientes do escapamento fixados no âmbito do Programa de Controle da Poluição do Ar por Veículos Automotores – PROCONVE, conforme Resoluções CONAMA n° 18, de 06/05/1986, complementações e alterações supervenientes."
Resolução CONAMA n° 418, de 25/11/2009	• Os Planos de Controle de Poluição Veicular – PCPV, elaborados pelos Estados e pelo Distrito Federal, poderão indicar a realização de um Programa de Inspeção e Manutenção de Veículos	**NOS SERVIÇOS:** **1) Inserir no TERMO DE REFERÊNCIA - item de obrigações da contratada:**

em Uso – I/M, para fins de controle da emissão de poluentes e ruído.	"Os veículos automotores utilizados na prestação dos serviços deverão ser submetidos periodicamente ao Programa de Inspeção e Manutenção de Veículos em Uso – I/M vigente, mantido pelo órgão estadual ou municipal competente, sendo inspecionados e aprovados quanto aos níveis de emissão de poluentes e ruído, de acordo com os procedimentos e limites estabelecidos pelo CONAMA ou, quando couber, pelo órgão responsável, conforme Resolução CONAMA n° 418, de 25/11/2009, complementações e alterações supervenientes."

Esta obra foi composta em fonte Palatino Linotype, corpo
10 e impressa em papel Offset 75g (miolo) e Supremo
250g (capa) pela Gráfica e Editora Laser Plus em
Belo Horizonte/MG.